Heinz Geiger · Widerstand und Mitschuld

Literatur in der Gesellschaft

Herausgegeben von

Klaus Günther Just, Leo Kreutzer und Jochen Vogt

Band 9

Heinz Geiger

Widerstand und Mitschuld

Zum deutschen Drama von Brecht bis Weiss

Bertelsmann Universitätsverlag

Redaktion dieses Bandes: Leo Kreutzer

© 1973 Verlagsgruppe Bertelsmann GmbH/Bertelsmann Universitätsverlag, Düsseldorf
Umschlaggestaltung: studio für visuelle kommunikation, Düsseldorf
Satz: M. Seifert, Erkrath
Druck und Buchbinderei: Lengericher Handelsdruckerei, Lengerich
Printed in Germany

ISBN 3-571-09290-2

Inhalt

5

Ich glaube die Erfahrung gemacht zu haben, daß Figuren und Fabeln, die ihren Ursprung offensichtlich in der Zeitgeschichte haben, den Autor überreden, er möge sie doch bitte auf die Bühne bringen. Sie melden sich von Anfang an im Dialog, in der Form der Auseinandersetzung. Erkundungen unseres unendlichen Bewußtseins lassen Romane entstehen. Der Leser ist mit dem Buch so allein wie mit seinem eigenen Bewußtsein. Die von der Zeitgeschichte veranlaßte Fabel aber will direkt einer öffentlichen Meinung ausgesetzt sein. Die Zeitgenossen sollen eingeladen werden, das miteinander anzuschauen, was sie miteinander und gegeneinander bewirkten.

(Martin Walser in seiner ,,Vorbemerkung" zu dem Vorabdruck seines Stückes *Der Schwarze Schwan.* In: Theater 1964. Jahressonderheft der Zeitschrift Theater heute. S. 67.)

Diese Arbeit wurde im November 1969 abgeschlossen und im Februar 1970 von der Abteilung für Philologie an der Ruhr-Universität Bochum als Dissertation angenommen. Für die Drucklegung wurde sie leicht gekürzt und geringfügig überarbeitet.

Den behandelten Stücken sind jeweils in Klammern Entstehungs- und Uraufführungsdatum hinzugefügt. Bei Zitaten aus den Stücken wurden die Seitenangaben im Text selbst vermerkt, nachdem die benutzte Ausgabe in einer Anmerkung genannt wurde.

Mein besonderer Dank gilt Herrn Professor Dr. Klaus Günther Just, der diese Arbeit mit Rat und Tat gefördert hat.

H. G.

Einleitung

In der Literatur zur zeitgenössischen deutschen Dramatik fehlt bisher eine zusammenhängende Darstellung der für sie typischen und zentralen Thematik von „Widerstand und Mitschuld". Diese Lücke sucht die vorliegende Arbeit zu schließen. Sie geht dabei von der Erwägung aus, daß eine literarhistorische Beachtung und literaturkritische Betrachtung dieser zeitgeschichtlichen Thematik nicht allein aus stoff- und motivgeschichtlichem Interesse angebracht erscheint, sondern auch unter dramentheoretischen Gesichtspunkten. Die Motive Widerstand und Mitschuld, Reflexe einer durch kollektive Verstrickungen bestimmten Epoche, sind nämlich nicht nur Ausdruck der gesellschafts- und zeitkritischen Tendenz innerhalb der Gegenwartsdramatik, sondern haben auch zu einer Erweiterung ihres Formen- und Strukturenrepertoires beigetragen.

Gleichzeitig können an ihnen die generellen Schwierigkeiten, die sich für eine szenisch adäquate Wiedergabe komplexer zeitgeschichtlicher Vorgänge ergeben, exemplarisch verdeutlicht werden.

Bislang gibt es zum Gegenstand und zur Fragestellung unserer Untersuchung außer einer diese tangierenden Dissertation[1] nur einige kürzere Beiträge, die sich teils um einen stofflichen Überblick bemühen, teils die mit den Stoffen gegebene Darstellungsproblematik erörtern[2]. Im Gegensatz dazu soll die vorliegende Arbeit den wechselseitigen Bezug von zeitgeschichtlichem Stoff und dramatischer Struktur jeweils am konkreten Einzelfall aufzeigen: intendiert ist mithin weder eine bloße Bestandsaufnahme, noch eine reine Typologie szenischer Formen, vielmehr eine dialektische Verbindung von beidem.

Daraus — und aus der großen Anzahl der ihrem Thema nach in Frage kommenden Stücke — ergibt sich die Notwendigkeit einer gewissen Auswahl. Sie ist jedoch nicht im Sinne einer Vorentscheidung über die literarische Qualität zu verstehen; während auch weniger gelungene Versuche zur Vervollständigung der thematisch-formalen Typologie aufgenommen und analysiert wurden, blieben andere, zum Teil weit anspruchsvollere Stücke (wie etwa Martin Walsers *Eiche und Angora*) unberücksichtigt, wenn sie für jene Typologie keine entscheidenden neuen Gesichtspunkte hätten beitragen können. Die aufgenommenen Werke werden in Einzelanalysen behandelt, deren unterschiedlicher Umfang sich aus dem typologischen und literarhistorischen Stellenwert des jeweiligen Dramas ergibt. Die Anordnung dieser Einzelanalysen folgt dabei nicht dem chronologischen Prinzip einer Bestandsaufnahme, sondern dem vergleichenden einer Typologie: Dieses Vorgehen erscheint sowohl den einzelnen Werken als auch dem Ziel der Untersuchung angemessen, die neben dem Aufzeigen einer speziellen Thematik vor allem die Reflexion der damit verbundenen Form-Inhalt-Problematik anstrebt.

Die Behandlung der Widerstands- und Mitschuldproblematik im zeitgenössischen deutschen Drama nimmt – mit wenigen Ausnahmen – ihren Ausgang von der historischen Erfahrung des Nationalsozialismus; sei es, daß reales Geschehen jener Zeit dargestellt, daß fiktive Ereignisse in ihr angesiedelt werden – oder daß sie Stoff für parabolische Darstellung bietet. Neben der hier schon angedeuteten strukturellen Differenzierung ergibt sich eine weitere aus dem Generationsunterschied der behandelten Autoren: eine erste Gruppe, die der „Exildramatiker", schuf ihre Werke aus der unmittelbaren Betroffenheit durch jene Zeitereignisse (und oft mit der Intention direkter Einflußnahme auf sie); eine zweite, die der „Nachkriegsdramatiker", vollzog rückblickend ihre Auseinandersetzung mit dem Geschehenen. Die aus dem Unterschied der zeitlichen Perspektive resultierende Verschiedenheit der moralisch-politischen Tendenz einzelner Stücke wird an gegebener Stelle zu erörtern sein.

Im einzelnen folgt die Gliederung dieser Untersuchung einer im Stoff schon vorgegebenen; ein erster Überblick über die stofflich relevanten Stücke läßt bereits gewisse historische Ereignisse als Fixpunkte hervortreten, um die sich jeweils Gruppen von thematisch-verwandten Stücken kristallisieren. Es sind dies, chronologisch geordnet:

1. die nationalsozialistische Machtergreifung;
2. das Kriegsgeschehen;
3. die sogenannte „Endlösung der Judenfrage";
4. der 20. Juli 1944;
5. der Einsatz von Atomwaffen am Ende des Zweiten Weltkrieges (hierbei wird die Behandlung der Widerstands- und Mitschuldproblematik ausnahmsweise nicht durch das NS-Regime, sondern durch seinen Kriegsgegner USA veranlaßt).

Dementsprechend boten sich als Gliederungspunkte für die Untersuchung folgende Themengruppen (in der gewählten Reihenfolge der Arbeit) an:

1. Stücke über den Widerstand gegen Hitler, speziell über den 20. Juli 1944;
2. Stücke über den Konflikt des Soldaten zwischen Befehl und Gewissen;
3. Stücke über den parallel gelagerten Konflikt des mit der Entwicklung von Vernichtungswaffen befaßten Naturwissenschaftlers;
4. Stücke über die Mitschuld an der Etablierung des Terrors (Machtergreifung *und* „Endlösung").

Der Aufbau dieser Arbeit ist somit zwar durch stoffliche Schwerpunktbildungen bestimmt – aber dennoch nicht rein stofflicher Natur. Aus den aufgeführten zeitgeschichtlichen Themen ergeben sich beim Versuch einer szenischen Darstellung jeweils ganz spezifische Darbietungsprobleme. Dieser innere Zusammenhang zwischen Stoff und dessen Realisation legitimiert die bereits angedeutete Zielrichtung der vorliegenden Untersuchung, zumal die Form-Inhalt-Problematik auch von vielen der hier behandelten Autoren selbst in theoretischen Überlegungen reflektiert wird.

I. Idealisierung und Entmythologisierung: Die deutsche Widerstandsbewegung und der 20. Juli 1944 in der Nachkriegsdramatik

In seinem Vorwort zum „Antigonemodell 1948" schrieb Brecht:

„die große Figur des Widerstands im antiken Drama repräsentiert nicht die Kämpfer des deutschen Widerstands, die uns am bedeutendsten erscheinen müssen. Ihr Gedicht konnte hier nicht geschrieben werden, und dies ist um so bedauerlicher, als heute so wenig geschieht, sie in Erinnerung und so viel, sie in Vergessenheit zu bringen."[1]

Nach dieser Äußerung muß es merkwürdig erscheinen, daß gerade Brecht, der als Emigrant das ihm verhaßte Hitlerregime in verschiedenen Stücken anprangerte und bloßstellte[2], weder „hier" (in der Bearbeitung *Die Antigone des Sophokles*) noch in einem anderen Stück das „Gedicht" der deutschen Widerstandsbewegung geschrieben hat, obwohl er, wie aus dem Zitat ersichtlich ist, das größte Interesse an dem Schreiben dieses „Gedichts" bekundete[3]. Mit Ausnahme einiger Szenen in *Furcht und Elend des Dritten Reiches* stellte Brecht keine faktischen Begebenheiten oder Figuren des Widerstandes gegen Hitler dar, sondern griff zur Charakterisierung bzw. zur Postulierung des Widerstandes gegen das NS-Regime auf überlieferte, historisch oder literarisch fixierte Widerstandsfiguren zurück: neben Antigone auf Jeanne d'Arc, Galilei und Schwejk. Die Widerstandshaltung dieser Gestalten wurde von Brecht auf die aktuelle Situation bezogen und entsprechend interpretiert. Die Figuren und ihre Geschichte erfuhren dabei im einzelnen eine verschieden starke Aktualisierung.

In der auf Hölderlins Übertragung basierenden Bühnenbearbeitung *Die Antigone des Sophokles* stellte Brecht einen direkten Aktualitätsbezug durch das *Vorspiel* „Berlin. April 1945" her, in dem zwei Schwestern vor die Entscheidung gestellt werden, sich zu ihrem desertierten und von der SS gehängten Bruder zu bekennen oder ihn zu verleugnen. Das *Antigone*-Geschehen selbst wurde jedoch nicht in die Gegenwart transponiert; es wurden lediglich Analogien zur Gegenwart herausgearbeitet: Kreon erscheint als Diktator, der in Theben ein Gewaltregime errichtet hat und einen Eroberungskrieg gegen Argos führt. In diesem fällt Eteokles, während Polyneikes (der bei Sophokles als Gegner seines Bruders im Kampf gegen Theben umkommt) als Fahnenflüchtiger gestellt und erschlagen wird. Antigones Rebellion gegen Kreon (Bestattung des Bruders Polyneikes) erscheint nicht mehr als eine nur persönlich motivierte Auflehnung, sondern darüber hinaus als Protest gegen Kreons Willkürherrschaft und Eroberungskrieg[4].

Im Gegensatz zur *Antigone*-Bearbeitung wird in dem Stück *Die Gesichte der Simone Machard* die Aktualisierung der aufgegriffenen Widerstandsfigur nicht mehr durch einen in der Gegenwart angesiedelten Aktualitätsverweis erzielt, sondern im Stückgeschehen selbst durch Verknüpfung der realen Handlung mit einer visionären verwirklicht, indem die Geschichte der Jeanne d'Arc mit der deutschen Okkupation Frankreichs im Jahre 1940 in Verbindung gebracht wird: Ein junges französisches Mädchen, Simone Machard, leistet Widerstand gegen die deutsche Besatzung und wendet sich gegen die Kollaboration mit dem Feind. In ihren Träumen, die die reale Handlung unterbrechen, wandeln sich die Gestalten ihrer Umgebung in die Figuren der Geschichte von

Jeanne d'Arc. Sie selbst sieht sich in deren Rolle versetzt und ruft wie jene ihre Landsleute zum entschiedenen Widerstand gegen die Besatzungsarmee auf[5].

Eine weitere Aktualisierung einer „legendären" nationalen Widerstandsfigur unternahm Brecht in *Schweyk im Zweiten Weltkrieg*. Dieses Stück entstand in Anlehnung an Hašeks Roman *Die Abenteuer des braven Soldaten Schwejk*. Brecht verlegte Episoden des Romans in die Zeit des Dritten Reiches, wobei die Figur Schwejks einen politisch agressiveren Charakter als bei Hašek erhielt[6]. In Schweyks Reaktion auf das Vorgehen der Gestapo in dem von den Deutschen okkupierten Prag sowie in seinem Verhalten als unfreiwilliger Soldat Hitlers im Zweiten Weltkrieg äußert sich der „echt unpositive Standpunkt des Volkes"[7]. Schweyk wird bei Brecht zur exemplarischen Verkörperung des unheldischen, aber zähen Widerstandes des einfachen Volkes gegen seine Unterdrücker, durch den es diese überdauert in der Gewißheit: „Das Große bleibt groß nicht und klein nicht das Kleine. / Die Nacht hat zwölf Stunden, dann kommt schon der Tag." (Lied von der Moldau)

All diese erwähnten Brecht-Figuren haben Beispiel-Charakter und sind Symbolfiguren des Widerstandes, d. h. sie sind Fixierungen des mit ihnen vorgegebenen Widerstandspostulates und nicht Manifestationen des realen Widerstandes gegen das NS-Regime. Da in diesem Kapitel jedoch allein die Darstellungen des faktischen Widerstandes betrachtet werden sollen, blieben die oben charakterisierten Stücke Brechts, obgleich sie zum Teil in der Zeit des Dritten Reiches spielen, in der vorliegenden Arbeit bis auf *Leben des Galilei* ausgeklammert[8].

Nach diesen Vorbemerkungen ist als erstes Ergebnis dieser Untersuchung zu konstatieren, daß weder Brecht noch einer der bedeutenden Autoren der Gegenwartsdramatik ein Stück über die deutsche Widerstandsbewegung geschrieben hat. Betrachtet man aber die einzelnen, zumeist mißglückten dramatischen Versuche über die deutsche Widerstandsbewegung und den 20. Juli 1944, so ist man geneigt, Brechts Satz „Ihr Gedicht konnte hier nicht geschrieben werden" als symptomatisch für die bisherige Behandlung dieses Themas anzusehen. Es stellt sich damit die prinzipielle Frage: konnte bzw. kann das „Gedicht" der deutschen Widerstandsbewegung nicht geschrieben werden, entzieht es sich der Darstellung in dramatischer Form? Eine generelle und endgültige Antwort auf diese Frage ist nicht möglich, es können lediglich an den vorhandenen Versuchen die Schwierigkeiten aufgezeigt werden, an denen die Autoren gescheitert sind.

Peter Lotars (* 1910) Schauspiel *Das Bild des Menschen* (1. Fass. 1952, 3. Fass. 1955)[9] basiert auf (im Anhang angeführten) historischen Dokumenten, die das Selbstverständnis des deutschen Widerstandes beinhalten. Der Titel des Stückes entstammt einem Brief des am 23. Januar 1945 in Berlin hingerichteten Grafen Helmuth von Moltke, auf dessen Gut Kreisau in Schlesien sich der sogenannte „Kreisauer Kreis" traf, der Persönlichkeiten verschiedenartiger Herkunft und politischer Einstellung zusammenführte. In enger Verbindung zu diesem Kreis stand auch Oberst Claus Graf Schenk von Stauffenberg, der am 20. Juli 1944 das Attentat auf Hitler verübte.

In dem erwähnten Brief, den Moltke 1942 an einen englischen Freund (Lionel Curtis) schrieb, heißt es:

„Europa nach dem Kriege ist die Frage: Wie kann das Bild des Menschen in den Herzen unserer Mitbürger aufgerichtet werden".[10]

Daß Moltke und andere Mitverschworene, die sich gegen die Mißachtung von Menschenwürde und Menschenrecht erhoben, ihren Tod als Opfer und Auftrag für deren Wiederherstellung verstanden wissen wollten, davon zeugt eine andere Stelle aus Moltkes letztem Brief (vom 11. Januar 1945) an seine Frau:

„Jetzt noch eines. Dieser Brief ist in vielen auch eine Ergänzung zu meinem gestern geschriebenen Bericht, der viel nüchterner ist. Aus beiden zusammen müßt ihr eine Legende machen, die aber so abgefaßt sein muß, als habe sie Delp von mir erzählt. Ich muß darin die Hauptperson bleiben, nicht weil ich es bin, nicht weil ich es sein will, sondern weil der Geschichte sonst das Zentrum fehlt. Ich bin nun einmal das Gefäß gewesen, für das der Herr diese unendliche Mühe aufgewandt hat."[11]

Für Peter Lotar wurden die beiden Briefstellen — er zitiert sie auszugsweise im Vorwort zu seinem Stück — nach seiner eigenen Angabe „in einem umfassenderen Sinne zur Inspiration, zur immer unwiderstehlicher werdenden Forderung und zum Anliegen"[12] seines Werkes.

Von ihnen wird gleichzeitig die Konzeption des Stückes bestimmt; es wird zu einem Gedenken an die Toten und zu einem Vermächtnis für die Lebenden. In diesem dramatischen „Requiem", wie das Stück im Untertitel lautet, zeigt der Autor die letzten Stunden der Verurteilten und läßt den Zuschauer an ihrer Verzweiflung und Hoffnung, an ihren Fragen nach dem Sinn und Erfolg ihres Kämpfens und Sterbens teilnehmen. Es geht ihm also nicht um eine Nachzeichnung der äußeren historischen Vorgänge des 20. Juli 1944, sondern eher um die Vorgänge im Innern der Beteiligten.

Entsprechend dieser Intention setzt das Stück auch erst lange nach dem 20. Juli ein. Nur die Endphase des Geschehens wird vorgeführt. Erhebung, Prozeß vor dem Volksgerichtshof und Verurteilung liegen bereits hinter den Personen des Stückes, vor ihnen steht nur noch der Tod, zu dem sie verurteilt sind[13]. In dieser Grenzsituation zwischen Leben und Tod beginnt die Handlung, soweit man hier, wo keine Möglichkeit zur Aktion mehr gegeben ist, noch von Handlung sprechen kann. Eher handelt es sich um „Gespräche einer letzten Nacht", wie der ursprüngliche Titel des Stückes lautete, das zunächst als Hörspiel vorlag. In ihnen wird eine Gruppe von Menschen vorgeführt, die sich „nach Anlage, Herkunft, Beruf und Zielsetzung"[14] unterscheiden:

Zwei kommunistische *Arbeiter*, der eine mutig und aufrecht bis zuletzt, der andere aus Angst vor dem Tode noch im Gefängnis ein Verräter; die *Frau* eines sozialdemokratischen Arbeiterführers, den jener verraten hat; ein *Professor*, der als Berater ins Außenministerium eintrat, um von dort aus das Regime zu bekämpfen; sein ehemaliger *Student*, der als Offizier sich weigerte, den Befehl zur Erschießung von Frauen und Kindern weiterzugeben; ein katholischer *Pfarrer*, der verurteilt wurde, weil er das Beichtgeheimnis wahrte, unter dem ihm ein Verschwörer seine Absichten anvertraut hatte; ein protestantischer *Graf*, dem nichts weiter nachzuweisen war als ein den Machthabern nicht genehmes Denken; ein *Oberst*, der das Attentat auf das Staatsoberhaupt verübte und schließlich ein *General*, der sich von jenem distanziert, obwohl er selbst von seinem Amt als Generalstabschef zurückgetreten ist.

Zu diesen Verurteilten kommen in ihren letzten Stunden, sie zu verwirren, der *Gerichtspräsident*, sie aufzurichten, der *Gefängnisgeistliche* und ein unfreiwilliger Todesbote, *Vater* genannt, der die Aufgabe hat, die Häftlinge für ihren letzten Gang vorzubereiten.

Da diese Figuren stellvertretend für viele andere stehen, tragen sie keine Namen, sondern nur Standesbezeichnungen. Daneben sollen allzu vordergründige historisch-biographische Reminiszenzen verhindert werden; denn der Autor sieht seine Aufgabe darin, „vom Einzelfall zum Typus, vom realistischen Detail zum gültigen Zeichen zu gelangen"[15] und „aus der orts- und zeitgebundenen Realität das Allgemeingültige zu gestalten, das Zeichen zum Symbol zu erhöhen"[16].

Trotzdem hält sich das Stück eng an die historischen Gegebenheiten[17]. Die einzelnen historischen Fakten und biographischen Details sind (für den Historiker zumindest) deutlich erkennbar; so in den Figuren die zugrunde liegenden historischen Vorbilder und im Dialog die übernommenen Stellen aus Briefen und Berichten der nach dem 20. Juli 1944 zum Tode Verurteilten.

In der Figur des katholischen Pfarrers spiegelt sich das Schicksal von Kaplan *Wehrle,* der hingerichtet wurde, weil er sich weigerte, das Beichtgeheimnis zu brechen, sowie das des Jesuitenpaters Alfred *Delp,* aus dessen im Gefängnis geschriebenen Tagebuchnotizen „Nach der Verurteilung"[18] Gedanken und Sätze entnommen sind; in der Figur des Grafen wird die kompromißlose christliche Haltung des Grafen Helmuth von *Moltke* erkennbar. Die Gestalt des Grafen ist die zentrale Figur des Stückes, entsprechend Moltkes Forderung, daß er die „Hauptperson" der zu schreibenden „Legende" sein müsse. Moltkes Abschiedsbrief vom 11. Januar 1945 aus dem Gefängnis Tegel ist fast wörtlich in das Stück übernommen: der Graf diktiert ihn zu Beginn und am Ende des „Requiems" dem Gefängnisgeistlichen. Auch im Dialog selbst sind wörtliche Wendungen aus diesem und anderen Briefen Moltkes wiederzufinden. In der Figur des Obersten begegnet uns der zur Tat entschlossene Offizier, den sowohl Oberst *Stauffenberg* verkörperte, der das Attentat auf Hitler ausführte, als auch Generalmajor von *Tresckow,* der die Notwendigkeit des Attentats und des Staatsstreichs betonte, auch für den Fall, daß keine Aussicht auf Erfolg bestand[19]. Der General bietet das Gegenbild dazu, das des unentschiedenen Offiziers. Angeregt wurde diese Figur vermutlich vom Verhalten des Generalfeldmarschalls von *Brauchitsch,* der als Oberbefehlshaber des Heeres nach den ersten schweren Rückschlägen an der Ostfront von Hitler auf eigenen Wunsch hin verabschiedet wurde, mit Sicherheit aber von dem des Generalobersten *Fromm,* des Befehlshabers des Ersatzheeres, der sich nach dem Mißlingen des Attentats weigerte, am Staatsstreich teilzunehmen, und nach dessen Scheitern die Verschwörer in seinem Stab (unter ihnen Stauffenberg) standrechtlich erschießen ließ. Im Februar 1945 wurde er selbst vor den Volksgerichtshof gestellt und, als man ihn der Mitwisserschaft am Attentat nicht überführen konnte, wegen Feigheit gegenüber den Verschwörern zum Tode verurteilt[20]. Für die Gestalt des Gefängnisgeistlichen mag Pfarrer *Buchholz,* der langjährige Seelsorger im Gefängnis Plötzensee, Vorbild gewesen sein. Auf seine Rundfunkansprache „Wie sie starben"[21] geht wahrscheinlich der Prolog des Gefängnisgeistlichen zurück. In der Diktion des Gerichtspräsidenten finden sich die theatralischen und zynischen Tiraden Roland *Freislers,* des Vorsitzenden des Volksgerichtshofes, wieder.

„Zwei- und dreimal erscheint der Reigen der Gestalten, um Abrechnung zu halten, unter sich und zugleich mit uns."[22] Selbst im Angesicht des Todes sind nicht alle Schranken und Mißverständnisse beseitigt. Noch immer stehen Klassenunterschiede und Unterschiede der Weltanschauung zwischen ihnen. Der kommunistische Arbeiterführer gibt dem protestantischen Grafen und Gutsbesitzer zu verstehen, daß sie nicht für die gleiche Sache kämpften: „Wenn es für uns ein Morgen gäbe, würden wir wieder Feinde sein." (S. 28)

Die Kluft zwischen bloßem Gesinnungswiderstand bei gleichzeitiger soldatischer Pflichterfüllung und aktivem, selbst vor Sabotage und Feindbegünstigung nicht zurückschreckendem Widerstand wird deutlich in der Begegnung des Professors mit dem Studenten. Selbst sein einstiger Schüler, der wie er das Regime ablehnte, kann seine Handlungsweise nicht verstehen. Vor dem Grafen beschuldigt er ihn des Landesverrats:

> Was erwarten Sie denn von uns für Gefühle gegenüber Männern, die für ihre Wühlarbeit den Augenblick wählen, da draußen andere mit ihrem Leben zahlen?
>
> [. . .]
>
> Auch ich glaubte nicht an die Notwendigkeit des Krieges. Aber ich kann mich nicht an der Niederlage meines Vaterlandes freuen, ich kann nicht zu ihr beitragen und damit Millionen Kameraden in den Rücken fallen, die nichts anderes tun als ihre Pflicht. Für mich gab's keinen anderen Weg, als an die Front. (S. 42)

Während der Professor „mit allen Mitteln und aus der geeignetsten Position" (S. 26) das Regime zu bekämpfen versuchte, und der Student einen Erschießungsbefehl verweigerte, trat der General von seinem Amt als Generalstabschef zurück, als die Unsinnigkeit der Kriegsführung immer offensichtlicher wurde. Als ihn aber der Gefängnisgeistliche daran erinnert, daß einige mehr getan haben als nur zurückzutreten, und ihn fragt, warum er diesen Kameraden seine Achtung versage, distanziert er sich von ihnen und dem Attentat:

> Es sind nicht mehr meine Kameraden. Sie wurden aus der Armee ausgestoßen. Und auch ich halte es für nötig, mich von diesem Attentat in jeder Weise zu distanzieren. Mord lehne ich ab, in welcher Form auch immer. (S. 19)

Unbeirrt wartet er auf sein Urteil, das seiner Ansicht nach nur auf Freispruch lauten kann. Zu spät erkennt er, daß seine Taktik des Sichheraushaltens ihm nichts nützte, daß Neutralität bei den Machthabern nicht zählt.

Aus ganz anderen Gründen als der General glaubten der katholische Pfarrer und der protestantische Graf, Gewalt ablehnen zu müssen. Was sich bei dem General als ein taktischer Zug der Selbstbehauptung erweist, war bei ihnen ein echter Gewissenskonflikt, der aus ihrer christlichen Überzeugung resultierte, daß auch Tyrannenmord Mord sei. So verneinte der Pfarrer die Frage seines Beichtkindes, „ob die Kirche es in der äußersten Not gestatte, einen Tyrannen zu töten". Unterdessen aber hat er erfahren, „daß man das Tier aus dem Abgrund nicht bekehren kann" (S. 47), vielmehr um Beseitigung des Übels beten und auch entsprechend handeln muß.

Der Graf, der bereits vor dem Attentat verhaftet wurde und dem keinerlei Beteiligung an irgendwelchen Aktionen nachzuweisen war, betrachtet sich als Werkzeug Gottes, an dem offenbar werden sollte, daß er allein seiner christlichen Gesinnung wegen verurteilt wurde:

> Er pflanzte in mich jenen sozialistischen Zug, der mich von dem Verdacht befreite, Vertreter einer Kaste zu sein. Als die Gefahr bestand, daß ich in eine aktive Verschwörung hineingezogen würde, da wurde ich herausgenommen, damit ich frei von jedem Zusammenhang mit der Gewaltanwendung bin und bleibe. Und schließlich läßt er mich mit Ihnen nochmals alles klären, mit einem katholischen Priester. So stand ich vor Gericht, nicht als Protestant, nicht als Großgrundbesitzer, nicht als Adeliger, – sondern als Christ und sonst gar nichts. (S. 23)[22a]

15

In dieser beruhigenden Gewißheit steht der Graf, bis er auf den Obersten trifft, der das Attentat auf den Staatschef ausführte. Diese Begegnung ist die entscheidende Szene des Stückes. Hier werden zwei völlig verschiedene Widerstandshaltungen, die beide einem christlichen Gewissen entspringen, miteinander konfrontiert und gegenseitig in Frage gestellt.

In wenigen Stunden gehen beide in den Tod, der Oberst, weil er *gehandelt* hat, der Graf, weil er *gedacht* hat, wie das Vaterland zu retten sei.

> Graf: Ich wurde des schlimmsten Verbrechens überführt – des Denkens. Es wurde festgestellt, daß ich mit anderen Männern überlegt hatte, wie unser Vaterland zu retten und zu erhalten sei. Wir werden gehenkt, weil wir zusammen dachten. (S. 50)[23]

Doch der Oberst stellt ihm die beunruhigende Frage:

> Oberst: Lohnt es sich, darum zu sterben?
>
> Graf: Als ich mich vor einer Stunde zu Ihnen aufmachte, war ich dessen sicher, jetzt weiß ich es nicht mehr.
>
> Oberst: . . . Genügt das, zu denken? . . . Wenn ich Sie zur Teilnahme hätte auffordern können, was hätten Sie getan?
>
> Graf: Ich hätte abgelehnt. (S. 50)

Auf des Grafen Einwand, Gott habe geboten, seine Feinde zu lieben und sein Leiden mit Geduld zu ertragen, entgegnet der Oberst mit Nachdruck:

> Oberst: Es ist sehr gut, sich selbst im Leiden zu üben. Aber es kommt der Augenblick, da es uns verboten ist, bloß darin zu verharren: dann, wenn es uns zur Bequemlichkeit gereicht, dem Leiden der *anderen* zuzusehen.
>
> [. . .]
>
> Es gibt eine Tiefe der Schuld, in der es keine Umkehr, nur noch ein Ertrinken gibt. Um einem Volk dieses Äußerste zu ersparen, müssen manche seiner Söhne sich selbst zum Opfer bringen. Das war mir auferlegt und meinen Kameraden. Es ist nötig, daß wir sterben, damit unser Volk in uns aufersteht und wir in seinem Herzen.
>
> Graf: (entmutigt) Werden wir auferstehen? Werden die Männer, die uns töten, nicht zugleich auf unser Grab einen Berg von Schmach und Schande türmen? Wird sein Name nicht lauten: Eidbruch und Hochverrat? (S. 51)

In diesem Zweifel bestärkt ihn der Gerichtspräsident, der ihm die Sinnlosigkeit ihres Sterbens klarzumachen versucht mit dem Argument:

> Man wird schon deshalb von Euch nichts wissen wollen, weil Euer Tod wie ein Vorwurf auf die wirken wird, die es klugerweise vorziehen, zu leben. (S. 53)

Als letzte Zuversicht bleibt dem Grafen nur sein Glaube, daß letztlich „ein Größerer" der Gegenspieler ihrer Henker ist.

Diesen Konfrontationen der verschiedensten Positionen und Gestalten in Lotars Stück kommt insofern größere Beachtung zu, als darin das Trennende im gemeinsamen Widerstand nicht verschwiegen und somit eine unangebrachte Harmonisierung und Heroisierung der deutschen Widerstandsbewegung vermieden wird.

Die Klärung der aufgeworfenen Fragen und Probleme wie Gewaltanwendung und Tyrannenmord, Beseitigung der Obrigkeit oder unbedingter Gehorsam ihr gegenüber, Hoch- und Landesverrat, um die sich die Gestalten des Stückes im Angesicht des Todes bemühen, ist dabei gleichzeitig als eine Klärung für die Zuschauer gedacht. Sätze wie die des Grafen und des Gerichtspräsidenten, welche die zu erwartende Reaktion der Überlebenden auf den 20. Juli zum Ausdruck bringen, sind wohl bewußt auf ein eventuell beim Publikum vorhandenes Ressentiment gegenüber der Widerstandsbewegung gerichtet[24].

Diese Ausrichtung des Dialogs auf ein vermutetes Ressentiment des Publikums hat allerdings auch die oft thesenartige Herausarbeitung der erörterten Probleme und ihre stellenweise unpersönliche Formulierung zur Folge. Häufig vermeint man statt der Figuren in ihren konkreten Situationen den Autor zu hören, der den Zuschauern die Problematik und die inneren Konflikte der Widerstandsbewegung nahebringen möchte. Der Dialog geht bei den einzelnen Begegnungen und Gesprächen zu oft und zu schnell in eine Art Grundsatzdiskussion über. Hinzu kommen die sentenzenhaft-„pastoralen" Formulierungen der Hauptfigur des Stückes in den Dialogen: kommunistischer Arbeiter – Graf; Student – Graf; Pfarrer – Graf. Hier findet sich zu viel Belehrung und Predigtton, mag das nun an dem religiösen Gedankengut liegen, das der Graf äußert (und das wohl weniger eine persönlichere Formulierung zuläßt), oder auch daran, daß die Sprache des Grafen zu sehr von der in Moltkes Briefen beeinflußt ist[25].

Letztlich liegen diese Schwächen, die sich bei der szenischen Bewältigung des Stoffes ergaben, in der Gesamtkonzeption und Intention des Stückes begründet, das vor allem die ethische und religiöse Komponente des Widerstandes in den Mittelpunkt der Darstellung rückt.

Thematisch wird dies erreicht durch das Aufzeigen der inneren Konflikte der Widerstandskämpfer, formal durch die Konzentration des Stückes auf die Endphase des Geschehens, in der die Auseinandersetzung mit dem politischen Gegenspieler zurücktritt vor der mit dem Tod bzw. mit Gott. Diese Ausweitung des Geschehens in den metaphysischen Bereich entspricht allerdings weitgehend der Haltung der nach dem 20. Juli Hingerichteten, wie in ihren Abschiedsbriefen und in den Berichten der Gefängnisgeistlichen bezeugt ist[26].

Peter Lotar geht es mithin weniger um eine Beurteilung der äußeren Seite des Widerstandes, der politischen Pläne und Ziele sowie der faktischen Ergebnisse der Opposition gegen Hitler, sondern um die Würdigung ihrer Haltung nach ihrem Scheitern. Er trifft sich hierin mit der Sehweise von Hans Rothfels:

„Darüber hinaus haben viele, die direkt oder indirekt als Opfer des 20. Juli fielen, die letzte Probe in einer Haltung bestanden, die sie in einem allgemein menschlichen Sinne denkwürdig machen sollte, was immer die politische Tragweite ihrer Pläne und deren Bedeutung für die dunkelste Phase deutscher Geschichte gewesen sein mögen."[27]

Peter Lotars Konzeption stimmt damit weithin mit der ersten Phase in der Beurteilung des 20. Juli überein, die auf eine Würdigung des Widerstands abzielte. Gegen die in der zweiten Phase dominierende „realpolitische" Deutung macht Rothfels nach wie vor geltend:

„Keine Würdigung der deutschen Opposition gegen Hitler wird ihrer Aufgabe genügen, die sich nur innerhalb der begrenzten Sphäre politischer Betrachtungen und Möglichkeiten bewegt, die etwa nach den ‚Klassen'-Motiven der an der Verschwörung stark beteiligten ‚alten Elite' fragt und so nach bestimmten Methoden sozialwissenschaftlicher, wenn nicht gar psychoanalytischer, Untersuchung verfahren zu sollen glaubt, oder die in der Hauptsache die ‚nationalen' Ziele des Widerstands herausstellt, um schließlich ihren Beurteilungsmaßstab in der äußerlichen Ansicht von Erfolg oder Mißerfolg zu finden. Solche sogenannten ‚realpolitischen' Deutungen sind berechtigt, soweit die Tatbestände in ihren Bereich fallen. Aber um auf den Grund zu sehen, muß man zum Prinzipiellen vorzustoßen versuchen, zu den Kräften moralischer Selbstbehauptung, die über die Erwägung des bloß politisch Notwendigen hinausgehen."[28]

Diesen Vorstoß zum „Prinzipiellen" hat Peter Lotar auf literarischem Gebiet in seinem Stück versucht. Auch seine Absicht, „ein ursprünglich deutsches Problem zum Anliegen der ganzen Welt"[29] zu machen, deckt sich mit Rothfels' abschließender Feststellung, „daß die deutsche Opposition Antriebe und Imperative hinterlassen hat, die weder an Lokalität noch an Nationalität gebunden sind."[30] Die überregionale Bedeutung der deutschen Opposition markiert in Lotars Stück die Transponierung des Themas ins ‚Allgemeingültige', ihr ethischer und religiöser Akzent die Ausweitung in den metaphysischen Raum.

Diese thematische Ausgangsbasis findet ihre dramaturgische Konsequenz in der gewählten Darstellungsform. Der Autor selbst weist darauf hin, wie er diesen Reigen der Gestalten und „Gespräche einer letzten Nacht" verstanden wissen will:

„Dieses Requiem hat die strenge Form des mittelalterlichen Totentanzes [...] Der Versucher [Gerichtspräsident] macht die Runde, um vor dem leiblichen Tode auch noch die Seelen zu vernichten, ihm entgegen schreitet der Glaube [Graf], selbst von Versuchung bedroht, ihnen folgt, gleich einem Engel des Todes an diesem kläglichen Orte, der erbarmenspendende, wunderliche Alte [„Vater"], der die Häftlinge von der letzten Bürde irdischen Gutes befreit."[31]

Während Peter Lotar mit seinem Stück „auf dem Boden der Tatsachen"[32] bleibt, auch wenn kein Land und keine Namen genannt werden, geht *Günther Ghirardini* (* 1930) mit seinem Schauspiel *Der Untergang der Stadt Sun* (UA 1960)[33] einen Schritt weiter, indem er den historischen Vorgang verfremdet, ihn in einer unbestimmten Zeit und an einem fiktiven Ort spielen läßt. Das historische Geschehen vom und nach dem 20. Juli wird bei ihm in einem sagenhaften China angesiedelt, das an Brechts Parabel-Landschaft in den Stücken *Der Kaukasische Kreidekreis* und *Der gute Mensch von Sezuan* erinnert.

Der einst siegreiche General Brahma-York steht vor dem Tribunal, um sich wegen Hochverrats und Attentatsversuchs gegen den Herrscher von Sun, den Chan, zu verantworten, während zur gleichen Zeit die Stadt Sun bereits dem Angriff zweier feindlicher Armeen ausgesetzt ist. Es sind bei Ghirardini also zwei Vorgänge miteinander verbunden: einmal die *Belagerung und „Der Untergang der Stadt Sun"*, in kurzen Volksszenen dargestellt, welche die Stimmung der Einwohner, ihre doppelte Angst vor der Niederlage und den Schergen des Chans zeigen; zum anderen der *Hochverratsprozeß gegen General Brahma-York,* in dem die „hochverräterischen"

Taten Brahma-Yorks in einer Art Rückblende – die beiden Verteidiger spielen hinter Masken die jeweiligen Partner des Generals – vorgeführt werden und das Todesurteil gegen ihn und einen seiner mutigen Verteidiger verhängt wird.

Die Anführer der beiden siegreichen Feindarmeen, die sich bei der Eroberung der Stadt sogleich über ihre Teilung entzweien, können nur noch die Urnen der beiden Hingerichteten in Empfang nehmen. Sie haben nicht viel Achtung für die gehenkten Verschwörer, die sich aus Patriotismus gegen das Regime erhoben. Sie lassen sie zusammen mit den von ihnen hingerichteten Schergen in die gleiche Grube werfen. Eine Ehrung Brahma-Yorks und damit eine Verherrlichung des Hochverrats kann nicht im Sinne ihrer Regenten sein. Soll das Volk sie wieder ausgraben und getrennt nach Verdienst bestatten! Nach Ansicht des Siegergenerals Suonga wird dies jedoch kaum geschehen:

> Das Volk von Sun wird sie nicht wieder ausgraben. Es wird noch Erde hinzutragen, und die Grube dann dem Erdboden gleichmachen, damit Gras darüber wächst. Denn wer wird einen Leichnam wieder hervorholen, dem der Aussatz des Hochverrats anhängt? Das Volk wird es nicht tun. Die Fürsten werden es nicht tun. Sollen die Generäle es tun? – Was seht ihr mich so an? Auch ich bin ein General. Auch auf mich sind die Augen eines Fürsten gerichtet. Was habt ihr also erwartet von mir! (S. 67 f.)

Dies ist der skeptische Schluß von Ghirardinis Stück. Auch Ghirardini gibt also – ähnlich wie Peter Lotar[34] – der Befürchtung Ausdruck, daß die Widerstandskämpfer sowohl beim eigenen Volk als auch bei den Siegern verkannt und vergessen werden könnten.

Sein Versuch, die historischen Ereignisse des 20. Juli mit Hilfe der Verfremdung von Ort und Zeit zu veranschaulichen, muß jedoch als mißlungen bezeichnet werden. Der Hauptgrund hierfür ist in dem inneren Widerspruch der Konzeption zu suchen: Einerseits erstrebt Ghirardini die Verfremdung des historischen Vorgangs, andererseits aber kann er die historischen Parallelen und somit die Assoziationen des Publikums nicht verhindern, muß sie vielmehr bewußt zum Verständnis des Gemeinten einbeziehen.

Ein Vergleich mit Brechts Parabel *Der aufhaltsame Aufstieg des Arturo Ui* mag diesen Widerspruch näher verdeutlichen: Auch Brecht verfremdet hier zeitgeschichtliche Vorgänge durch Versetzen der NS-,,Größen" ins Gangstermilieu von Chicago und ruft dadurch eine Assoziationswirkung beim Publikum hervor. Im Gegensatz zu Ghirardini hat dieses Verfahren bei Brecht jedoch eine ganz bestimmte und legitime (wenn auch vielfach umstrittene)[35] Funktion: die der parodistischen Travestie, die Enthüllung durch Vergleich beabsichtigt. Bei Ghirardini hingegen, der mit seiner Verfremdung keine Enthüllung, sondern lediglich eine Transponierung allzu naher historischer Ereignisse in ein fremdes Milieu anstrebt, erweist sich jenes Verfahren als verfehlt. Wenn für den Zusammenbruch Berlins im April 1945 der Untergang der Stadt Sun steht, die Entzweiung der feindlichen Armeen bei der Teilung dieser Stadt den Beginn des ,,Kalten Krieges" zwischen West und Ost signalisiert und der Zusatzname bei Brahma-*York* auf eine historische Figur verweist[36], so sind diese Anspielungen zu offensichtlich und vordergründig, um den Vorgang aus seiner historischen Aktualität ins Zeitlose zu rücken, was doch offensichtlich die Absicht des Autors war.

Schwerer wiegt in diesem Zusammenhang aber noch die Tatsache, auf die Heinz Beckmann[37] hinwies: Ghirardini lasse den General Brahma-York gleichsam bloß und ledig vor dem Tribunal stehen, ohne ihm überzeugende Motive für seine Tat zu geben, und verlasse sich stattdessen auf die Assoziationen der Zuschauer, die ein Teil von ihnen ihrer Jugend wegen gar nicht mehr aufbringen könne. Beckmann zieht so das Resümee:

> „Man sieht entsetzliches Elend über eine tyrannisierte Stadt hereinbrechen, sieht bis zum letzten Augenblick finstere Schergen am Werk und erfährt dann in den Gerichtsszenen von hochverräterischen Verhandlungen mit dem Feind und einem Mordversuch an dem Tyrannen. *Aber die Zusammenhänge werden nicht hergestellt.*"[38]

Die Schwäche des Stückes liegt hauptsächlich darin, daß es einerseits zu sehr vom Reiz des Vergleichens und des Wiedererkennens ähnlicher Situationen in einem fremden Milieu lebt, andererseits aber zu wenig eigene dramatische Substanz hat und den Zusammenhang dés Geschehens vermissen läßt. Die Widerstandsproblematik, etwa der Konflikt des Offiziers zwischen Verteidigung des Landes und Beseitigung des Tyrannen mit eventuell daraus entstehender ‚Feindbegünstigung', wird nicht deutlich. Brahma-York verteidigt sich nicht mit gewichtigen Argumenten, die ihn zum Ankläger seiner Richter machen könnten, nichts erfährt man über die Motive seiner Tat, es sei denn indirekt durch die (ebenfalls in die Gerichtsszenen eingeblendete) Traum-Erscheinung des „Geistes der Brahma", der ihn gleich dem Geist von Hamlets Vater zum Handeln treibt. Diese symbolische Verdeutlichung des Gewissenskonfliktes läßt dessen reale Motivierung jedoch nicht erkennbar werden, sondern verstärkt nur die Konturlosigkeit der Figur Brahma-Yorks.

Ghirardini will zu viel auf einmal zeigen: die Stimmung des Volkes in seiner verzweifelten Verteidigung unter dem Terror des Chans, den Hochverratsprozeß gegen den eigenen Heerführer, aber auch die Situationen, die zum Prozeß führten. Dies ergibt ein kompliziertes und weiträumiges Ineinander von Szenen, Rückblenden und Schauplatzwechseln, dem der Autor in der Durchführung sich nicht gewachsen zeigt. Statt der erstrebten Komplexität der Vorgänge um und nach dem 20. Juli gibt er lediglich eine Fülle von Einzel-Episoden. Die gedankliche Bewältigung des Themas und die Formulierung der Widerstandsproblematik im Dialog bleiben dabei weit hinter der bloßen szenischen Illustration von äußeren Ereignissen zurück, die ihrerseits wieder aufgrund der praktizierten Verfremdung fragwürdig erscheint.

Was *Walter Erich Schäfer*s (* 1901) dreiaktiges Schauspiel *Die Verschwörung* (UA 1949)[39] von Peter Lotars und Günther Ghirardinis Stücken prinzipiell unterscheidet, ist die Wahl der Perspektive, aus der die Ereignisse des 20. Juli 1944 dargestellt werden.

Der *1. Akt,* der *während des Putsches* spielt, zeigt die Gestapo in Erwartung der Verschwörer (also nicht, wie gewöhnlich, die Widerstandskämpfer in Erwartung der Gestapo). Das aber bedeutet, aus der *Reaktion* der Gestapo soll die *Aktion* der Verschwörer deutlich werden. Dementsprechend kann der (äußere) Verlauf des 20. Juli auch nur auf indirekte Weise szenisch wiedergegeben werden, mit Hilfe von Teichoskopie, Teichakurie[40] und Botenbericht. Man hört das Geräusch eines vor der Gestapozentrale auffahrenden Panzers und erfährt wenig später, was sich ereignet

20

hat. Ein SS-Mann, der vom Hauptquartier des Ersatzheeres entkommen konnte, berichtet von dem Attentat auf Hitler, der Verhaftung des Chefs des Ersatzheeres und der von den Verschwörern in dessen Namen ausgelösten Aktion.

Der Chef der Gestapozentrale, SS-Gruppenführer Eichmann[41] (der einzige historische Name unter den auftretenden Figuren), ordnet daraufhin die Vorbereitungen zum Verbrennen der Akten sowie zur Liquidierung der Untersuchungsgefangenen im Keller an und läßt an seine „Mitarbeiter" Gift verteilen. Er selbst jedoch besorgt sich einen Zivilanzug, um sich rechtzeitig durch einen Geheimgang abzusetzen, zum Erstaunen seines Stellvertreters, des SS-Brigadeführers Dr. Sonn, der den Gedanken des Untertauchens weit von sich weist:

Sonn: Unsere Ehre heißt Treue.

Eichmann: Gewäsch für alte Weiber.

Sonn: Sag mal, Franz – hast du nicht das Gefühl, daß es Dinge gibt, für die man stirbt –

Eichmann: Na, sag schon: als Märtyrer.

Sonn: Also – als Märtyrer.

Eichmann: Du hör mal, Mann, komm mir nicht mit solchen Gewissenskisten, mit solchen ganz verdammten Gewissenskisten wie der Heydrich. (S. 22 f.)

Der angedeutete Handlungsverlauf des 1. Aktes wie die kurze Dialogprobe – zugleich ein Beispiel für das sprachliche Niveau des Stückes – vermögen wohl schon die problematische Akzentverlagerung von der Widerstandsbewegung auf die Gestapo bzw. SS deutlich zu machen.

Mit der Rundfunkmeldung vom Zusammenbruch des Aufstandes und der standgerichtlichen Erschießung der Meuterer schließt der 1. Akt.

Der *2. und 3. Akt* spielen also bereits *nach dem Scheitern des 20. Juli.* Sie bestehen aus einer *Kette von Verhören,* in denen Eichmann den für den 20. Juli Verantwortlichen herausfinden will. Dramaturgisch haben die Verhöre den gleichen Zweck wie Teichakurie und Botenbericht im 1. Akt, nämlich die indirekte Darstellung der Widerstandsaktion vom 20. Juli.

Zunächst werden die bereits in der Gestapo-Zentrale unter dem Verdacht der Zugehörigkeit zur Widerstandsbewegung Inhaftierten vernommen: Arbeiterführer *Siffke,* Graf *Loy* und dessen Sekretärin *Magda Hauff;* danach zwei am Putsch unmittelbar Beteiligte, die man soeben erst verhaftet hat: General *Frisch,* der – kurz zuvor noch von den Verschwörern arrestiert – heftig gegen seine Verhaftung protestiert, da ihm allein die Niederschlagung der Meuterei zu verdanken sei, und ein der standgerichtlichen Erschießung entgangener Verschwörer, Major *Haag,* der sich von Frisch als einem Verräter an der Widerstandsbewegung distanziert. Mit Frisch ist also offensichtlich Generaloberst Fromm, der Chef des Ersatzheeres, gemeint.

Major Haag entlarvt Frisch als Opportunisten, da dieser sich nicht entscheiden, sondern auf den Ausgang warten wollte und bei Beginn der Gegenaktion der SS umschwenkte. Frisch entgegnet auf diesen Vorwurf:

> Heute Nachmittag, um 15 Uhr 30, am 20. Juli, kamen sie herein in mein Büro. Meuterer, Eidbrüchige, Attentäter. Und sagten mir, ich soll ihr Führer sein. Der Führer von Mördern. Meine Herrn, mein Vater war Offizier und mein Großvater. Und alle aus meiner Familie. Und sie haben mir nicht viel vererbt. Kein Rittergut und keinen scharfen Verstand. Nur das eine: Gehorchen und Eide halten. Und wie nun die Herrn vor mir standen und baten, ich soll ihr Führer sein, – da konnte ich nicht. Weiß Gott, meine Herrn, ich wußte, daß sie recht haben. Tausendmal haben sie recht. Das wußte ich. Aber trotzdem konnte ich nicht. Da war ich an etwas gebunden. Nicht an diesen Hitler. Und nicht an den Führer. Was ist mir der Führer, meine Herrn. Sondern an einen Kriegsherrn – ohne Gesicht. Ohne Namen. Und an einen Eid. Und ich konnte nicht der Führer von Mördern sein. (S. 78)

Diese Formulierungen sind zu banal und die Argumente zu trivial, um den Gewissenskonflikt des Offiziers, der sich an seinen Treueid auf das Staatsoberhaupt gebunden fühlte, charakterisieren zu können. Umgekehrt dürfte darin eine historisch nicht gerechtfertigte Problematisierung der gemeinten Gestalt Fromms liegen. Sein widerspruchsvolles Verhalten wurde von Graetz und Kirst[42] historisch genauer gezeichnet.

Nach den Einzelverhören, in denen Eichmann den Hauptverantwortlichen für den 20. Juli nicht ermitteln konnte – alle verschweigen die doppelte Rolle Stauffenbergs als Attentäter und Organisator des Staatsstreiches – erfolgt im *3. Akt* die *Konfrontation aller Verhörten mit einer Platten-Aufnahme,* die ein Gestapo-Spitzel heimlich auf dem Gut des Grafen Loy, dem Treffpunkt der Verschwörer, gemacht hat. Man vernimmt die Stimme des offensichtlichen Führers der Erhebung, seinen Aufruf zur entscheidenden Tat. In dem Wissen, daß sie den Sprechenden nicht mehr zu verschweigen brauchen – sie haben unterdessen von seiner standrechtlichen Erschießung erfahren –, identifizieren ihn alle als Oberst Stauffenberg und bezeichnen ihn als den eigentlichen Führer der Widerstandsbewegung vom 20. Juli.

Ihr Zeugnis für Stauffenberg jedoch und ihre Bereitschaft, ihm in den Tod zu folgen, berühren nicht weniger peinlich als der angeführte SS-Dialog:

Loy: Jetzt haben wir zwei Stimmen gehört. Ihre Stimme, Herr Eichmann, die Stimme des Henkers. Und die Stimme des Kameraden. Nun bleibt uns nichts mehr, als zu ihm zu treten und unsere Stimme mit seiner zu vereinigen. Zu einem Chor, Herr Eichmann, den keine Macht, kein Teufel und keine Gestapo dämpfen wird.

Magda Hauff: [. . .] wenn ich an Graf Stauffenberg denke. Un an meinen Mann. Und an die vielen, die ich kenne, die gestorben sind. Dann weiß ich, Herr Eichmann, wir werden bald stärker sein, als wenn wir noch lebten. (S. 98)

Das Stück endet aber nicht mit der Abführung aller Verhörten, sondern mit einem unverständlichen Nachspiel. Was man schon aus einigen Anspielungen während des Stückes ahnte, bestätigt sich zum Schluß: Dr. Sonn, der laut Eichmann „Hunderttausend Menschen eiskalt gekillt" (S. 103), entpuppt sich als Widerstandskämpfer. Er hat die Fernsprechzentrale der Gestapo während des Putsches stillgelegt, die auf dem Gut des Grafen Loy mitgeschnittenen Platten verschwinden lassen, jedes einzelne Protokoll über den Kreis der Verschwörer vernichtet. Als ihm Eichmann einen Revolver reicht („Du putzt das Ding und da geht das Schießeisen los. Kleiner Unfall."), wehrt er ab:

Heißt du das Sühne? Nein. Ich will nicht hier verrecken nur so zum Spaß. Und ein Nachruf im Schwarzen Korps. Hängen müßt ihr mich vor allen Leuten, hängen, so hoch es geht. Daß der letzte Bürger in Deutschland sieht: Da hängt einer von den Henkern dabei. (S. 103 f.)

Zu dem unverständlichen Schluß kommt dieser Sentimentalität und Mitleid mit den Henkern erweckende Text und damit die geschmacklose Verherrlichung eines SS-Brigadeführers,

„der, nachdem er jahrelang im Blut gewatet ist, sich in plötzlicher Metamorphose auf die Seite der Verschwörer stellt und zum Galgen drängt. Ein geringes und sehr außergewöhnliches Faktum, das der Autor dem Buche von Gisevius [43] offenbar entnommen hat. Aber Theater typisiert, gibt am gezeigten Beispiel das Exemplarische. Diese SS-Gestalt ist sehr unexemplarisch [...] Wenn dies Stück eine Moral hat, so ist es am Ende die, daß es auch einen zum allerletzten Schluß anständigen SS-Bullen gegeben hat. Sei's drum! Wenn schon! Ihn zu zeigen und ihm eine späte Gloriole zu gewähren, heißt einen Widerschein von Heiligkeit auf eine Institution legen, die bewußt und in toto höllisch war."[44]

Dabei war es die Absicht des Autors wohl nicht, das Bild dieser SS-Figur zu zeichnen, wenn er in seinem Vorwort schreibt:

„Dieses Stück unternimmt es nicht, die ganzen Vorgänge des 20. Juli darzustellen. Das ist heute auch noch kaum möglich. Aber es möchte einen Ausschnitt aus diesen Ereignissen geben, gruppiert um das Bild einer Persönlichkeit, die nur durch einen Zufall deutlich wurde und die es verdient, in der Erinnerung des Volkes lebendig zu bleiben."

Damit ist offensichtlich *Stauffenberg* gemeint. Seine Bedeutung als zentrale Figur der Erhebung vom 20. Juli soll den Zuschauern deutlich gemacht werden — aber mit Mitteln, die dafür völlig ungeeignet sind:

1. durch die rein kriminalistische Spannung auf den Namen des „Staatsfeindes Nummer Eins", den Eichmann über zwei Akte hinweg aus den Verhören zu ermitteln sucht,
2. durch den Kontrast von Eichmanns Verkennung der wahren Bedeutung Stauffenbergs und seiner ständigen Betonung der Gefährlichkeit des „Staatsfeindes Nummer Eins",
3. durch die indirekte Charakterisierung Stauffenbergs auf der zur Ermittlung vorgeführten Platten-Aufnahme.

Diese szenischen Mittel einer indirekten Darstellung der historischen Rolle Stauffenbergs reichen aber bei weitem nicht aus, das Bild dieser Persönlichkeit deutlich werden zu lassen. Sie genügen gerade zu einem Hinweis auf die Bedeutung, vermögen aber keineswegs eine Charakteristik dieser Gestalt zu geben.

Das Stück ist von Absicht und Anlage her bereits verfehlt, da die Gestalt Stauffenbergs aufgrund der historischen Tatsache, daß er vor Einsetzen der Hochverratsprozesse vor dem Volksgerichtshof und den vorausgehenden Verhören der Gestapo standrechtlich erschossen wurde, sich jeder dramatischen Darstellung in Form eines Prozeß- oder Verhörstückes entzieht.

Doch nicht allein in der Wahl der Mittel zur Charakterisierung Stauffenbergs hat der Autor einen Mißgriff getan, sondern bereits in der Wahl der Perspektive. Aus der Sicht der Gestapo sollen hier die Vorgänge vom 20. Juli evident werden. Das aber führte zu deren indirekter Verdeutlichung und ermöglichte nicht die vom Autor beabsichtigte Veranschaulichung des Aufstandes, sondern hatte nur die bedenkliche Akzentverlagerung zur Folge, daß anstelle der Widerstandsbewegung die Gestapo in den Mittelpunkt der Darstellung rückt. Was das Resultat anbelangt, ist Friedrich Lufts abschließendem Urteil zuzustimmen: „Sehr unerfreulich und dem Andenken der Toten jenes Datums keineswegs angemessen oder gar förderlich."[45]

Kein Drama über den 20. Juli 1944, sondern ein „Drama aus der deutschen Widerstandsbewegung" schrieb – laut Untertitel – *Günther Weisenborn* (1902 – 1969) mit seinem Schauspiel *Die Illegalen* (1945/46; UA 1946)[46]. Dieses Stück ist zugleich der früheste Versuch nach dem Zusammenbruch des Dritten Reiches, den gegen Hitler geführten Widerstandskampf in dramatischer Form darzustellen.

Weisenborn schrieb dabei eigene Erfahrungen nieder, gehörte er doch selbst einer Widerstandsgruppe (um Schulze-Boysen) an und entging nur knapp dem Todesurteil des Reichskriegsgerichts. Drei Jahre verbrachte er im Zuchthaus Luckau, aus dem er 1945 von den Russen befreit wurde.

In Erinnerung an seine an der „Schafottfront" gefallenen Kameraden und „an getane, bisher sorgfältig verheimlichte Taten" der Hingerichteten wurde dieses Stück von ihm als „einem überlebenden Zeugen als Denkmal einer illegalen Gruppe während der Nächte dieses verzweifelten Winters [1945] in Erschütterung niedergeschrieben", denn die „Überlebenden haben als Instrument der Toten die sehr konkrete Verpflichtung, Denkmäler für die Dahingegangenen in die Gegenwart zu setzen. Wir haben die Verpflichtung, ihre Taten unserem deutschen Volk und besonders seiner Jugend bekanntzumachen."[47]

Das Schauspiel zeigt den mutigen Kampf einer Gruppe von „Illegalen" gegen das bestehende Unrechtssystem. Es sind dies: *der gute Nachbar,* illegaler Funktionär und Haupt der Gruppe; *Bulle,* ein Werkzeugmacher; *Spatz,* ein Tippmädchen; *Flöte,* ein Student; *Karl,* ein Kraftfahrer; *Willi,* ein Lehrling; *Lill,* ein Serviermädchen in der Kneipe von Weihnachts; *Walter,* der Gastwirtssohn; *Tünn,* der Verbindungsmann einer anderen Gruppe.

Das Stück beginnt mit einer nächtlichen Plakataktion. Dem guten Nachbarn, der „spannen" geht, ob die Luft rein ist, folgen als Liebespaar getarnt Bulle und Spatz, die die Flugblätter ankleben. Die ungeheure psychische Belastung der illegalen Tätigkeit wird spürbar, als Spatz für einen Augenblick die Nerven verliert.

Spatz:	Arbeit! Kleben! Heimlich sein! (Sie zieht die Flugblätter hervor). Hier hast du die Blätter! Ich mach nicht mehr mit.
Bulle:	Was fällt dir ein, Mädchen?
Spatz:	Ich kann nicht mehr! Ich kann nicht mehr! Laßt mich doch bitte in Ruhe . . . bitte!
Bulle:	Steck die Blätter weg, eh sie jemand sieht, sag ich dir!
Spatz:	(mit bleicher Verzweiflung) Soll sie jemand sehn! Alle sollen sie sehn! [. . .] Wir machen nichts besser! Es kostet zuviel! Ich kann nicht mehr! (S. 172)

Die Szene wechselt von der Straße in die Kneipe Weihnachts, wo Lill Walter für die Arbeit ihrer Gruppe zu gewinnen sucht — gegen den Willen seiner Mutter, die ihren Sohn nicht wegen „Politik" und „Weltverbesserung" verlieren will. Weder Lill noch die Mutter wissen, daß Walter längst tätig ist und einen Geheimsender betreibt. In der Kneipe kommt es zu einer Zusammenkunft der Gruppe um den guten Nachbarn und durch Lills Vermittlung zu einer Kontaktaufnahme mit Walter. Es werden ihm dabei die Verhaltensregeln der Gruppe für die Untergrundarbeit genannt — und auf diese Weise zugleich den Zuschauern die Gefahren und Schwierigkeiten der illegalen Tätigkeit bewußt gemacht.

Wie richtig diese Vorsichtsregeln sind, erweist sich, als Spatz mit der Nachricht von Bulles Verhaftung kommt. Alle sind plötzlich aufs äußerste gefährdet. Die Gruppe geht auseinander und stellt jede Tätigkeit ein. Lill erhält das illegale Material zur Aufbewahrung und die Auflage strengster „Separation" von allen.

Walter jedoch, der davon nichts erfahren hat, sucht Lill in ihrer Wohnung auf. Als er von ihrer Separation und dem Material bei ihr hört, erkennt er, in welche Gefahr er Lill durch seinen Besuch gebracht hat, für den Fall, daß er oder Lill beschattet werden. Um jeden Verdacht zu beseitigen, verhandelt er zum Schein mit Lills Wirtin wegen eines Zimmers. Beim Abschied gesteht er Lill seine Zuneigung, die diese aber mit Rücksicht auf ihren gemeinsamen politischen Kampf zurückweist. Er nimmt heimlich das sie belastende Material mit und beginnt in einer Mansarde, die er in ihrer Nähe bezieht, wieder mit seinen illegalen Sendungen.

Der Schauplatz der Handlung wechselt von den „Illegalen" zu ihrem Gegenspieler, dem Staatssicherheitsdienst. Hier versucht man unterdessen, Bulle zu einem Geständnis zu bringen. Er bestreitet, mit dem gesuchten Bullerjahn identisch zu sein, in dessen Wohnung man Flugblätter gefunden hat. Mit Hilfe seiner siebenjährigen Tochter jedoch, die freudig auf ihren Vater zuläuft, als man ihn hereinführt, gelingt den SD-Leuten seine Identifizierung. Einen Augenblick versucht Bulle, sein Kind zu verleugnen, dann aber erkennt er, daß er verloren ist, und nimmt Abschied von seiner Tochter, die das alles nicht begreift und nach seiner Rückkehr fragt. Er versucht es ihr so gut wie möglich beizubringen:

Bulle:	Hör, Marie, wir sehn uns jetzt sehr lang nicht. [. . .]
	[. . .]
Bulle:	(eilig, gehetzt, leise als Testament) Und geh zu Frau Lierke, sie soll sich um dich kümmern mit den Brotkarten, ja?
Marie:	Ja.
Bulle:	Und wenn du dir Kaffee kochst, dreh immer den Gashahn ganz fest zu, damit nichts passiert, ja?
Marie:	Ja.
Haber:	Los, machen Sie Schluß, Mann!
	[. . .]
Bulle:	(ausbrechend, groß) Und wenn sie dich fragen, warum ich gegangen bin, Marie, dann sag ihnen: Für die Freiheit, Marie, für die Freiheit! Vergiß das nie! (S. 221)

Der Autor blendet zurück in die Mansarde Walters. Der gute Nachbar und Flöte dringen bei ihm ein in der Überzeugung, daß er Bulle verraten habe und bei Lill als heimlicher Spitzel gewesen sei. Er eröffnet ihnen seine illegale Sendetätigkeit und händigt ihnen das Material der Gruppe aus. Von Lill, die ihn danach besucht, weicht alle Spannung, als sie das Material in Sicherheit weiß; sie gibt ihrer Zuneigung zu Walter nach und verbringt gemeinsam mit ihm die Nacht. Als Lill geht, sendet Walter zum letzten Mal einen Aufruf, den Brief eines Häftlings an die deutsche Jugend, der Vermächtnis und Rechtfertigung des Widerstandes ist. Während er den Aufruf verliest, hört man die Schläge der Polizei gegen seine Tür. Er zerstört den Sender und entzieht sich der Festnahme und damit der Gefahr, die Mitglieder der Gruppe unter der Folter zu verraten, indem er durch einen Angriff auf einen der Polizeibeamten den tödlichen Schuß auf sich erzwingt.

Es sind die für die Untergrundbewegung typischen Situationen, an denen Weisenborn die beklemmende Atmosphäre der Ausnahmesituation der Illegalen zu verdeutlichen sucht: *nächtliche Flugblattaktion, geheime Zusammenkunft, Kontaktaufnahme* mit einer anderen Gruppe, *Sendung von Widerstandsaufrufen.* Er bringt also in seinem Stück das Geschehen fast ausschließlich aus der Sicht der Illegalen. Der Gegenspieler erscheint nur in der Verhörszene des SD und am Schluß des Stückes, ansonsten wirkt er nur aus dem Hintergrund.

Dazu bemerkte Friedrich Luft in seiner Kritik zur Uraufführung des Stückes:

„Der große Partner dieser, aller illegalen Gruppen, tritt nicht auf. Oder besser: Er ist immer auf der Szene. Unfaßbar, gefährlich, lauernd, ein Netz von Beobachtungen und Verdächtigungen. Er lauert in jedem Klopfen an der Tür. Er ist zu vermuten in jedem Passanten, der ins Fenster hereinsieht. Er ist zu argwöhnen in jedem Schritt, der sich nähert. Nicht faßbar ist der große, braune Gegenspieler dieser Gruppe. Aber spürbar immer."[48]

Luft gibt damit zwar eine prägnante Schilderung des illegalen Kampfes an sich, aber weniger die des dargestellten in Weisenborn Stück. Wenn die ständige Bedrohung durch den Gegner auf der Szene auch spürbar ist, so wird sie doch weniger szenisch realisiert und an Vorgängen deutlich gemacht als von den Figuren des Stückes ausgesprochen und formuliert, im Gegensatz etwa zu Brechts Szenen in *Furcht und Elend des Dritten Reiches,* wo die ständige Bedrohung durch einen weitgehend anonymen Gegner nicht expliziert, sondern aus dem szenischen Vorgang selbst veranschaulicht wird[49].

Die illegale Tätigkeit und die Angst vor Verrat und Entdeckung werden bei Weisenborn nur in einzelnen Momenten szenisch vorgeführt, so in der nächtlichen Plakataktion, wo der Spatz die Nerven verliert. An anderen Stellen wird diese Angst nur in Form einer Schilderung den Zuschauern mitgeteilt, wie z. B. in der Szene der Kontaktaufnahme mit Walter:

Flöte: Und dann die Angst. Du wirst ein Jahr lang Angst haben und jeden Morgen das Klopfen an deiner Tür hören. Du wirst nicht zu einem Treff kommen, weil dir der Mut fehlt. Du wirst dich drücken und zitternd und schwitzend durch die Straßen rennen vor Angst. Du wirst feige sein und einige Male weinen vor Verzweiflung. Aber eines Tages wirst du die Angst hinter dir haben. Dann hast du die Tricks und die Technik gelernt, du wirst ein eiserner illegaler Kämpfer sein, erfahren in

> der Konspiration, gelassen in deinen Gedanken und furchtbar im gelernten Verrat, ein organisierter Kämpfer für die Freiheit in der beispiellosen Unterdrückung des Reichs. (S. 196)

Das gleiche gilt von den Schwierigkeiten und Gefahren der illegalen Tätigkeit, die den Zuschauern nur durch die an Walter gegebenen Verhaltensregeln bewußt gemacht werden. Schilderung und epischer Bericht überwiegen bei weitem gegenüber der szenischen Darstellung. Die Besprechung Lufts macht auf dieses Mißverhältnis indirekt aufmerksam, wenn er zur Regie Franz Reicherts, der die Uraufführung inszenierte, bemerkt:

> „Er tat gut daran – für mein Empfinden – wenn er Sentenzen und Monologe, die aus der realen Szene ins Gedankliche abführten, gerade ins Publikum gewendet sprechen ließ."[50]

Zu viel aber führt bei Weisenborn von der realen Szene ins Gedankliche, in Bericht und Schilderung oder auch ins Lyrische. Dies geschieht vor allem durch die eingeblendeten, nicht funktionell eingesetzten *Lieder*[51], durch die teilweise ins Hymnische gesteigerten *Monologe* (strophenartiger Bau!)[52] sowie durch die von Walter *gesendeten Texte* mit ihren pathetischen Analysen des Terrorsystems, so beispielsweise in dem zuletzt gesendeten Aufruf, dem Brief eines Häftlings an die deutsche Jugend:

> [. . .] Nun, in unser Vaterhaus war eine Seuche eingedrungen, eine goldverbrämte Seuche, die alle ansteckte und krank macht. Unser Volk, unser geliebtes Volk der Deutschen begann mit Wutschaum vor dem Mund zu rasen. Es wollte endlich einmal aus dem Elend heraus, und es ward ihm vom Rattenfänger aus Braunau ein Weg gezeigt. Ach, es war ein schrecklicher Weg, ein Golgathaweg. Es kochten auf den alten Herden unseres großen Volkes die uniformierten Wutanfälle auf, und der Vorgarten unseres Vaterhauses war mit den bösglühenden Blüten infamer Lügen bestückt. Dieser historische Amoklauf eines Volkes wird ihm Millionen von Toten kosten, vor denen ich mich verneige, und er wird mit dem totalen Zusammenbruch enden, vor dem mich schaudert. [. . .] (S. 236 f.)

Die Realität des Terrorregimes wird durch diese Metaphernflut nicht evident gemacht, sondern eher verwischt[53].

Die drei angeführten Elemente stehen nur in mangelhaftem Zusammenhang mit den realistischen Szenen des Stückes, die die Gefahr und Schwierigkeit der illegalen Tätigkeit zu zeigen versuchen. Ebenso widerspruchsvoll wie der Aufbau des Stückes im Wechsel von realistischer Szene und bloßem Bericht ist die sprachliche Gestaltung. Auch hier wechselt ein realistisches, der illegalen Situation gemäßes Sprechen der Figuren mit einer sentenzenhaft explizierenden oder hymnisch gesteigerten Sprache, in der der Autor sich direkt an das Publikum wendet. So in den Verhaltensregeln für die illegale Tätigkeit wie in der Schilderung der Angst vor Entdeckung – aber auch im Dialog selbst, beispielsweise in dem zwischen Walter und Lill, der den Konflikt zwischen ihrer illegalen Tätigkeit und ihrer Liebe zum Inhalt hat und den Verzicht der „Illegalen" auf persönliches Glück charakterisieren soll.

> Walter: Willst du dann später, wenn alles vorbei ist, mit Falten am Hals und mit Tränensäcken und grauen Fäden am Kopf alles nachholen? Das geht nicht. Jugend geht vorbei, flink wie ein Luftzug.

Lill:	Dann . . . wird es eben zu spät sein.
	[. . .]
Walter:	Das ist viel, das ist ungeheuer viel! Eine junge Frau gibt ihre Jugend, ihre Liebe für irgendeine neue Zeit . . . für alle Menschen.
Lill:	Für unsere neue Zeit.
Walter:	Und wenn die neue Zeit kommt, sitzen die Menschen breit auf dem Sofa am Kaffeetisch, schimpfen über die Bürgermeister, spielen Skat, machen ihre Einkäufe, hocken im Büro, bummeln ins Kino . . . und wissen nichts von solch einer jungen, herrlichen Frau. (S. 208 f.)

Sicher werden viele Widerstandskämpfer so gedacht haben, aber hier im Dialog ist dies eher ein überdeutlicher moralischer Appell des Autors an die Zuschauer, den Toten und ihren Taten nicht mit Gleichgültigkeit zu begegnen. Zu diesen didaktischen Formulierungen, die die Aufklärung der Zuschauer über den Widerstand anstreben, und den lyrisch gesteigerten Passagen, die auf eine Glorifizierung und Idealisierung des Widerstandskampfes abzielen, kommt als weiteres Stilmerkmal Weisenborns Tendenz zur „dramatischen Ballade” bzw. zur balladenhaften Einkleidung der Vorgänge, hinter die hier die Realität des Geschehens zurücktritt. Ausgesprochen balladesken Charakter hat z. B. die Feier der Silberhochzeit von Walters Eltern mit den skurrilen Gästen „Sargnägelchen” und „traurige Emma”.

Nur wenige Szenen in Weisenborns Stück erreichen die Qualität der Identifikationsszene Bulles, die gerade deshalb so überzeugend ist, weil die Charakterisierung des Widerstandskampfes bzw. des Terrorsystems allein aus dem realen Vorgang erzielt wird. Die Szene reicht sowohl in der eindrucksvollen und figuren-immanenten Sprachführung als auch im szenischen Einfall der Gegenüberstellung von Vater und Tochter an die besten Szenen von Brechts *Furcht und Elend des Dritten Reiches* heran.

Aus der Beschreibung und Analyse der angeführten Stücke ergibt sich eine Reihe von grundsätzlichen Schwierigkeiten, die der dramatischen Darstellung des deutschen Widerstandes und des 20. Juli entgegenstehen. Es lassen sich dabei sowohl stoffimmanente als auch individuelle Darstellungshindernisse konstatieren.

Wie *Die Illegalen* von G. Weisenborn und *Das Bild des Menschen* von P. Lotar — die einzig akzeptablen Darstellungsversuche unter den bisher vorgestellten Stücken — zeigen, steht den Autoren paradoxerweise bis zu einem gewissen Grade bereits ihre *Darstellungsabsicht* bei der szenischen Realisation des Themas im Wege. Sowohl Weisenborn als auch Lotar beabsichtigten nach ihrer eigenen Angabe, einen *Nekrolog* auf die Widerstandskämpfer zu schreiben und ihnen in ihren Stücken ein *poetisches Denkmal* zu setzen. Sie gingen dabei von der Befürchtung aus, daß die unter Hitlers Terrorsystem Hingerichteten verkannt und vergessen würden, sowie von der begründeten Annahme, daß ein allgemeines Ressentiment gegen die Widerstandskämpfer bestehe. Dem entsprechend sahen sie ihre vordringlichste Aufgabe darin, die Motive und Taten der Widerstandsbewegung zu würdigen und ihren Kampf gegen ein inhumanes Regime zu rechtfertigen.

Eine solche Zielsetzung aber trägt notwendigerweise stark lehrhafte und glorifizierende Züge in die Darstellung, die sich in sentenziös-didaktischen Formulierungen, in thesenartiger Herausarbeitung der Widerstandsproblematik oder in pathetischer Charakterisierung der Widerstandskämpfer äußern. Das aber hat für die Darstellung zur Folge, daß der Dialog vielfach ausschließlich von der Aufklärungs- und Würdigungsabsicht des Autors bestimmt wird.

Wie gravierend sich im einzelnen die Darstellungsabsicht auf die Behandlung des Gegenstandes auswirkt, verdeutlichen zwei weitere Stücke über den 20. Juli, die aufgrund ihrer besonderen Ausgangsbasis und ihres damit verbundenen Anspruches weit mehr der sachkundigen Überprüfung durch den Historiker als einer Beurteilung unter vorwiegend literarischen Gesichtspunkten bedürfen. Es sind dies die dokumentarisch kompilierten Stücke *Aufstand der Offiziere* (1966; UA 1966) von *Hans Hellmut Kirst* (* 1914) und *Die Verschwörer* (1965; UA 1968) von *Wolfgang Graetz* (* 1926), die in minuziöser Wiedergabe faktischer Details den Gang der Ereignisse vom 20. Juli 1944 auf die Bühne bringen und daran die Ursachen für das Scheitern des Aufstandes zu explizieren versuchen.

Im Gegensatz zu Lotar intendieren Graetz und Kirst mit ihren Stücken kein poetisches Denkmal des Widerstandes, sondern eine Entmythologisierung des 20. Juli. Die unterschiedliche Konzeption dieser Stücke ist jedoch nicht allein von der individuellen Darstellungsabsicht ihrer Autoren bestimmt, sie muß auch im Zusammenhang mit einem allgemeinen Wandel in der Beurteilung des 20. Juli gesehen werden. Wie bereits ausgeführt, stimmt Lotars Stück weithin mit der ersten Phase der Beurteilung überein, in der die vorbehaltlose Würdigung des Widerstandes dominierte. Die Stücke von Kirst und Graetz hingegen sind der zweiten Phase der Beurteilung zuzuordnen, in der nicht mehr die Würdigung der ethischen Motive der Opposition im Vordergrund steht, sondern die kritische Auseinandersetzung mit ihren politischen Vorstellungen. In der Frage nach dem Demokratieverständnis der Verschwörer vom 20. Juli und nach der Relevanz ihrer politischen Pläne und Programme gelangte die jüngere Zeitgeschichtsforschung zu einer distanzierteren Sicht des Widerstandes[54]. Bei der Betrachtung der Stücke von Kirst und von Graetz erhebt sich allerdings die Frage, inwieweit die beiden Autoren dieser vorwiegend sozialgeschichtlich orientierten Beurteilung zuzurechnen sind oder ob sie nicht ihre Entmythologisierungsabsicht lediglich zu einer provokatorischen und denunziatorischen Darstellung des 20. Juli führte.

Mit Ausnahme der ersten drei Bilder, die pauschal und simplifiziert über die Vorgeschichte des Aufstandes (unterschiedliche politische Zielsetzungen der Beteiligten etc.) informieren, konzentriert sich *Wolfgang Graetz* in seinem Stück *Die Verschwörer*[55] ganz auf die Nachzeichnung der Ereignisse vom 20. Juli. Die einzelnen Szenen enthalten detaillierte Zeitangaben (z. B. „zwischen 12.00 Uhr und 14.00 Uhr") und spielen abwechselnd im OKH in der Bendlerstraße, dem Zentrum der Erhebung, und im Polizeipräsidium Berlins, dem Sitz der Gestapo und des Staatssicherheitsdienstes. Die Szenen im Polizeipräsidium dienen Graetz zur Kommentierung der Vorgänge in der Bendlerstraße. Diese selbst werden auf einer Simultanbühne mit vier verschiedenen Spielebenen dargestellt, die die Hektik und Kopflosigkeit der Beteiligten demonstrieren sollen. Nach Ansicht des Autors handelte es sich bei dem Aufstand um den Putsch einer Gruppe von unschlüssigen Offizieren, die zu lange mit dem System paktiert hatten, um energisch und konsequent dagegen revoltieren zu können.

Von der Anlage her erscheint das Stück als eine minuziöse und faktengetreue Rekonstruktion des Geschehnisablaufs am 20. Juli, die auf historischen Quellen und Darstellungen basiert. Die benutzten Quellen werden zwar nicht angeführt, dafür findet sich jedoch in einem Anhang zum Stück eine Dokumentation zur Untermauerung seiner Thesen. Aus den dort wiedergegebenen Quellenauszügen geht hervor, daß Graetz in seiner Deutung des 20. Juli hauptsächlich auf Gisevius' Erinnerungen „Bis zum bitteren Ende" und auf den sogenannten Kaltenbrunner-Berichten, den Vernehmungsprotokollen der Gestapo, fußt[56]. Über die Hälfte der im Anhang zitierten Dokumente jedenfalls sind Auszüge aus den Kaltenbrunner-Berichten. Die von Graetz in seinem Stück angemeldeten Vorbehalte gegen den 20. Juli lassen sich entsprechend der Anordnung der Quellenauszüge („Zur Person", „Zum Ablauf der Verschwörung") unterscheiden nach Kritik am Verlauf des Staatsstreiches und Kritik der einzelnen Beteiligten.

An der Durchführung des Aufstandes kritisiert er unter anderem, daß die Verschwörer wichtige Schlüsselpositionen (Nachrichtenzentrale) nicht mit Eingeweihten besetzt hatten, auf die automatische Ausführung von Befehlen vertrauten, keine Ersatzmänner für eventuelle Ausfälle eingeplant hatten, Festgenommene (Fromm u. a.) nicht hinreichend bewachten und mangelnde Sicherheitsvorkehrungen gegen die Formierung einer Gegenrevolte trafen. Als entscheidende Fehler werden ferner die Doppelrolle Stauffenbergs (Ausführung des Attentats und gleichzeitige Leitung des Staatsstreichs) und die damit zusammenhängende späte Auslösung der Aktion Walküre konstatiert.

Neben den als „halbe Maßnahmen" charakterisierten Aktionen der Verschwörer macht Graetz vor allem deren persönliche Haltung für das Scheitern des Aufstandes verantwortlich. Naivität und Feigheit kennzeichnen Hoepner, Zaudern und Unentschlossenheit Olbricht. Beck wird persönliche Entschiedenheit zuerkannt, indem er für die Durchführung der Erhebung trotz der geringen Erfolgschance nach dem mißglückten Attentat eintritt; der Entwicklung der Ereignisse steht er jedoch ziemlich hilflos und resignierend gegenüber. Am besten kommen noch Stauffenberg und Mertz von Quirnheim davon, dieser, weil er Hoepner und Olbricht zum Handeln treibt, jener, weil er durch das Attentat auf Hitler sich eindeutig für den Umsturzversuch entschieden hat. Sie erscheinen als die einzig energisch Handelnden, obgleich der Autor auch ihnen mangelnde Übersicht attestiert. Stauffenbergs historische Bedeutung wird zudem bereits am Beginn des Stückes relativiert, indem ihm romantischer Idealismus und elitäres Bewußtsein sowie nationalistische und militaristische Gesinnung bescheinigt werden („Der Krieg war für uns vor allem anderen einmal ein nationales Anliegen!" S. 17). Die Sympathie des Autors gehört den Mitverschworenen im Polizeipräsidium: Helldorff, Nebe und Gisevius, die als Realisten und zum radikalen Vorgehen Entschlossene den zaudernden militärischen Verschwörern gegenübergestellt werden. Aus der Sicht dieser drei Figuren nimmt sich die Verschwörung vom 20. Juli als „ulkige Revolution" (Helldorff S. 72) aus:

> Nebe: Die diskutieren ja die ganze Zeit über nichts anderes als über die Frage, ob es legitim ist oder nicht.
>
> Helldorf: Na also! Habe ich doch recht! (zu Gisevius) Die diskutieren doch bloß, weil sie

im Grunde das Gefühl haben, ein linkes Ding zu drehen – und das nicht wahrhaben möchten! Oder bin ich da falsch?

Gisevius: (amüsiert) Nein, nein. Sie sind ganz richtig! Daher auch das schlechte Gewissen und die Unentschlossenheit! Die Herren haben schließlich Grund, sich als Verräter zu fühlen. Wenn man bei einer Sache so lange mitgemacht hat, kann man nicht mehr aussteigen – und wenn man es doch tut, fühlt man sich als Verräter.

Nebe: Sag das bloß nicht laut! Die stellen dich glatt an die Wand!

Gisevius: Die stellen keinen an die Wand! Die scheuen schon vor den drei Dutzend Leichen zurück, die man braucht, um die Revolution überhaupt auszulösen. Vorher glaubt man sie sich nämlich nicht. Ich habe vorgeschlagen, Goebbels und Kaltenbrunner gleich umzulegen – na, das Geschrei! (S. 34)

Gisevius, der nach dem mißglückten Aufstand in die Schweiz entkam, wird von Graetz hier im Stück als Kronzeuge für seine Kritik am 20. Juli bemüht. Viele Historiker machen jedoch gegen Gisevius' Darstellung des Aufstandes und der Verschwörer kritische Vorbehalte geltend. So sieht z. B. Rothfels in dessen Erinnerungen „Bis zum bitteren Ende" zwar eine wichtige Quelle zur Geschichte der Widerstandsbewegung, die „freilich durch viele Unzuverlässigkeiten und mancherlei Ressentiments" vor allem gegenüber Stauffenberg und den Kreisauern „entstellt" werde[57]. Stauffenbergs Charakterisierung als „Superpreuße", dem die „Rettung des Vaterlandes" und die „Rettung der Wehrmacht" nach Meinung von Gisevius gleichbedeutend waren, hält Rothfels für eine entschiedene Fehldeutung[58].

In diesem Zusammenhang soll zumindest an einem Beispiel die fragwürdige Verwendung von Dokumenten in Graetz' Stück verdeutlicht werden. Graetz übernimmt Quellentexte unter Berufung auf deren Authentizität, ohne im einzelnen deren Quellenwert zu berücksichtigen. So zieht er etwa zur Charakterisierung Stauffenbergs eine Aussage von dessen Bruder Berthold heran, die wohl eher als Schutzbehauptung vor der Gestapo anzusehen ist. Zum Vergleich seien die im Quellenanhang (aus dem „Spiegel") abgedruckte Aussage und die darauf basierende Äußerung Stauffenbergs hier zitiert:

[. . .] Wie der Marineoberstabsrichter Berthold von Stauffenberg vor der Gestapo aussagte, war sein Bruder Claus von dem „Gedanken des Führertums . . . verbunden mit dem einer gesunden Rangordnung" angetan und schätzte am Nationalsozialismus den „Rassegedanken", die „Betonung des Bäuerlichen und den Kampf gegen den Geist der Großstädte" sowie den „Willen zu einer neuen, deutsch bestimmten Rechtsordnung". (Anhang S. 120)

Stauffenberg: Ich habe die Grundideen des Nationalsozialismus, soweit sie positiv und gesund waren, durchaus bejaht!

Beck: So? ! (etwas ratlos, Olbricht hebt die Schultern.)

Stauffenberg: Den Kampf gegen die Korruption und gegen den Geist der Großstädte zum Beispiel, die Betonung des Bäuerlichen! Und ebenso bejahe ich eine gesunde Rangordnung und den Gedanken des Führertums! – Und gleich mir haben viele im Nationalsozialismus ein zukunftsträchtiges Prinzip gesehen und waren auch bereit, im neuen Staat eine Führungsrolle zu übernehmen! (S. 17)

An diesem Verfahren zeigt sich zugleich eine grundsätzliche Problematik des Dokumentartheaters (auf die bei der Behandlung von Kipphardts *In der Sache J. Robert Oppenheimer,* Hochhuths *Der Stellvertreter* und Weiss' *Die Ermittlung* näher eingegangen wird): „Das Authentische muß nicht das Wahre sein. Authentisch sind auch Irrtümer und Lügen. Die Wahrheit von etwas bloß Authentischem, punktuell Wahrem wird nur dann sichtbar, wenn es in Zusammenhänge eingeordnet und an ihnen kontrolliert wird. Dokumentar-Literatur läuft Gefahr, die fingierten Wahrheiten jener Literatur, der sie mißtraut, durch authentische Unwahrheiten zu ersetzen."[59]

Es muß der Geschichtsforschung vorbehalten bleiben, zu überprüfen, inwieweit die von Graetz gegen die Verschwörer erhobenen Vorwürfe (besonders die fragwürdige Charakterisierung Hoepners) und die Zeichnung des Ablaufs der Erhebung zutreffend sind. Peter Hoffmanns detail- und faktenreiche Arbeit[60], die die bisherigen Kenntnisse über die Vorgeschichte und den Ablauf des 20. Juli zusammenfaßt, macht jedoch deutlich, daß die Verschwörer keine Chance zu einem Attentat ungenutzt ließen, dieses über Jahre hinweg und nicht erst unter dem Eindruck der drohenden Niederlage anstrebten und in der Vorbereitung des Staatsstreiches bis an die Grenze des Möglichen gingen. Abschließend sei hier die Stellungnahme eines Historikers zu Graetz' Stück angeführt:

„Wer den blinden Gehorsam des Offizierskorps, das den Amoklauf des Regimes bis zur Katastrophe mitmachte, anklagt, wie Graetz es tut, muß vorweg die Militärverschwörer des 20. Juli ausnehmen. Sie sind Subjekt, nicht Gegenstand dieser Anklage.

[...] Der moralische Rang und die Ohnmacht der Verschwörung im Machtkampf mit dem totalitären Hitler-Regime erwiesen sich in ihren jahrelangen Versuchen, die Motive und Ziele ihres politischen Kampfes mit der Wahl ihrer Methoden zu vereinbaren.

Wer jedoch mit den Maßstäben der Erfolgs- und Zweckethik Hitlers den Staatsstreich in Berlin beurteilt, kommt freilich nicht umhin, entsprechende Aktionen und Reaktionen der Verschwörer ,dilettantisch' oder ,feige' zu nennen. Man kann es so oder so sehen."[61]

Im Vergleich zu Graetz' *Die Verschwörer* nimmt sich *Hans Hellmut Kirst*s Schauspiel *Aufstand der Offiziere*[62] geradezu als Apologie aus, obwohl auch er eine Entmytholo gisierung des 20. Juli anstrebt und die Haltung einzelner historischer Gestalten (Goerdeler und Hoepner) in Frage stellt. Das Stück besteht aus drei Teilen, die am 11., 15. und 20. Juli 1944 spielen, d. h. an den Tagen, an denen Stauffenberg das geplante Attentat auf Hitler auszuführen versuchte. Der erste Teil soll, ähnlich wie bei Graetz, die Vorgeschichte der Erhebung verdeutlichen. In der Konfrontation von Schulenbur Goerdeler und Leber werden jedoch die unterschiedlichen politischen Richtungen un Differenzen der Verschwörer ebenso pauschal und simplifiziert wie in Graetz' Stück skizziert. Im dritten und umfangreichsten Teil werden dann die Ereignisse des 20. Jul selbst vorgeführt.

Auch Kirst weist dabei auf Versäumnisse und Fehler in der Durchführung des Putsches hin (Fehlen eines Mitverschworenen in der Nachrichtenzentrale, schonende Behandlung Fromms usw.). Im Unterschied zu Graetz betont er jedoch gleichzeitig die Schwierigkeiten, mit denen die Verschwörer zu kämpfen hatten, und verweist auf die unvorhersehbaren Zufälle, die den Aufstand zum Scheitern verurteilten. So erwähnt er beispielsweise die Vorverlegung der Lagebesprechung im Führerhauptquartier, die am 20. Juli zur vorzeitigen Ausführung des Attentats führte, was zu der von Graetz kritisierten verspäteten Auslösung der Aktion Walküre beitrug.

Daß Kirst das Scheitern des Aufstandes eher in den objektiven Schwierigkeiten als in den subjektiven Versäumnissen der Beteiligten sieht, läßt bereits der Untertitel des Stückes („Die Tragödie des 20. Juli 1944") erkennen. Kirsts Stück zeigt so eine ambivalente, auf Würdigung und Kritik zugleich abzielende Beurteilung des 20. Juli. Seine Würdigungsabsicht geht unverkennbar aus einer Stelle am Stückbeginn hervor:

> Warum diese Menschen sterben mußten – und wofür sie zu sterben glaubten –, ist umstritten. Doch ihr Blutzeugnis ist durch nichts mehr auszulöschen. (S. 1)

Unter den bei Kirst auftretenden historischen Figuren sind denn auch nur Goerdeler und Hoepner eindeutig negativ gezeichnet. Dieser erscheint wie bei Graetz als Feigling, jener als Reaktionär. Die anderen Verschwörer (Stauffenberg, Beck, Olbricht, Mertz von Quirnheim) werden hingegen durchweg positiv gesehen. Durch ihre unangemessene, die Grenze zur Banalität überschreitende Charakterisierung werden jedoch auch sie dem Zuschauer suspekt. Dieser Eindruck wird noch durch die Einführung einer erfundenen Figur verstärkt: ein Gefreiter, namens Lehmann, der nach typischer Volksstückmanier alles besser weiß, kommentiert aus der Sicht des kleinen Mannes die Aktion der historischen Figuren. Er übernimmt hier die Rolle des Räsoneurs, die bei Graetz Helldorff, Nebe und Gisevius innehaben.

Die von Kirst betriebene Entmythologisierung des 20. Juli läuft so de facto auf eine unbeabsichtigte Trivialisierung der historischen Ereignisse und Gestalten hinaus. Sprachliches und dramaturgisches Unvermögen kennzeichnen die Darstellung des 20. Juli. Was die Sprache anbelangt, mag dies exemplarisch eine Äußerung Stauffenbergs in Kirsts Stück verdeutlichen:

> Stauffenberg: (sehr verhalten) Herr Generaloberst, als ich im Lazarett lag – fast blind, gelähmt, tagelang bewußtlos –, da sah ich in endlosen Nächten ohne Schlaf grell beleuchtet meine Schuld; unsere Schuld. Ströme von Blut kamen auf mich zu – ich stand wie im Regen darunter. Herr Generaloberst, – ich muß es tun. (S. 64)

Bei der szenischen Realisation des Stoffes ist Kirst ebenso gescheitert wie Graetz. Suchte dieser die Schwierigkeit, die Ereignisse vom 20. Juli auf der Bühne zur Darstellung zu bringen, mittels einer Simultanbühne zu lösen, so bietet Kirst alle nur denkbaren theatertechnischen Mittel auf. Der fragmentarischen Demonstration einzelner Vorgänge gehen jeweils gesprochene oder projizierte Informationen voraus. Bevor die Darsteller auf der Bühne die einzelnen historischen Figuren verkörpern, unterrichten sie die Zuschauer im Schnellverfahren über deren Biographie. Filmprojektionen (Wochenschauausschnitte usw.) und Zwischenberichte durch mehrere Sprecher müssen die ausgesparten Ereignisse ersetzen und die zum Verständnis nötige Hintergrundinformation liefern. In den zahlreichen Telefonszenen wird die Stimme des unsichtbaren Partners (Keitel, Kluge) jeweils über Lautsprecher wiedergegeben.

Das Resultat von Kirsts Bemühungen läßt sich mit Volker Klotz dahingehend zusammenfassen:

„Kirst und Piscator begnügen sich im ‚Aufstand der Offiziere' [. . .] mit einem kunterbunten Potpourri, aus dem jeder Hörer seine Lieblingsmelodie, d. h. seine mitgebrachte Meinung bestätigend heraushören kann. Eine Interpretation des Geschehens, die ein zumindest erörterungswertes fabula docet zutag förderte, unterbleibt. Die Eingriffe in den Stoff beschränken sich darauf, ihn menschlich mundgerecht zu machen, ihn ein wenig sensationell aufzuputschen [. . .]
    Jeder der Männer des Kirst schreitet bei seinem ersten Auftritt gewichtig aus dem Objektiven ins Subjektive. Das heißt: er entsteigt dem Schoße der Chronik und des Publikums, liest zunächst in der dritten Person seine Lebensdaten vor, um dann über eine frontale Treppe die Bühne und sein Illustrierten-Ich zu erklimmen. Solche Episierung ist ein ebenso unfunktioneller Trick wie der optische und akustische Maschinenzauber aus gefilmten Großaufnahmen telefonierender Generale und gefährlich vorwärtsruckender Sekundenzeiger, aus Sirenen und Schüssen. Das sind nichts als ornamentale Milieudrücker, die die infragestehende Problematik eher verdecken als veranschaulichen."[63]

Aus der Sicht des Historikers macht Dieter Ehlers in seiner bereits erwähnten Auseinandersetzung mit Kirsts und Graetz' Stücken gegen die in diesen praktizierte Darstellung des 20. Juli folgende gravierende Einwände geltend, die zugleich auf die generellen Schwierigkeiten der Dramatisierung dieses Stoffes hinweisen. In beiden Stücken bleibe die Vorgeschichte, die die eigentliche Geschichte des 20. Juli ausmache und etwa 1937 begann, unberücksichtigt; die „Jahre des Widerstandes 1938 – 1944 geben freilich dramatisch nichts her. Sie bestanden aus Makulatur gebliebenen Programmen, konspirativen Gesprächen und Plänen für Staatsstreichversuche, die immer nur beinahe, aber nie tatsächlich stattfanden."[64]
    Ebensowenig wie die Vorgeschichte werde der Gegenspieler der Verschwörer, der noch völlig intakte Machtapparat des NS-Regimes, für den Zuschauer präsent. Stattdessen würden die Verschwörer selbst zum Gegenspieler der Verschwörung (Hoepner als konstruiert feiger Gegenspieler der anderen). Interne Auseinandersetzungen bestimmten so den Handlungsablauf und lieferten „die Stimulanz der dramatischen Dialoge"[65], in denen die politischen Ziele und Differenzen der Verschwörer inadäquat artikuliert würden:

„Keiner der beiden Autoren erreicht in Formulierung und Gedankenführung seiner Dialoge das Niveau, auf dem die Verschwörer ihre internen programmatischen Gegensätze begründeten und ausfochten. Mit pathetischen, militärisch abgehackten, meist gebrüllten Sätzen bei Kirst und Piscator oder flotten Redewendungen bei Graetz erzielen beide Autoren eine unfreiwillige Tragik-Komik, die noch verfehlter ist als der Heldenmythos jährlicher Gedenkstunden."[66]

Resümee

Aus der Analyse der in diesem Kapitel behandelten Stücke wird deutlich, welche Faktoren neben der unterschiedlichen Intention der Autoren die dramatische Darstellung des 20. Juli entscheidend bestimmen:

1. Wahl der Darstellungsperspektive

Am Beispiel von Schäfers mißglücktem Stück *Die Verschwörung* wird offensichtlich, wie gravierend die Darstellungsperspektive für die Behandlung des Gegenstandes ist. Das gilt ebenso für Graetz' Stück *Die Verschwörer*. Obwohl in ihm die Handlung ausschließlich auf Seiten des Widerstandes spielt, kommt auch hier eine Akzentverschiebung und eine fragwürdige Zeichnung der Erhebung vom 20. Juli zustande, da die Charakterisierung der Verschwörer und ihrer Aktion weithin auf den Kaltenbrunner-Berichten basiert und im Stück selbst der eigentliche Gegenspieler nicht präsent wird.

2. Abbildungsverhältnis zur Wirklichkeit

Nicht weniger bedeutsam erweist sich das Abbildungsverhältnis zur Wirklichkeit. Ghirardinis Stück *Der Untergang der Stadt Sun* macht deutlich, daß mit der verfremdeten Wiedergabe der faktischen Ereignisse dem Gegenstand nicht beizukommen ist. Als einzig diskutable Möglichkeit, eine künstlerisch effektive Distanz zu den historischen Vorgängen herzustellen, erscheint allenfalls noch der Versuch Peter Lotars, der sich eng an die faktischen Gegebenheiten anlehnt, aber das historische Geschehen „aus der orts- und zeitgebundenen Realität" auf eine zeitlich und örtlich nicht fixierbare Ebene transponiert und zum „Symbol" erhöht. Auf das Problematische dieses Versuchs, auf die damit verbundene Idealisierung und Mythisierung des 20. Juli wurde an anderer Stelle hingewiesen.

3. Einsatz der dramatischen Handlung

Weitreichende Bedeutung für die Darstellung des 20. Juli hat ferner der Zeitpunkt, der vom Autor für den Einsatz der dramatischen Handlung gewählt wird. Im konkreten Einzelfall bedeutet dies — je nachdem, ob das Stück vor, mit oder erst nach dem Geschehen vom 20. Juli einsetzt —, daß die historischen Vorgänge unmittelbar in ihrem realen, sukzessiven Verlauf vorgeführt werden und somit die Widerstandsaktion selbst auf der Bühne erscheint (Kirst und Graetz), oder daß nur die Endphase des Geschehens, die Zeit nach dem Aufstand, in der keine Möglichkeit zum Handeln mehr gegeben war (Lotar), vergegenwärtigt wird.

4. Betonung der äußeren oder inneren Vorgänge

Je nach dem Zeitpunkt des Einsatzes der dramatischen Handlung ergibt sich so beinahe zwangsläufig eine mehr oder minder starke Betonung der äußeren oder inneren Momente der Erhebung. Dies zeigen vor allem die dokumentarischen Stücke *Aufstand der Offiziere* von Kirst und *Die Verschwörer* von Graetz. Beide Stücke bleiben in ihrer Konzentration auf den äußeren Ablauf im Vordergründigen des Geschehens fixiert.

Es ergeben sich daraus zudem für beide Stücke bestimmte dramaturgische Konsequenzen. Da der Aufstand vom 20. Juli sich im wesentlichen in dem (auf der Bühne nicht darstellbaren) Attentat Stauffenbergs und in der sich anschließenden nachrichtentechnischen Auslösung des Staatsstreiches manifestierte (es sich im Grunde also um eine „Telefon-Revolte" handelte), sahen sich Kirst und Graetz bei ihrer auf faktischen Details beruhenden Nachzeichnung der historischen Vorgänge gezwungen, den Verlauf des Aufstandes auf der Bühne durch zahlreiche Telefon-Gespräche zu vergegenwärtigen. Beide verlieren sich so im äußeren Geschehnisablauf, der dramaturgisch ineffektiv ist, und bleiben damit gleichzeitig an der Oberfläche des Geschehens haften, aus der die Hintergründe der Erhebung nicht ersichtlich werden.

Nach wie vor erscheint es mithin fraglich, ob ein so komplexes, vielfach ineinander verschlungenes Geschehen wie der 20. Juli 1944 und dessen Vorgeschichte sich nicht grundsätzlich der Darstellung auf der Bühne entzieht und eher einem anderen, dem Stoff angemesseneren Darstellungsmedium, dem Film, vorbehalten bleiben sollte.

Für das Fehlen eines überzeugenden Dramas über die deutsche Widerstandsbewegung und den 20. Juli 1944 mögen die angeführten Darstellungsschwierigkeiten ausschlaggebend sein, die eigentlichen Ursachen dafür dürften allerdings woanders zu suchen sein. Die meisten Autoren, die sich in dramatischer Form mit dem Thema Widerstand befaßten, beschäftigten sich eher mit dem Gegenteil, mit dem mangelnden bzw. nicht geleisteten Widerstand im Dritten Reich. In Anbetracht der Kapitulation der Mehrheit des deutschen Volkes vor dem NS-Regime trat offensichtlich für die bedeutenderen Nachkriegsdramatiker das Interesse an der Darstellung des deutschen Widerstandes zurück hinter der dramatischen Auseinandersetzung mit dem Phänomen des allgemeinen Versagens und Mitläufertums.

II. Zwischen Befehl und Gewissen: Die Darstellung der Widerstandshaltung des Offiziers und des Soldaten gegen das Hitler-Regime

„Es ist ein Mangel an Größe und an Erkenntnis der Aufgabe, wenn ein Soldat in höchster Stellung in solchen Zeiten seine Pflichten und Aufgaben nur in dem begrenzten Rahmen seiner militärischen Aufträge sieht, ohne sich der höchsten Verantwortung vor dem gesamten Volk bewußt zu werden. Außergewöhnliche Zeiten verlangen außergewöhnliche Handlungen."

Diese Worte, die Generalstabschef Generaloberst Beck anläßlich der von Hitler 1938 an die Wehrmacht ergangenen Weisung, einen Plan zur militärischen Zerschlagung der Tschechoslowakei auszuarbeiten, an den Oberbefehlshaber des Heeres von Brauchitsch richtete[1], zeugen von dem Bewußtsein der Grenze soldatischen Gehorsams und von dem konkreten Widerstandswillen einzelner hoher Offiziere gegen Hitlers Kriegspläne. Doch solchem Denken und Handeln stand vom Beginn des Hitlerregimes an die zwiespältige und unentschlossene Haltung der Mehrheit der Offiziere gegenüber. Ihre falsch verstandene Loyalität und ihre gefährliche politische Selbstbescheidung in geschichtlich entscheidenden Augenblicken ermöglichten es Hitler, die Armee seinem absoluten Führungsanspruch unterzuordnen. Durch die Vereidigung der Reichswehr auf ihn als den „Führer und Reichskanzler" nach Hindenburgs Tod im August 1934 und durch die persönliche Übernahme des Oberbefehls über die Wehrmacht am 4. Februar 1938 erreichte Hitler die weitgehende Gleichschaltung des Heeres und dadurch die Ausschaltung der einzig noch bestehenden potentiellen Widerstandsmacht. Damit war der Weg frei für die endgültige Etablierung eines totalitären Regimes und für die Entfesselung des Zweiten Weltkrieges, der unzählige Offiziere und Soldaten wegen des auf Hitler geleisteten Treueides und der von ihm gegebenen Durchhalte- und Liquidationsbefehle in den Konflikt zwischen unbedingtem soldatischen Gehorsam und persönlicher Gewissensentscheidung brachte.

Zwar gab es den Konflikt zwischen Gehorsam und persönlichem Gewissen auch im zivilen Bereich, beispielsweise für jeden Beamten, doch trat er für den Soldaten in weitaus schärferer Form und Konsequenz auf. Dieser Umstand und die Tatsache, daß die Haltung der militärischen Führer nicht unwesentlich zum Aufstieg Hitlers beigetragen hat, dürfte der Grund dafür sein, daß eine Anzahl von Stücken nach 1945 das Problem des Widerstandes im militärischen Bereich behandelt. Sie fragen nach Widerstand, Versagen und Schuld der militärischen Führer wie der einfachen Soldaten und charakterisieren deren Haltung zum und im Dritten Reich in der Darstellung des oben erwähnten Konfliktes.

Am Beginn dieser Auseinandersetzung steht *Carl Zuckmayer*s (* 1896) Stück *Des Teufels General*[2], das ein Jahr nach Kriegsende, im Dezember 1946, am Zürcher

Schauspielhaus seine Uraufführung erlebte und eine heftige Diskussion um die Haltung der beiden Hauptfiguren, des mit den Nazis kollaborierenden Fliegergenerals Harras und des zum Widerstand entschlossenen Flugzeugingenieurs Oderbruch, auslöste.

Zu einer Zeit, da in Nürnberg vor dem internationalen Militärtribunal der „Prozeß gegen die Hauptkriegsverbrecher" stattfand, setzte sich hier ein aus der Emigration zurückkehrender Autor mit dem Verhalten von Offizieren im Dritten Reich auseinander, zeigte „nicht nur ihre Schwächen, Fehler und Laster, sondern auch ihre Tugenden, ihr Pflichtbewußtsein und ihr Ringen mit den Problemen, vor die sie der Krieg Hitlers mit all seinen Schrecknissen gestellt"[3] hatte. In Deutschland gelangte Zuckmayers Stück erst ein Jahr nach der Zürcher Uraufführung auf die Bühne, da man von Seiten der Alliierten befürchtete, es könnte in seiner ambivalenten Darstellungsweise vom deutschen Publikum eher als Alibi für das eigene Mittun denn als Kritik dieses Verhaltens verstanden werden.

Im Mittelpunkt des auch späterhin umstrittenen Stückes steht die Karriere eines Fliegergenerals, der sich aufgrund seiner Fliegerleidenschaft dem NS-Regime als versierter militärischer Fachmann zur Verfügung stellt, obwohl er ihm persönlich ablehnend gegenübersteht. Dieser Widerspruch zwischen Gesinnung und Handlungsweise führt ihn in einen unlösbaren Konflikt mit sich und dem System, aus dem ihn am Ende nur der freiwillige Flug in den Tod zu befreien vermag.

Als historische Vorlage für Figur und Fabel des Stückes diente das Schicksal des deutschen Luftwaffengenerals Ernst Udet, eines der erfolgreichsten und populärsten Jagdflieger des Ersten Weltkrieges, der unter Hitler als Generalluftzeugmeister maßgebenden Anteil am Aufbau der deutschen Luftwaffe hatte, bevor er nach einer internen Auseinandersetzung mit der NS-Führung im November 1941 Selbstmord beging[4]. Die Nachricht von Udets Freitod, die Zuckmayer im amerikanischen Exil erhielt, wurde für ihn, zu dessen Bekanntenkreis Udet vor 1933 gehörte[5], unmittelbarer Anlaß für sein Stück *Des Teufels General*, mit dessen Niederschrift er ein Jahr nach diesem Vorfall begann[6].

In einem spannungsreichen *äußeren Geschehen*, das in der Aufklärung einer Reihe mysteriöser Flugzeugabstürze besteht und Harras' Zusammenstoß mit der Gestapo aufgrund respektloser Regimekritik zeigt, entwickelt Zuckmayer den *inneren Konflikt* seiner Titelfigur: Harras' „Zwiespalt zwischen seiner Berufsleidenschaft, die ihn auf die Seite der politischen Machthaber bringt, und seiner menschlichen Anständigkeit, die ihn zu deren Gegner macht"[7]. Dieser Konflikt wird jedoch nicht im direkten Zusammenstoß mit dem System ausgetragen, sondern im Bereich seiner persönlichen und berufsbedingten Beziehungen. Der Gegenspieler wirkt nur von außen in das Geschehen hinein: durch die Abhöranlage im 1. Akt, bei Harras' Rückkehr von einem Gestapoverhör im 2. Akt und in der ihm gesetzten Frist für seine persönliche Rehabilitierung durch Aufklärung der Flugzeugunfälle im 3. Akt.

Die im Mittelpunkt des Geschehens stehende Auseinandersetzung Harras' mit seiner näheren Umgebung wird gleich zu Beginn des Stückes vom Autor durch eine souveräne Exposition erreicht. In Form einer zwanglosen gesellschaftlichen Zusammenkunft (zur Feier des 50. Luftsieges von Harras' Fliegerkamerad Eilers) werden hier bereits alle wichtigen Hauptfiguren – mit Ausnahme von Oderbruch – auf die Bühne und ins Spiel gebracht. Die Figurenkonstellation des Stückes erweist sich dabei als ein repräsentativer Querschnitt durch die das NS-Regime tragende Gesellschaftsschicht: Militärs (die Fliegeroffiziere der Kampfstaffel Eilers'), Vertreter der Rüstungsindustrie (Sigbert von Mohrungen, Präsident des Rohmetallbeschaffungsamtes), der Regierung (Baron Pflungk, Attaché im Außenministerium), der Partei (NS-Kulturleiter Dr. Schmidt-Lausitz) und Persönlichkeiten des kulturellen Lebens (Operettenstar Olivia Geiss mit ihrer Nichte, der Schauspielerin Diddo).

In der gesellschaftsbedingten Konversation und den in diesem Rahmen geführten Einzelgesprächen wird die unterschiedliche Stellung der einzelnen im und zum Regime sichtbar. Wie Harras haben sich die meisten von ihnen in irgendeiner Art mit dem NS-Regime arrangiert, wenn nicht gar aus idealistischer Überzeugung oder aus skrupellosem Macht- und Karrierestreben dafür engagiert[8].

Im Gegensatz zu jenen Figuren, die sich ihres (beruflichen) Arrangements mit dem System nicht klar bewußt werden, wie die Schauspielerin Olivia Geiss[9], oder es mit nationalen Beweggründen zu verbrämen suchen, wie der Rüstungsindustrielle Sigbert von Mohrungen, verkennt Harras weder den eklatanten Widerspruch zwischen seiner Überzeugung und seiner Handlungsweise, noch versucht er diese zu rechtfertigen:

> Entschuldigung – gibt es keine [. . .] ich bin ganz kalt in die Sache hineingestiegen, und ohne Illusionen. Ich kenne die Brüder – noch vom letzten Mal. Als die im Jahre 33 drankamen – da wußte ich genau, daß 'n kleiner Weltkrieg angerichtet wird. Na, und ich hab nun mal einen Narren dran gefressen – an der Fliegerei, meine ich. Luftkrieg ohne mich – nee, das könnt ich nicht aushalten. (S. 521)

> Nirgends in der Welt hätte man mir diese Möglichkeiten gegeben – diese unbegrenzten Mittel – diese Macht. Die fünf Jahre, in denen wir die Luftwaffe flügge gemacht haben – die waren nicht verloren. Und wenn ein alter Wolf mal wieder Blut geleckt hat, dann rennt er mit 'm Rudel, auf Deubel komm raus – ob einem nun die Betriebsleitung paßt oder nicht. (S. 522)

Was hier auf den ersten Blick als schnoddriges, fast zynisches Bekenntnis zum „Einstieg" in das System erscheint, enthält in Wirklichkeit bereits indirekte Kritik am eigenen Verhalten und eine erste nachträgliche Distanzierung davon[10]. Der deutliche Hang zu Ironie und Sarkasmus ist als typisches Phänomen seiner zwiespältigen Situation zu betrachten. In seinen respektlosen Bonmots über die NS-Größen und den provozierenden Bemerkungen über das System entlädt sich der innere Widerspruch zwischen Denken und Handeln. Da Harras nun einmal an das verachtete System gebunden ist und nicht einfach wieder „aussteigen" kann, nimmt er sich wenigstens die für ihn nicht ungefährliche Freiheit heraus, unverhohlen seine Meinung über das Regime zu äußern:

> Aber – wenn ich nicht mehr sagen soll, was ich denke – und nicht zu rasch saufen, damit mir kein fauler Witz rausrutscht – und vorsichtig sein – nee. Dann lohnt sich die ganze Chose überhaupt nicht mehr. (S. 520)

Wenn auch Harras' äußere Betriebsamkeit wie die bewußte Konzentration auf seinen unmittelbaren Aufgabenbereich immer wieder seinen inneren Zwiespalt und sein

Schuldgefühl überdecken, mit dem Gang der äußeren Ereignisse wird er sich in zunehmendem Maße der vollen Tragweite seiner faktischen Unterstützung des Regimes bewußt. Er erkennt, daß weder die offene Kritik noch die vereinzelte, lokal beschränkte Hilfe für NS-Verfolgte ihn und seinesgleichen von der indirekten Mitschuld an den Untaten des Regimes zu befreien vermag:

> So schaun wir aus. Jeder hat seinen Gewissensjuden, oder mehrere, damit er nachts schlafen kann. Aber damit kauft man sich nicht frei. Das ist Selbstbetrug. An dem, was den tausend anderen geschieht, die wir nicht kennen und denen wir nicht helfen, sind wir deshalb doch schuldig. Schuldig und verdammt, in alle Ewigkeit. Das Gemeine zulassen ist schlimmer, als es tun. (S. 571)

In seiner schuldhaften Verstrickung versucht Harras, zumindest seine persönliche Integrität zu wahren. So weist er Mohrungens Ansinnen, sich durch Eintritt in die Partei aller Verdächtigung und persönlicher Bedrohung zu entziehen, entschieden von sich:

> Sollte ich ein Ideal haben, so ist es ein ganz bescheidenes geworden; mich nicht selber anspucken zu müssen. Nicht mal bei Gegenwind. (S. 584)

Getreu diesem „Ideal" wählt er am Ende den Freitod, als ihm kein anderer Ausweg aus seiner selbstverschuldeten Lage bleibt.

Diesem Entschluß gehen im letzten Akt, in dem Harras in zunehmende äußere und innere Isolation gerät, drei entscheidende Begegnungen voraus, letzte Stationen auf dem Wege zur Erkenntnis seiner Schuld. Während ihn die Begegnung mit dem desillusionierten, ehemals nazigläubigen und heldentodsüchtigen Fliegerleutnant Hartmann auf eine neue Zukunft Deutschlands, auf die junge Generation hoffen läßt[11], wird er im anschließenden Zusammentreffen mit der Frau seines abgestürzten Freundes Eilers, die ihm sein Mitmachen gegen bessere Einsicht vorwirft, noch einmal an die Vergangenheit und an sein Versagen erinnert. Harras ist sich seiner Mitschuld bewußt, aber er wehrt sich gegen ihre Simplifizierung und verweist auf die begrenzte Möglichkeit individuellen Widerstandes gegen das fest etablierte System:

> Was kann denn der einzelne tun, Anne – in unserer Welt, die ihm den Donner ihres fürchterlichen Ablaufs – und seines eigenen rettungslosen Mitgerissenseins – mit jedem Herzschlag in die Ohren dröhnt? Wer bin ich denn – daß ich es ändern sollte? (S. 609)

In der dritten und letzten Begegnung erhält Harras eine unvermutete Antwort auf seine verzweifelte Frage an Anne Eilers. In der Unterredung mit dem für die Flugzeugproduktion verantwortlichen Ingenieur Oderbruch sieht er sich plötzlich mit dem aktiven Widerstand konfrontiert. Oderbruch betrieb – das ist die unerwartete Aufklärung jener mysteriösen Flugzeugabstürze – mit einer Gruppe Gleichgesinnter planmäßige Sabotage der Flugzeugproduktion und verschuldete dadurch auch den Absturz des gemeinsamen Freundes Eilers. Harras ist von der Handlungsweise Oderbruchs, die Freund und Feind zugleich trifft, zutiefst betroffen:

Harras:	Und warum trefft ihr uns – aus dem Dunkel, aus dem Hinterhalt? Warum trefft ihr uns – anstatt des Feindes?
Oderbruch:	Ihr seid seine Waffe. Die Waffe, mit der er siegen kann. (S. 613)

[...]

| Oderbruch: | Zerstörung. Eine bittere Losung. Die einzige, die uns bleibt. Wir können nicht haltmachen vor denen, die wir lieben. [...] (S. 614) |

Wenn sich Harras dieser Argumentation auch nicht entziehen kann, so widerstrebt doch Oderbruchs radikale Konsequenz seinem ganzen Wesen und seinem Verantwortungsgefühl für seine Kameraden an der Front.

Harras vermag in Oderbruchs Handlungsweise keine Alternative zu seinem Verhalten zu sehen. Vor die Entscheidung gestellt, Oderbruch zu verraten und damit sein Leben zu retten, oder ins Ausland zu fliegen und von dort aus Oderbruchs Widerstandskampf zu unterstützen, wählt Harras den ihm einzig annehmbar erscheinenden Ausweg, den Flug in den Tod:

Wer auf Erden des Teufels General wurde und ihm die Bahn gebombt hat – der muß ihm auch Quartier in der Hölle machen. Fallen Sie jetzt nicht um, Oderbruch! Sie hatten recht, mit allem. Haltet eure Waffen sauber und trefft die Wurzel, eh ihr die Krone schlagt. (S. 617)

In dieser Auseinandersetzung zwischen Harras und Oderbruch, die den Kulminationspunkt des Geschehens bildet, treffen zwei konträre Verhaltensweisen aufeinander: in Harras die Haltung der äußeren Unterstützung bei gleichzeitiger innerer Ablehnung – in Oderbruch die des unbedingten Widerstandes. Freilich gelingt es Zuckmayer dabei nicht, die Position Oderbruchs den Zuschauern nahezubringen. Deren Sympathie gehört Harras trotz seines Versagens und seiner Mitschuld; seine Handlungsweise erscheint menschlich verständlicher, und seine Lebensbejahung und menschliche Wärme heben sich von Oderbruchs Kälte und ethischem Rigorismus spürbar ab. Es kommt zu der paradoxen, von Zuckmayer nicht beabsichtigten Wirkung, daß Harras als Mensch so viel Sympathie findet, daß seine Handlungsweise noch darin einbezogen wird, die Oderbruchs hingegen so viel Antipathie hervorruft, daß diese auf die Gestalt selbst übertragen wird[12]. Die Widerstandshaltung, die Oderbruch hier vertrat, erscheint in übermenschlichem, wenn nicht unmenschlichem Licht und entspricht in dieser Charakterisierung nicht der historischen Wirklichkeit des deutschen Widerstandes. So wurde denn auch von Seiten der Historiker (mit dem Hinweis auf die Unhaltbarkeit der These, daß die Heimatstäbe die Front im Stich gelassen und ihre Versorgung sabotiert hätten) gegen Zuckmayers Zeichnung des Widerstandes in der Oderbruch-Episode eingewandt:

„So wie Zuckmayer in seinem Ingenieur Oderbruch sich mit dem Problem der Sabotage abfindet, erscheint es zugleich übergrell belichtet und in unzulässiger Weise vereinfacht."[13]

Zuckmayer selbst empfand die Herausforderung, die Oderbruchs Widerstandshaltung für die meisten Zuschauer bedeuten mußte, und gestand sein zwiespältiges Verhältnis zur Oderbruch-Figur in seinen „Persönlichen Notizen" zu Des Teufels General:

„Dieser Oderbruch war schon damals mein Schmerzenskind. [...] Ich habe selbst immer wieder mit ihm gekämpft, und er mit mir, so wie jetzt viele Besucher des Stückes mit seiner Problematik, und dadurch vielleicht mit ihrer eigenen, kämpfen. Ich wußte (was manche Besucher des Stückes heute vergessen), daß ich kein Dokumentar-Stück schrieb. Daß es sich nicht darum handeln konnte, die tatsächlichen Vorgänge der deutschen Wirklichkeit, des deutschen Widerstandes vor allem, darzustellen – sondern ihre Tragik zu symbolisieren. Daß ich Oderbruchs Aktion sehr drastisch, fast überdrastisch gestalten müsse, um jener verzweifelten Lage gerecht zu werden und ihr einen handelnden Ausdruck zu verleihen, die ich selbst empfand, wenn ich an meine Freunde drüben dachte. Wenn ich mir klar machte, daß ich die deutsche Niederlage, die Niederlage des Volkes meiner Herkunft und meiner Sprache, wünschen *mußte* –, daß es keinen anderen Ausweg gab, wollte man Deutschlands Befreiung und das Ende einer Weltbedrohung.

Trotzdem konnte ich selbst mich nie mit Oderbruchs Handlungsweise abfinden, obwohl sie mir zwangsläufig erschien."[14]

Dieses Unbehagen Zuckmayers führte zu einer nachträglichen Überarbeitung der Oderbruch-Szene. In der Neufassung seines Stückes[15] wird Oderbruchs radikale Konsequenz entscheidend abgeschwächt, indem sein Widerstand nicht mehr unter bewußter Einkalkulierung des Todes Unschuldiger geschieht:

Hören Sie mich an, Harras. Ich habe den Mord nicht gewollt. Ich hätte es nie für möglich gehalten, daß flugkranke Maschinen zum Einsatz kommen, ohne überprüft zu werden – (Neufassung S. 453)

Wir wollten die Kampfkraft schwächen, der sinnlosen Schlächterei ein Ziel setzen, weil es keinen anderen Weg gibt, um Deutschland zu befreien. Wir wollten die Waffe entschärfen, – nicht den Mann töten, der sie führt. (Neufassung S. 454)

Nach dieser Einschränkung des radikalen Widerstandes folgen jedoch erneut die angeführten rigorosen Thesen der ersten Fassung. Auch in der neuen Version wird zudem nicht ganz verständlich, daß Harras Oderbruchs Haltung zum Schluß akzeptiert. Zuckmayers Bemühen, Oderbruchs Widerstandshaltung plausibel zu machen, sie zu rechtfertigen und doch auch wieder zu korrigieren, verleitet ihn zu Harras' schulmeisterlichem Resümee:

Ich weiß jetzt genug. Aber ich will Ihnen – etwas hinterlassen, Oderbruch. Kleines Testament, sozusagen. Was Sie wollen, ist recht. Was Sie tun, ist falsch. Glaubt ihr, man kann einen schlechten Baum fällen, indem man die Krone schlägt? Ihr müßt die Wurzel treffen! Die Wurzel, Oderbruch! Und die heißt nicht Friedrich Eilers. Sie heißt: Adolf Hitler. – Mehr brauche ich nicht zu sagen. (Neufassung S. 456)

Die Oderbruch-Szene ist durch die Texteinschübe, die auf eine einsichtigere Erklärung der Haltung Oderbruchs abzielen, insgesamt nicht überzeugender geworden. Die Argumentation verliert nicht viel von ihrem provozierenden Charakter, um so mehr jedoch von ihrer vorherigen epigrammatischen Kraft.

Trotz der Zurücknahme der unmenschlichen Komponente in Oderbruchs Widerstand bleibt nicht nur seine Handlungsweise weiterhin fragwürdig, auch seine Gestalt erscheint nach wie vor merkwürdig blaß und konturlos. Letzteres liegt jedoch bereits in dem Ausgangspunkt ihrer Konzeption begründet: Im Gegensatz zur plastischen, lebensvollen Figur des General Harras, die auf eine authentische Gestalt zurückgeht und in die persönliche Züge und Sympathien des Autors mit eingegangen sind[16], beruht die Figur des Oderbruch – wie aus den „Persönlichen Notizen" zu entnehmen ist – lediglich auf einer bloßen Hypothese Zuckmayers, so daß sie ohne „individuelle Färbung" und „psychologische Wahrscheinlichkeit" bleibt, vielmehr „allein eine politisch-moralische Position vertritt."[17]

Oderbruchs „erdichtete Handlungsweise"[18] entbehrt dadurch a priori der historischen Glaubwürdigkeit, die der einer historischen Person nachgezeichneten Handlungsweise des Harras zukommt.

Dennoch wurde auch die Titelfigur und damit das ganze Stück immer wieder in Frage gestellt. Zuckmayers um Gerechtigkeit bemühte dramatische Studie über den Fliegergeneral Harras, in die aber zugleich seine Vorliebe für „Teufelskerle"[19] einging, erschien vielen Kritikern als eine höchst fragwürdige Darstellung des schuldhaften Versagens eines hohen NS-Generals. Die wohl entschiedenste Ablehnung formulierte Marianne Kesting:

„Gleich 1946 brachte der einstige Parodist deutschen Militärwahns ‚Des Teufels General' auf die Bühne, ein Stück, das alle alten Landserherzen höher schlagen ließ. Es mutet paradox an, daß ausgerechnet der Emigrant Zuckmayer die Legende kreierte, die einer nachfaschistischen Ideologie trefflich zupaß kam: die Legende von den großen Zeiten, von den echten Kerlen und zünftigen Soldaten, die leider nur unter der falschen Flagge versammelt waren und von der NS-Partei gehindert wurden, ihre honorigen Kräfte auch für eine anständige Sache einzusetzen. [. . .] Harras' ‚Heldentum an sich' wird nicht, wie es an der Zeit gewesen wäre, kritisch durchleuchtet, sondern denkmalhaft emporstilisiert."[20]

In dieser Kritik äußert sich das bereits bei der Uraufführung lautgewordene Unbehagen an Zuckmayers effektvoller Nachzeichnung des militärischen Milieus bei gleichzeitigem Ausbleiben einer entschiedenen Stellungnahme gegen seine Titelfigur und ihr Verhalten. Dabei wird von M. Kesting die Darbietungsweise Zuckmayers in Zweifel gezogen und zugleich eine Gestaltungs-Alternative angedeutet. Wie immer M. Kesting sich die „kritische Durchleuchtung" vorgestellt haben mag, formale Konsequenz dieser Forderung wäre – darauf hat sie unbeabsichtigt mit ihrem Hinweis auf Zuckmayers einstige Parodie deutschen Militärwahns im „Hauptmann von Köpenick" selbst aufmerksam gemacht – die Parodie bzw. Satire. Nach der Ausgangsposition Zuckmayers kam diese Form für ihn jedoch nicht in Frage, ebensowenig wie die zur kritischen Durchleuchtung gleichfalls prädestinierte Form des Prozeß-Stückes (die z. B. Kipphardt in *Der Hund des Generals* benutzte).

Zuckmayer, der eine authentische Gestalt zum Vorwurf nahm und damit in gewissem Maße an biographische Fakten gebunden war, mußte, um das Verhalten seiner Figur kritisieren und auf indirekte Weise, d. h. in der entschiedenen moralischen Wendung der Figur gegen sich selbst, verurteilen zu können, jenes Verhalten erst einmal zur Darstellung bringen.

Gegen M. Kestings Einwand gilt es ferner zu bedenken, ob Zuckmayer nicht gerade durch die Beschränkung auf die kommentarlose Vorführung des Verhaltens seiner Titelfigur ein überzeugenderes Bild der schizophrenen Situation unter einem totalitären System gegeben hat, als er es in einer kritischen Erhellung des Geschehens vermocht hätte. Kestings Forderung hätte das bewußte Engagement des Autors gegen seine Titelfigur bedeutet, was von Zuckmayers aufgezeigter Ausgangsposition her jedoch nicht möglich war. Von hier aus ergab sich fast zwingend ein dramaturgisches

Verfahren, das sich auf die Formel bringen läßt: Zuckmayer ging es bei der Verdeutlichung eines von ihm verurteilten Verhaltens weniger um unmittelbare Kritik in der Darstellung, als um mittelbare Kritik durch die Darstellung.

Anläßlich der Wiederaufführung des Stückes zu Zuckmayers 70. Geburtstag (1966) rekapitulierte Günther Rühle in einem „Rückblick auf ‚Des Teufels General' " dessen umstrittene Aufnahme bei Publikum und Kritik in den fünfziger Jahren und gelangte dabei zu folgendem Resümee, das auf die grundsätzliche Schwierigkeit einer gültigen Darstellung des Dritten Reiches hinweist und die Problematik von zeitgerechter und gleichzeitig zeitkritischer Beschreibung jener Epoche andeutet:

„Zwanzig Jahre – Gehört uns das Schauspiel noch? Die moralischen Probleme des Widerstands sind klarer geworden, Oderbruch kein Gegenstand der Diskussion mehr [. . .] Harras ist uns verständlicher, nachdem wir die Psychologie des Mitläufertums besser durchschauen. Am Faden ihrer speziellen Neigungen ergriffen, haben sich viele in Dienst stellen lassen; wie für diesen General kam für die meisten die Stunde der Wahrheit.

Nun, da dieses Stück auf unsere Bühnen zurückkommt, stellen sich neue Probleme – zusammen mit einigen alten. Wir haben den Jüngeren ein Bild des Hitlerstaates entworfen, als sei damals das Verbrechen jedem sichtbar gewesen. Zuckmayers Schauspiel bringt das große Panorama von damals vor Augen, mit der ganzen Skala der Farben, und wir werden zu prüfen haben, ob es nicht wahrer blieb als manches Partei- und Lehrstück über die Zeit. Wahrer wohl, aber auch richtiger? Die Frage zeigt, wie Bühne und Gesellschaft einander bedingen."[21]

*Zuckmayer*s zweites Stück über jene Epoche, das Drama *Der Gesang im Feuerofen* (1949; UA 1950)[22], behandelt das Problem des Widerstandes und den soldatischen Konflikt zwischen Befehl und Gewissen in der Darstellung einer Gestapo-Aktion gegen eine französische Widerstandsgruppe. Inhalt und Fabel des Stückes gehen auf eine Meldung der „Basler Nationalzeitung" vom 8. Oktober 1948 zurück, die Zuckmayer seinem Stück vorangestellt hat:

„Von den vielen blutigen Dramen, die sich während der Besetzung Frankreichs in dem Genf benachbarten savoyischen Gebiet abspielten, hat kaum eines einen so nachhaltigen Eindruck hinterlassen, wie die Tragödie von H. . . .

Sie wirkte um so grausiger, als sie auf einen Weihnachtsabend – es war im Jahre 1943 – fiel. Damals hatte sich in dem alten Schloß des genannten Dorfes eine Schar junger Leute dieser Gegend, von denen viele der Widerstandsbewegung angehörten, aber an die Deutschen verraten waren, zu einem Ball eingefunden. Mitten in ihre Feststimmung platzte das Eindringen der deutschen Heerespolizei, die zwanzig von den Tänzern niederschoß oder in den Flammen des Brandes umkommen ließ, den sie um das Gebäude gelegt hatte. Die Verantwortung für diese Untat trifft nach der Auffassung des Militärgerichts von Lyon, das sich soeben mit dem Fall zu befassen hatte, den achtundzwanzigjährigen Franzosen Louis C., der seit 1943 im Dienste der Gestapo stand. Dieser hatte eine ganze Woche in dem Schloß von H. zugebracht, das ein Treffpunkt der Refraktäre des obligatorischen Arbeitsdienstes und anderer Widerstandselemente war. Louis C. hat, unter anderem, auch das Widerstandslager von Estellon an die Deutschen verraten . . . Der Angeklagte hat seine Schandtaten eingestanden. Das Gericht hat den Verräter zum Tode verurteilt."[23]

Wie aus dieser der Fabel zugrunde liegenden Zeitungsnachricht bereits zu ersehen ist, steht hier nicht mehr das Schicksal einer Einzelgestalt, sondern ein ‚Fall' im Mittelpunkt des Stückes. Der Konflikt wird somit in perspektivischer Ausweitung und Modifizierung an mehreren Figuren gleichzeitig veranschaulicht. Zudem ist die Konfliktsituation gegenüber der in *Des Teufels General* erheblich verschärft: Wo Harras durch seine fachmännische Unterstützung des Regimes nur indirekt an dessen Untaten mitschuldig wurde, geraten die militärischen Figuren im *Gesang im Feuerofen* in den Bereich der unmittelbaren Mitschuld, wo es nur noch schwer gelingt, die persönliche Integrität zu wahren. Für sie geht es nicht mehr allein um den Zwiespalt zwischen äußerem Mittun und innerer Ablehnung, sondern um den entscheidungsfordernden Konflikt zwischen unbedingter Befehlsausführung und Gehorsamsverweigerung.

Dieser Konflikt wird von Zuckmayer — und hierin liegt die perspektivische Erweiterung der Darstellung — sowohl auf deutscher wie auf französischer Seite in mehrfacher Variation vorgeführt. Der deutsche Besatzungskommandant, Major Mühlstein, der seiner „Überzeugung nach Pazifist, Kosmopolit, Paneuropäer" (S. 200) ist, aber, wie er es nennt, als altes Kavalleriepferd der Trompete folgte, wird ein Opfer der veränderten politischen Verhältnisse ebenso wie Neyroud, der Kommandant der französichen Ortsgendarmerie, der nun im Dienste der von Hitler abhängigen Vichy-Regierung steht. Beide sind Gefangene einer Befehlsmaschinerie, gegen die sie sich erfolglos zur Wehr setzen. Dies wird in Mühlsteins Worten deutlich:

> Wir sind Befehlsempfänger, mein Herr. Allesamt. Eine Welt von Befehlsempfängern. Der Constable, ich selbst, Herr Sprenger, sein Oberst, dessen General, euer Maréchal, die Herren Minister, nichts als Befehlsempfänger. Und unser Allerhöchster, der empfängt seinen Auftrag vom Volk, und das Volk von der ‚Vorsehung'. (In einer plötzlichen Wut) Manchmal, da denke ich — am Jüngsten Tag, wenn die ganze Schweinerei mal aufkommt — da wird sich noch der liebe Herrgott als Befehlsempfänger entpuppen. (S. 201)

Für Mühlstein und Neyroud ist es unter den gegebenen Umständen schwer, schuldlos zu bleiben. Dieses Bewußtsein äußert sich in Mühlsteins Gespräch mit Castonnier, dem Wirt des Ortes, der ihm im Ersten Weltkrieg im Schützengraben gegenüberlag:

Mühlstein: [. . .] Die Kameraden, die beim „Toten Mann" geblieben sind, die schlafen wenigstens mit sauberen Händen, auch wenn sie die Fingernägel voll Dreck hatten.

Castonnier: Das hoffe ich auch einmal zu tun, Commandant.

Mühlstein: Seien Sie froh, wenn Sie sich's leisten können. Das ist Glücksache, heutzutage. Für Neyroud wird es schon schwieriger sein. [. . .] (S. 199 f.)

In spiegelbildlichen Szenen und Figurenkonstellationen demonstriert Zuckmayer das Verhalten der „Befehlsempfänger" auch an den Mannschaften, auf deutscher Seite an den Soldaten der Heerespolizei (Peter, Martin, Albert, Georg), auf französischer Seite an den Milizsoldaten der Garde mobile (Pierre, Martin, Albert, George). Die Namensgleichheit wie auch die Verkörperung durch die gleichen Darsteller verdeutlichen in sinnfälliger Weise die Ähnlichkeit ihrer Lage und die Gleichartigkeit ihres Charakters und Verhaltens[24]. Auf beiden Seiten finden sich die dienstbeflissenen Befehlsempfänger, die bedenkenlos und eilfertig einen unmenschlichen Befehl ausführen, weil sie sich in ihrem Handeln von oben gedeckt und damit frei von eigener Verantwortung fühlen, wie z. B. der Franzose Albert:

Der Befehl kommt von unsrer Regierung, und wir haben ihn auszuführen, sonst nichts. (S. 153)

Wir sind jedenfalls durch die Befehle unserer Regierung gedeckt. (S. 154)

Hier wie dort stehen daneben die innerlich widerstrebenden Befehlsempfänger, die in Gewissensnot geraten und sich der Ausführung eines solchen Befehls entziehen möchten, wie z. B. Pierre:

Der verdammte Dienstvertrag. Könnt ich nur aus diesen Brocken heraus. (S. 153)

Die Analogie im Verhalten der Uniformträger wird jeweils in ähnlich gearteten Situationen sichtbar. So korrespondiert die Mentalität der französischen Gendarmen Albert und George bei der Festnahme eines gesuchten jüdischen Flüchtlings mit der ihrer deutschen Namenskollegen nach der vollzogenen Liquidation des Flüchtlings:

(Der Franzose Albert:)	(Der Deutsche Albert:)
Juden! Die sind reich. Die haben lang genug von unserm Schweiß gelebt. [...] (schaut ihn an) Das ist er! Der Gesuchte! [...] (hat ein Papier aus der Tasche genommen, zu Neyroud) Es stimmt. Hier ist das Lichtbild [...] Handschellen! (S. 188)	(gereizt) Ich sage, was ist schon dabei! Was ist schon dabei, wenn so einer liquidiert wird. – Das sind bezahlte Agenten, die denken nur an sich selbst, und wir können stempeln gehn. So war das doch, vorher. Uns machen sie nicht mehr dumm. (S. 194)

Ihnen stehen die menschlich empfindenden und unter dem aufgezwungenen Befehl leidenden Soldaten gegenüber; auf französischer Seite sind es Pierre und Martin, die sich dafür einsetzen, die auf der Flucht gestellte jüdische Familie entkommen zu lassen, auf deutscher Seite Peter, der sich der „Aktion Feuerofen" durch Krankmeldung entziehen möchte, und Martin, der sich weigert, am Heiligen Abend zu schießen, und während der Aktion in die eigenen MG-Salven hineinläuft.

Die Parallelität des Verhaltens wiederholt sich in der Handlungsweise des deutschen Besatzungskommandanten Major Mühlstein und des französischen Gendarmeriekommandanten Neyroud. Beide bemühen sich, in der Ausübung ihres Dienstes menschlich zu bleiben; im entscheidenden Augenblick jedoch finden sie nicht den Mut, einem unmenschlichen Befehl zuwider zu handeln und werden dadurch mitschuldig. Neyroud läßt zwar die gestellte jüdische Familie über die nahe Grenze entkommen, doch den von den Deutschen gesuchten jüdischen „Sohn" nimmt er fest. Mühlstein versucht das Los der Okkupierten erträglich zu halten, aber gegen die von seinem brutalen Truppführer Sprenger ohne sein Wissen vorbereitete und noch kurz vor Antritt seines Weihnachtsurlaubes anlaufende „Aktion Feuerofen" unternimmt er nichts. Da er auf dem Dienstwege die Aktion Sprengers, dem er das Kommando über den Ort weisungsgemäß bereits übergeben hat, nicht mehr rückgängig machen kann, begnügt er sich mit einem bloßen Protest gegen diese Aktion und distanziert sich von dem Geschehen, indem er resigniert seinen Weihnachtsurlaub antritt.

Mühlsteins Flucht in den Urlaub und damit aus der Mitverantwortung steht die kompromißlose Handlungsweise des deutschen Funkers Sylvester entgegen. Statt die ihm von Sprenger aufgetragene Meldung vom planmäßigen Beginn der Aktion durchzugeben und danach mit Mühlstein in den Urlaub zu fahren, versucht er, die von der Aktion Bedrohten durch rechtzeitige Warnung zu retten. Als dies scheitert, geht er zusammen mit ihnen in den Tod. Zuckmayer hat in dieser Gestalt den allein nach seinem Gewissen handelnden Soldaten dargestellt; ein Spiegelbild zu ihm schuf er in der Französin Sylvaine. In diesen beiden Gestalten, die über alle nationalen und kriegsbedingten Gegensätze hinweg aus innerer Wahlverwandtschaft (in der Namensähnlichkeit angedeutet) und aus gegenseitigem Verstehen zueinander finden, hat Zuckmayer dem Geschehen einen hoffnungsvollen und versöhnlichen Akzent gegeben, der sich in dem „Gesang im Feuerofen", jenem Te Deum laudamus, das der französische Priester Francis anstimmt, wiederholt.

Im Angesicht des gemeinsamen Flammentodes treten auch die Gegensätze zurück, die kurz zuvor noch in der Auseinandersetzung zwischen dem Priester Francis und dem Kommunisten Marcel über Art und Ziel des Widerstandes bestanden. Wie das Harras-Thema so ist also auch das Oderbruch-Thema im *Gesang im Feuerofen* variiert und nicht mehr an einer Einzelgestalt durchgeführt. Gleichzeitig erfolgt in dieser Aufspaltung eine Zurücknahme und Widerlegung der radikalen Widerstandsthesen Oderbruchs. Die Widerstandshaltung, die im *Gesang im Feuerofen* vertreten wird, ist mehr von Harras' unbedingter Lebensliebe als von Oderbruchs rigoroser Lebensverachtung bestimmt, wobei Francis' Position der von Harras, Marcels Argumentation der von Oderbruch nahekommt. Während der Priester Francis auch in der Frage des Widerstandes und der Gewaltanwendung zunächst an den davon betroffenen Menschen denkt und davor warnt, den Terror, den man bekämpft, auch zur Maxime des eigenen Handelns zu machen, sieht der Kommunist Marcel in erster Linie den Befreiungskampf, in dem man nicht nach Recht und Unrecht, Schuld und Unschuld im Einzelfall fragen kann und darf:

Marcel: Francis, du weißt, wie ich denke. Himmel und Hölle sind mir unbekannt. Für mich sind die guten und die bösen Mächte durchaus von dieser Welt, und wenn wir die bösen bekämpfen wollen, brauchen wir klare, direkte Ziele, wie auf dem Schießplatz. Ich bin dagegen, daß man sie vernebelt.

Francis: Das tue ich nicht. Ich sehe sie klarer als du. Denn sie sind nicht aus Holz, wie auf dem Schießplatz, sondern aus Fleisch und Blut, und in jedem lebt eine Seele. Bevor man die Waffen ergreift, muß man wissen, wofür man tötet. Wogegen genügt nicht.

Marcel: Und genügt das nicht: für unser Volk? Für sein freies, friedliches Leben? Genügt das nicht, hier und heute?

Francis: Es genügt nicht, Marcel. Es geht um eine Entscheidung, die schneidet mitten durch alle Völker und alle Menschen hindurch [. . .]

[. . .]

Francis: Wir haben die Wahl zu treffen, hier und heute, ob wir das Leben erniedrigen wollen zu einer blinden Funktion – oder ob wir es lieben können, als Gottes

Geschenk, in jedem seiner Geschöpfe, noch im Feind, noch in Tod und Vernichtung. Es muß eine Liebe sein, die stärker brennt als der Haß. Alles andere
ist zu wenig. (S. 216)

In dieser Forderung Francis' wird die Intention des Stückes deutlich, das nach des
Autors eigener Angabe versucht, „die ganze Welt- und Lebensfülle einer Zeit, ihre
Tode, ihr Grauen, aber auch seine Überwindung aus menschlichen und übermensch-
lichen Kräften einzufangen"[25]. Das Stück führt so über die Darstellung einer realen
Begebenheit hinaus und wird durch die Betonung der Polarität von Gut und Böse
im Wesen des Menschen zu einem säkularisierten Mysterienspiel.

Dieser geistigen Konzeption des Stückes entspricht in der formalen Durchführung
die Tendenz zur symbolischen Überhöhung des aufgegriffenen Vorfalls[26]. Zuckmayer
reicherte deshalb die realistische Handlung mit transrealistischen Elementen an. So
stellte er dem Stück eine imaginäre Gerichtsszene voran, eine Art Welt- und Elemen-
targericht, vor dem die danach einsetzende Handlung abläuft. In diese sind wiederum
Zwischenszenen mit mythisch-allegorischen Figuren (die personifizierten Naturele-
mente Vater Wind, Mutter Frost, Bruder Nebel) eingefügt, die einen lyrischen Beglei
kommentar zum realen Geschehen geben.

Als Folge dieses darstellerischen Verfahrens ergeben sich zwei verschiedene Handlungsebenen: eine Real- und eine Symbolebene, die ohne recht erkennbaren inneren
Zusammenhang bleiben und zudem die szenische Realisation des Stückes erschweren
da sie zwei sich widersprechende Darstellungsstile fordern[27].

Diese (aus der Theaterpraxis gewonnene) Erkenntnis veranlaßte Zuckmayer, in
einer Neufassung[28] die symbolische Überhöhung des realen Geschehens auf ein er-
trägliches Maß zu reduzieren. Die mythischen Zwischenszenen mit ihren allegorische
Figuren wurden ganz gestrichen. Der zweite Teil des ursprünglich überlangen Vor-
spiels wurde als Nachspiel an den Schluß des Stückes gesetzt und damit die imaginäre
Gerichtsszene zur Rahmenhandlung ausgebildet. Die mythische Zwischenszene, die
nach dem Flammentod der französischen Widerstandskämpfer, dem Ende der eigentlichen Handlung, stand und als Übergangsszene zu der sich daran anschließenden,
zeitlich aber wesentlich später liegenden Flucht des Truppführers Sprenger und des
Verräters Creveaux dramaturgisch notwendig war, wurde durch einen „Totentanz"
(Chor der in den Flammen Umgekommenen) ersetzt, wobei der Text der allegori-
schen Figuren mit leichten Änderungen den Toten übertragen wurde.

Wenn auch das Stück durch die Überarbeitung an formaler Geschlossenheit gewann, so blieb doch die Symbolebene weiterhin fragwürdig. Dies liegt nunmehr weniger an ihrer mangelnden szenischen Integration in das Ganze des Stücks, als an ihrem gedanklichen Gehalt und ihrer sprachlichen Gestaltung. Die lyrisch-reflexiven
Passagen, in denen Zuckmayer sich auf der Grundlage eines eigenwilligen Naturmy-
thos und christlichen Gedankenguts über Schuld und Leid, über das Gute und Böse
im Menschen äußert, erweisen einmal mehr, daß die Stärke des Autors in der Gestaltung lebensvoller Figuren und atmosphärisch dichter Szenen liegt, nicht aber in der
reflektierenden Darlegung philosophischer und ethischer Gedanken.

Als strukturbestimmend für das Stück erweist sich die eingangs zitierte Zeitungs-
meldung. Die mittelbare Wiedergabe des Vorfalls in Form eines Prozeßberichtes über
den Verräter Louis C. veranlaßte offensichtlich nicht nur die Einkleidung des realen

Geschehnisablaufes in den Rahmen jener imaginären Gerichtsverhandlung, sondern führte auch zu einer ausführlicheren Beschäftigung mit dem Verräter Louis C., der einzigen Figur, die für Zuckmayer im Bericht ansatzhaft vorgegeben war. Verrat und Verräter geraten stellenweise so stark in den Vordergrund der Betrachtung, daß sich der Akzent des Stückes von der Darstellung der ethischen Probleme der Résistance und der soldatischen Befehlsausführung auf die psychologische Studie des Verräters verlagert.

Die Motivierung des Verrats als Untat aus verschmähter Liebe und Menschenhaß und die mythisch-dunkle Charakterisierung des Verräters, die ihn durch seine rätselhafte Herkunft und seinen von Kind auf gezeigten Hang zum Bösen als einen zum Verbrechen prädestinierten Menschen erscheinen läßt und damit seinen Verrat als eine pathologische Tat weitgehend entschuldigt, geben zudem Creveaux einen unrealistischen Zug. Sie machen seinen Verrat zu einem außergewöhnlichen und individuellen Fall, der keine zeittypische Bedeutung beanspruchen kann. Eine solche Bedeutung kommt eher der Verratshaltung des Kellners Detlev in *Des Teufels General* oder, hier im Stück, dem Verhalten der auswechselbaren Befehlsempfänger auf deutscher und französischer Seite zu.

Mit der Wendung des Stückes in eine mythische Entsühnung und Erlösung des Verräters, mit der Annahme des Ausgestoßenen durch eine halb reale, halb symbolische „Mutter"-Gestalt bleibt die Diskrepanz zwischen realistischer und ,surrealistischer' Handlungsebene bis ans Ende erhalten, so daß Inge Meidinger-Geises Einwand zu Recht besteht:

„kann eine Verrätertragödie, die zum Erlöserdrama wird, kann beides überzeugen, mit einem solchen naturchristlich-politischen Gemisch, wo eine Vermengung stattfindet von Zügen eines Märchen-Verräters aus geschmähter Liebe, aus Menschenhaß, und von Zügen völlig zeitgetriebener, staatlich gebunden Handelnder?"[29]

Zuckmayers Versuch, in der Darstellung nahe an der Wirklichkeit zu bleiben und diese doch gleichzeitig symbolisch zu überhöhen, der in der Mischung von realistischem Zeitstück und christlichem Mysterienspiel[30] zum Ausdruck kommt, ist somit nicht restlos gelungen.

Das Versagen des deutschen Offiziers und der militärischen Führung in geschichtlich entscheidenden Augenblicken versucht *Claus Hubalek* (* 1926) in seinem Schauspiel *Die Festung* (UA 1958)[31] evident zu machen. In drei Akten exemplifiziert er die typischen Stationen dieses Verhaltens an der Gestalt eines Generals, der sich stets abwartend verhält und zu spät zum Handeln entschließt.

Das Geschehen spielt zu folgenden Zeitpunkten:

am *30. Juni 1934,*
an dem die Reichswehr im sog. Röhmputsch mit Wissen und indirekter Hilfestellung die Liquidierung der SA durch die SS zuließ, im Glauben, es handele sich dabei um eine Beseitigung revolutionärer Elemente, und erst nach Ermordung auch anderer dem Regime mißliebiger Personen, wie der Reichswehrgenerale von Schleicher und von Bredow, das wahre Ziel dieser Aktion erkannte. – Mit der Hinnahme der Ermordung der beiden Generale kapitulierte die Reichswehrführung vor dem NS-Terror und geriet in zunehmende Abhängigkeit des Hitler-Regimes;

am *20. Juli 1944,*
an dem die schwankende, unentschlossene Haltung hoher Offiziere entscheidend zum Mißlingen der Erhebung beitrug, weil sie ihre Beteiligung an dem Aufstand von der Garantie des erfolgreichen Ausgangs und von Hitlers Tod abhängig machten;

im *April 1945,*
kurz vor der endgültigen Niederlage Deutschlands, als das Befolgen sinnloser Durchhaltebefehle unnötige Opfer forderte.

Die szenische Veranschaulichung dieser historischen Zeitpunkte nimmt sich bei Hubalek wie folgt aus:

Gegen die Bedenken seines Kollegen Major Jacobi und seines Freundes Pfarrer Seydack händigt Oberst Kress (im 1. Akt) am Vorabend des „Röhmputsches" der SS Waffen für deren geplante Aktion gegen die SA aus. Er glaubt, auf diese Weise zur Beseitigung der radikalen Elemente der NS-Bewegung beizutragen und die Position des Heeres zu sichern:

> Die Armee, die in diesem ‚neuen Deutschland' noch Maß, Anstand, Sittlichkeit verkörpert, sichert ihren Führungsanspruch, indem sie hilft, den gröbsten Unrat aus dem Weg zu räumen. (S. 10)

Jacobi und Seydack hingegen warnen vor den möglichen Folgen dieser Beihilfe:

> Mit den Mitteln des Unrats, um in deinem Jargon zu bleiben? [. . .] Ist das nicht ein Beispiel, das Schule machen kann? Wenn einmal auf diese Weise geschossen wird, kann immer wieder so geschossen werden. Auch auf uns. (Jacobi S. 11)

> Mit all euren klugen Entscheidungen reicht ihr den kleinen Finger. Es ist eine Frage der Zeit, daß die ganze Hand genommen wird. (Seydack S. 25)

Am Ende des 1. Aktes bereits erweist sich die Richtigkeit ihrer Warnung: Kress erhält die Nachricht, daß der unter einem Vorwand weggerufene Pfarrer Seydack gleichfalls ein Opfer der angeblich parteiinternen Säuberungsaktion wurde. Durch die Herausgabe der Waffen an die SS hat Kress den Tod seines eigenen Freundes mitverschuldet.

Trotz dieser Erfahrung und starker moralischer Vorbehalte blieb Kress – dies zeigt der 2. Akt, der am 20. Juli 1944 spielt – weiterhin als Offizier im Dienst des NS-Regimes und wurde durch die Beteiligung an Hitlers Krieg in neue Schuld verstrickt. Er erkennt seine jetzige Misere als Folge früheren Versagens:

> Vielleicht wäre es zu vermeiden gewesen. Vor zehn Jahren. Aber damals haben wir uns die Hände beschmutzt. Da haben wir ihnen Hilfestellung geleistet. Dann kam alles, wie es kommen mußte. Der Eid auf Hitler. Damit hatte er uns in seiner Gewalt. (S. 54)

Als ihn am 20. Juli 1944 sein der Widerstandsbewegung angehörender Fähnrich Wedell von dem Attentat auf Hitler unterrichtet, bekennt er offen:

> Ich habe Hitler von Anfang an verachtet. Ich habe immer nur Deutschland gedient. Nicht diesem Manne. Ich weiß, daß viele meiner Kameraden so dachten wie ich. Nun, man hat mich in den Plan, ihn zu beseitigen, nicht eingeweiht. Das war vielleicht gut so. Ich hätte

nicht zugestimmt. In meinem Denken hat die Rebellion nicht Platz. Das habe ich nicht gelernt. (S. 62)

Wedell drängt ihn, die Erhebung gegen das Regime zu unterstützen:

Herr General, wir haben Ihnen jetzt die Bresche geschlagen. Folgen Sie uns. Wir haben Ihnen den Mord abgenommen, der geschehen mußte. Wir haben den Mann aus dem Weg geräumt, an den Sie der Eid gebunden hat. Die Grenze, die Sie nie überschreiten konnten. Wir haben sie frei gemacht, Herr General. Jetzt sind Sie frei. Nutzen Sie die Freiheit. Handeln Sie endlich. (S. 63 f.)

Doch Kress erteilt nur zögernd den Befehl zur Einleitung militärischer Aktionen, den er bei der Nachricht vom Mißlingen des Attentats auf Hitler sofort wieder rückgängig macht.

Die zur eigenen Rehabilitierung notwendig gewordene Loyalitätserklärung bindet ihn noch stärker als zuvor an Hitler, so daß er (im 3. Akt) selbst im Angesicht des totalen Zusammenbruchs sich nicht zum Handeln entschließen kann. Als Kommandant einer zur Festung erklärten deutschen Stadt wagt er nicht deren kampflose Übergabe, obgleich er von der Sinnlosigkeit des Durchhaltebefehls überzeugt ist, sondern wartet auf die Entbindung vom „Führerbefehl". Wedell täuscht ihm diese vor, um ihm ähnlich wie am 20. Juli den Weg zum Handeln freizumachen. Erst als dieses Täuschungsmanöver aufgedeckt wird, bekennt sich Kress entschlossen zu dem ihm von Wedell aufgedrängten befehlswidrigen Handeln. Doch zu spät. Während er zur Exekution geführt wird, beginnt der Angriff auf die Stadt.

Mit der Wahl der drei historisch bedeutsamen Daten hat Hubalek zweifellos drei signifikante Situationen aufgegriffen, in denen sich das Versagen der militärischen Führung manifestiert. Doch sein Versuch, in diesen drei Fixpunkten die logische Konsequenz dieses Versagens an einer exemplarischen Offiziers-Gestalt nachzuweisen, wird nicht der historischen Bedeutung der drei aufgegriffenen Situationen gerecht. Sein Stück gibt zwar einen anschaulichen Beweis von Wedells These „Sie und Ihresgleichen haben immer abgewartet. Das hat uns das Vaterland gekostet." (3. Akt S. 119) Es läuft dieser historischen Demonstrationsabsicht aber zuwider, da es andererseits deutlich in die Nähe einer Privat-Tragödie gerät. Diese Divergenz zwischen beabsichtigter und erzielter Wirkung liegt vor allem in der Charakterisierung der Hauptfigur begründet: Das Abwarten des Generals Kress und seine Begründung dafür erscheint nämlich weniger als ein Ausweichen vor der Entscheidung aus Mangel an persönlichem Mut, sondern entspringt vielmehr einem falsch verstandenen, überkommenen Ehrbegriff. Durch ihn fühlt er sich – trotz der Einsicht in die Unrechtmäßigkeit des Regimes – unlösbar an seinen Eid auf das Staatsoberhaupt gebunden.

„Die Hauptgestalt wird so nie recht verständlich. [. . .] Sie steht nie mitten im tragischen Sog. Sie beweist in ihrer individuellen Mutlosigkeit nur, wie lästig Charakter aus Dummheit sein kann.
Aber Dummheit ist nicht tragisch, auch nicht die Dummheit aus scheinbar höchsten ethischen Motiven. Dieser Irrtum des so um dramatische Gerechtigkeit bemühten Autors läßt nur eine sehr ansehbare, ehrenvolle, stücktechnisch erstaunlich kompetente Reportage entstehen. Die Tragödie, die ihm vorschwebte, entfällt."[32]

Sicherlich aber ging es Hubalek nicht um eine (Individual-)Tragödie, sondern um die

Demonstration eines historischen Tatbestandes an einem individuellen, aber exempla-
schen Fall. So sehr nun dessen Zeichnung zu einer Individual-Tragödie geriet, so wenig individuell erscheint andererseits die Sprache und Argumentation des Stückes, besonders in der Darstellung des 20. Juli. Das dialogische Entwickeln der moralischen
Probleme und Argumente, die mit diesem Datum verbunden sind (Führer-Eid, Tyrannenmord, Befürchtung des Bürgerkrieges und einer neuen Dolchstoßlegende), läßt fast
jegliche individuelle Formulierung und Färbung vermissen und wirkt als generelle Wie
dergabe der von der Geschichtsforschung herausgestellten Kern-Thesen. Dem entsprich
ferner die schematische Figurenkonstellation: dem zwiespältigen General steht auf der
einen Seite der zur Handlung treibende junge Widerstands-Offizier (Wedell) gegenüber
auf der anderen Seite der fanatische Nazi-Offizier (Witt), der den General immer wieder zu Vorsicht und Unentschiedenheit veranlaßt.

Dennoch endet das Stück mit der Auflehnung des Generals, durch die er auf die
Seite der Opfer des Hitlerregimes tritt. Im Grunde widerspricht diese Wendung jedoch
der inneren Logik seines Verhaltens. Das Vermeiden dieser moralischen Schlußapothe
ose hätte Hubaleks Demonstrationsabsicht jedenfalls eher entsprochen und der Haupt
gestalt und ihrem Versagen größere Glaubwürdigkeit verliehen.

Von Hubaleks Schauspiel unterscheidet sich in diesem Punkt *Heinar Kipphardt*s (* 19
Stück *Der Hund des Generals* (1961/62; UA 1962)[33], das zur Charakterisierung des V
haltens seiner Hauptfigur ebenfalls das Geschehen um den 20. Juli wählt. Das Stück u
tersucht in Form einer (16 Jahre nach Kriegsende stattfindenden) gerichtlichen Voru
suchung die Hintergründe eines Einsatzbefehls, der 60 Soldaten in eine bereits als un-
haltbar aufgegebene Stellung und damit in den sicheren Tod schickte. In diese Ermittlung sind Spiel-Szenen eingeblendet, die einzelne Aussagen szenisch rekonstruieren un
ergänzen. Der Vorfall wird dabei aus einer doppelten Perspektive berichtet: einmal au
der Sicht des einfachen Soldaten Pfeiffer, des einzigen überlebenden Zeugen, nach des
sen Aussage der General den Einsatzbefehl aus persönlichen Motiven (nämlich aus R
che für seinen von Pfeiffer in Notwehr erschossenen Schäferhund) gab; zum anderen a
der Perspektive des beschuldigten Generals Rampf, der sich auf einen Armeebefehl be
rufen kann, von dessen Unsinnigkeit er zwar überzeugt, zu dessen Durchführung er je
doch gezwungen gewesen sei. Das Zwielicht, das bei der Untersuchung dieses Vorgang
auf seine Person fällt, obwohl ihm ein direkter Zusammenhang zwischen der Erschießung des Hundes und jenem Einsatzbefehl nicht nachgewiesen werden kann, wird ver
stärkt durch sein doppeldeutiges Reagieren auf die Vorgänge um den 20. Juli 1944, d
im Verlauf der Ermittlung beleuchtet wird. Zur gleichen Zeit, da die abkommandierte
Soldaten Opfer seines umstrittenen Befehls wurden, äußert er (in einer eingeblendete
Spiel-Szene) gegenüber dem Offizier Fahlzogen, einem Verbindungsmann der Widerstandsbewegung:

> In Erwägung, daß soldatische Gehorsamspflicht ihre Begrenzung im Wohle der Nation find
> müssen unverzüglich alle gewöhnlichen und außergewöhnlichen Wege beschritten werden,
> drohende militärische Katastrophe abzuwenden. Jeder versäumte Tag ist für unser deutsch
> Vaterland eine verlorene Schlacht und für den verantwortungsvollen Truppenführer die sin
> lose Opferung ihm anvertrauter Soldaten. (S. 99)

Auf Fahlzogens Frage, ob im Ernstfall mit ihm zu rechnen sei, entzieht er sich allerdings ebenso wortgewandt der festen Bindung an die zum Aufstand entschlossene Offiziersgruppe:

> Aber der Staatsstreich ist eine Technik, bestimmte Realitäten, bestimmte Kräfte voraussetzend, und wenn die nicht da sind, dann ist der Bürgerkrieg da, mit militärischem Chaos beginnend und endend mit einem Deutschland unter der Knute bolschewistischer Kommissare! – Verstehen Sie mich nicht falsch, aber ich kenne die Realität, die Zusammensetzung des Offizierskorps, die allgemeine Feigheit –, und das ist der Grund, warum ich vor dem Weg der Gewalt, bei aller ideellen Sympathie, warnen muß, solange nicht alle weniger verzweiflungsvollen Mittel erschöpft sind. (S. 100)

Es ist dies eine subtile Form der Absage an die Widerstandsbewegung, wenn er diese Interpretation vor der Untersuchungskommission auch als böswillige Unterstellung bestreitet. In seiner nach dem 20. Juli vor der Gestapo abgegebenen (und auf Tonband festgehaltenen) Aussage nimmt sich sein angeblicher Widerstand gegen Hitler und seine Fahlzogen versicherte ideelle Sympathie anders aus:

> Zu meiner Verwunderung brachte er [Fahlzogen] das Gespräch auf die allgemeine Kriegsführung und kritisierte sie auf eine unsachliche und sarkastische Weise. Als er schließlich von wünschenswerten und möglichen Friedensverhandlungen sprach, entgegnete ich ziemlich grob, daß ich mir ein Europa weder im Würgegriff New Yorker Bankjuden noch unter der Knute bolschewistischer Kommissare entfernt vorstellen wolle, und daß ich das Gespräch als ein nichtgeführtes ansehe. Ich hielt es aber für meine Pflicht, noch am gleichen Tage meinen Ic, Oberstleutnant Houth, zu unterrichten, und mit diesem gemeinsam den Vorfall dem Generalstabchef der Heeresgruppe Mitte, v. Tresckow, zu melden. Ich konnte nicht annehmen, daß Tresckow die Meldung unterschlägt, weil er an dem verbrecherischen Komplott gegen die deutsche Ehre selbst beteiligt war. Ich muß nicht betonen, wie tief mein Abscheu ist. (S. 120 f.)

Wenn Rampf diese Aussage auch als ein „führertreues Ammenmärchen" und als „denkbare Schutzbehauptung" zu bagatellisieren vermag, mit der er die Genannten nicht mehr habe belasten können, da sie bereits verhaftet und überführt waren, so entlarvt doch die Anpassungsfähigkeit seiner Diktion an Situation und Gesprächspartner hinreichend die Doppeldeutigkeit seines Charakters.

In dieser Selbstentlarvung der Hauptfigur durch ihre Sprache und in der kontrastierenden Gegenüberstellung seiner zu verschiedenen Zeiten abgegebenen Äußerungen liegt die innere Spannung von Kipphardts äußerlich recht kühler und betont sachlicher Demonstration des Vorfalls, die die Bestimmung des Charakters und der Schuld des Generals bewußt in der Schwebe läßt. Im Unterschied zu Hubalek und auch zu Zuckmayer verdeutlicht Kipphardt das zur Kritik stehende Verhalten seiner Hauptfigur nicht in einer rein szenischen Reportage, sondern im Wechsel von szenischer Vorführung und analytischer Darlegung. Daß er dabei einen nicht eindeutig faßbaren Fall und eine Befehlssituation darstellt, in der sich subjektive und objektive Momente undurchschaubar vermischen, hebt das Stück über eine konventionelle Darstellung des Konflikts zwischen Befehl und Gewissen hinaus.

„Das Stück demonstriert die unfaßbaren, gleichwohl unabdingbaren Paradoxien der Kriegsführung: Was auf der unteren Ebene als bloße Schikane erscheint und erlitten wird, ist auf der des Generals ein winziges Detail aus einem komplizierten, wenn auch fragwürdigen politisch-militärischen Zusammenhang. Positionen werden aneinander vorbeigeführt, ein Eishauch weht von der Bühne. Der Mechanismus des Krieges enthüllt seine objektive Unmenschlichkeit."[34]

Das oft unvermittelte und verwirrende Ineinanderübergehen der beiden Zeit- und Handlungsebenen trägt jedoch nicht immer zu einer wechselseitigen Erhellung und Aufklärung des zu rekonstruierenden Vorfalls bei. Die Spielszenen erscheinen zumeist als gespielte Beweis-Aufnahmen und nicht als völlig außerhalb der Verhör-Ebene liegende Rückblenden, die allein für den Zuschauer zur Ergänzung und zum Vergleich mit der Prozeß-Handlung gedacht sind. Dadurch wird der Unterschied zwischen objektiver Demonstration und subjektiver (Zeugen-) Aussage verwischt, d. h. die Demonstrationsszenen präsentieren sich als Fortsetzung der subjektiven Aussage und nicht als ausschließlich objektiver Geschehnis-Bericht. Eine klarere Trennung der beiden Darstellungsebenen hätte jedenfalls die Einsicht in den explizierten Fall erleichtert und diesen gleichzeitig in seiner Aussage und Wirkung intensiviert[35].

Als eine Variation von Hubaleks Thema erscheint *Johannes R. Becher*s (1891 – 1958) Drama *Winterschlacht* (1941/1945; UA 1952)[36], in dem er in der Figur des Obergefreiten Johannes Hörder die „deutsche Hamletfigur"[37] des Zweiten Weltkrieges zu gestalten suchte. Das Stück behandelt den deutschen Rußlandfeldzug und die sich anbahnende deutsche Niederlage in einer alternierenden Aktfolge aus der Perspektive der Front (1., 3. und 5. Akt) und der Heimat (2. und 4. Akt). Es zeigt, wie zwei junge deutsche Soldaten, Johannes Hörder und sein Freund Gerhard Nohl, durch die Ereignisse an der Front und in der Heimat zu der für sie bitteren Einsicht kommen, daß sie nicht für ihr Volk, sondern für ein verbrecherisches Regime gekämpft haben, das Deutschland dem Untergang entgegenführt. Der Versuch, aus dieser Erkenntnis die Konsequenz zu ziehen, führt sie jedoch verschiedene Wege: Während Nohl zu den Russen desertiert, um auf der Feindseite aktiv zur Befreiung Deutschlands vom Hitlerregime beizutragen, entschließt sich Hörder, der diesen Schritt seines Freundes Nohl als Verrat an Deutschland empfindet, auf deutscher Seite weiterzukämpfen, um seinem Land die drohende Niederlage zu ersparen. Erst im Angesicht des Todes, zu dem er verurteilt wird, weil er sich weigert, das Kommando zur Liquidation russischer Partisanen zu übernehmen, erscheint ihm Nohls Weg als der konsequentere und einzig richtige. Mit der Verurteilung der eigenen Passivität und der nachträglichen Rechtfertigung von Nohls Handlungsweise geht er in den Tod:

> O all die Liebe, die ich nicht geliebt,
> o all das viele nicht gehaßte Hassen –
> Dafür, dafür muß ich das Leben lassen.
> O daß mir Deutschland einst *die* Schuld vergibt. (S. 174)

> Dich, Gerhard, grüß ich! . . . Du wirst bauen, du wirst das Werk schaffen, du hast einen Plan – schon hast du den Grundstein gelegt, schon seh ich den Grundriß . . . (S. 173)

Die eigentliche Absicht des Autors wird aus diesen Sätzen Hörders deutlich. Es geht ihm in seinem Stück nicht allein um die Darstellung von Hörders innerem Konflikt, sondern mehr noch um eine indirekte Rechtfertigung der Handlungsweise Nohls, die nicht ohne weiteres mit dem Verständnis der Zuschauer rechnen durfte. In der Gestalt Nohls wird die entschlossene antifaschistische Haltung der „Hamlet"-Haltung Hörders gegenübergestellt, denn „Hörder stellt seine Aktivität für Hitler ein. Aber er gelangt nicht mehr zur Aktivität gegen Hitler."[38]

Das deklamatorische Pathos, mit dem Hörder den zuvor verurteilten Schritt seines Freundes Nohl rechtfertigt und sich der eigenen Passivität anklagt, ist typisch für die Diktion des ganzen Stückes. Deklamatorische Prosa wechselt mit pathetischen Blankversen, in denen vor allem die außergewöhnlich langen und häufigen Monolog-Passagen des Stückes gehalten sind. Sie resultieren einerseits aus dem Aufklärungs- und Rechtfertigungsbedürfnis des Autors, der hier eine ideologiekritische Abrechnung mit dem Nationalsozialismus unternimmt und eine Würdigung des antifaschistischen Widerstandes auf „Feind"-Seite[39] und des russischen „Befreiungskampfes" geben will[40]. Zum anderen zeugen die Monologe von Bechers Unvermögen, einen von den Figuren her konzipierten dramatischen Dialog und einen dramatischen Handlungsablauf zu gestalten. Die ausführlichen Explikationen der Figuren, die eingefügten Zitate und Gedichte, die Rundfunkreportagen auf dem Schauplatz der Handlung, in denen der Bericht an die Stelle der Handlung tritt, bewirken zwangsläufig den monologisch-statischen Charakter des Stückes. Brecht macht aus dem dramaturgischen und sprachlichen Unvermögen Bechers eine Tugend, wenn er den monologischen Charakter des Stückes dahingehend interpretiert:

„Das Monologisieren (Nohl, Hörder, Anna, Frau Hörder) zeigt die Zerrissenheit der Gesellschaft, die Isolierung des einzelnen. Die Personen finden keinen Gesprächspartner mehr, dem sie sich mitteilen oder bei dem sie Rat holen können. Sie sind umgeben von Feinden, werdenden oder gewordenen."[41]

Die sprachliche Stilisierung (Blankverse) und der szenische Naturalismus (Auffahren von Panzern auf der Bühne), die in einem merkwürdigen Kontrast zueinander stehen und einen eklatanten Stilbruch darstellen, sind als Kompensationserscheinung für die mangelnde dramatische Gestaltungskraft Bechers anzusehen. Sein dramatisches Unvermögen zeigt sich auch in der klischeehaften Figurenzeichnung, die die eine Seite idealisiert (G. Nohl, Vater Nohl, Anna Nohl, J. Hörder, Frau Hörder), die andere Seite dämonisiert und zugleich karikiert (Karl Hörder, Elvira Rundstedt, Major Rundstedt, Rittergutsbesitzer und Oberstleutnant Quabbe, der russische Fürst). Dies führt zu so peinlichen Szenen wie der am Ende des 4. Aktes, in der Hörders Mutter ihren Mann, der sich als NS-Volksrichter seiner Todesurteile rühmt, erschießt, als für sie der Verdacht zur Gewißheit wird, daß er ihren ältesten, angeblich in Polen gefallenen Sohn selbst liquidiert hat:

Maria Hörder: [...]
       (schaltet den Rundfunkapparat ein)
So wird auch vor auftönendem Choral
Stumm sein der Schuß. Unhörbar wird er fallen.
Verschwiegen wirst du enden. Lautlos wird
Der Tod sein, wie ein schändliches Verenden.
       (Choral lauter)
Du, Mörder meines Sohnes, sei verflucht!

Fortleben sollst Du als ein blutiger Fluch!
Schon stehst Du vor mir, wie zum Bild erstarrt . . .
Und nun gedenke ich des Älteren,
Des besten meiner Söhne – denke sein.
Es töne dir zu Ehren der Choral,
Mein liebster Sohn! Nun ist die Rache mein.
In dem Choral hör ich die Stimme dein.
's ist deine Stimme, und ich stimme ein . . .
                    (Pause. Choral überströmend)
Das ganze Unheil hab ich aufgedeckt . . .
                    ([. . .] wendet den Zuschauern offen das Gesicht zu
                    und tritt bis an die Rampe vor:)
Ge-rech-tes . . . Urteil . . . ward an . . . ihm . . . vollstreckt . . . (S. 153 f.)

Schauereffekte solcher Art und die primitive Versifizierung (man beachte die Reim-
folge) sprechen der Intention Bechers Hohn, ein deutsches Hamlet-Stück zu gestalten, und machen sein Stück zu einer unfreiwilligen Parodie des gewählten Themas.
Gleichzeitig wird daran ersichtlich, wie sehr Becher bei völlig neuen Themenstellun-
gen stilistisch der literarischen Richtung seiner Jugendzeit verhaftet blieb. Sein Scheitern ist nicht zuletzt die Folge eines antiquierten Expressionismus.

Als Ausgangsbasis für einen generellen Vergleich der verschiedenen Bemühungen, den
soldatischen Konflikt zwischen Befehl und Gewissen szenisch zu veranschaulichen,
sei hier ein weiteres Beispiel für den Versuch einer traditionell-realistischen Darstellung dieses Themas angeführt, *Hans Breinlinger*s Stück *Gekados* (1960)[42].
    Auch hier steht im Mittelpunkt des Geschehens die Weigerung, einem Liquidations-
befehl nachzukommen. Ein junger Offizier, Feldwebel Tirrof, der im Zivilleben ange-
hender Jurist ist, wird mit einem Trupp Soldaten von seiner Einheit zur Übernahme
der Kommandantur eines polnischen Ortes und des dazugehörigen Ghettos abgestellt.
In Begegnungen mit drei Menschen dieses Ortes, mit dem Bürgermeister, der vor dem
Kriege gleichfalls in München Jura studierte, mit dem ehemaligen Medizinprofessor
Dr. Fraenkel, Leiter des Judenrates im Ghetto, und mit der gebildeten jüdischen
Schauspielerin Claudine, wird sein von der NS-Ideologie vorgeprägtes Bild von einer
anderen Rasse und einem fremden Volk erschüttert und durch die Wirklichkeit korri-
giert. Die letzte Konsequenz der nationalsozialistischen Rassentheorie erfährt er, als
ihm durch einen Sonderführer der SS (Dr. Düren) als geheime Kommandosache der
Befehl zur Liquidierung des Ghettos überbracht wird. Sein Rechtsempfinden lehnt
sich gegen diesen Befehl zum Mord auf. Im letzten Augenblick erreicht er, daß die
(durch ein Versehen erfolgte) Freistellung seines Trupps zu dieser Aktion rückgängig
gemacht wird, doch die Tatsache, daß die obersten militärischen Dienststellen diese
Liquidation im Besatzungsgebiet stillschweigend hinnehmen, veranlaßt ihn zur offenen Anklage des Verbrechens und seiner Duldung und bringt ihn doch noch vor das
Kriegsgericht.
    Breinlingers „szenischer Bericht" ist ein Versuch, den Gewissenskonflikt des Sol-
daten in Form eines realistischen Zeitstücks zu veranschaulichen. Er zeigt aber auch
die Klippe, an der dies in vielen Fällen zu scheitern droht: die recht bemühte Hand-

lungs- und Figurenerfindung. Besonders deutlich wird dies an der Gestalt der Schauspielerin Claudine. Die Einführung einer Schauspielerin als Figur verleitete Breinlinger dazu (bei der Geburtstagsfeier von Tirrof), Gedicht-Rezitationen einzufügen und Handlung durch Stimmung zu ersetzen. Diesem Erbauungs-Effekt entspricht in der Ghetto-Szene der Schauer-Effekt jenes Schachspiels, in dem der SS-Sonderführer mit dem Leiter des Judenrates um dessen Leben spielt.

Einen anderen Weg der Darstellung beschreitet *Max Frisch* (* 1911) in seinem Stück *Nun singen sie wieder* (1945; UA 1945)[43]. Frisch erlebte als Schweizer das Geschehen im Dritten Reich nur aus unmittelbarer Nachbarschaft mit (er war während des Krieges im Grenzdienst eingesetzt). Im Zweifel, ob ihm als Außenstehenden ein Wort überhaupt zustehe[44], wählt er bewußt eine modellhafte und stilisierte Darstellung der Kriegsereignisse und der Problematik militärischer Befehlsausführung, um so die Vortäuschung eines wirklichen Vorganges auszuschließen:

„[. . .] es muß der Eindruck eines Spieles durchaus bewahrt bleiben, so daß keiner es am wirklichen Geschehen vergleichen wird, das ungeheuer ist."[45]

Das Stück ist ein szenisches „Requiem"[46] für die Opfer des Zweiten Weltkrieges. Ähnlich wie Zuckmayer im *Gesang im Feuerofen* bemüht sich Frisch um eine objektive, vorurteilsfreie Darstellung des Kriegsgeschehens. Es „werden alle Seiten des Krieges mit ihrem Anteil an Schuld vorgeführt: die deutsche Front, die Heimat und die alliierte Front."[47] Wie Zuckmayer bedient er sich dabei bestimmter Analogien: gleichlautende Äußerungen der Kriegsgegner („Satane sind es") verdeutlichen, daß jeweils die eine Seite nur die Schuld der anderen sieht und sie zur Rechtfertigung der eigenen Taten benutzt.

Frischs „Requiem" besteht aus zwei Teilen. Der erste Teil (Bild 1 – 4) zeigt das Kriegsgeschehen aus der Perspektive der Beteiligten, der zweite (Bild 5 – 7) aus der der Umgekommenen. Alle Gegensätze sind unter diesen aufgehoben: „Freund und Feind treffen aufeinander und erfahren gemeinsam die Schuld und Sinnlosigkeit ihres verbrachten Daseins."[48] In der Kontrastierung dieser irrealen Welt der Toten mit der realen Welt der Überlebenden (im Schlußbild), die an Rache für die Umgekommenen denken, artikulierte Frisch seine Befürchtung, daß seine Zeitgenossen aus dem Geschehenen keine Lehre ziehen würden.

Im Mittelpunkt des ersten Teiles steht der soldatische Konflikt zwischen Befehl und Gewissen. Er wird in der Gestalt eines einfachen Soldaten (Karl) dargestellt, der auf Befehl einundzwanzig russische Geiseln erschoß. Als er von seinem Offizier (Herbert) einen neuen Liquidationsbefehl erhält, desertiert er in die Heimat, wo er sich während eines Luftangriffes erhängt. Dem Selbstmord geht eine Begegnung mit seinem Vater (Oberlehrer) voraus, in der es zur Auseinandersetzung um die Frage von Schuld und Verantwortung kommt. Als er von Karls Desertion erfährt, beschwört er ihn, an Frau und Kind zu denken und an die Front zurückzukehren:

Oberlehrer: [. . .] Karl! auch das ist ein Gewissen: man tötet nicht seine Frau der eignen persönlichen Gesinnung zuliebe, seine Frau, seinen Sohn –

Karl:	Lieber die andern! [...] Hast du schon einmal auf Frauen und Kinder geschossen?
Oberlehrer:	Ich sage dir: du hast es auf Befehl getan!
Karl:	Und wer hat es befohlen?
Oberlehrer:	Es ist nicht deine Schuld, Karl, was alles auch befohlen wird, es ist nicht unsere Schuld –
	[...]
Karl:	Jedes Wort, das du sagst, es klagt uns an. – Es gibt das nicht, es gibt keine Ausflucht in den Gehorsam, auch wenn man den Gehorsam zu seiner letzten Tugend macht, er befreit uns nicht von der Verantwortung. Das ist es ja! Nichts befreit uns von der Verantwortung, nichts, sie ist uns gegeben, jedem von uns, jedem die seine; man kann nicht seine Verantwortung einem andern geben, damit er sie verwalte. Man kann die Last der persönlichen Freiheit nicht abtreten – und eben das haben wir versucht, und eben das ist unsere Schuld. (S. 112 f.)

Der Selbstmord des Sohnes wird auch für den Vater, der bis dahin gegen seine innere Überzeugung den Forderungen des Regimes nachgekommen ist, zum Anlaß, nicht länger zu schweigen und gegen das System aufzubegehren, was seine standrechtliche Erschießung unter dem Befehl seines ehemaligen Schülers Herbert zur Folge hat.

Die knappe, nur andeutende „Bilder"-Folge ist fast ausschließlich auf das Wort gestellt und weist eine hörspielartige Struktur auf. Der Autor verzichtet hier auf eine durchgängige Handlung und spart die Darstellung der anvisierten Kriegsereignisse weitgehend aus. Die einzelnen Bilder signalisieren lediglich typische Situationen (der deutsche Soldat im Einsatz an der Front – die deutsche Bevölkerung in der Heimat unter der Bedrohung durch Luftangriffe – feindliche Flieger im Bomben-Einsatz gegen deutsche Städte) und reflektieren bestimmte Denk- und Verhaltenspositionen (Auseinandersetzung zwischen Herbert – Karl – Oberlehrer; Gespräche der feindlichen Flieger), die Frisch für das unfaßbare Geschehen charakteristisch erschienen.

Die Liquidierung jüdisch-polnischer Kinder und das Verhalten des mit ihrer Deportation beauftragten Offiziers stellt *Erwin Sylvanus* (* 1917) in seinem Stück *Korczak und die Kinder* (UA 1957)[49] dar. Es dokumentiert das Schicksal von 66 Waisenkindern und ihrem Betreuer, dem Arzt Dr. Janusz Korczak, der mit ihnen zusammen in den Tod ging. In der Authentizität dieser Geschichte[50] und in der zu ihrer Wiedergabe gewählten Darstellungsform unterscheidet sich Sylvanus wesentlich von Frisch und Breinlinger.

Während Breinlinger ein offenbar erfundenes Geschehen in realistischer Manier wiedergibt, und Frisch in einem erdachten Modellfall eine abstrahierende und stilisierende Darstellung der Wirklichkeit anstrebt, meidet Sylvanus, – um den Gedanken, es handle sich um die Erfindung des Geschehens, gar nicht erst aufkommen zu lassen – jeglichen Anklang an Wirklichkeitserfindung und illusionistische Darstellung. Er vergegenwärtigt das Geschehen als eine szenisch-verfremdete Erzählung in Form einer antiillusionistischen Theater-Probe. Die Distanz zwischen Darsteller und Rollengestalt und zwischen Dargestelltem und Wirklichkeit bleibt dadurch gewahrt; gleichzeitig ermöglicht die nur andeutende Darstellung der Begebenheit deren Reflexion und Kommentierung innerhalb ihrer szenischen Demonstration.

Der Vorteil dieser Darstellungsweise liegt darin, daß die im doppelten Sinn des Wortes unvorstellbare Begebenheit auf diese Art vorstellbar wird und von vornherein Kolportage-Elemente und Horror-Effekte, die mit der naturalistischen Wiedergabe eines solchen Geschehens fast zwangsläufig verbunden sind, umgangen werden. Allerdings treten an ihre Stelle gewisse Theater-Effekte, die sich aus der Form eines Probe-Spiels ergeben und die die Wirkung des Darzustellenden gleichfalls beeinträchtigen können. Teilweise wird durch die Fiktion der Theater-Probe (die an die Stelle der Fiktion einer gespielten Wirklichkeit tritt) der dokumentarische Charakter der Fabel wieder aufgehoben[51].

Mit einer minimalen Figuren-Anzahl – das Personenverzeichnis führt nur 5 Darsteller an: *Sprecher, Erster Schauspieler* (Leiter eines Einsatzkommandos), *Zweiter Schauspieler* (Dr. Korczak), *Schauspielerin* (deutsche Frau / jüdische Krankenschwester), *Kind* (Jürgen / David) – und in spiegelbildlicher Szenenanordnung führt Sylvanus die Begebenheit vor. So folgt beispielsweise der Szene, die den Offizier auf Urlaub im Kreise seiner Familie vorstellt, eine Szene, die Dr. Korczak in Sorge um seine Schützlinge zeigt. Im Gegensatz zu der Gestalt Dr. Korczaks, die ein individuelles Schicksal verkörpert, ist die Figur des deutschen Offiziers generell und anonym gehalten, da sie stellvertretend für viele andere stehen soll, was aus den Worten des Sprechers deutlich wird:

> Ich beneide Sie nicht, Herr Offizier. Sie brauchen Ihren Namen nicht zu sagen und auch nicht Ihren Rang. Auch Ihre Formation will ich nicht wissen, und Ihre Uniform mögen Sie verschweigen. Denn es könnte jemand auf den Gedanken kommen, nach Ihnen zu forschen. Es ist ja möglich, daß Sie noch leben. Daß Sie leben und heil aus dem Krieg zurückgekehrt sind. Daß Sie Frau und Kinder wiederfanden und sich eine neue Existenz aufbauten. (S. 14)

Eben die Sorge um seine Existenz brachte ihn dazu, einen ihm persönlich unangenehmen Dienst widerspruchslos auszuüben. Doch suchte er sich seines Auftrages möglichst schnell und reibungslos zu entledigen: In zynisch-euphemistischer Umschreibung, die aus dem Bewußtsein des Unrechts resultiert, eröffnet er Korczak die „Auflösung" seines jüdischen Waisenhauses und bietet ihm die persönliche Rettung an, wenn er die Kinder, damit sie sich ruhig verhalten, bis zum Vernichtungslager begleite. Auf Korczaks Verständnislosigkeit und Entsetzen hin, die ihm das Unmenschliche seines Handelns bewußt machen, versucht er, Korczak ins Unrecht zu setzen und sich selbst als Opfer hinzustellen:

> Meinen Sie etwa, ich hätte keine Nerven? Ich überbringe Befehle, an denen ich selbst unschuldig bin. (S. 29)

Vor seinem Gewissen sucht er sein Handeln damit zu rechtfertigen, daß er unter Befehlszwang steht und nur auf höhere Weisung handelt. Bezeichnend für seine Haltung ist, daß er sich strikt an seinen begrenzten Befehlsauftrag hält und nicht darüber hinausgeht:

> Er fuhr bis vor das Tor, bis vor das Eingangstor des Lagers. Aber er fuhr nicht weiter mit.
> Denn er wollte nichts damit zu tun haben. Er hatte nur den Befehlen gehorcht. (Sprecher
> S. 46)

Er entzieht sich damit der Verantwortung für die Auswirkung seiner Befehlsausführung und fühlt sich im Rückblick auf das Geschehene selbst als dessen Opfer:

> Was wollen Sie von mir? Ich tat meine Pflicht. Ich kannte meine Befehle. Wir hatten geschworen, daß unsere Ehre Treue heißen sollte. Nachträglich sieht alles immer anders aus. (S. 14)

Als eine Demonstration der These, daß nachträglich alles immer ganz anders aussieht, erscheint *Hans Baumanns* (* 1914) *Im Zeichen der Fische* (1960)[52]. In ihm geht es um die Ausführung eines Exekutionsbefehls, den der militärische Befehlsempfänger im Glauben an dessen Richtigkeit und Notwendigkeit erfüllt. Doch was zunächst nur als unangenehme soldatische Pflichterfüllung und als Tugend absoluten soldatischen Gehorsams aussieht, wird durch den Wechsel des Regimes zum Verbrechen. Der Autor veranschaulicht dies an einem historischen Fall, der ihm offensichtlich als Modellsituation für die eigene Zeit erscheint, an der Liquidierung der thebanischen Legion unter Kaiser Diokletian. Mauritius und seine Legion erfahren hierbei eine „Entlegendarisierung": Sie sind nicht mehr reine Märtyrer für den christlichen Glauben, sondern eher Rebellen gegen den Staat, so wie auch der Vollstrecker des Exekutionsbefehls an ihnen kein bloßer Henker, sondern ein pflichtbewußter und staatstreuer Offizier ist. Unternimmt der Autor also eine historisch verschlüsselte Rechtfertigung unbedingten Gehorsams und soldatischer Pflichterfüllung? Auf den ersten Blick spricht vieles dafür, vor allem die Vergangenheit des Autors Baumann. Er war eine Zeitlang Referent der Reichsjugendführung in Berlin, später Offizier an der Ostfront. Aufgrund seiner für die HJ geschriebenen Jugendlieder wurde er vom NS-Regime beachtet und gefördert.

Unter den Autoren, die sich bisher mit dem Thema der militärischen Befehlsausführung befaßt haben, ist Baumann der einzige, der als ehemals im Dritten Reich Engagierter sich zu dieser Problematik äußerte. Sein Stück, das vor allem aufgrund einer zurückgezogenen Preisverleihung bekannt wurde[53], hat folgenden Inhalt: Sejan, der Oberst der kaiserlichen Leibwache Diokletians, hat die Order, von Mauritius und seiner thebanischen Legion eine offene Erklärung gegen das angeblich staatsgefährdende Christentum und einen persönlichen Treueid auf den Kaiser zu fordern und im Falle der Weigerung die Betroffenen als Rebellen zu behandeln. Vergeblich bemüht sich Sejan, den ihm befreundeten Mauritius zu überreden, die kaiserliche Anordnung zu befolgen und dadurch seine eigene Vernichtung und die der thebanischen Legion, die ihm treu ergeben ist, zu verhindern:

> Sie meutern! Der Kaiser ist nichts mehr für sie. Ich muß sie niederhauen lassen, wenn du nicht eingreifst [. . .] Hörst du nicht, du Ungeheuer, ich muß sie alle in den Tod schicken, wenn du dich nicht ermannst! (S. 45)

Da Mauritius sich nicht fügt, läßt Sejan ihn und die thebanische Legion seinem Befehl gemäß wie gemeine Meuterer niedermachen. Sein Resümee zu diesem Geschehen:

> Der Kaiser wollte das, nicht ich. Der Kaiser muß es wissen. (S. 47)

Fünf Jahre später soll Sejan am gleichen Ort im Auftrage von Diokletians Nachfolger Konstantin, der das Christentum zur Staatsreligion und die Thebaner zu „Märtyrer im Helm" erklären läßt, die Rehabilitierung der exekutierten Legion vornehmen. Sejan empört sich gegen dieses Ansinnen des Kaisers, das ihn indirekt zum Mörder der Thebaner macht:

> Wenn die Thebaner aber *keine* Meuterer waren, hat meine Legion ihre Waffen mit dem Blute Unschuldiger befleckt. Nachträglich werden Männer, die Befehle ausführen, zu Mördern. (S. 64)

> Nach so wenig Jahren, als ich an meinen Händen abzählen kann, ist alles in das Gegenteil verkehrt durch einen Mann, dem jedes Mittel recht ist. Für ihn sind treuergebene Soldaten Mörder, Meuterer Helden. (S. 64 f.)

Er ist nun dem Befehl Konstantins gegenüber genauso aufsässig wie vorher Mauritius dem des Diokletian und ebenfalls bereit, seine ganze Legion mit in Gehorsamsverweigerung und in den Tod zu reißen. Und wie er bei Mauritius, so ist Erocus, Oberst der Leibgarde Konstantins, entschlossen, ihn, seinen Freund, bei Nichtbefolgen seines Auftrages auf Befehl Kaiser Konstantins zu töten. Doch Sejan entscheidet sich schließlich, um der Liquidierung zuvorzukommen und seine Legion zu schonen, für den Selbstmord.

Übrig bleibt der Statthalter Carus, dem es zufällt, „nicht nur den Stab über Mauritius zu brechen, sondern ihn auch auf die Säule zu stellen"[54], was er beides gegen seinen Willen tut. Er handelt nach der Devise:

> Ich bin Statthalter. Das ist schlimm genug.

> [...]

> Schlimm genug, sage ich – weil ich als Statthalter viel tun muß, was ich nicht gutheißen kann.

> [...]

> Ich versuche, möglichst wenig Unheil anzurichten, das ist alles. (S. 42)

So deutlich die Absicht des Autors, sich in Form eines historischen Gleichnisses mit der jüngsten Vergangenheit und den eigenen Erfahrungen auseinanderzusetzen[55], erkennbar wird, so undeutlich oder doch verschieden deutbar bleibt, was der Autor mit diesem Stück aussagen will. Unternimmt Baumann in der Figur des Sejan – dem im Stück die zentrale Stellung zukommt – eine aus Verbitterung oder gar Einsichtslosigkeit resultierende Apologie unbedingter Befehlsausführung oder ist es eher ein aus bitterer Einsicht und Skepsis kommendes Plädoyer für das Verhalten des Carus, dem es „nicht wie Mauritius und Sejan beschieden ist, in den Panzer einer Überzeugung einzugehen"[56]? Die Einstellung, die dem Stück zugrunde liegt, wurde wohl am zutreffendsten wie folgt charakterisiert:

[Baumann] „kann sich nur noch eine Welt denken, in der totalitäre politische Mechanismen funktionieren und alle verschlingen: die anständigen Widerstandskämpfer sowohl wie die anständigen Befehlsausführer. Am wenigsten allerdings sind diejenigen gefährdet, die mitmachen, um Schlimmeres zu verhüten. [. . .]
     Was wollte Baumann mit dem Stück? Mir scheint, er wollte ‚objektiv' gestalten, wie er die Welt und die Politik heute sieht. Er ist kein Fatalist, was die Politik angeht. Er hat sich auf ehrliche Weise als unpolitischer Kopf gezeigt."[57]

Auch wenn man dem Autor Bemühen um eine „objektive" Darstellung der jüngsten Vergangenheit zubilligen muß, so ist gegen dieses Stück, in dem konturlose, historisch kostümierte Prinzipienträger in einem leitartikelhaften Dialog die Thesen des Autors vorbringen, prinzipiell einzuwenden, daß es eher zur Verwirrung als zur Klärung der darin aufgeworfenen Problematik beiträgt. Das liegt nicht allein an der Mehrdeutigkeit seiner Aussage, sondern weit stärker noch an dem Versuch, die Probleme der eigenen Zeit in einem historischen Gleichnis zu vergegenwärtigen. Bedenkliche Analogieschlüsse werden dabei heraufbeschworen, so etwa die Gleichsetzung des „Meuterers" Mauritius mit den „meuternden" Offizieren des 20. Juli-Aufstandes, oder die des kaisertreuen Befehlsausführers Sejan mit den dem Regime in absoluter Loyalität ergebenen Offizieren des Dritten Reiches. Es zeigt sich an Baumanns Stück, daß in einem historisch verschlüsselten Zeitstück — zumal die verschiedenen Zeitebenen und Situationen nur äußerliche Bezugspunkte aufweisen — der Problematik des absoluten soldatischen Gehorsams und der strikten Befehlsausführung, wie sie im Dritten Reich gegeben war, nicht beizukommen ist.

Einen entgegengesetzten Gestaltungsversuch unternimmt *Hansjörg Schmitthenner* (* 1908) in seiner „dramatischen Parabel" *Die Bürger von X* (1960)[58]. Während Baumann die Problematik der eigenen Zeit in einen historischen Stoff hineinträgt und darin verschlüsselt behandelt, greift Schmitthenner einen überlieferten und literarisch vorgeprägten Stoff auf, die Geschichte der Bürger von Calais, und übersetzt ihn in eine Gegenwartssituation im Zeichen einer totalitären Diktatur. Unmittelbares Vorbild zu dieser Translation dürfte Georg Kaisers *Die Bürger von Calais* (1914) gewesen sein. Kaisers Vision von der Geburt eines neuen Menschen tritt bei Schmitthenner (in der Äußerung des Parteileutnants Sniders) die Vision von einem neuen rücksichtslosen Herrenmenschen entgegen: „Ich sah den *neuen* Menschen — furchtlos und grausam — und er war so strahlend, daß ich erschrak!" (S. 20) In der Umkehrung des günstigen Ausgangs der überlieferten Sage (die sechs opferbereiten Bürger, die als Geiseln für die Errettung der Stadt zu sterben bereit sind, bleiben bei Schmitthenner als einzige am Leben, während die Stadt mit all ihren Einwohnern vernichtet wird) nimmt die Geschichte der Bürger von Calais eine paradoxe Wendung und zielt auf den schlimmstmöglichen Ausgang hin, wie er für die moderne Dramatik signifikant ist[59].
     In Schmitthenners Aktualisierung des Stoffes nimmt sich die Geschichte der Bürger von Calais wie folgt aus: Den Bürgern der von einem totalitären Partei-Regime okkupierten Stadt X droht die totale Vernichtung durch Bombardierung. Sie ist als Vergeltungsaktion für die Ermordung von Besatzungssoldaten deklariert, in Wirklichkeit aber wurde sie aufgrund des ideologischen Programms der Ausrottung rassisch minderwertiger Feindvölker lange vorher beschlossen. Der Besatzungskommandant, Obers

Fernand, der sich gegen diese unmenschliche Aktion auflehnt, versucht auf des Bürgermeisters Eustache Angebot, sich und fünf andere Bürger der Stadt als Geiseln für die Ermordung der Soldaten zu stellen, das Anlaufen der Vernichtungsaktion zu verhindern. In teilweise kontrastierender Szenenfolge zeigt die Parabel in 27 Kurzszenen auf der einen Seite den Bürgermeister auf der Suche nach den fünf weiteren Geiseln, wobei er auf Haß, Verleumdung und Egoismus in der Bürgerschaft stößt, auf der anderen Seite Oberst Fernand im einsamen Kampf mit der obersten Heeresleitung, um sie zur Unterstützung seiner eigenmächtigen Entscheidung und zum Widerstand gegen die Partei-Anordnung zu veranlassen. Doch weder die rechtzeitige Stellung der Geiseln noch die von Oberst Fernand vorgenommene Rückverlegung der eigenen Truppen in die Stadt vermag die Liquidation der „Bürger von X" zu verhindern. Ohne Rücksicht auf die Anwesenheit eigener Soldaten löst die Parteiführung die Bombardierung der Stadt aus. Die Opferbereitschaft der sechs Bürger von X und das eigenmächtige und mutige Handeln des Besatzungskommandanten, der bei dem Angriff mit ums Leben kommt, vermögen nicht, die Stadt und ihre Bewohner zu retten, werden aber zum Fanal für die Erhebung der Armee gegen die Partei und führen zur Befreiung beider Völker von der Diktatur des Partei-Regimes.

Schmitthenners „dramatische Parabel" vermag zwar vom Ansatz her wie auch in der radikalen Umdeutung des überlieferten Stoffes zu beeindrucken. In der szenischen Realisation jedoch bleibt sie weit hinter der gedanklichen Konzeption zurück. Die schnell und häufig den Schauplatz wechselnden 27 Kurzszenen der Parabel sind zu skizzenhaft und die 29 namentlich im Personenverzeichnis aufgeführten Figuren ohne feste Konturen. Das Stück Schmitthenners verliert sich so in einer filmisch anmutenden Episodenfülle (vor allem durch die Volksszenen, die die Untergangsstimmung der Bürger von X vorführen: Plünderungen, Vergewaltigungen, Jazzmusik, nihilistische Reden, Kirchenpredigten etc.). Zugleich erscheint es in der Dialoggestaltung substanzlos und damit in der dramaturgischen Bewältigung des Stoffes unbefriedigend.

In kompositorischer Hinsicht ist Schmitthenners Parabel ebenso wie die Baumanns gescheitert, und zwar aus vergleichbaren Gründen. Beide greifen, da es ihnen an dramatischem und dialogischem Gestaltungsvermögen mangelt, zum Mittel der Kumulation: Baumann zur Thesenanhäufung, was ein unanschauliches und verwirrendes Thesenstück ergibt, Schmitthenner zur Episodenfülle, was zu einem im gedanklichen Resultat recht dürftigen Schaustück führt.

Die unterschiedliche Form der Kumulation ist dabei offensichtlich von der gegensätzlichen Art der Transponierung mitbedingt. Die Übertragung der Gegenwartsproblematik auf einen bekannten Fall der Vergangenheit begünstigt wohl von vornherein die Entstehung eines Thesenstückes, da hier die Situation selbst im wesentlichen unverändert bleibt und in ihr lediglich eine *Um-Deutung* des Stoffes auf die eigenen Zeitereignisse hin unternommen wird. Das umgekehrte Verfahren hingegen, die Übertragung eines tradierten Stoffes in die Gegenwart vollzieht sich primär durch die *Um-Bildung* der mit der Vorlage vorgegebenen Situationen in Gegenwartsverhältnisse, so daß in diesem Fall das Moment der szenischen Veranschaulichung den Vorrang erhält, während im erstgenannten das der Argumentation überwiegt.

Doch trotz der augenfälligen Aktualisierung des überlieferten Stoffes erreicht auch

Schmitthenners Stück nicht die Zeitbezogenheit und -deutung, die es mit der modernen Einkleidung des Geschehens anstrebte. Die in die Moderne transponierte Geschichte der Bürger von Calais wirkt zu schemenhaft, als daß sich der Zuschauer davon unmittelbar betroffen fühlen könnte. Er goutiert die an einem unbestimmten Ort und zu einer unbestimmten Zeit spielende „dramatische Parabel" als einen interessanten Versuch, die jüngste Vergangenheit darzustellen, doch durch den nach wie vor sagenhaften Charakter der Fabel bleibt das auf der Bühne Dargestellte für ihn beziehungslos und unverbindlich. Damit aber wird Schmitthenners Absicht nicht realisiert, dem Zuschauer Einblick in die Konfliktsituation des Befehlsempfängers sowie in die Lage der betroffenen Opfer zu vermitteln und ihm darüber hinaus seine Mitverantwortlichkeit für die Ereignisse der jüngsten Vergangenheit bewußt zu machen.

Resümee

Aus dem Vergleich der in diesem Abschnitt interpretierten Stücke ergibt sich, daß allein die Stücke mit *konkreter Fabel* diese von den Autoren intendierte Wirkung erzielen. Dies bedeutet jedoch nicht bloße Wirklichkeitsabbildung oder Beschränkung der Darstellungsmöglichkeit auf die realistische Reportage – in der Darbietungsform bleibt durchaus eine größere Variationsmöglichkeit gewahrt. Es geht hierbei lediglich um die Glaubwürdigkeit der Fabel, die in ihrem Rückbezug zur Wirklichkeit besteht, sei es, daß ihr eine wirkliche Begebenheit zugrunde liegt[60] oder daß sie bestimmte Situationen und Symptome typischer Verhaltensweisen wiederzugeben versucht[61]. Die Konkretheit der Fabel und somit ihre Verbindlichkeit fehlt hingegen den realistisch sich gebenden Zeitstücken, die auf einer bemühten Handlungserfindung beruhen und damit die Faktizität ihres Geschehens vortäuschen[62] – wie auch jenen Parabelstücken, die durch Analogiesetzungen und Transponierungen zustande kamen[63].

Ein Rückblick auf die hier besprochenen Stücke ergibt folgende thematische und stilistische Eigentümlichkeiten:

Die meisten Stücke verdeutlichen den vollzogenen und mangelnden Widerstand im militärischen Bereich am Konflikt zwischen Befehl und Gewissen. Sie bedienen sich dafür der Grenzsituation des Soldaten, die für ihn mit einem Liquidationsbefehl gegeben ist. Die Wahl dieser Grenzsituation ermöglicht es dem Autor, den latent vorhandenen Konflikt seiner Figur sichtbar austragen zu lassen und dem Bühnengeschehen eine dramatische Zuspitzung zu verleihen. Mit der Veranschaulichung der extremen soldatischen Konfliktsituation wird zumeist auch das Schicksal der von der Ausführung des Befehls Betroffenen dargestellt. Je nachdem, ob der Hauptakzent des Stückes mehr auf der Liquidation selbst oder auf der Befehlsausführung liegt, erlangt jene dabei in der Darstellung primäre oder sekundäre Bedeutung. Im letztgenannten Fall hat sie mehr funktionellen Charakter, dient zur indirekten Charakterisierung des Befehlsempfängers und seines Verhaltens (Karl in Frischs *Nun singen sie wieder*) und gibt die letzte Station der inneren Entwicklung der Konfliktfigur (Tirrof in Breinlingers *Gekados*, Johannes Hörder in Bechers *Winterschlacht*). Im ersten Fall hingegen besitzt das Schicksal der Opfer Eigenwert und rückt selbst in den Mittelpunkt des Bühnengeschehens (Sylvanus: *Korczak und die Kinder*, Zuckmayer: *Der Gesang im Feuerofen*, Schmitthenner: *Die Bürger von X*).

In der Darstellung einer Liquidation zeichnen sich zwei stilistische Merkmale ab: 1. die naturalistische Veranschaulichung eines Liquidationsvorganges, die fast zwangsläufig mit bestimmten Horroreffekten verbunden ist (die erwähnte Schachszene in Breinlingers *Gekados,* das Lebendigbegrabenwerden zweier russischer Partisanen in Bechers *Winterschlacht*); 2. die indirekte Wiedergabe des Vorgangs in Form eines Handlungsberichtes (die Erschießung der 21 Geiseln in Frischs *Nun singen sie wieder*) oder durch sinnbildliche Verdeutlichung. Dies ist der Fall in Zuckmayers *Der Gesang im Feuerofen,* wo der Flammentod der französischen Widerstandskämpfer durch den Übergang vom „Gesang im Feuerofen" (Te Deum) zum Chor der Toten dargestellt wird. Auch die Erschießung des Oberlehrers in *Nun singen sie wieder* wird von Frisch durch den Übergang von der realen in die surreale Ebene (Totenreich) verdeutlicht. Sylvanus kombiniert Handlungsbericht und szenische Andeutung zur Darstellung der Deportation Korczaks und der Kinder: Während der Sprecher den Vorgang erzählt, geht der zweite Schauspieler (Korczak) mit dem Kind (David) langsam von der Bühne.

Als besonderes Charakteristikum dieser Tendenz zur sinnbildhaften Darstellung einer Liquidation erscheint in den drei letztgenannten Stücken (bei Zuckmayer und Frisch bereits im Titel) der Gesang der Opfer im Angesichte ihres Todes. Dieser Gesang der Opfer hat eine doppelte Aussagefunktion: er symbolisiert einerseits ihr völliges Ausgeliefertsein an eine brutale unmenschliche Macht, andererseits ihre letzte innere Freiheit über Tod und Gewaltanwendung. Zugleich erscheint diese Reaktion der Opfer vom Dramaturgischen her als einzig mögliches und notwendiges Gegengewicht in einem Geschehen, in dem es kein echtes Gegenspiel mehr gibt, in dem nur auf Weisung Handelnde und ohnmächtig Erleidende einander gegenüberstehen. Alle drei Stücke nähern sich damit in ihrer Form dem Märtyrerspiel, das häufig mit einem Schlußmonolog des Opfers endet.

Diese Darstellungsweise aber hat zum Teil eine Rückwirkung auf die Charakterisierung der Schergen. Während die Opfer als Märtyrer erscheinen, werden ihre Henker zu Bösewichten dämonisiert. Die Undarstellbarkeit der Massenvernichtung führt nicht nur zu einer formalen und inhaltlichen Stilisierung des Sterbens der Opfer, sondern auch leicht zu einer Stilisierung bzw. Überhöhung ihrer Mörder, die sich in einer teilweise recht bedenklichen Motivierung ihres Verbrechens äußert. So erscheint, wie bereits erwähnt, der Verräter Creveaux in Zuckmayers *Der Gesang im Feuerofen* als zum Bösen prädestiniert:

> Und wenn du schlecht geboren bist, dann macht dich keiner gut, kein Pfaffe, kein Weib, kein Kind, nicht einmal die eigne Mutter. (S. 243)

Der sadistische und brutale Vernichtungstrieb des Truppführers Sprenger, der die „Aktion Feuerofen" vorbereitet und durchführt, wird aus seiner nihilistischen Lebens- und Weltsicht erklärt. Das Leben ist für ihn ein Kampf aller gegen alle, der mit der Geburt beginnt:

> Da wirst du herausgepreßt, als ein gemeines Stück Fleisch, und ballst die Fäuste beim Schreien, und in der Kehle, da steckt die Angst und krampft dir die Stimmritzen zusammen! Da heißt es: zuschlagen, zuschlagen, zuschlagen! Und wenn du dich selber zer-

schlägt, was liegt an dir? Vor dir ist nichts, und hinter dir ist nichts, und in der Mitte ist auch nichts, worum sich's lohnt. Ich spucke aufs Leben, und auf den Tod, ich hasse den ganzen Dreck. Aber solang ich mich wehren kann, da muß man mir die Zähne einzeln aus dem Kiefer brechen. (S. 247)

Eine noch bedenklichere Begründung des Verbrechens erscheint in Frischs *Nun singen sie wieder* in dem Offizier Herbert, der Liquidationen vornimmt, um dadurch Gott, für den Fall, daß es ihn geben sollte, zur sichtbaren Reaktion zu zwingen:

> Und der Geist, der höher als unsere Macht sein soll, wo ist er denn? Was suchen wir denn anderes als ihn? Wo ist er denn, dieser Gott, den sie an alle Wände malen, Jahrhunderte lang, den sie im Munde führen? Ich höre ihn nicht. (S. 91)

> Ich werde töten, bis der Geist aus seinem Dunkel tritt, wenn es ihn gibt, und bis der Geist mich selber bezwingt. Man wird uns fluchen, ja, die ganze Welt wird uns fluchen, Jahrhunderte lang. Wir aber sind es, die den wirklichen Geist ans Licht gezwungen, wir allein – gesetzt den Fall, daß nicht die Welt mit uns zugrunde geht, weil es den Geist, den unbezwinglichen, nicht gibt. (S. 143)

Diese Charakterisierung des Massenmordes als Tat eines verzweifelten Nihilisten (die sich auch in Hochhuths *Der Stellvertreter* in der Gestalt des SS-Doktors findet)[64] entspringt offensichtlich dem Bemühen, das Ausmaß und die Ungeheuerlichkeit der Verbrechen, für die man keine natürliche Erklärung findet, verständlich zu machen.

An diesen Beispielen zeigt sich die Schwierigkeit, die Vorgänge im Dritten Reich von den Opfern wie von den Tätern her (dramatisch) zu beschreiben[65]. Frisch, der in der formalen Durchführung durch Verzicht auf eine szenische Veranschaulichung des Liquidationsvorganges der Gefahr des Schauereffektes entging, erlag ihm schließlich doch noch in der inhaltlichen Durchführung, d. h. in jener Mythologisierung des Täters und seiner Tat.

Was die Darstellung der NS-Schergen in der Nachkriegsdramatik betrifft, lassen sich somit zwei Haupttendenzen feststellen: einmal die Steigerung der Täter in eine negative Größe. Hierbei wird deren Tat als metaphysische Revolte (Herbert bei Frisch, SS-Doktor bei Hochhuth) oder als Verwirklichung einer neuen ‚Ethik' (Sniders bei Schmitthenner, oder Werfen in Ferdinand Bruckners hier nicht behandeltem Stück *Denn seine Zeit ist kurz*) gezeichnet. Zum anderen trifft man auf eine groteske Verzeichnung der Täter, die diese in einer Mischung von Sadismus und Sentimentalität erscheinen läßt und sie zu Karikaturen des Dämonischen macht (Karl Hörder und Rittergutsbesitzer von Quabbe bei Becher). Diesen ins Grotesk-Dämonische und Erhaben-Dämonische gesteigerten NS-Schergen stehen die undämonischen Täter gegenüber, die nur als Handlanger in der Vernichtungsmaschinerie fungieren (der Offizier bei Sylvanus, Karl bei Frisch und, mit Einschränkung, die vier französischen und deutschen Polizeisoldaten bei Zuckmayer).

Letztere stehen im Mittelpunkt der in diesem Kapitel behandelten Stücke. Zu ihnen gehören auch Harras, Mühlstein und Kress. Sie alle sind soldatische Befehlsempfänger, die aufgrund ihrer Dienstausübung und Befehlsausführung zu Helfershelfern eines verbrecherischen Systems und damit an dessen Untaten direkt oder indirekt mitschuldig werden. Den meisten von ihnen wird ihre Mitschuld bewußt. Sie sind, auch wenn sie sich nicht bzw. noch nicht zum Widerstand entschließen können, zur Sühne ihrer Mitschuld bereit und glauben an eine ausgleichende Gerechtigkeit[66].

Die Uniformträger befinden sich durchweg im Widerspruch zwischen ihrer äußeren, dienstbedingten Unterstützung des Regimes und ihrer inneren Gesinnung. Aber erst ein bestimmter Anlaß (meist ein Tötungsbefehl) stellt sie vor eine unausweichliche Entscheidung und veranlaßt sie zur Auflehnung und zu offenem Widerstand. Diese Auflehnung, die mit einer entschiedenen Absage an die bis dahin eingenommene Haltung verbunden ist, führt den eigenen Untergang herbei: als Freitod (Harras, Karl), durch Exekution (Kress, Johannes Hörder, Tirrof) oder als gemeinsames Sterben mit den Opfern (Sylvester, Fernand).

Auffallend ist in den vorgestellten Stücken, daß entschlossener Widerstand gegen das NS-Regime und seine Untaten zumeist in jungen Menschen verkörpert wird, die sich aus der Kompromißlosigkeit und dem ethischen Rigorismus der Jugend gegen das Unrecht und seine Duldung auflehnen, und daß ihnen eine ältere Generation gegenübersteht, die dazu neigt, sich mit den Gegebenheiten abzufinden und einen fragwürdigen Kompromiß einzugehen.

Dieser Antagonismus äußert sich in den Konstellationen: Sylvester – Mühlstein, Marcel – Neyroud (Zuckmayer: *Der Gesang im Feuerofen*), Wedell – Kress (Hubalek: *Die Festung*), Karl – Oberlehrer (Frisch: *Nun singen sie wieder*), Johannes Hörder – General (Becher: *Winterschlacht*), Tirrof – Major (Breinlinger: *Gekados*), Fahlzogen – Rampf (Kipphardt: *Der Hund des Generals*).

Die Tatsache, daß der Generationsunterschied zur Charakterisierung des Widerstandes bemüht wird, macht deutlich, daß uns in diesen Widerstandsfiguren eher Wunschprojektionen der Autoren als typische, repräsentative Widerstandshaltungen entgegentreten. Die jugendlichen Rebellen (Johannes Hörder, Tirrof, Karl, Sylvester) erscheinen als Symbolfiguren des Widerstandes, in denen sich der Protest der Autoren gegen mangelnden Widerstand und weitverbreitetes Versagen manifestiert und Gestalt annimmt. Eine Ausnahme bilden lediglich die Figuren (Wedell, Fahlzogen), in denen sich der von jungen Offizieren (Stauffenberg, Tresckow) ausgehende Impuls zur aktiven Widerstandshandlung spiegelt.

Überzeugender als die Darstellung des Widerstandes wirkt in den angeführten Stücken die Darstellung des Nichtwiderstandes. Er wird evident in der Haltung äußerer berufsbedingter Kollaboration, die gleichzeitig mit dem Versuch verbunden ist, die persönliche Integrität zu wahren (Harras, Mühlstein, Neyroud, Kress), oder in der Haltung bedenkenloser Anpassung (Rampf, Offizier bei Sylvanus). Im allgemeinen steht in den Stücken des Themenkreises „Zwischen Befehl und Gewissen" der Nichtwiderstand im Mittelpunkt des Geschehens, die Darstellung des Widerstandes erscheint nur episodenhaft am Rande. Es wird mithin bereits an dieser Stelle deutlich, was am Ende des vorangegangenen Kapitels angedeutet wurde und was das letzte Kapitel dieser Arbeit bestätigen wird, daß sich für die Autoren der Gegenwartsdramatik die Auseinandersetzung mit dem Phänomen der Mitschuld als vordringlicher erwies als die Darstellung des (nur vereinzelt geleisteten) Widerstandes.

III. Galilei und die Folgen: Reflexionen über die gesellschaftliche Verantwortung des Wissenschaftlers

Eine Sonderstellung innerhalb der Thematik von Widerstand und Mitschuld nimmt die dramatische Auseinandersetzung mit der Haltung des Naturwissenschaftlers ein, der Vernichtungswaffen entwickelt.

Der Abwurf der ersten Atombombe auf Hiroshima am 6. August 1945 rückte schlagartig die Stellung der Wissenschaftler in den Mittelpunkt der öffentlichen Diskussion. Man erkannte die folgenreiche Bedeutung ihrer scheinbar weltfernen Arbeit für die gesamte Menschheit und machte sie nun für das verantwortlich, was die Folge einer Entscheidung von Politikern und Militärs war. Die Frage nach der Notwendigkeit und der moralischen Rechtfertigung für den Einsatz der Bombe trat zurück hinter jene nach der moralischen Schuld der Physiker, die durch ihre Forschertätigkeit diese Massenvernichtung ermöglichten. Das alte Wissenschaftsideal der wertfreien Forschung erschien plötzlich in einem neuen Lichte; deutlich wurde, daß es nicht nur zum Fortschritt, sondern ebenso zur totalen Vernichtung der Menschheit führen konnte, wenn die Forschung in die Abhängigkeit von politischen und militärischen Erwägungen geriet.

In seinen Entwürfen für ein Vorwort zu seinem Galilei-Stück hat Brecht dieses Phänomen pointiert formuliert:

„Das Ziel des Forschers ist ‚reine' Forschung, das Produkt der Forschung ist weniger rein. Die Formel $E = mc^2$ ist ewig gedacht, an nichts gebunden. So können andere die Bindungen vornehmen: die Stadt Hiroshima ist plötzlich sehr kurzlebig geworden. Die Wissenschaftler nehmen für sich in Anspruch die Unverantwortlichkeit der Maschinen."[1]

Die Formel, die Brecht hier nennt, stammt von dem Physiker Albert Einstein. Sie wurde von ihm 1905 gefunden und schuf den Schlüssel zum Verständnis der Kernreaktionen und zur Praxis der nuklearen Energiegewinnung. An der unmittelbaren Herstellung der Atombombe jedoch war Einstein nicht beteiligt; über seinen indirekten Anteil daran äußerte er sich wie folgt:

„Meine Beteiligung bei der Erzeugung der Atombombe bestand in einer einzigen Handlung: Ich unterzeichnete einen Brief an Präsident Roosevelt, in dem die Notwendigkeit betont wurde, Experimente im großen anzustellen zur Untersuchung der Möglichkeit der Herstellung einer Atombombe. Ich war mir der furchtbaren Gefahr wohl bewußt, welche das Gelingen dieses Unternehmens für die Menschheit bedeutete. Aber die Wahrscheinlichkeit, daß die Deutschen an demselben Problem mit Aussichten auf Erfolg arbeiten dürften, hat mich zu diesem Schritt gezwungen. Es blieb mir nichts anderes übrig, obwohl ich stets ein überzeugter Pazifist gewesen bin."[2]

Einstein und andere Physiker bewiesen so, daß sie keineswegs die Unverantwortlichkeit von Maschinen für sich in Anspruch nahmen, sondern sich der möglichen Folgen ihres Tuns bewußt waren.

Auf die Schwierigkeit ihrer Lage und den Zwang zur Entscheidung für den Bau der Bombe wies auch der Physiker und Nobelpreisträger Max Born hin:

„Die [aus Hitler-Deutschland] vertriebenen Physiker wußten, daß es keine Rettung gäbe, wenn es den Deutschen zuerst gelänge, eine Atombombe herzustellen. [. . .] Es scheint mir, daß die Männer, die die Atombombe konstruierten, kein Tadel trifft [. . .]. Etwas anderes ist es mit dem Einsatz der Bomben in Japan. Ich halte das für eine Barbarei und zugleich für eine Torheit."[3]

Auf eine solch differenzierte Betrachtung des Geschehens konnte und wollte sich Brecht, dem es um das Grundsätzliche des Falles ging, nicht einlassen. Für ihn manifestierte sich in der Entwicklung und dem Abwurf der Atombombe die „Erbsünde" der modernen Naturwissenschaften, die er in hervorragender wissenschaftlicher Leistung bei gleichzeitigem sozialen Versagen ihrer Urheber gegeben sah und am Falle Galilei glaubte exemplifizieren zu können. Brecht erhob in *Leben des Galilei* die Forderung nach der gesellschaftlichen Verantwortung des Wissenschaftlers für die Anwendung seiner Forschungsergebnisse und machte damit als erster Autor die mit dem Abwurf der Atombombe evident gewordene Problematik der modernen Naturwissenschaftler zum Gegenstand einer dramatischen Auseinandersetzung. Sein Galilei-Drama wurde so zum Ausgangspunkt für eine Reihe von Dramen, die danach zum Teil in indirekter Bezugnahme auf Brechts Stück geschrieben wurden.

Brechts umstrittene[4] Aktualisierung des Falles Galilei auf die Problematik der Atomphysiker hin ist das Endergebnis einer langjährigen Beschäftigung mit dem Galilei-Stoff.

Die wichtigsten Phasen dieser Beschäftigung markieren neben verschiedenen Umarbeitungen drei Fassungen[5] des *Leben des Galilei*. Die erste, unveröffentlichte[6] Fassung des Stückes wurde 1938/39 im Exil in Dänemark geschrieben und 1943 am Schauspielhaus Zürich uraufgeführt. Die zweite Fassung erarbeitete Brecht im amerikanischen Exil (ab 1944) mit dem Schauspieler Charles Laughton. Diese englischsprachige Version wurde mit Laughton in der Titelrolle 1947 in Beverly Hills und New York aufgeführt. Die dritte und letzte Fassung entstand (ab 1953) in Ostberlin aus der Rückübersetzung der amerikanischen Version unter Berücksichtigung der ersten Fassung. Diese letzte Fassung des Stückes wurde 1955 in *Versuche* Heft 14 und 1956 in ihrer endgültigen Form in *Stücke* 8 veröffentlicht[7]. Anfang 1957 folgte in der Inszenierung von Brecht und Erich Engel die Aufführung des Stückes am Schiffbauerdamm-Theater durch das Berliner Ensemble. Sie unterschied sich von der 1956 publizierten Textfassung lediglich durch Striche. Es existieren von dieser Inszenierung jedoch von Käthe Rülicke festgehaltene Regiebemerkungen Brechts[8], die über die Intention der letzten Fassung näheren Aufschluß geben. Sie sind neben Brechts Beschreibung der Arbeit an der amerikanischen Version in den (1948 in Zürich geschriebenen, 1956 veröffentlichten) Aufzeichnungen „Aufbau einer Rolle / Laughtons Galilei"[9] von Bedeutung als Brechts eigener Kommentar zu seinem Stück und zu seiner Titelfigur.

Da die in *Stücke* 8 publizierte endgültige Fassung in der Tendenz mit der amerikanischen Fassung weitgehend übereinstimmt und der Hauptakzent in der Umarbeitung des *Galilei*-Stückes zwischen diesen beiden Fassungen und der ersten Fassung liegt, kann man im Prinzip auch nur von zwei grundsätzlich voneinander abweichenden Fassungen des *Galilei*-Stückes sprechen, wie Werner Mittenzwei dies tut[10]. Die nachfolgende Charakterisierung von Brechts unterschiedlicher Deutung der Gestalt und des Falles Galileis stützt sich weitgehend auf die Ausführungen Mittenzweis und Schumachers, wobei im einzelnen die Äußerungen Brechts herangezogen werden.

*Brecht*s Drama *Leben des Galilei* entstand im wesentlichen 1938/39 im Exil in Dänemark. Es wurde nach Brechts eigenen Worten „in jenen finsteren letzten Monaten des
Jahres 1938 geschrieben, als viele den Vormarsch des Faschismus für unaufhaltsam
und den endgültigen Zusammenbruch der westlichen Zivilisation für gekommen hiel-
ten"[11].

Wenn Brechts *Galilei*-Drama — schon wegen des historischen Stoffes — auch nicht
als eine direkte Auseinandersetzung mit der politischen Situation in Deutschland betrachtet werden kann, wie dies für die ebenfalls im dänischen Exil verfaßten Stücke
Furcht und Elend des Dritten Reiches und *Die Rundköpfe und die Spitzköpfe* gilt,
so ist es doch mit Blick auf die eigene Zeit entstanden[12]. Seinem marxistischen Standpunkt und seinem Geschichtsverständnis entsprechend konnte es Brecht bei der Behandlung eines historischen Stoffes nicht um eine bloße Dramatisierung von Geschichte gehen. Für ihn hatte die Darstellung von Geschichte eine bestimmte und aktuelle
Funktion[13]. Der aufgegriffene historische Stoff erhielt den Charakter eines Vor- oder
Warnbildes. In ihm wurden Analogien zur unmittelbaren Gegenwart herausgearbeitet.

Der konkrete äußere Anlaß, der zu Brechts Beschäftigung mit dem Galilei-Stoff
führte, ist allerdings nicht leicht zu bestimmen[14]. Der nachträgliche Hinweis auf die
Nachricht von der Spaltung des Uran-Atoms durch deutsche Physiker[15] verdunkelt
eher die Entstehungsgeschichte des Stückes. Nach einer Tagebucheintragung Brechts
vom 23. November 1938 („Das ,Leben des Galilei' abgeschlossen. Brauchte dazu drei
Wochen. Die einzigen Schwierigkeiten bereitete die letzte Szene."[16]) muß das Stück
bereits vor der Spaltung des Uran-Atoms, die erst gegen Ende 1938 gelang und von
der die Öffentlichkeit erst 1939 erfuhr, in seiner wesentlichen Gestalt fertiggestellt
gewesen sein[17]. Brechts Hinweis auf die Uranspaltung gibt also nur — ähnlich wie die
eingangs zitierte Stelle über den „Vormarsch des Faschismus" — den Zeithintergrund
in der Entstehungsphase des Stückes an, darf aber nicht so verstanden werden, „als
sei das Werk lediglich als unmittelbar warnende Reaktion auf die bewußten Presse-
mitteilungen entstanden und gemeint"[18]. Den Bezug zur Uranspaltung stellte vielmehr erst der Atombombenabwurf auf Hiroshima her, von dessen Nachricht Brecht
in der Mitte seiner Arbeit an der amerikanischen Version überrascht wurde.

Als Brecht 1938 seine Absicht, den Galilei-Stoff zu dramatisieren, verwirklichte,
sah er zunächst wohl nur die Parallele, die zwischen der Situation des Galilei im Jahre
1633 und der der deutschen Wissenschaftler nach der nationalsozialistischen Machtübernahme bestand: hier wie dort die Unterdrückung und Manipulation der Forschung durch ein autoritäres System. Die Darstellung des Falles Galilei gab ihm die
Möglichkeit, den Zeitgenossen ihre eigene Kapitulation ins Gedächtnis zu rufen und
zugleich deren Zurücknahme durch heimlich betriebene Destruktion und Opposition
zu postulieren[19]. Mit anderen Worten: In Galilei sah Brecht zunächst offenbar jene
exemplarische Widerstandsfigur, die den eigenen Zeitumständen, in denen offenbar
Widerstand sinn- und erfolglos geworden war, entsprach und die er der allzu bereit-
willigen Anpassung der deutschen Intellektuellen an das NS-Regime entgegenstellen
konnte[20].

Brecht griff dabei zugleich das Thema seines Aufsatzes *Fünf Schwierigkeiten beim
Schreiben der Wahrheit*[21], den er 1934 zur illegalen Verbreitung in Deutschland verfaßt hatte, wieder auf: die Schwierigkeit der Wahrheitsfindung und -verbreitung in

Zeiten ihrer gewaltsamen Unterdrückung, und nahm die Möglichkeit wahr, dieses Thema in eine adäquate Fabel zu bringen und in einer dramatischen Handlung zu veranschaulichen[22]. In der erwähnten Abhandlung führte Brecht u. a. Konfutse, Thomas More, Voltaire, Swift als „Muster listig verbreiteter Wahrheit"[23] an. Und als solch ein Muster listig verbreiteter Wahrheit erschien ihm zunächst wohl auch der Fall Galilei.

Dieser Vorstellung entsprechend ging Brecht am Anfang seiner Konzeption der Galilei-Fabel offenbar von jener landläufigen, volkstümlichen Legende aus[24], die Galilei mit seinem trotzigen „Und sie bewegt sich doch" als listigen Kämpfer gegen die Inquisition erscheinen ließ, der in einer aussichtslosen Lage widerrief, um seine wissenschaftliche Arbeit fortsetzen und die Wahrheit heimlich verbreiten zu können. Sicherlich gehörte diesem Galilei zunächst die uneingeschränkte Sympathie Brechts, dessen Vorliebe für unheroische, aber listige Opponenten gegen die Gewalt sich auch an anderen Figuren (Azdak, Schweyk u. a.) ablesen läßt. Erst während der Arbeit am *Galilei* beurteilte Brecht die Gestalt Galileis und dessen Widerruf immer kritischer. In den Mittelpunkt der Auseinandersetzung mit dem Galilei-Stoff rückte für ihn immer mehr die Frage nach dem Grund des Widerrufs: Geschah er aus List oder aus Feigheit? Je nach der Auslegung des Widerrufs[25] mußte das Verhalten Galileis eine vorwiegend positive oder negative Interpretation erfahren und damit das Stück eine entscheidende Veränderung in seiner Aussage. Im Verlauf der Ausarbeitung des Stoffes kam Brecht jedenfalls zu der Überzeugung, daß das legendäre Galilei-Bild sich nicht aufrechterhalten ließ und „eine eindeutig positive Auslegung des Widerrufs" nicht möglich war[26].

Dies führte zur Relativierung der Galilei-Legende, wie sie sich bereits in einer frühen Version zur ersten Fassung ausdrückt:

> Ich will nicht behaupten, daß ich nicht der Folter wegen, sondern um meine Bücher zu retten und neue zu schreiben, also der Lehre wegen, widerrufen und mein Gesicht verloren habe, aber wer will das Gegenteil behaupten? Die Folter stand, unter uns, an der falschen Stelle, sie sagten: Schwöre ab, sonst töten wir dich und vernichten dein Werk. Da schwur ich ab. Hätte es geheißen: Wir töten dich, wenn du nicht abschwörst, aber dann soll dein Werk leben, und ich hätte dann abgeschworen, dann wäre ich sehr verächtlich geworden. Aber, natürlich, das Werk lebt nicht von dem, was ich schwöre oder abschwöre, es steht auf eigenen Beinen, es wendet mir den Rücken zu, macht eine wegwerfende oder selbst mitleidige Gebärde nach mir und spaziert fort, in vollem Sonnenlicht.[27]

Der Widerruf wird nun nicht mehr als List oder vorbedachter Plan gesehen, sondern mit der Furcht vor dem Tode motiviert, wenn dies auch noch nichts an der positiven Beurteilung des Ergebnisses ändert, daß der Widerruf ihm de facto die wissenschaftliche Weiterarbeit und die Überlieferung seines Werkes an die Nachwelt ermöglichte. Galileis Verhalten nach seinem Widerruf, das Schreiben der „Discorsi" und deren Schmuggel ins freie Ausland[28] werden weiterhin als bewußte illegale Tätigkeit verstanden und gezeigt.

Bereits in der fertiggestellten ersten Fassung des Stückes erscheint also Galilei schon nicht mehr als die große beispielgebende und positive Widerstandsfigur im Sinne der alten Volkslegende, von der Brecht nach Mittenzwei ausgegangen war. Doch noch immer zeigt die erste Fassung der historischen Wirklichkeit entsprechend

Galilei „als einen entschlossenen Kämpfer für die Wiederherstellung der Wahrheit und für ihre weitere Verbreitung"[29].

Diese trotz Einschränkungen noch weitgehend positive und historisch objektive Darstellung des Galilei und seines Verhaltens wurde in der zweiten Fassung, die 1944 – 1946 in Zusammenarbeit mit Charles Laughton in Amerika entstand, erneut in Frage gestellt und revidiert. In seiner Vorrede zur amerikanischen Fassung bemerkte Brecht dazu: „Von heute auf morgen las sich die Biographie des Begründers der neuen Physik anders. Der infernalische Effekt der Großen Bombe stellte den Konflikt des Galilei mit der Obrigkeit seiner Zeit in ein neues, schärferes Licht"[30].

Die Umgestaltung des Stückes ist aber, wie Mittenzwei und Schumacher deutlich machen, keineswegs von Brecht so plötzlich vorgenommen worden, wie man aus der Formulierung „von heute auf morgen" entnehmen könnte. Die Entstehungsgeschichte macht vielmehr deutlich: „Die Auslegung des Widerrufs war für Brecht ein Problem gewesen, mit dem er eigentlich bis zu dem Ereignis von Hiroshima nie richtig fertig geworden war."[31] Unter dem Eindruck der verheerenden Auswirkungen der Atombombe stellte sich für Brecht nach seinem bereits zuvor geäußerten Unbehagen an der „Moral" der ersten Fassung[32] nun erneut die Frage nach „Preis oder Verdammung des Galilei"[33]. Und unter eben diesem Eindruck entschied er sich für die Verdammung des Galilei. Sein Widerruf erscheint nunmehr als ein Verrat an der Wissenschaft schlechthin, er wird nun von Brecht in einem größeren, überhistorischen Zusammenhang gesehen: „Galileis Verbrechen kann als die ‚Erbsünde' der modernen Naturwissenschaften betrachtet werden. [. . .] Die Atombombe ist sowohl als technisches als auch soziales Phänomen das klassische Endprodukt seiner wissenschaftlichen Leistung und seines sozialen Versagens."[34] Angesichts der Folgen, die eine wissenschaftliche Entdeckung erbracht hatte, glaubte Brecht Galileis Widerruf noch weniger als bisher als ein persönliches Versagen sehen zu dürfen, sondern stärker in seiner gesellschaftlichen Bezogenheit und Auswirkung darstellen zu müssen[35].

Wenn diese Auffassung von Galileis Widerruf und seinem Verhalten danach auch nicht den dramaturgischen und szenischen Aufbau des Stückes veränderte – nach Brechts eigenen Worten waren „nur wenige Änderungen zu machen, keine einzige in der Struktur"[36] –, so änderte sie doch dessen Aussage entscheidend. Diese Veränderungen betreffen in der amerikanischen wie in der endgültigen deutschen Fassung hauptsächlich die Szene nach Galileis Widerruf. In ihr wird im Unterschied zur ersten Fassung gezeigt, daß Galilei nach seinem Widerruf nicht mehr weiterkämpft, sondern wirklich kapituliert hat. Zu diesem Zweck wurden von Brecht die negativen Züge von Galilei verstärkt. Er betreibt die wissenschaftliche Weiterarbeit nicht mehr aus List und Opposition, sondern nur noch als heimliches Laster[37]. Die „Discorsi" überläßt er Andrea nur unter der Bedingung, daß dieser bereit ist, bei ihrer eventuellen Entdeckung dafür die ganze Verantwortung zu übernehmen. Galileis Arbeit an den „Discorsi" erscheint damit nicht mehr als die mutige Tat, die sie in der ersten Fassung war[38]. Die Entheroisierung der Gestalt unternimmt Galilei selbst in der sich anschließenden Selbstverurteilung[39], die zur Revidierung der Galilei-Legende führte, von der Brecht nach Mittenzwei einst ausgegangen war.

Diese Revidierung wird von Galilei selbst unmißverständlich in einer Textstelle ausgesprochen, die sich in Brechts unbenutztem Material zu *Leben des Galilei* findet und die offensichtlich bereits auf die „neue Linie"[40] des Stückes hin tendiert:

Wie ich höre, läuft die Legende herum, ich hätte, nachdem ich auf Geheiß der Obrigkeit laut ausschrie, die Welt bewege sich nicht, leise hinzugefügt, sie bewege sich doch, und damit alles in Ordnung gebracht. Ganz von selber, heißt es, werde die Wahrheit und das Nützliche sich durchbringen. Deshalb könne die Wissenschaft sich ruhig von den Mächtigen den Mund zustopfen lassen und mit einem anderen Körperteil fruchtbar sein. Bei kühlem Nachdenken ist das jedoch eine zwar angenehme, aber falsche Annahme.[41]

Diese Version steht, was die Auslegung des Widerrufs und seine Folgen betrifft, bereits im völligen Gegensatz zu der früher zitierten, zur ersten Fassung gehörigen (Archiv-)Stelle, die eine Relativierung der Galilei-Legende beinhaltete. Die beiden in die fertiggestellten Fassungen nicht aufgenommenen Stellen charakterisieren am deutlichsten den Wandel in Brechts Galilei-Interpretation, die von der ursprünglichen Konzeption im Sinne der Galilei-Legende über ihre Relativierung in der ersten Fassung bis zu ihrer Revidierung in der zweiten und dritten Fassung reicht.

Brechts Auseinandersetzung mit Galileis Widerruf wird in der 14. Szene der endgültigen Fassung in der Begegnung zwischen Galilei und Andrea dialektisch ausgetragen. Alles, was für eine positive Auslegung von Galileis Widerruf und Verhalten sprach, führt in dieser Szene Galileis ehemaliger Schüler Andrea, der eine Szene zuvor noch den Widerruf am meisten verurteilte, jetzt zur Verteidigung und Rechtfertigung Galileis an, während Galilei selbst die negative Auslegung des Widerrufs in der „mörderischen Analyse"[42] seines Falles und in seiner Selbstverurteilung gibt. Die Fronten haben sich also ins Gegenteil verkehrt: Andrea „webt an der Legende"[43], Galilei selbst zerstört sie.

Nachdem Andrea die Auswirkung des Widerrufs (selbst Descartes ließ daraufhin seinen Traktat über die Natur des Lichts unveröffentlicht) geschildert hat, eröffnet ihm Galilei, daß er unter den Augen der Inquisition die „Discorsi" („Gespräche, betreffend zwei neue Wissenszweige: Mechanik und Fallgesetze"[44]) geschrieben und heimlich eine Abschrift davon angefertigt habe. Für Andrea erscheint daraufhin Galileis Verhalten plötzlich in einem neuen Licht:

Und wir dachten, Sie wären übergelaufen! Meine Stimme war die lauteste gegen Sie!
[. . .] Dies ändert alles. Alles. (S. 181)

Er baut Galilei die „goldene Brücke"[45] zur Rechtfertigung durch seine Theorie von einer neuen Ethik und von der Alleingültigkeit des wissenschaftlichen Beitrages:

Sie versteckten die Wahrheit. Vor dem Feind. Auch auf dem Felde der Ethik waren Sie uns um Jahrhunderte voraus.

[. . .]

Mit dem Mann auf der Straße sagten wir: Er wird sterben, aber er wird nie widerrufen. – Sie kamen zurück: Ich habe widerrufen, aber ich werde leben. – Ihre Hände sind befleckt, sagten wir. – Sie sagen: Besser befleckt als leer. (S. 181 f.)

Sie gewannen die Muße, ein wissenschaftliches Werk zu schreiben, das nur Sie schreiben konnten. Hätten Sie in einer Gloriole von Feuer auf dem Scheiterhaufen geendet, wären die andern die Sieger gewesen. (S. 183)

Für einen Augenblick sieht Galilei die Möglichkeit der Entschuldigung[46]:

Besser befleckt als leer. Klingt realistisch. Klingt nach mir. Neue Wissenschaft, neue Ethik. (S. 182)

Er überprüft danach Andreas Theorie und weist ihm ihre Unhaltbarkeit nach[47]:

Galilei: Sie sind die Sieger. Und es gibt kein wissenschaftliches Werk, das nur ein Mann schreiben kann.

Andrea: Warum dann haben Sie widerrufen?

Galilei: Ich habe widerrufen, weil ich den körperlichen Schmerz fürchtete.

Andrea: Nein!

Galilei: Man zeigte mir die Instrumente.

Andrea: So war es kein Plan?

Galilei: Es war keiner. (S. 183)

Doch Andrea beharrt darauf, daß menschliche Schwächen die Wissenschaft nichts angingen, sondern allein der wissenschaftliche Beitrag zähle:

Andrea: Die Wissenschaft kennt nur ein Gebot: den wissenschaftlichen Beitrag.

Galilei: Und den habe ich geliefert. Willkommen in der Gosse, Bruder in der Wissenschaft und Vetter im Verrat! [...] (S. 183 f.)

Galilei distanziert sich von Andreas Theorie. Er postuliert nun seinerseits eine neue Ethik – die der gesellschaftlichen Verantwortung des Forschers für seine Forschungsergebnisse, mit dem Ziel, sein „Wissen einzig zum Wohle der Menschheit anzuwenden" (S. 187). In aktuellem Bezug auf die Situation der Atomphysik gibt Galilei Andrea eine Antwort, die von Brecht als Mahnung an die Physiker des 20. Jahrhunderts gerichtet ist:

Wenn Wissenschaftler, eingeschüchtert durch selbstsüchtige Machthaber, sich damit begnügen, Wissen um des Wissens willen aufzuhäufen, kann die Wissenschaft zum Krüppel gemacht werden, und eure neuen Maschinen mögen nur neue Drangsale bedeuten. Ihr mögt mit der Zeit alles entdecken, was es zu entdecken gibt, und euer Fortschritt wird doch nur ein Fortschreiten von der Menschheit weg sein. Die Kluft zwischen euch und ihr kann eines Tages so groß werden, daß euer Jubelschrei über irgendeine neue Errungenschaft von einem universalen Entsetzensschrei beantwortet werden könnte. (S. 186 f.)

Diesem visionären Ausblick auf die zukünftige Entwicklung der modernen Naturwissenschaft folgt die rückschauende Selbstanalyse seines Falles:

Ich hatte als Wissenschaftler eine einzigartige Möglichkeit. In meiner Zeit erreichte die Astronomie die Marktplätze. Unter diesen ganz besonderen Umständen hätte die Standhaftigkeit eines Mannes große Erschütterungen hervorrufen können. Hätte ich widerstanden, hätten die Naturwissenschaftler etwas wie den hippokratischen Eid der Ärzte entwickeln können, das Gelöbnis, ihr Wissen einzig zum Wohle der Menschheit anzuwenden! Wie es nun steht, ist das Höchste, was man erhoffen kann, ein Geschlecht erfinderischer Zwerge, die für alles gemietet werden können. Ich habe zudem die Überzeugung gewonnen, Sarti, daß ich niemals in wirklicher Gefahr schwebte. Einige Jahre lang war ich ebenso stark wie die Obrigkeit. Und ich überlieferte mein Wissen den Machthabern, es zu gebrauchen, es nicht zu gebrauchen, es zu mißbrauchen, ganz wie es ihren Zwecken diente. (S. 187)

Das Resultat von Galileis Analyse seines Falles ist seine Selbstverurteilung und die Verurteilung jeglicher Forschung, die nicht auf das Wohl der Menschheit gerichtet ist:

> Ein Mensch, der das tut, was ich getan habe, kann in den Reihen der Wissenschaft nicht geduldet werden. (S. 188)

Im Stück selbst enthält sich Brecht der offenen Parteinahme für oder gegen Galilei, dort läßt er Andrea auf Galileis Selbstverurteilung vielmehr sagen: „Aber ich kann mir nicht denken, daß ihre mörderische Analyse das letzte Wort sein wird." (S. 188) Doch in seiner eigenen Charakterisierung der beiden voneinander abweichenden Fassungen spricht der Autor sich eindeutig für die Verurteilung von Galileis Verhalten aus:

> „In der ersten Fassung des Stücks war die letzte Szene anders. Galilei hatte in großer Heimlichkeit die ‚Discorsi' geschrieben. Er veranlaßt anläßlich eines Besuchs seinen Lieblingsschüler Andrea, das Buch über die Grenze ins Ausland zu schmuggeln. Sein Widerruf hatte ihm die Möglichkeit verschafft, ein entscheidendes Werk zu schaffen. Er war weise gewesen.
> In der kalifornischen Fassung bricht Galilei die Lobeshymnen seines Schülers ab und beweist ihm, daß der Widerruf ein Verbrechen war und durch das Werk, so wichtig es sein mochte, nicht aufgewogen.
> Wenn es jemanden interessieren sollte: Dies ist auch das Urteil des Stückeschreibers."[48]

Dem Interpreten und Didaktiker Brecht steht hier jedoch der Stückeschreiber und Dialektiker Brecht entgegen. Dieser läßt im Drama Galilei selbst die Verurteilung aussprechen, einerseits um ihr so größeres Gewicht zu geben, andererseits um Galileis besonderer Situation gerecht zu werden. Angesichts seiner Lage nämlich „kann man", wie Brecht an anderer Stelle zugestand, „kaum darauf erpicht sein, Galilei entweder nur zu loben oder nur zu verdammen."[49]

Wenn also der Autor auch im Stück die Beurteilung der Galilei-Gestalt weitgehend offen läßt und durch die Widersprüche im Verhalten und in den Äußerungen sogar ihre Charakterisierung vertieft, so bleiben doch bestimmte Veränderungen der Gestalt und der Aussage in der endgültigen Fassung in sich fragwürdig. Das gilt vor allem für Galileis retrospektive Analyse seines eigenen „Falles". In ihr unterstellt ihm Brecht Handlungsmöglichkeiten, die aus den vorangegangenen Szenen sowie aus Galileis tatsächlicher historischer Situation nicht abzuleiten sind. Diese Unterstellungen Brechts resultieren aus dem überhistorischen Zusammenhang, in den er den besonderen und historisch einmaligen Fall Galilei stellt, indem er seinen Verrat an der Wissenschaft zur Erbsünde der Naturwissenschaft und die Atombombe zum Endprodukt seiner wissenschaftlichen Leistung und seines sozialen Versagens erklärt.

Die Veränderungen in der Szene nach dem Widerruf und die damit verbundene Umdeutung der Galilei-Gestalt vom ursprünglich listigen Weisen zum „sozialen Verbrecher"[50] haben denn auch in der Literaturkritik eine recht kontroverse Beurteilung erfahren.

Was Mittenzwei für eine Intensivierung in der Charakterisierung der Gestalt und der Aussage des Stückes hält, Galileis Erkenntnis, daß er niemals wirklich in Gefahr geschwebt habe und einige Jahre ebenso stark gewesen sei wie die Obrigkeit[51], erscheint Kaufmann als Inkonsequenz in der Charakterisierung des Galilei: „Um die subjektive Schuld Galileis stark herauszustreichen, läßt ihn Brecht in der ‚mörderischen Analyse' allerdings auch einige Sätze sagen, die durch die Aussage der vorhergehenden dreizehn Szenen nicht bestätigt werden."[52] Sein Einwand: „Brecht begibt sich da um der moralisch-politischen Wirkung willen in Widerspruch zu der − von ihm selbst gestalteten − Geschichte".[53]

Auch Schumacher stellt zunächst grundsätzlich klar, daß der historische „Galilei nicht den sozialen Verrat begangen hat, wie ihn Brecht in der Neufassung seines Galilei-Stückes und vor allem in den Anmerkungen zu diesem Stück unterstellte."[54] Zweifellos verzeichne Brecht die historische Wahrheit und die faktische Situation Galileis, wenn er ihn erklären läßt, daß seine Standhaftigkeit große Erschütterungen hätte hervorrufen können, er eine Zeitlang ebenso stark wie die Obrigkeit gewesen sei und sein Wissen den Machthabern ausgeliefert habe[55]. Doch nur unter Verzeichnung der historischen Wahrheit habe Brecht seiner Zeit die Folgen der gesellschaftlichen und politischen Verantwortungslosigkeit der modernen Wissenschaftler verdeutlichen können[56]. Da es Brecht bei der Darstellung des Falles Galilei von allem Anfang an nicht um eine Darstellung von Geschichte um ihrer selbst willen, sondern um „Abbildung der Geschichte zwecks Bildung der Geschichte"[57] ging, sei diese „Enthistorisierung und Tendenzierung" des Galilei in der Neufassung als konsequent und legitim zu betrachten. Im übrigen seien jene historisch nicht haltbaren Thesen Galileis auch von Brecht weniger auf dessen Fall bezogen und historisch gemeint, vielmehr als „appellative Warnung und Mahnung an die modernen Wissenschaftler"[58] zu verstehen.

Was Schumacher als „Enthistorisierung und Tendenzierung" charakterisiert, stellt sich für Szczesny als sehr zweifelhafter Versuch Brechts dar, „aus einem zunächst differenzierten historischen Charakterstück [. . .] wieder simplifizierendes Polit-Theater zu machen."[59] Nicht anders könne man die Umdeutung der Gestalt Galileis vom Kämpfer für den modernen wissenschaftlichen Fortschritt in der ersten Fassung zum Verräter und ‚sozialen Verbrecher' in der Neufassung verstehen[60]. Aus einer „ursprünglich historisch getreuen und in sich selbst schlüssigen Darstellung" werde so „ein von konfusen Thesen überlagertes und verwirrtes Stück"[61]. Ähnliche Einwände macht Holthusen geltend. Nach seiner Ansicht erreicht Brecht die Umdeutung der Galilei-Gestalt in der endgültigen Fassung des Stückes nur durch „eine Art von Selbstkritik, die sowohl die Eindeutigkeit seines Charakters als auch die innere Logik seiner Geschichte wieder in Frage stellt."[62]

Die Umdeutung der Galilei-Gestalt in der zweiten und in der endgültigen Fassung, die zum Teil dem aktuellen Anlaß Hiroshima entstammt und die umgekehrt den aktuellen Bezug des Falles Galilei zur Lage der Atomphysik herstellen soll, wirft somit die grundsätzliche Frage auf: Läßt sich ein vorgegebener und in seiner Interpretation weitgehend festgelegter historischer Stoff aktualisieren und auf eine Gegenwartsproblematik beziehen, ohne daß er seine historische Wahrheit einbüßt?

Für Brechts aktualitätsbezogene Umdeutung ist unter diesem Gesichtspunkt jedoch anzuführen, daß die Figur des Galilei und sein Widerruf bis zu einem gewissen Grade eine ambivalente Deutung zulassen. Der Stoff ist bestimmt durch die Grundspannung zwischen den Perspektiven List und Feigheit, Opposition und Kapitulation, Verrat und Rettung der Wahrheit. Im Prinzip wurde diese Grundspannung von Brecht auch in der endgültigen Fassung beibehalten und die Deutung der Gestalt nicht ausschließlich auf eine der beiden Perspektiven festgelegt.

Dabei erfuhr das Galilei-Bild Brechts jedoch eine dreifache Interpretation, die von der Galilei-Legende (Ausgangspunkt der Konzeption) über ihre Relativierung (erste Fassung) bis zu ihrer Revidierung (zweite und dritte Fassung) reicht. Die Zeitereignisse (Hitlerdiktatur und Hiroshima) bestimmten also offenbar nicht ausschließlich die Umdeutung der Galilei-Gestalt, sie bewirkten jedoch die jeweilige Akzentverlagerung in der Sicht der Gestalt und der Thematik des Stückes. Lag in der ersten Fassung im Hinblick auf die Hitlerdiktatur die Betonung auf den „Schwierigkeiten beim Schreiben der Wahrheit" in Zeiten ihrer gewaltsamen Unterdrückung, so liegt sie in der endgültigen Fassung, angeregt durch den Atombombenabwurf, auf dem Problem der bedingungslosen Auslieferung der Wahrheit an die Machthaber.

Die Auswirkungen des Atombombenabwurfes trugen so in den Galilei-Stoff, dem die Thematik der Wahrheitsfindung und -verbreitung immanent ist, die der Wahrheitsverbergung hinein, die dann im Mittelpunkt der „Atomdramen" und in Dürrenmatts *Die Physiker* stehen wird.

Wie eine „aktuelle Paraphrase"[63] zu Brechts *Leben des Galilei* mutet *Heinar Kipphard*ts Stück *In der Sache J. Robert Oppenheimer* (1962 – 1964; UA 1964)[64] an, in dem der amerikanische Physiker und „Vater der Atombombe" als ein später Nachfahr jenes Galilei erscheint, dem Brecht die „Erbsünde" der modernen Naturwissenschaft angelastet hat.

Im Gegensatz zu Brechts Historiendrama, das auf die aktuelle Problematik der Atomphysik nur indirekt hinweisen konnte, stellt Kipphardts Stück eine unmittelbare Behandlung dieser Problematik dar. Gleichwohl muß Kipphardts Stück in der Nachfolge von Brechts *Galilei* gesehen werden. Es ist mit Blick auf ihn entstanden, wie das Schlußwort Oppenheimers am Ende des Stückes deutlich macht, das „wohl ohne die Selbstverurteilung des Galilei im vierzehnten Bild von Brechts Stück nicht so geschrieben worden"[65] wäre.

Als Brecht den *Galilei* am Schiffbauerdamm-Theater inszenierte (Aufführung 15. Januar 1957), war Kipphardt Chefdramaturg am Deutschen Theater in Ost-Berlin (1950 – 1959), von wo er nach politischen und künstlerischen Auseinandersetzungen 1960 nach Westdeutschland ging. Vielleicht wurde er zur Dramatisierung des Falles Oppenheimer erst durch Brechts *Galilei*-Stück angeregt, in dessen Anmerkungen sich bereits eine Schilderung der Reaktion der amerikanischen Wissenschaftler auf die neue, durch den Abwurf der Atombombe entstandene Situation der Atomphysiker findet:

„Dann kam die Geheimhaltung der gigantischen Energiequelle durch die Militärs und Politiker, welche die Intellektuellen aufregte. Die Freiheit der Forschung, das Austauschen von Entdekkungen, die internationale Gemeinschaft der Forscher war stillgelegt von Behörden, denen stärkstens mißtraut wurde. Große Physiker verließen fluchtartig den Dienst ihrer kriegerischen Regierung; [. . .] Es war schimpflich geworden, etwas zu entdecken."[66]

Hiroshima hatte nicht nur Brecht dazu veranlaßt, die Biographie Galileis „von heute auf morgen" anders zu lesen, sondern auch die Wissenschaftler selbst, die die Atombombe entwickelten, mit den Folgen ihrer Entdeckung konfrontiert. So schreibt Kipphardt in einem Artikel über J. Robert Oppenheimer:

„Viele von ihnen hatten gegen den Abwurf der Bombe auf Japan ohne Vorwarnung protestiert und statt dessen eine Demonstration der Waffe über einer Wüste vor internationalen Wissenschaftlern und Politikern vorgeschlagen. Ihre Appelle, denen sich Oppenheimer nicht angeschlossen hatte, blieben ungehört. Nach dem Zeugnis des Kernphysikers Hans Bethe, Leiter der Theoretischen Abteilung in Los Alamos während des Krieges, konnte niemand fernerhin an diesen schrecklichen Waffen arbeiten, ohne zu bedenken, daß sie auch verwendet würden."[67]

Dessen war sich vermutlich auch Oppenheimer bewußt, als er am Ende des Krieges das Atomforschungszentrum Los Alamos, dessen Direktor er seit 1942 war, verließ, um sich wieder der Forschung und Lehrtätigkeit widmen zu können. In seiner späteren Funktion als Berater der Regierung in Atomfragen und Vorsitzender des Wissenschaftsrates der Atomenergiekommission bemühte er sich – wie Kipphardt in seinem Artikel über Oppenheimer weiter ausführt – vergeblich um eine „Internationalisierung" der Atomenergie. Unter seinem Vorsitz riet der Wissenschaftsrat der Atomenergiekommission der amerikanischen Regierung ab, die Initiative für ein Wasserstoffbombenprogramm zu ergreifen, ohne zuvor den Versuch unternommen zu haben, mit der UdSSR ein Übereinkommen über die Nichtherstellung von H-Bomben zu erreichen. Als 1954 der Verdacht entstand, daß die Sowjetunion die USA in der H-Bombenentwicklung überflügeln würde, löste dies in Amerika eine Welle des Antikommunismus und der Spionagefurcht aus. Dabei kam es auch zu einer Verdächtigung Oppenheimers, da er in den dreißiger Jahren mit dem Kommunismus sympathisiert hatte und kommunistische oder kommunistenfreundliche Personen zu seinem Bekanntenkreis gehörten. Gegen Oppenheimer wurde ein Untersuchungsverfahren vor dem Sicherheitsausschuß der Amerikanischen Atomenergiekommission eingeleitet, das klären sollte, ob er sich seiner Regierung gegenüber loyal verhalten habe, als er sich der Wasserstoffbombenentwicklung widersetzte, und ob ihm weiterhin die „Sicherheitsgarantie" erteilt werden könne.

Am Vorabend der Untersuchung erklärte Senator McCarthy in einem Fernsehinterview:

„Wenn es keine Kommunisten in unserer Regierung gibt, warum verzögern wir dann unsere Erforschung der Wasserstoffbombe um 18 Monate, während unsere Abwehrdienste Tag für Tag melden, daß die Russen die Entwicklung einer H-Bombe fieberhaft vorantreiben? Und wenn ich heute abend Amerika sage, daß unsere Nation sehr wohl untergehen kann, dann wird sie wegen dieser Verzögerung von 18 Monaten untergehen. Und ich frage euch, wer ist daran schuld? Waren es loyale Amerikaner? Waren es loyale Amerikaner, oder waren es Verräter, die in unserer Regierung saßen? . . . "[68]

Mit dieser Erklärung McCarthys, die von Kipphardt (als Tonbandeinblendung) fast wörtlich in das Stück übernommen wurde, beginnt das Schauspiel *In der Sache J. Robert Oppenheimer.* Es zeichnet jenes Untersuchungsverfahren gegen den Atomphysiker vom April 1954 nach, das über 3 Wochen dauerte und in dem mehr als 40 Zeugen vernommen wurden. Der „szenische Bericht"[69] über dieses Verhör stützt sich hauptsächlich auf das 3000 Seiten umfassende Protokoll des Verfahrens, das im Mai 1954 von der Atomenergiekommission der Vereinigten Staaten veröffentlicht wurde.

„Absicht des Verfassers" war es dabei, „ein abgekürztes Bild des Verfahrens zu liefern, das szenisch darstellbar ist, und das die Wahrheit nicht beschädigt." Seine „Freiheiten" beschränkten sich lediglich auf die Auswahl und Konzentration des Stoffes, wie etwa auf die Reduzierung der vierzig Zeugen im „Hearing" auf nur sechs im Stück, wobei „gelegentlich mehrere sich ergänzende Zeugnisse in einer einzigen Zeugenaussage erscheinen."[70]

Diese szenische Dokumentation Kipphardts verwahrt sich gleichwohl dagegen, nur als „Montage von dokumentarischem Material"[71] betrachtet zu werden. Der Autor betont: „Das Schauspiel ‚In der Sache J. Robert Oppenheimer' ist ein literarischer Text, kein Dokument. Der Verfasser sieht sich jedoch ausdrücklich an die Tatsachen gebunden, die aus den Dokumenten und Berichten zur Sache hervorgehen."[72] — Allerdings mit der Einschränkung: „Um die Form eines sowohl strengeren als auch umfassenderen Zeitdokuments zu erreichen, [. . .] waren einige Ergänzungen und Vertiefungen erforderlich."[73]

Sie bestehen im wesentlichen aus den Monologen der handelnden Personen, die er zwischen die einzelnen Szenen schaltet, und dem Schlußwort Oppenheimers. Die Monologe und das Schlußwort, die es „im wirklichen Hearing nicht gegeben hat", sind nach Kipphardt aber aus der Haltung der Personen entwickelt, die sie im Verhör oder bei anderer Gelegenheit eingenommen haben[74]. Im Prinzip zielen Kipphardts „Ergänzungen und Vertiefungen" darauf ab, die Frage nach der Verantwortung des Forschers immer wieder in den Mittelpunkt des Stückes zu rücken. Sie unterstützen die Tendenz des Autors, Funktion und Verlauf des Hearing (die Klärung von Oppenheimers Beziehungen zu kommunisten-freundlichen Personen) gleichsam als ‚Rahmenhandlung' für die Herausarbeitung der eigentlichen und generellen Problematik zu benutzen, die dem Fall Oppenheimer innewohnt.

In 15 Szenen gibt Kipphardt so in einer Verknappung des faktischen Verhörs ausschnitthaft den mehrwöchigen Verlauf der Untersuchung wieder. Den Szenen sind jeweils entsprechende Hinweise (Textprojektionen) vorangestellt, wie:

Aus dem Verhör des 10. Tages:
Was ist absolute Loyalität?
Gibt es eine hundertprozentige Sicherheit?
Was wäre ihr Preis? (S. 223)

In der Szenenüberschrift zu Beginn des zweiten Teiles ist zugleich das Hauptproblem formuliert, um das es im Stück geht:

Das Verhör trat in seine entscheidende Phase.
Loyalität einer Regierung gegenüber,
Loyalität gegenüber der Menschheit. (S. 242)

In dieser Loyalitäts-Untersuchung wird an Oppenheimer die Frage gerichtet, warum er bei der Entwicklung der Wasserstoffbombe ethische Bedenken hatte, während er bei der Entwicklung der Atombombe keine Vorbehalte machte und sich der Regierung gegenüber hundertprozentig loyal verhielt. Oppenheimer führt zu seiner Rechtfertigung an:

> Wir machten als Fachleute die Arbeit, die man von uns verlangte. Aber wir entschieden damit nicht, die Bombe tatsächlich zu werfen.
>
> [...]
>
> Ich kenne niemanden, der nach dem Abwurf der Bombe nicht schreckliche moralische Skrupel gehabt hätte. (S. 202)

Auf den Einwand des Anwaltes der Atomenergiekommission, Roger Robb:

> Das Ding zu machen, die Ziele auszusuchen, die Zündhöhe zu bestimmen und dann über den Folgen in moralische Skrupel zu fallen? Ist das nicht ein bißchen schizophren, Doktor? (S. 203)

gibt Oppenheimer die bemerkenswerte Antwort, die die Situation der Atomphysiker in der Abhängigkeit von der Politik ihrer Regierung kennzeichnet:

> Ja. – Es ist die Art von Schizophrenie, in der wir Physiker seit einigen Jahren leben. (S. 204)

Was die moralischen Skrupel angeht, weist er den Ausschuß auf die Verkennung von Wirkung und Ursache hin, indem er darauf aufmerksam macht, daß die Atombombe ursprünglich gebaut wurde, um zu verhindern, daß sie verwendet werde – von Hitler nämlich. Als sich aber herausstellte, daß es ein deutsches Atombombenprojekt nicht gab, wurde sie dennoch verwendet. An dieser Tatsache war nicht mehr vorbeizusehen. Seine Bedenken gegen die Entwicklung der Wasserstoffbombe hätten aus der Einsicht resultiert, „daß wir dahin tendierten, die Waffe, die wir entwickelten, tatsächlich zu gebrauchen." (S. 245)

Ihre, der Physiker Schizophrenie hätte darin bestanden, daß für sie die Verführung eine wissenschaftliche Entdeckung zu realisieren, stärker war als die Erkenntnis, daß ihr Produkt dann wahrscheinlich auch Anwendung findet:

> Oppenheimer: [...] Als die Super im Jahre 1951 machbar schien, waren wir von den wissenschaftlichen Ideen fasziniert und wir machten sie in kurzer Zeit, aller Skrupel ungeachtet. Das ist eine Tatsache, ich sage nicht, daß es eine gute Tatsache ist. (S. 246)
>
> Robb: Sie fanden die wissenschaftlichen Ideen zur Herstellung einer Wasserstoffbombe verführerisch und wundervoll, und Sie fanden das mögliche Ergebnis, die Wasserstoffbombe, abscheulich. Ist das richtig?
>
> Oppenheimer: Ich glaube, das ist richtig. Es ist nicht die Schuld der Physiker, daß gegenwärtig aus genialen Ideen immer Bomben werden. Solange das so ist, kann man von einer Sache wissenschaftlich begeistert und menschlich tief erschrocken sein. (S. 247)

Oppenheimer bestreitet hier die Schuld der Physiker und verweist indirekt auf den Staat und die Gesellschaft, die den Physiker in diese schizophrene Situation bringen. So antwortet er auch auf die Frage des Vorsitzenden Gordon Gray, ob in seiner Haltung nicht so etwas wie geteilte Loyalität zu finden sei, nämlich „Loyalität einer Regierung gegenüber — Loyalität der Menschheit gegenüber?":

> Lassen Sie mich nachdenken. — Ich will das so sagen: Indem sich die Regierungen den neuen Ergebnissen der Naturwissenschaften nicht oder nur ungenügend gewachsen zeigen, gibt es für den Wissenschaftler einen solchen Loyalitätskonflikt.
>
> [...]
>
> Ich habe schließlich in allen Fällen meiner Regierung die ungeteilte Loyalität gegeben, ohne das Unbehagen, ohne die Skrupel zu verlieren, und ohne sagen zu wollen, daß das richtig war. (S. 247)

Im Verlauf des von Kipphardt in Szene gesetzten Untersuchungsverfahrens erweist sich somit immer mehr, daß die „Sache J. Robert Oppenheimer" eine Sache und Angelegenheit der ganzen menschlichen Gesellschaft ist und weit mehr eine Frage der Politik und der Form des menschlichen Zusammenlebens als eine Frage der Verantwortung der Physiker. Die Vernichtung der Menschheit durch die Physik ist möglich geworden und es ist, wie Kipphardts Oppenheimer zu bedenken gibt, „bei rationaler Prüfung wahrscheinlich, daß das geschehen wird, wenn wir die neuen Formen des politischen Zusammenlebens nicht entwickeln, die diese Erde braucht." (S. 248)

Steht bei Kipphardt am Anfang des Verfahrens Oppenheimers Verhalten bei der Entwicklung der Wasserstoffbombe zur Diskussion, so ist es am Schluß das Verhalten des Staates und der Politik wie auch der Zustand der menschlichen Gesellschaft, der mit der Entwicklung der Naturwissenschaft nicht Schritt gehalten hat. Diese Wendung charakterisierte Friedrich Luft wie folgt:

„Zum Schluß hin ist die Untersuchungskommission über die Person und den Fall ihrer Untersuchung längst weit hinaus. Es gibt eigentlich keine Gegner mehr. Ankläger und Verteidiger, Angeklagter und Verfolger sind fast eins geworden in ihrer gemeinsamen Bemühung um die Wahrheit, um die Findung zuverlässiger Verhaltensregeln in einer Welt, die ihre Dimensionen schrecklich erweitert und so viele Festpunkte der Anständigkeit gespalten und relativiert hat."[76]

Trotzdem steht am Ende des Untersuchungsverfahrens, da es im Interesse des Staates geführt wird, die „Verurteilung" Oppenheimers. Oppenheimer wird die Sicherheitsgarantie nicht mehr erteilt und er bleibt von der weiteren Beteiligung am amerikanischen Atomenergieprojekt ausgeschlossen, — obgleich der Vorsitzende des Sicherheitsausschusses (Gordon Gray) gesteht:

> Ich bin der Ansicht, daß es uns möglich gewesen wäre, zu einem anderen Ergebnis zu kommen, wenn es uns erlaubt gewesen wäre, unabhängig von den starren Regeln und Maßstäben, die uns vorgeschrieben sind, Dr. Oppenheimer zu beurteilen. (S. 278)

Der Entscheidung, daß Oppenheimer keinen Anspruch mehr auf das bedingungslose Vertrauen der Regierung und der Atomenergiekommission haben könne, hält Kipphardts Oppenheimer in seinem Schlußwort entgegen, daß umgekehrt die Physiker ihrer Regierung kein bedingungsloses Vertrauen und keine absolute Loyalität mehr entgegenbringen könnten:

> Wenn ich denke, daß es uns eine geläufige Tatsache geworden ist, daß auch die Grundlagenforschung in der Kernphysik heute die höchste Geheimnisstufe hat, daß unsere Laboratorien von den militärischen Instanzen bezahlt und wie Kriegsobjekte bewacht werden, wenn ich denke, was im gleichen Fall aus den Ideen des Kopernikus oder den Entdeckungen Newtons geworden wäre, dann frage ich mich, ob wir den Geist der Wissenschaft nicht wirklich verraten haben, als wir unsere Forschungsarbeiten den Militärs überließen, ohne an die Folgen zu denken. (S. 279)

> Ganz anders als dieser Ausschuß, frage ich mich infolgedessen, ob wir Physiker unseren Regierungen nicht zuweilen eine zu große, eine zu ungeprüfte Loyalität gegeben haben, gegen unsere bessere Einsicht, in meinem Fall nicht nur in der Frage der Wasserstoffbombe. (S. 280)[77]

In diesem Schlußwort, das von Oppenheimer in dem tatsächlichen Verhör nie gesprochen wurde[78], „kulminiert das, was man die Literarisierung des authentischen Protokolls nennen könnte"[79]. „Zugespitzt ausgedrückt: Wo Kipphardt sich von den Dokumenten entfernt, nähert er sich Brecht. Er gibt mit seinem Stück eine aktuelle Paraphrase zum ‚Leben des Galilei' "[80].

Nicht allein dieses von Kipphardt erfundene Schlußwort veranlaßte denn auch die betroffene Hauptfigur des Stückes, J. R. Oppenheimer, zu einem Protest gegen Kipphardts Stück[81]: Das Verfahren von 1954 sei eine Farce gewesen, Kipphardt aber stelle es als Tragödie dar. Auch habe er niemals sein Bedauern über seine Beteiligung an der Herstellung der Atombombe ausgesprochen[82]. Was Kipphardt in dem Kommentar zu seinem Stück als „Ergänzungen und Vertiefungen" bezeichnete, betrachtete Oppenheimer als „Entstellungen" bzw. „Improvisationen", die der historischen Wahrheit widersprechen[83]. In einer Stellungnahme zu den Vorwürfen Oppenheimers entgegnete Kipphardt:

> „Wenn Dr. Oppenheimer sagt, daß ‚das ganze verdammte Ding [das hearing] eine Farce war', so stimme ich mit ihm überein. Es ist aber nicht zu bestreiten, daß in dieser demütigenden Loyalitätsuntersuchung die tragischen Aspekte und schwer lösbaren Widersprüche, in die ein heutiger Kernphysiker geraten kann, zum Vorschein kamen, und diese tragischen Konflikte und Widersprüche interessieren den Schriftsteller, wenn er die Fragen seiner Zeit stellt."[84]

In der Streitfrage, ob hier eine Porträtverzeichnung Oppenheimers und eine Verfälschung der Wirklichkeit vorliege oder „Kern und Sinn einer historischen Begebenheit"[85] getroffen sei, ist die Auffassung der Kritik geteilt. Henning Rischbieter beispielsweise führt für Kipphardts Stück an:

> „Kipphardt kann mit gutem Recht behaupten, daß die wiederholte Interpolation von Oppenheimers Skrupeln zwar die ‚Wirklichkeit', aber nicht die ‚Wahrheit' beschädige: denn sie lagen dem wirklichen Oppenheimer nicht fern, wie andere seiner Äußerungen zeigen, und sie geben die ‚objektiven' Gefahren und Schwierigkeiten der Weltstunde wieder."[86]

Von anderer Seite hingegen wird die wiederholte Äußerung von Skrupeln (besonders im Schlußwort) als Verzeichnung von Oppenheimers Haltung und Problematik gesehen. Der tatsächliche Oppenheimer sei sich sehr wohl im klaren gewesen über die Konsequenzen seines Tuns.

„Es handelte sich für ihn nicht um die vorübergehende Verkennung des Richtigen. Sein Problem vielmehr war es, das Furchtbare mit Bewußtsein zu tun, weil er es gleichzeitig als das Notwendige und Richtige empfand. Im Krieg arbeitete er an der Atombombe, weil damit die Vereinigten Staaten den Nazis zuvorkamen; nach dem Krieg, weil für ihn die Bedrohung durch die Sowjetunion niemals eine Chimäre war. Politik und Moral – er konnte sie nicht vereinbaren: seine Phantasie war groß genug, sich die Leiden auszumalen, die seine Forschungsarbeit nach sich ziehen könnte, und sein politischer Verstand zwang ihn dazu, sich vorzustellen, was die Folge wäre, wenn er sie unterließe. Das war sein ungelöstes Drama, und darum ist sein Fall so bedeutend und exemplarisch, wenn eine der Hauptkrankheiten dieser Zeit diagnostiziert werden soll. Aber das fügte sich nicht in Kipphardts Konzept."[87]

Die „Literarisierung des authentischen Protokolls", die bei Kipphardt auf die Verstärkung der moralischen Skrupel und die Verantwortung des Physikers abzielt, scheint insofern der Haltung des wirklichen Oppenheimer zu widersprechen, als bei ihm (im Gegensatz zu dem Schlußwort bei Kipphardt) den ethischen Bedenken die politische Einsicht von der Notwendigkeit seines Tuns gegenüberstand.

Kipphardts Dramatisierung der Loyalitätsuntersuchung gegen Oppenheimer zeigt somit nicht nur die möglichen Folgen der Literarisierung authentischen Materials, die Verzeichnung der historischen Wahrheit, sondern sie stellt zugleich die Frage nach der grundsätzlichen Berechtigung einer solchen szenischen Dokumentation, die ihren Dokumentationswert durch die freie Verwendung des dokumentarischen Materials zum Teil wieder aufhebt. – So sieht D. E. Zimmer in Kipphardts Stück die

„Fragwürdigkeit eines dramatischen Zwittergenres, das sich für seine mangelnden literarischen Qualitäten entschuldigt mit dem Respekt vor den Fakten (in diesem Fall dem vorliegenden, tausendseitigen Protokoll der Verhandlung), und die Freiheiten, die es sich mit diesen Fakten dennoch nimmt, mit den Erfordernissen der Literatur rechtfertigt."

Er betont, daß er Klarheit vorzöge, und fordert deshalb:

„Entweder die peinlich getreue Rekonstruktion der Tatsachen, also das Dokument, oder, besser noch, das eigene Gedankenwerk, das sich von dem historischen mit allen seinen das Hauptthema nur verunklärenden Zufälligkeiten völlig trennt."[88]

Generell ist zum Problem der szenischen Dokumentation festzustellen: Ein bestimmtes Maß an Literarisierung läßt sich bei der szenischen Umsetzung von dokumentarischem Material[89] schon aufgrund der notwendigen Auswahl und Verknappung nicht vermeiden. Die Literarisierung selbst bedingt jedoch noch keineswegs eine Entstellung der historischen Wahrheit, sondern nur den Verlust der absoluten Authentizität des dokumentarischen Materials. Die Verzerrung der geschichtlichen Wahrheit ist nicht eine Folge der Literarisierung einer dokumentarischen Vorlage, sondern die der Interpretation eines Stoffes durch den Autor, die in Kipphardts Fall, ähnlich wie bei Brechts Galilei, durch ein soziales und moralisches Engagement zu einer bestimmten Akzentsetzung und zu einer eventuellen Umdeutung der (Oppenheimer-)Gestalt führte. Die Frage aber, inwieweit der Autor zu solchen (Um-)Deutungen berechtigt ist, ist letztlich nicht oder nur annähernd zu entscheiden.

Die Alternative jedoch, die Zimmer vorschlägt, „das eigene Gedankenwerk", scheint bei der Kompliziertheit des Themas – die Artikulation eines transpersonalen Konflikts zwischen Wissenschaft und Politik – nicht recht überzeugend. Dies zeigt sich deutlich, wenn man die „eigenen Gedankenwerke" zu diesem Thema betrachtet: die herkömmlichen Atomstücke, die nicht wie Kipphardts „szenischer Bericht" auf einem vorgegebenen Stoff, sondern auf einem frei erfundenen beruhen.

Eine Zwischenstellung nimmt *Carl Zuckmayer*s Drama *Das kalte Licht* (1954/55; UA 1955)[90] ein. Es versucht gleichfalls an einem zeitnahen Stoff und einer zeitgeschichtlichen Figur die Situation der Atomphysiker aufzuzeigen, allerdings in einer erfundenen Handlung.

Was bei Kipphardt als Rahmenhandlung erscheint, das Motiv des ideologisch bedingten Verrats, steht im Mittelpunkt von Zuckmayers Stück, das den Fall des in England verhafteten Atomspions Klaus Fuchs aufgreift, der wichtige Atomgeheimnisse an die Sowjetunion verriet. „Thema des Stückes ist nicht die Spaltung des Atoms, sondern die Krise des Vertrauens. Weiter gespannt: Die Denk- und Glaubenskrise der Gegenwart", dargestellt am „Tatbestand des ‚ideologischen' oder gar ‚idealistischen' Verrats."[91]

In der Form eines Stationenstückes wird hier die in den äußeren Fakten und Daten an der Biographie von Klaus Fuchs orientierte[92] Lebensgeschichte des Atomphysikers und ‚ideologischen' Verräters Kristof Wolters vorgeführt: Sein Emigrantendasein in England (1939) nach seiner Flucht aus Hitler-Deutschland aufgrund seiner Zugehörigkeit zur kommunistischen Partei; seine Deportation nach Kanada (1940) als Angehöriger eines Feindstaates nach Ausbruch des Zweiten Weltkrieges; seine Hinzuziehung zur Entwicklung der Atombombe in Amerika und England. – Dazwischen stehen die Begegnungen mit kommunistischen Agenten, in England mit einem früheren Parteifreund, in Amerika mit einem anonymen Mittelsmann. Ihnen liefert er Geheimmaterial aus, einmal, weil er immer noch von der Richtigkeit der kommunistischen Idee überzeugt ist, wenn er sich auch wegen Stalins Terrorsystem und Hitlerpakt vorübergehend vom Kommunismus gelöst hatte, zum anderen, da er glaubt, die Geheimhaltung der Atomwissenschaft und ihre monopolartige Verwendungsmöglichkeit durch eine einzige Macht nicht verantworten zu können.

Was *Das kalte Licht* von Kipphardts *In der Sache J. Robert Oppenheimer* strukturell unterscheidet, hat Zuckmayer in seinem Nachwort selbst formuliert:

„Das vorliegende Drama versucht, einen solchen Fall darzustellen, und zwar nicht in Form des dokumentarischen Reports, sondern durch das Medium einer erdachten Fabel."[93]

Während Kipphardts Stück auf einem Dokument beruht, das er in der ihm eigenen Struktur, in der analytischen Form des Verhörs, nachzeichnet, führt Zuckmayer den Fall Klaus Fuchs in einer erfundenen und weitschweifigen Handlung vor, obwohl diesem Stoff die Form des Verhörs angemessener gewesen wäre. Dies hätte allerdings für Zuckmayer den Verzicht auf die freie Gestaltung des Stoffes und der wirklichen Figur und stattdessen die Nachzeichnung des faktischen Verhörs bedeutet.

Auf den Widerspruch zwischen den Erfordernissen des Stoffes und dessen Realisation machte bereits Marianne Kesting aufmerksam, die das Stück als eine „unechte Adaption des epischen Theaters" bezeichnete und gegen Zuckmayer einwandte:

„Er möchte auf die sensationellen, kolportagehaften Züge des Vorwurfs keineswegs verzichten, ja, er reichert sie noch um einige an. Er übernimmt die weit auseinander gelegenen Orte (London – New York) und den ausgebreiteten Zeitraum (1939 – 1950) aus der ursprünglichen Geschichte um Klaus Fuchs, ohne Notwendigkeit, denn der Konflikt könnte auch ohne diese Tatsachen dargestellt werden. Er bedient sich der Freiheiten der epischen Dramaturgie, um genau die Szenen dramatisieren zu können, die er im Hinblick auf die Augenblicksspannung für genügend sensationell hielt, nicht etwa diejenigen, die für das Verständnis des Problems wichtig erscheinen."[94]

Nach ihrer Ansicht wird hier das „epische Theater" ohne Notwendigkeit bemüht, „dessen Struktur sich Zuckmayer teilweise bediente, nur um der Mühe zu entgehen, deren es bedurft hätte, diese Zeitgeschichte in eine aristotelische Form zu bringen, was nicht nur möglich, sondern in diesem Falle notwendig gewesen wäre".[95]

Was Kesting hier in den Begriffen „epische Dramaturgie" und „aristotelische Form" einander gegenüberstellt, ist die epische Reihentechnik des Stationenstücks (wie in Brechts *Leben des Galilei*) und – in letzter Konsequenz – die analytische Technik des Prozeßstückes (wie in Kipphardts *In der Sache J. Robert Oppenheimer*). Im Vergleich mit diesen beiden Stücken erweist sich die Richtigkeit von Kestings Einwänden. Im Mittelpunkt von Zuckmayers Schauspiel mußte die Frage nach den Motiven für Wolters' ‚ideologischen' Verrat stehen. Diese können jedoch nur in einem analytischen Stück (Verhör) deutlich herausgearbeitet werden, da Wolters' Konflikt in seinem Inneren, in der Auseinandersetzung mit sich selbst und nicht in der sichtbaren Auseinandersetzung mit Institutionen und Gegenspielern ausgetragen wird. Zuckmayer aber bemüht zur Verdeutlichung dieses inneren Konfliktes eine Anhäufung von äußerer Handlung, wobei Wolters' Motive aus seinen Umwelt-Reaktionen hervorgehen sollen.

Was im *Galilei*-Stück vom Stoff und Thema her a priori notwendig war, das Nachzeichnen der Lebensgeschichte Galileis (die Stationen seines Lebens sind zugleich die Stationen seines sich über lange Jahre hin erstreckenden Widerstandes), ist im Falle Wolters' bzw. des Klaus Fuchs eher hinderlich. Statt der epischen Behandlung seines Lebenslaufes wäre die analytische Behandlung seines Falles angebracht, wobei allerdings dahingestellt bleiben muß, ob bei einer solchen, auf Dokumente gestützten Dramatisierung dem Spionagefall Klaus Fuchs die gleiche symptomatische Bedeutung zukommt wie dem Fall Oppenheimer.

Das „spröde, aktionsarme, ganz untheatralische Argumentationsstück"[96] Kipphardts, das durch die Stoffwahl und die vorgetragenen Argumente überzeugt, zeigt sich allerdings nicht nur Zuckmayers Stück, sondern auch allen anderen Atomstücken überlegen, die auf einer nun völlig frei erfundenen Handlung beruhen.

Während Kipphardts Stück die schizophrene Situation der Atomphysiker und die problematische Verknüpfung von Wissenschaft und Politik dem Zuschauer diskutierend bewußt macht und ihn zum Mitdenken zwingt, verlassen jene sich zumeist auf das Beschwören apokalyptischer Schreckensbilder und auf eine exotisch oder kriminalistisch angereicherte Handlungskonstruktion. Dabei verfehlen sie meist schon im

Ansatzpunkt und in der Wahl der Perspektive die gesellschaftliche Problematik, indem sie weniger, wie Kipphardt es formuliert, die „schwer lösbaren Widersprüche, in die ein heutiger Kernphysiker geraten kann", darstellen, sondern vom persönlichen Gewissenskonflikt eines einzelnen Forschers ausgehen oder lediglich die atomaren Gefahren und Auswirkungen vorzuführen versuchen. Einige dieser ‚Atom-Stücke' seien im folgenden kurz referiert.

Günther Weisenborns Die Familie von Makabah (1958)[97] demonstriert die Gefahren der Atomforschung an einer Puppenfamilie, die unter menschenähnlichen Bedingungen einem Atombombentest ausgesetzt werden soll. Vorbereitet wird dieser Test von einem verantwortungslosen, entdeckungsbesessenen Atomphysiker (Jönsson) mit Unterstützung der Regierung (Staatssekretär Nabokow) gegen die Intervention des Direktors des Forschungszentrums (Greppi). Seinen eigentlichen Gegenspieler findet jener Physiker in einem wegen politischer Unzuverlässigkeit (d. h. Gegnerschaft gegen die Atomrüstung) entlassenen ehemaligen Kollegen (Cricot), der gegen den Test protestiert und sich für die zum Versuchsobjekt bestimmte Puppenfamilie einsetzt. In die übliche Figuren- und Handlungskonstellation des Atomstückes (Auseinandersetzung der Wissenschaftler unter sich und mit der staatlichen Macht über Entwicklung und Erprobung einer Superbombe) wird das durch den geplanten Versuch gefährdete Leben der Puppenfamilie eingeblendet, die für eine wirkliche Familie stehen und die atomare Bedrohung der ganzen Menschheit verdeutlichen soll. (Sie tritt zu diesem Zweck aus einem projizierten Photo ins Bühnendasein!). Diese figürliche „Metapher", ein fragwürdiger Einfall Weisenborns, der seinem Hang zum Balladesken entspringt, führt zu einem ständigen Wechsel von realer und irrealer Ebene. Noch unbefriedigender wirkt das imaginäre Schlußtableau, in dem sich die Puppen (aufgefordert von Cricot: „Sprecht mit aller Energie. Da drüben versteht uns einer schon . . . dort auch! . . . und dort! Sprecht!" [S. 64]) direkt an die Zuschauer wenden und sie beschwören, eine neue Sprache und Denkweise: die des gemeinsamen Verstehens, zu lernen.

Die Gefahren der Atomforschung, die Weisenborn an einer Puppenfamilie deutlich machen will, versucht *Hans Henny Jahnn* (1894 – 1959) in seinem Nachlaßdrama *Die Trümmer des Gewissens,* das in der Bearbeitung von Erwin Piscator und Karlheinz Braun 1961 unter dem Titel *Der staubige Regenbogen* auf die Bühne kam[98], an strahlengeschädigten Jugendlichen darzustellen. – Der Leiter eines Atomforschungszentrums, Jakob Chervat, dessen Sohn strahlengeschädigt ist (Haarausfall, Verlust der Zeugungskraft) und dessen Tochter als lebend-lebloses Wesen ohne Hör- und Sehvermögen zur Welt kam, erfährt von seinem Freund Ducasse, dem Redakteur einer Arbeiterzeitung, die von der Regierung verschwiegene tatsächliche Zahl der bei der Explosion eines Energiemeilers Umgekommenen. Schuld an dieser Katastrophe, die von der Regierung auch ihm gegenüber bewußt verharmlost wird, ist der staatliche Bevollmächtigte für die Atombehörde, Sarkis, der rücksichtslos die Entwicklung von Strahlenwaffen vorantreibt. Chervat sieht sich unter diesen Umständen außerstande, weiterhin die Verantwortung für das Atomforschungsprogramm zu tragen. Als er in einem

Auseinandersetzung mit Sarkis von dessen „apokalyptischem Plan" erfährt, die Vormacht der weißen Rasse gegenüber der asiatischen durch einen Atomschlag zu sichern (selbst um den Preis, daß neun Zehntel der weißen Rasse mit vernichtet werden), erwägt Chervat zusammen mit den Freunden seines Sohnes, die sich in einem homoerotisch gefärbten „Bund der Schwachen" zusammengeschlossen haben und sich als die Letzten des menschlichen Geschlechts fühlen, die Ermordung von Sarkis. In dem nachfolgenden Zusammentreffen zwischen Sarkis und Chervat in dessen Hause, bei dem es zur letzten, entscheidenden Auseinandersetzung zwischen den beiden Kontrahenten kommt, wird Sarkis nach einem mißglückten Attentatsversuch Chervats von einem der Freunde seines Sohnes erdolcht. Chervat entzieht sich der drohenden Verhaftung durch Einnahme von Gift. Die übrigen Beteiligten sehen sich vor die Wahl gestellt, entweder ihre Verurteilung zu erwarten oder ihr durch Selbstmord zu entgehen.

Eine nicht weniger abenteuerlich konstruierte Handlung weist das dreiaktige Atomstück *Jenseits der Angst* (UA 1962)[99] von *Hans José Rehfisch* (1891 – 1960) auf, das in einem Pfarrhaus in Süddeutschland spielt. Dieses ist zunächst Schauplatz und Gegenstand eines Verkaufsangebotes: Um den Erwerb des Hauses und des dazugehörigen Grundstücks bemühen sich die Ortsgemeinde (für das Pfarrhaus) und die Regierung (für ein Raketenversuchsgelände). In diese bereits ‚atomar' angereicherte Rahmenhandlung tritt unversehens der Eigentümer des Hauses, ein ehemals bekannter und als verschollen geltender Atomphysiker, namens Severin, der sich in Wirklichkeit ins Privatleben zurückgezogen hatte, um sich der politischen Abhängigkeit zu entziehen. Ihm folgt – um das abenteuerliche Handlungsgeflecht zu vervollständigen – sein ehemaliger Assistent Branting, der, nun selbst Professor für Physik, den Bau eines gigantischen Kraftwerkes plant. Er verwendet dazu skrupellos die Ergebnisse Severins, die er als seine eigenen ausgibt. Noch fehlt ihm aber der nötige Schlüssel zur Atomverschmelzung (statt Atomspaltung!), an dem er damals mit Severin arbeitete. Deshalb versucht er Severin zur Mitarbeit an seinem Plan zu bewegen, bzw. von ihm die Formel zu erzwingen, mit der Drohung, sonst auf experimentellem und für die Menschheit weit gefährlicherem Wege sein Ziel zu verwirklichen. Er findet dabei die Unterstützung des mit dem Erwerb des Hauses beauftragten Regierungsvertreters, der sich an Brantings Projekt interessiert zeigt. Er wie Branting befinden sich nach Ansicht Severins „jenseits der Angst": „Man muß um ihn und seinesgleichen einen weiten Bogen machen. Er hat den Bezirk des Menschlichen verlassen und ist bereit zu jedem Verbrechen." (S. 68) Doch dem bedrängten Severin und der bedrohten Menschheit kommt Brantings Frau zu Hilfe, indem sie zu Severin übergeht und am Schluß des Stückes die gefährliche Formel vernichtet.

In *Kurt Becsis* (* 1920) Stück *Atom vor Christus* (UA 1952)[100] wird die Problematik der Kernphysik, wie schon der Titel andeutet, „transzendiert". Der (angebliche) Konstrukteur der ersten Atombombe, Lord Jack Lindsay, und der (gleichfalls fiktive) Pilot, der sie warf und danach Franziskanermönch wurde, Bruder Thomas, werden hier miteinander konfrontiert. Bruder Thomas kam zu der Überzeugung, daß die einzig mögliche Antwort auf den Geist der modernen Naturwissenschaft und auf Hiroshima der Geist von Assisi sei. Lord Lindsay aber sieht den Sinn des Lebens allein in seiner Vernichtung. Darauf laufe das Leben und die Entdeckung seiner Gesetze hinaus. Das Finden der Todesformel werde die höchste Leistung menschlichen Geistes sein, gleichzeitig aber auch dessen Auslöschung zur Folge haben. Diese wird von ihm als ein Akt absoluter menschlicher Freiheit verstanden, da sie den Menschen aus all seiner Bedingtheit befreie. Diesem nihilistischen Titanismus und wahnwitzigen Streben nach Weltvernichtung stellt sich seine eigene Frau, Lady Judith Lindsay, entgegen, indem sie ihn am Ende des Stückes erschießt. Die Mordtat erweist sich jedoch als ein trügerischer Ausweg, da unterdessen die Formel in einem anderen Land entdeckt wurde. In einem Nachspiel im Kloster des Bruder Thomas versucht der Autor auf die nicht aus der Welt zu schaffende atomare Bedrohung der Menschheit eine Antwort zu geben. Bruder Thomas wird in seiner Verzweiflung die tröstliche Gewißheit zuteil: Gott allein bestimmt das Ende der Welt, nicht der Mensch. Und um der Gerechten und schuldlos Umgekommenen willen wird die Erde bestehen bleiben.

Ohne jeden Lösungsversuch entläßt den Zuschauer hingegen *Curt Langenbeck*s (1906 − 1953) dreiaktiges Stück *Der Phantast* (UA 1949)[101]. Auch bei ihm erweist sich die zu Beginn des Stückes aus einer ethischen und religiösen Haltung vorgenommene Vernichtung der weltbedrohenden Formel durch ihren Entdecker, Professor Brückmann, am Ende des Stückes als sinnlos. Sein Assistent, Dr. Kreiss, hat trotz des ihm abverlangten Versprechens, nichts von dem wenigen, das ihm bekannt wurde, anderen mitzuteilen oder aufzuzeichnen, die Forschung heimlich weiterbetrieben, die Formel gefunden und sie seiner Regierung zur Verfügung gestellt. − Die vorangegangenen Beschwörungen Brückmanns durch seinen Assistenten, seinen Physikerkollegen Thornbusch und den Staatssekretär Kliff, seine Ergebnisse zu rekonstruieren, bevor sie endgültig verloren seien, vermochten ihn nicht dazu zu bewegen, − aus dem Zweifel heraus: „kann die Wissenschaft verantworten, alles, was sie entdeckt, der praktischen Auswertung preiszugeben"? (S. 13) Diesem berechtigten Zweifel versucht sein ebenfalls verantwortungsbewußter Kollege Thornbusch mit dem Vorschlag zu begegnen, ein unabhängiges internationales Forscherkollegium zu schaffen, das alle wichtigen Forschungsresultate auf ihre Überantwortbarkeit an Staat und Militär prüfen solle. Der utopische Charakter eines solchen Plans wird jedoch bald deutlich in dem Standpunkt, den Staatssekretär Kliff einnimmt:

> Wenn *ich* versprechen sollte, Thornbusch, daß ich unter keinen Umständen die neue Waffe als solche einsetzen würde: *Ich* gäbe diese Zusicherung *nicht* [. . .] eine konkrete Situation vor Augen: *wer* könnte mit gutem Gewissen versprechen, dieses Kampfmittel nicht anzuwenden, wenn der Gegner ähnliches angewendet hätte oder anzuwenden im Begriff wäre − oder, wenn der Verzicht auf diese Mittel unsere Niederlage, unseren Untergang zur Folge haben müßte? (S. 52)

Unterscheidet sich diese Argumentation wohltuend von den phantastischen Schreckensbildern und Argumenten der anderen Atomstücke, so bleibt doch auch Langenbecks Stück insgesamt deren klischeehafter Konzeption verhaftet. Trotz vieler Schwächen und Mängel, die es mit den anderen Atomstücken gemeinsam hat, hebt es sich aber von diesen in der Behandlung des Stoffes und in seiner Aussage wesentlich ab: Es bezieht in gewissem Sinne bereits die Position von Dürrenmatts Stück *Die Physiker,* so in der erfolglosen Vernichtung der weltbedrohenden Formel, in der Wendung zum schlimmstmöglichen Ausgang und damit in dem Verzicht auf eine (Schein-)Lösung am Schluß des Stückes, wie er in den anderen Atomstücken üblich war. Das gleiche gilt von den Gründen, die gegen die Vernichtung der Formel geltend gemacht werden: Jede wesentliche Entdeckung nützt und schadet, und früher oder später wird doch alles entdeckt (Dr. Kreiss). So erscheint die vom Autor als „Phantast" bezeichnete Hauptfigur des Stückes, der Physiker Brückmann, schon fast als eine Vorwegnahme des Phantasten Möbius, der Hauptfigur in Dürrenmatts Stück *Die Physiker,* das – wie noch zu zeigen sein wird – gegenüber den hier behandelten Atomstücken eine völlig neue Position markiert.

Die besprochenen Atomstücke, die ausnahmslos auf einem völlig frei erfundenen Stoff beruhen, weisen einige typische Züge auf, die ihnen allen gemeinsam sind und die man als *‚Atom-Topoi'* bezeichnen könnte: Die *Entdeckung der Formel aller Formeln,* welche die *Weltvernichtung* ermöglicht, schafft eine nie gekannte Bedrohung der Welt, die in *apokalyptischen Bildern* und *Schreckensvisionen* ausgiebig beschworen wird. Gefährdet wird diese Welt entweder durch einen von faustischem Drang und Experimentierwut erfüllten Atomphysiker oder durch einen von einer machtpolitischen Wahnidee besessenen Politiker, die beide zur Anwendung der Formel bereit sind. Auffallend ist der gemeinsame Zug der *Welt- und Menschenverachtung:*
Die Ansicht, die Welt komme aus dem Nichts und tendiere wieder zum Nichts, bestimmt Brantings Handeln in Rehfischs *Jenseits der Angst:*

> Das organische Leben insgesamt ist ja nur ein Zwischenfall ohne Vorher und Nachher. Ein Interpunktionszeichen zwischen dem Nichts und dem Nichts. (Branting S. 47)

Dieser nihilistische Titanismus ist bei Becsi verbunden mit der Theodizee-Frage, einem Grundthema der deutschen Dichtung seit dem 18. Jahrhundert, das hier in neuem Gewande erscheint:

> Eine Summe von Widersprüchen ist die Erde. Eine Stätte der Qual ist sie für die Menschen gewesen seit Anbeginn. Unvollkommen, wie sie ist . . . Nur eine Aufgabe hatte sie: die raffinierteste Folterkammer zu sein, die je im Universum gerollt ist, – ein Kerker, in den Gott seine Geschöpfe warf . . . Sie zu vernichten, diese Erde, ist logisch und ethisch! Was verlieren wir, Doktor Campell? Nur, – ein verfehltes Leben und was gewinnen wir nicht dafür? Das Höchste! Freiheit, die unendlich ist! (Lord Lindsay S. 80)

Bei Hans Henny Jahnn äußert sich die Welt- und Menschenverachtung in der machtpolitischen Wahnidee von Sarkis, dessen „tolle Lehre" Chervat folgendermaßen charakterisiert:

> Er hält mich für einen gescheiten Narren [. . .] Wenn wir es unterlassen, die fünfzig- oder

hunderttausend Bomben zu werfen, die wir besitzen, werden jene anderen es vor uns tun, sobald ihre Zeit gekommen ist. Und wir werden nicht wissen, wann sie da sein wird. Unsere Nachkommen werden dafür bezahlen, wenn wir uns zu schlechten Rechenmeistern machen. Mit der Bombe läßt sich nicht leben; inmitten einer rasenden Vermehrung läßt sich nicht leben. Wenn wir bestehen wollen, müssen wir vernichten. Die Überlebenden sollen ein Teil von uns, nicht ein Teil der anderen sein. (S. 921)

Eine ähnliche Ansicht vertritt auch der englische Atomphysiker Ketterick in Zuckmayers *Das kalte Licht:*

> Wem eine Waffe in die Hand gegeben ist, mit der er auf einen Schlag die Welt ins rechte Lot bringen kann, und er zögert, sie anzuwenden, der ist nicht wert, daß er am Leben bleibt. (S. 429)

Diesen skrupellosen Forschern bzw. Politikern stehen jene Forscher gegenüber, die aus religiöser und humanitärer Gesinnung glauben, die Weiterarbeit an ihrer Forschung nicht mehr verantworten zu können. Sie sind bereit, die gefundene Formel zu vernichten; so Severin (Rehfisch: *Jenseits der Angst*), Brückmann (Langenbeck: *Der Phantast*), Dr. Campell (Becsi: *Atom vor Christus*), Chervat (Jahnn: *Die Trümmer des Gewissens*). – Durch die Vernichtung der Formel oder die Vernichtung der Gegenspieler wird in einigen dieser Stücke die atomare Bedrohung aus der Welt geschafft. Dabei aber beenden die Autoren mit einer Schein-Lösung die Auseinandersetzung mit dem Problem.

All diese für das Atomdrama charakteristischen Züge finden sich in *Friedrich Dürrenmatts* (* 1921) Komödie *Die Physiker* (1961; UA 1962)[102] wieder: der vergebliche Versuch der Vernichtung der Formel aller Formeln und die Morde um ihrer Geheimhaltung willen; die unwahrscheinlich anmutende und kriminalistische Handlung mit der typischen Figuren-Konfrontation zwischen dem verantwortungsbewußten Wissenschaftler, der bereit ist, die Formel zu vernichten und dem von einer Wahnidee oder einem Machtrausch besessenen Physiker oder Politiker, der zur skrupellosen Anwendung der Formel bereit ist. (Die beiden Positionen erscheinen bei Dürrenmatt in dem Physikergenie Möbius und der Irrenärztin Mathilde von Zahnd.) Und selbst jene (Schein-)Lösung, mit der einige Atomstücke das Problem der atomaren Bedrohung aus der Welt schafften, findet sich in Dürrenmatts Stück, nur mit dem Unterschied, daß sie als scheinhaft bewußt gemacht wird.

Die ,atomaren Topoi' erscheinen bei Dürrenmatt aber in der „irren" Brechung seiner makabren „Komödie in zwei Akten", die man als einen parodistischen Abgesang auf die vorausgegangenen Atomstücke bezeichnen könnte.

Dies verdeutlicht bereits die Anlage des Stückes. Am Anfang des ersten Aktes wird der Zuschauer Zeuge eines soeben geschehenen Mordes, des zweiten innerhalb kurzer Zeit, wie er erfährt. Am Ende dieses Aktes ist, diesmal vor seinen Augen, der dritte Mord geschehen. Der zweite Akt beginnt wie der erste damit, daß sich ein Kriminalinspektor um die Aufnahme des Mordfalles und um dessen Aufklärung bemüht. Das ist die rein äußere Handlung des Stückes und damit ist auch bereits dessen Struktur bestimmt: Es ist die einer Kriminalkomödie, die – ein zusätzlicher Überraschungseffekt – in einem Irrenhaus spielt. Die drei Leichen – drei Schwestern der Anstalt – sind die Opfer dreier ,irrer' Physiker, von denen der eine (Möbius) Erscheinungen des Königs Salomo vortäuscht, während die beiden anderen (Kilton und Eisler) sich für Newton und Einstein ausgeben. Im Verlauf des Stückes erfährt man die Motive für ihre Tat und den Grund ihres Aufenthaltes in dem von der Irrenärztin Mathilde von Zahnd geleiteten Sanatorium. Die drei Physiker sind nämlich keineswegs geistesgestört, sondern täuschen dies nur vor. Möbius will unter dem gespielten Irrsinn seine entdeckte „Weltformel", „das System aller möglichen Erfindungen" (S. 337), vor dem Zugriff der Welt verbergen; die beiden anderen aber, Agenten des westlichen und östlichen Geheimdienstes, trachten danach, dem genialsten Physiker der Gegenwart sein Geheimnis zu entreißen. Ihre Opfer schließlich, die drei mit einer Vorhangschnur erdrosselten Schwestern, mußten sterben, weil sie die Maskerade durchschaut hatten.

In der großen Szene des zweiten Aktes, in der alle drei Physiker aus ihren Rollen heraustreten und sich einander zu erkennen geben, bewegt Möbius seine beiden Kollegen dazu, mit ihm freiwillig im Irrenhaus zu bleiben, um die Welt vor der gefährlichen Formel und deren Verwendung zu bewahren. Er überzeugt sie davon, „daß es heute die Pflicht eines Genies ist, verkannt zu bleiben", denn:

> Unsere Wissenschaft ist schrecklich geworden, unsere Forschung gefährlich, unsere Erkenntnisse tödlich. Es gibt für uns Physiker nur noch die Kapitulation vor der Wirklichkeit. Sie ist uns nicht gewachsen. Sie geht an uns zugrunde. Wir müssen unser Wissen zurücknehmen, und ich habe es zurückgenommen. Es gibt keine andere Lösung, auch für euch nicht. (S. 342)

> Nur im Irrenhaus sind wir noch frei. Nur im Irrenhaus dürfen wir noch denken. In der Freiheit sind unsere Gedanken Sprengstoff. (S. 342 f.)

Sein Resümee:

> Entweder bleiben wir im Irrenhaus oder die Welt wird eines. Entweder löschen wir uns im Gedächtnis der Menschen aus oder die Menschheit erlischt. (S. 343)

Kilton und Eisler melden daraufhin ihrem Geheimdienst, sie hätten sich getäuscht, Möbius sei wirklich verrückt und bleiben mit ihm in dem selbstgewählten Narrenexil: „Verrückt, aber weise" [Newton], „Gefangen, aber frei" [Einstein], „Physiker, aber unschuldig" [Möbius] (S. 344)

Kaum aber haben sie ihre Rollen wieder angenommen und glauben die Welt durch ihre Einsicht gerettet, da entpuppt sich die Irrenärztin Mathilde von Zahnd im Gegensatz zu ihnen als wirklich verrückt. Sie hat die von Möbius vernichtete Formel heimlich fotokopieren lassen und zur Auswertung an ihren Welttrust weitergegeben, um im Namen des von Möbius verratenen Königs Salomo die „Weltherrschaft" (S. 348) anzutreten. Fazit: „Die Welt ist in die Hände einer verrückten Irrenärztin gefallen." (S. 350) Die aufopferungsvolle Tat der drei Physiker war umsonst. Möbius, der gefordert hatte, ihr mörderisches Wissen zurückzunehmen, erkennt: „Was einmal gedacht wurde, kann nicht mehr zurückgenommen werden." (S. 350)

Dürrenmatts Verfahren, die unausweichliche Bedrohung der Welt durch die Atomphysik in Form einer Kriminalstory an dem ungewöhnlichen Schauplatz einer Irrenanstalt mit mehrfachem Umschlag der Handlung und Rollenwechsel der Figuren abzuhandeln, ist als formale und inhaltliche Provokation an die Autoren zu verstehen, die sich vor ihm mit diesem Thema beschäftigten. Den von ihnen ernsthaft vorgebrachten Gedanken, daß die Sicherheit alles Lebens auf der Geheimhaltung einiger Formeln beruhe, macht Dürrenmatt bewußt zum Gegenstand einer (Irrenhaus-)Komödie, im Sinne seines Satzes „Uns kommt nur noch die Komödie bei."[103] In der Form einer dramatischen Inversion versucht Dürrenmatt der schizophrenen Situation der Physiker in der heutigen Welt gerecht zu werden: Die Welt erscheint als ein Irrenhaus, folglich ist sie nur in einem Irrenhaus darstellbar. Im Gegensatz zu den vorangegangenen Atomstücken, die ihren erfundenen Vorfall hinter einer realistischen Darstellung zu verbergen suchten und eine reale Abbildung der Welt vortäuschten, wählte Dürrenmatt die parabolische Darstellung der gegenwärtigen Weltsituation und betonte durch die Steigerung der Handlung ins Grotesk-Komische die Erdachtheit der Fabel[104].

Aber auch in der Aussage stellt Dürrenmatts Stück eine Herausforderung an die übrigen Atomstücke dar. Die unterstellte Möglichkeit, daß die atomare Bedrohung der Menschheit durch die moralische Entscheidung eines einzelnen Forschers aus der Welt geschafft werden könne, führt Dürrenmatt anhand seiner abstrusen Fabel konsequent ad absurdum. Selbst die Flucht der „Physiker" aus der politischen Abhängigkeit ins Irrenhaus erweist sich als Schein-Lösung, denn „Alles Denkbare wird einmal gedacht. Jetzt oder in Zukunft." (S. 348) Und „Was einmal gedacht wurde, kann nicht mehr zurückgenommen werden." (S. 350) Die „Lösung" liegt nicht in den Händen der einzelnen Physiker, sondern bei der menschlichen Gesellschaft. Das versucht Dürrenmatts paradoxer, auf die „schlimmst-mögliche Wendung"[105] hin entworfener Schluß zu demonstrieren, der die Schein-Lösungen der anderen Atomstücke bewußt macht und die szenische Umsetzung seines Stückkommentars darstellt: „Der Inhalt der Physik geht die Physiker an, die Auswirkung alle Menschen." − „Was alle angeht, können nur alle lösen."[106] .

Damit holt Dürrenmatt das Problem, das die anderen Atomstücke „transzendiert" hatten, wieder auf die gesellschaftliche Ebene zurück. Die „Transzendierung" des Problems (Dämonisierung der einen Seite, Heroisierung der anderen) entsprang bei ihnen notwendigerweise der Fiktion, daß Gedeih und Verderb der Welt von der moralischen Entscheidung eines einzelnen Forschers abhänge. Diese Fiktion ermöglichte überhaupt erst die Konzeption von der singulären Bedeutung eines einzelnen Forschers und die Abhandlung eines primär gesellschaftlichen und politischen Problems in der Form des Charakterdramas und der Privattragödie, wie dies in den Atomstücken geschieht[107]. Der gedankliche und formale Unterschied zwischen ihnen und Dürrenmatts Stück besteht im wesentlichen darin, daß Dürrenmatt ihrer unrealistischen Behandlung des Problems in realistischer Darstellungsweise seine realistische Behandlung des Problems in unrealistischer Darstellung entgegensetzt.

Auch gegenüber Brechts *Leben des Galilei* bedeuten Dürrenmatts *Die Physiker* eine neue Position. Während Galilei List anwenden muß, um seine Entdeckung zu *verbreiten*, ist für die „Physiker" List notwendig, um ihre Entdeckung zu *verbergen*. Das Thema der Wahrheitsverbergung hat das der Wahrheitsfindung und -verbreitung abgelöst. Aber nicht nur das unterscheidet die beiden Stücke voneinander, sondern auch ihre verschiedene gedankliche Position: „Was Möbius und Dürrenmatt hier nämlich treiben, läuft hinaus auf eine Zurücknahme des *Galilei* von Bertolt Brecht" – so Hans Mayer in seinem Essay „Brecht und Dürrenmatt oder Die Zurücknahme" zum Verhältnis der beiden Autoren und ihrer Stücke[108].

Dürrenmatts „Physiker" handeln nach Galileis Forderung an die Wissenschaftler des zwanzigsten Jahrhunderts, ihre Entdeckungen den Mächtigen nicht zum Mißbrauch auszuliefern, sondern „ihr Wissen einzig zum Wohle der Menschheit anzuwenden". Sie verwirklichen seine neue Wissenschaftsethik, indem sie ihr mörderisches Wissen zurücknehmen, ohne jedoch damit Erfolg zu haben, da Dürrenmatt ihre Geschichte bis zum „schlimmst-möglichen" Ausgang weiterdenkt. Dürrenmatts Schluß stellt Galileis ohnehin fragwürdige Behauptung, daß die Standhaftigkeit eines einzelnen viel vermöge, ebenso in Frage, wie seine Vorstellung von einem hippokratischen Eid der Naturwissenschaftler, den die „Physiker" mit ihrem Entschluß, im Irrenhaus zu bleiben, praktizieren.

Brecht glaubte, an der Figur und am Fall Galileis die Notwendigkeit einer konkreten Einflußnahme des Wissenschaftlers auf die Entwicklung und Veränderung der menschlichen Gesellschaft demonstrieren zu können. Galileis „negatives Handeln soll den Blick freigeben auf die Möglichkeiten positiven Handelns, die Brecht eigentlich nirgendwo in Frage stellt. Der Physiker kann vorbildlich handeln, also soll er es auch."[109] Im Kontrast zu dieser Grundposition Brechts steht „die erst von Dürrenmatt zu Ende gedachte Möglichkeit, daß die Physiker in der heutigen Welt und Gesellschaft nicht mehr zu Helden irgendwelcher Art taugen, weder negativ noch positiv."[110]

Widerlegung und Zurücknahme des *Galilei* also? Was auf den ersten Blick danach aussieht, ist bei näherem Zusehen eher als Variation bzw. Modifikation des gleichen Themas zu verstehen. Dürrenmatt will mit dem „schlimmst-möglichen" Ausgang seines Stückes weder das selbstlose Bemühen seiner „Physiker", noch prinzipiell die gesellschaftliche Verantwortung des Wissenschaftlers als sinnlos erklären, sondern nur auf die ausweglose Situation der heutigen Physiker und den Angelpunkt ihrer Problematik aufmerksam machen. Er erreicht dies, indem er durch seinen abstrusen Stückschluß die Lösung des Problems an die menschliche Gesellschaft zurückverweist. Was Dürrenmatt anstrebt, ist somit weniger die Zurücknahme des Galilei und seines Postulates der gesellschaftlichen Verantwortung des Forschers, als vielmehr der Hinweis auf die Verantwortung der Gesellschaft für die Verwendung der Forschungsergebnisse ihrer Wissenschaftler. Darin trifft sich Dürrenmatt wieder mit Brecht, der zu dem „sozialen Verbrechen" des Galilei äußerte: „Dabei ist er nicht einfach ein Mensch, der schuldig ist – schuld ist die Gesellschaft, die die Produktion zum Verbrechen macht."[111] Dürrenmatt und Brecht unterscheiden sich so in ihrer Position weniger, als der Vergleich ihrer Stücke zunächst vermuten läßt.

Worauf Brechts Satz hinweist und was Dürrenmatt mit seinem Schluß zu verdeutlichen suchte: die gesellschaftliche und politische Bedingtheit des zur Lösung anstehenden Problems der Atomphysik, zeigt realiter Kipphardts *Oppenheimer*-Stück anhand der Dramatisierung eines authentischen Falles und Dokuments. In der Verhandlung der „Sache J. Robert Oppenheimer" steht, wie der Titel bereits andeutet, weniger die Titelgestalt als vielmehr die Sache im Mittelpunkt. Die Figur Oppenheimers

„hat im Verlauf des Theaterabends weder Wandlungen noch Bühnenentscheidungen zu geben, sondern bleibt bloßer Zurechnungspunkt bei der Aufdeckung eines gesellschaftlichen Tatbestands".

Diese Aufdeckung des gesellschaftlichen Tatbestands erreicht Kipphardts Stück durch die Form der Verhandlung und die hierdurch bedingte Umkehrung der Perspektive, aus der die herkömmlichen Atomstücke das Problem abhandelten. Es wird bei ihm nicht aus der Sicht der Physiker, sondern aus der des Staates behandelt, in dessen Interesse das Verfahren durchgeführt wird. Insofern ist Kipphardt

„allen Good-Will-Dramatikern voraus, weil er nicht moralisiert, nicht Patentrezepte empfiehlt, sondern die Unlösbarkeit des Konfliktes selbst zum Gegenstand seines Stückes macht und ihm durch direkte Umkehrung echte Dramatik abgewinnt: Er ersetzt die unergiebige Frage nach Verantwortung und Schuld [der Atomphysiker] durch die absurd klingende Gegenfrage [von Seiten des Staates]: Verhält sich ein Physiker unkorrekt und verantwortungslos, wenn er sich dagegen sträubt, neue, noch schrecklichere Vernichtungswaffen zu konstruieren?"[113]

Resümee

Die Analyse der einzelnen Stücke dürfte deutlich gemacht haben, daß dieses Problem dramatisch nur schwer in den Griff zu bekommen ist. Das Thema entzieht sich offensichtlich weitgehend der dramatischen Darstellbarkeit, zumindest in der Form des traditionellen Dramas, das durch fortschreitendes Geschehen, einen entscheidungsmächtigen (Physiker-)Helden und eine Lösung des Konflikts bestimmt ist. Das heißt, das Thema fügt sich nicht in das Schema einer Charakter- oder Privattragödie, das zwangsläufig zur Vereinfachung und Verfälschung eines komplexen Sachverhaltes führen muß.

Unter den gegenwartsbezogenen dramatischen Auseinandersetzungen mit dem Problem der Atomphysik haben als einzige Kipphardt und Dürrenmatt in ihren Stücken diese simplifizierende „Personalisierung" vermieden. Sie versuchten auf verschiedene Weise die Unlösbarkeit des Konflikts durch den einzelnen Forscher zum Gegenstand ihres Stückes zu machen und das Problem in seiner gesellschaftlichen Bezogenheit aufzuzeigen. Erst die von ihnen gewählten Formen der dramatischen Darstellung, die einander diametral gegenüberstehen, wurden dem Sachverhalt so weit wie möglich gerecht.

Dürrenmatt erreichte dies durch die bewußte „Theatralisierung" des Themas. Er bekannte sich zur theatralischen Fiktion und zur Eigenwelt der Bühne und bediente sich ihrer komödiantischen Mittel (Spiel im Spiel, historische Masken, Aus-der-Rolle-Fallen, Überraschungseffekte usw.). Kipphardt hingegen erzielte, was den Gegenstand angeht, die gleiche Effektivität der Aussage durch die entschiedene „Enttheatralisierung" des Themas. Er erkannte als einzig mögliche Alternative zu Dürrenmatts Versuch, dem in den vorausgegangenen Atomstücken offenkundig gewordenen Darstellungsdilemma zu entgehen, die strikte Beschränkung auf die Zeichnung eines faktischen Falles nach dessen authentischer Dokumentation, die sich aufgrund ihrer spezifischen Tradierungsform zur szenischen Umsetzung anbot.

Es seien dabei allerdings die Mängel nicht verschwiegen, die bei dieser Art der szenischen Behandlung auftreten mußten.

Bei Kipphardt liegen sie vor allem im Zurücktreten der Handlung hinter die Diskussion, was eine gewisse Langatmigkeit und Eintönigkeit mit sich bringt. Von den acht auf der Bühne Anwesenden sprechen meist nur zwei, während die anderen gezwungen sind, aufmerksames Zuhören zu mimen. Dies und die Form der Zeugenvernehmungen führen zu dem unvermeidbar monologischen Zug des Stückes.

Bei Dürrenmatt überzeugt der Einfall und die Anlage des Stückes mehr als seine Durchführung. Der Betroffenheit vor der Absurdität der heutigen Weltsituation steht die Lust am Nonsens gegenüber, die ihn dazu verleitet, auch Einfällen nachzugeben, die dem Thema nicht angemessen sind und nicht in funktionellem Zusammenhang mit ihm stehen. Die Bedeutung der Argumente und der Auseinandersetzung leidet unter den kabarettistischen Einschüben, die der Ausweitung des Grundeinfalles auf ein abendfüllendes Stück dienen, wie etwa die Episode des Familienbesuches im 1. Akt, in der Möbius' geschiedene und nun mit einem verwitweten Missionar verheiratete Frau von dem Physiker Abschied nimmt, wobei seine drei Söhne auf ihren Blockflöten Buxtehude spielen.

Abschließend läßt sich konstatieren: Von den Dramen, die sich mit dem Thema der gesellschaftlichen Verantwortung des Forschers auseinandersetzen, werden nach Darstellungsform und Aussage nur drei Stücke den vom Thema aufgeworfenen Fragen gerecht. Es sind dies Brechts *Leben des Galilei,* Kipphardts *In der Sache J. Robert Oppenheimer* und Dürrenmatts *Die Physiker,* wobei die beiden letzteren offensichtlich in gedanklicher Auseinandersetzung mit Brechts Galilei-Thesen in der 14. Szene entstanden. Sie sind Variationen zum Thema Macht und Ohnmacht der Wissenschaft, das von Brecht in seinem *Galilei*-Stück angeschlagen wurde.

Die drei genannten Stücke unterscheiden sich wesentlich voneinander durch die verschiedene Art ihrer dramatischen Behandlung dieses Themas, in der zugleich die einzig möglichen und angemessenen Formen zu dessen szenischer Realisation sichtbar werden.

Brecht behandelte dieses zentrale zeitgeschichtliche Thema an einem vorgegebenen historischen Stoff und an einer historischen, allgemein bekannten Figur: Er stellte den exemplarischen Fall des Galilei in Form einer episch-dramatischen Chronik dar, die die einzelnen Stationen seines Lebens und Kampfes um die Durchsetzung der erkannten Wahrheit vorführt. Situation und Figur des Galilei erhielten dabei gleichnishafte Bedeutung und wurden in Analogie zur Gegenwart gesetzt. Der direkte Gegenwartsbezug wird durch den Aktualitätsverweis in der 14. Szene hergestellt.

Kipphardt hingegen behandelte das Thema in der unmittelbaren Gegenwart an einem ebenfalls vorgegebenen, aber zeitgeschichtlichen Stoff und an einer ebenfalls bekannten zeitgenössischen Figur: Er griff den für unsere Zeit signifikanten Fall Oppenheimer auf, den er als szenische Dokumentation in analytisch-dramatischer Nachzeichnung des faktischen Verfahrens auf die Bühne brachte.

Im Gegensatz zu Brecht und Kipphardt steht Dürrenmatts Behandlung des Problems. Anstelle der Faktizität des Stoffes und der Figur tritt bei ihm die Fiktionalität der Fabel. In einem frei erfundenen Fall und in grotesker Zuspitzung und Übersteigerung der Realität gibt er eine parabolische Darstellung der Gegenwart und der schizophrenen Situation der modernen Physiker.

Allein diese drei Typen dramatischer Behandlung, die bei Brecht, Dürrenmatt und Kipphardt abzulesen sind, ermöglichen offensichtlich – bei allen Vorbehalten, die man im einzelnen auch gegen sie anführen kann – eine dem komplizierten Sachverhalt angemessene szenische Realisation und Reflexion der Problematik der modernen Naturwissenschaft.

IV. Die Etablierung des Terrors und die Frage nach der Mitschuld

Schon in den bisher behandelten Stücken lag der Akzent weniger auf der Darstellung des Widerstandes als auf der des Nichtwiderstandes oder gar der konkreten Mitschuld. Da der Widerstand in der Hitlerzeit nur die Ausnahme von der Regel des allgemeinen moralischen Versagens war, ist es nicht verwunderlich, daß eine Vielzahl von Stücken sich mit dem Phänomen des Mitläufertums und der Mitschuld auseinandersetzt.

Aus der unmittelbaren Erfahrung der nationalsozialistischen Herrschaft sind die (Mitschuld-) Stücke der Exildramatiker hervorgegangen, die das Terrorregime denunzieren und die Mitschuld an dessen Etablierung anprangern. Ihr konkretes Ziel ist die Aufklärung über den wahren Charakter des Nationalsozialismus und die Warnung vor dessen opportunistischer Unterstützung. Ex negativo ist in ihnen zugleich die Aufforderung zum Widerstand enthalten.

Diesen unmittelbaren Reaktionen auf Terror und Mitschuld folgten nach 1945 die Mitschuld-Stücke der Nachkriegsdramatiker, die aus der Rückschau auf die jüngste Vergangenheit nach den Ursachen des Mitschuldigwerdens fragen. Da für sie die Tendenz der Exildramatiker entfiel, auf den Gang der Ereignisse ändernd einzuwirken, traten der Anstoß zur Selbstkritik und die Warnung vor der Wiederholbarkeit des Geschehenen in den Vordergrund.

Der verschiedenen Ausgangssituation entsprechend liegt bei den Nachkriegsdramatikern das Hauptgewicht auf der Darstellung der Mitschuld, während sie in den Stükken der Exildramatiker nur sekundär und stets in Verbindung mit der beabsichtigten Entlarvung der Naziherrschaft in Erscheinung tritt.

1. Stücke der Exildramatiker

Die zunehmende Terrorisierung des Lebens in Deutschland nach der Machtübernahme Hitlers führte zu einer allgemeinen Kapitulation vor der Gewalt und zu einer weitgehenden Demoralisierung im Verhalten des Einzelnen. Mit wachsender Beunruhigung registrierten die emigrierten deutschen Autoren diese Entwicklung in Deutschland. So schrieb Brecht in einem Aufsatz im dänischen Exil:

„Deutschland, unsere Heimat, hat sich in ein Volk von 2 Millionen Spitzeln und 80 Millionen Bespitzelten verwandelt. Sein Leben besteht in dem Prozeß, der ihm gemacht wird. Es besteht nur aus Schuldigen. Was der Vater dem Sohn sagt, sagt er, um nicht verhaftet zu werden. Der Priester blättert seine Bibel durch, Sätze zu finden, die er aussprechen kann, ohne verhaftet zu werden.

Der Lehrer sucht für irgendeine Maßnahme Karls des Großen einen Beweggrund, den er lehren kann, ohne daß man ihn verhaftet. Den Totenschein unterzeichnend, wählt der Arzt die Todesursache, die nicht zu seiner Verhaftung führt. Der Dichter zerbricht sich den Kopf nach einem Reim, für den man ihn nicht verhaften kann. Und um der Verhaftung zu entgehen, beschließt der Bauer, seine Sau nicht zu füttern."[1]

Dem hier in knappen Sätzen beschriebenen, alle Lebensbereiche erfassenden Terror verlieh Brecht in seiner 1935 bis 1938 geschriebenen Szenenfolge *Furcht und Elend des Dritten Reiches*[2] sichtbaren Ausdruck. In 24 Einzelszenen, die (nach Brechts eigener Angabe) „auf Augenzeugenberichten und Zeitungsnotizen"[3] beruhen und Momentaufnahmen des braunen Terrors und der mangelnden moralischen Standfestigkeit geben, entwirft Brecht hier ein komplexes Bild von der Alltagsrealität des Dritten Reiches.

Das Ausmaß und die Brutalität des Terrors zeigen besonders erschreckend die Szenen

Die Kiste [14]: SA-Männer bringen einer Frau in einer Zinkkiste die Überreste ihres im KZ angeblich an Lungenentzündung gestorbenen Mannes.

Winterhilfe [16]: SA-Leute überbringen einer alten Frau ein Paket der Winterhilfe und nehmen auf eine unvorsichtige Äußerung hin deren Tochter in Haft.

Das Kreidekreuz [3]: mit dem ein SA-Mann einem Arbeiter die Spitzelmethoden der SA demonstriert.

Szenen dieser Art machen die ungeheure Bedrohung deutlich und verhehlen nicht die Gefährlichkeit oppositionellen Verhaltens. Noch stärker aber konstatieren andere Szenen die allzu schnelle opportunistische Anpassung an das Regime, die Brecht vor allem den Intellektuellen anlastet.

Rechtsfindung [6]: Ein Richter, der bereit ist, nach dem Willen der Machthaber Recht zu sprechen, gerät nur dadurch in eine prekäre Lage, weil er in einem besonderen Fall nicht weiß, welches Urteil man von ihm erwartet.

Die Berufskrankheit [7]: Ein Chirurgieprofessor, der eben noch seinen Assistenten einschärfte, in allen Krankheitsfällen den Grund der Erkrankung zu ermitteln, übergeht dies beim nächsten Patienten, als er erfährt, daß es sich um einen im KZ zusammengeschlagenen Arbeiter handelt.

Physiker [8]: Zwei Wissenschaftler, die heimlich die neuesten Forschungsergebnisse Einsteins diskutieren, erklären diese aus Angst vor einem vermeintlichen Lauscher als „echt jüdische Spitzfindigkeit".

Die jüdische Frau [9]: die ihr arischer Mann, lieber sie als seine Chefarztstellung verlierend, unter Beteuerung seiner unveränderten Zuneigung, aber doch in spürbarer Erleichterung ins Exil gehen läßt.

Der Spitzel [10]: Ein Studienrat, der nur zuhause ein Wort gegen die Nationalsozialisten riskiert befürchtet zusammen mit seiner Frau die Denunziation durch den eigenen Sohn, einem HJ-Pimpf als dieser nach seiner abfälligen Bemerkung über das Regime plötzlich spurlos verschwunden ist. Sie steigern sich gegenseitig in eine Angstpsychose, in der er seine Äußerung abzuschwächen und ins Positive zu wenden versucht.

Es sind also in erster Linie die Intellektuellen, mit denen Brecht in seiner Szenenfolge ins Gericht geht und deren Versagen er weitgehend für die Etablierung der Hitlerherrschaft verantwortlich macht. Die Haltung des Kleinbürgertums wird demgegenüber nur als Folge politischer Naivität und bewußter Irreführung durch Hitler (*Der alte Kämpfer* [19]) gezeichnet. Im Vergleich zu diesen Schichten erscheint die Haltung der Arbeiterschaft als wesentlich entschiedener, in ihrer Grundtendenz das Naziregime eindeutig ablehnend, obgleich auch hier das Verhaltensspektrum von der äußeren Anpassung aus Sorge um den Arbeitsplatz (*Arbeitsbeschaffung* [23]) über vorsichtige Zurückhaltung und Verbergen des eigenen Standpunktes (*Das Kreidekreuz* [3]; *Der Entlassene* [15]) bis zum entschlossenen Widerstand (*Volksbefragung* [24]) reicht[4].

Erst am Schluß der Szenenfolge, die insgesamt einen repräsentativen Querschnitt des Versagens gibt, erscheint entschiedener Widerstand, aber auch nur in der Form eines beispielgebenden Zeichens und Widerstandspostulates: als bewußte Apotheose auf den illegalen kommunistischen Widerstandskampf und Symbol für die „unbesiegbare Kraft des Proletariats" und „die Gewißheit von ihrem künftigen Sieg"[5].

Die 24 Szenen, die von szenischen Skizzen bis zu Einaktern reichen[6], unterscheiden sich jedoch nicht nur in ihrem Umfang erheblich voneinander, sondern auch in ihrer künstlerischen Qualität, was wohl zum Großteil auf die Flüchtigkeit ihrer Konzeption und auf ihre Bestimmung für den politischen Tageskampf zurückzuführen ist[7]. Als Höhepunkte ragen die vier Einakter *Das Kreidekreuz, Rechtsfindung, Die jüdische Frau, Der Spitzel* heraus, die gewöhnlich den Grundbestand jeder Bühnenaufführung bilden. Sie sind „Kabinettstücke einer ironischen Psychologie des Terrorstaates"[8], in denen Brecht die Situation des Terrors und der Furcht, die Pervertierung des öffentlichen und privaten Lebens durch eine entlarvende Sprachführung der Figuren enthüllt.

In der *Rechtsfindung* etwa versucht der Amtsrichter vor der Verhandlung in tastenden Gesprächen mit seinen Amtskollegen herauszufinden, welches Urteil von ihm erwartet wird. Dabei offenbart sich die Pervertierung der Rechtsprechung unversehens in der Pervertierung der (Rechts-) Sprache:

> Ich bin ja zu allem bereit, Herrgott, versteh mich doch! Du bist ja ganz verändert. Ich entscheide so, und ich entscheide so, wie man das verlangt, aber ich muß doch wissen, was man verlangt. Wenn man das nicht weiß, gibt es keine Justiz mehr.
>
> [...]
>
> Aber ich bin ja gern bereit, alles in der allersorgfältigsten, gewissenhaftesten Weise zu prüfen, aber man muß mir doch sagen, welche Entscheidung im höheren Interesse liegt! (S. 307)

Mit dem gleichen Bekenntnis zur vorbehaltlosen Bereitschaft, alles zu tun, was man von ihm verlange, endet auch in der Szene *Der Spitzel* die krampfhafte Bemühung des Studienrates, seine Kritik über das „braune Haus" abzuschwächen und mit philologischer Spitzfindigkeit ins Positive zu wenden:

> Das kann doch nicht als Angriff ausgelegt werden. Nicht alles sauber oder, wie ich abschwächend sagte, nicht alles ganz sauber, was schon einen Unterschied macht, und zwar einen beträchtlichen, das ist doch mehr eine spaßhafte Bemerkung volkstümlicher Art, sozusagen in der Umgangssprache, das bedeutet nicht viel mehr, als daß sogar dort wahrscheinlich einiges nicht immer und unter allen Umständen so ist, wie es der Führer will. Den nur wahr-

scheinlichen Charakter brachte ich übrigens mit voller Absicht dadurch zum Ausdruck, daß
ich, wie ich mich deutlich erinnere, formulierte, es „soll" dort ja auch nicht alles ganz –
ganz in abschwächendem Sinne gebraucht – sauber sein. Soll sein! nicht: ist! (S. 340)

Das bitterböse Resümee zu dieser selbstentwürdigenden Haltung gibt die jüdische Frau
in der gleichnamigen Szene in einem fiktiven Abschiedsgespräch mit ihrem Mann:

> Ich packe, weil sie dir sonst die Oberarztstelle wegnehmen. Und weil sie dich schon nicht
> mehr grüßen in deiner Klinik, und weil du nachts schon nicht mehr schlafen kannst. Ich
> will nicht, daß du mir sagst, ich soll nicht gehen. Ich beeile mich, weil ich dich nicht noch
> sagen hören will, ich soll gehen. Das ist eine Frage der Zeit. Charakter, das ist eine Zeit-
> frage. Er hält soundso lange, genau wie ein Handschuh. Es gibt gute, die halten lange. Aber
> sie halten nicht ewig. (S. 326)

Unterscheiden sich die einzelnen Szenen auch in ihrem Umfang und in ihrem künstle
rischen Rang erheblich voneinander, so hat doch Brecht, was das Strukturprinzip des
Stückes anbelangt, die dem Thema adäquate dramatische Darbietungsform gewählt.
Durch die lose Aneinanderreihung selbständiger Einzelszenen, die im thematischen
Bezug zueinander stehen, sich aufeinander beziehen und sich zu einem Gesamtbild
summieren, ist es Brecht gelungen, einen verhältnismäßig umfassenden Einblick in die
Alltagsrealität des Dritten Reiches zu geben, der in einem realistischen Zeitstück mit
durchgehender Handlungsverknüpfung nie hätte erzielt werden können.

Brecht hat somit die Abbildungs-Grenzen des herkömmlichen realistischen Akte-
Dramas, das andere Exildramatiker wie Wolf und Bruckner zur Darstellung des Dritten Reiches benutzten, erkannt und dessen unbefriedigende Darbietungsmöglichkei-
ten (Gefahr der Kolportage und bemühte Handlungsführung) gemieden[9]. Er schuf sich
stattdessen eigene, der Wirklichkeit angemessenere Darstellungsformen, die ihm eine
differenziertere und komplexere Aussage erlaubten.

An die Stelle der realistisch-szenischen *Veranschaulichung* der Vorgänge im nationalsozialistischen Deutschland, die Brecht in *Furcht und Elend des Dritten Reiches* in
Form einer losen Szenenreihe unternahm, tritt in den *Flüchtlingsgesprächen* (UA
1962)[10] die satirische *Analyse* der politischen Situation in Form einer zwanglosen
Dialogfolge. Es handelt sich hierbei um Gespräche, die zwei deutsche Emigranten, der
Physiker *Ziffel* und der kommunistische Arbeiter *Kalle,* im finnischen Exil miteinander führen. Diese Gespräche stellen zugleich ein Kompendium des Brechtschen Wer
kes dar, da hier alle Probleme und Themen, um die seine Stücke kreisen (Menschlichkeit, Güte, Heldentum, Tugend) unmittelbarer als in diesen zur Sprache kommen. Im
Unterschied zu den Stücken ist der Text der *Flüchtlingsgespräche* weniger von den Fi
guren her konzipiert, sondern eher umgekehrt, die Figuren vom Text her. Brecht hat
seine eigenen Gedanken hier nur dialogisch auf zwei Personen aufgeteilt. So erklärt
sich auch die teilweise stark monologische Struktur der Gespräche: Weite Strecken
sind von vornherein monologisch angelegt, etwa die Passagen, die als „Memoiren" Zif
fels erscheinen. – Mit grimmigem Humor kommentiert Brecht in diesen Gesprächen
die politische Entwicklung Deutschlands vor und nach seiner Flucht und entlarvt in
der dialektischen Erörterung[11] der Begriffe Ordnung, Vaterlandsliebe, Opfersinn, Se

losigkeit, Tapferkeit die Unmenschlichkeit und Amoralität des nationalsozialistischen Systems, das diese Tugenden fordert und durch ihren Mißbrauch ins Gegenteil, in Untugenden, verkehrt.

Von hier aus versteht sich Ziffels „Unwillen gegen alle Tugenden" und seine Ablehnung des Heldentums (Dialog 17), dessen Pervertierung er in den Betrachtungen „Über Herrenrassen / Über die Weltherrschaft" (Dialog 16) konstatiert:

> Sie können die Aufgabe nur bewältigen, wenn sie mit rücksichtsloser Strenge vorgehen. Mit Strenge kann man aus einer Memme ein Ungeheuer machen. Prinzipiell können Sie die größte Stadt der Welt von kleinen Angestellten zusammenbombardieren lassen, die nur mit Herzklopfen zum Unterabteilungschef hineingingen. [...] Der Mensch, selbst der vernünftigste, kann so gedrillt werden, daß ihm nichts leichter fällt als eine Heldentat. Er ist automatisch ein Held. Nur mit dem Aufgebot der äußersten Willenskraft wär er imstand, anders als heldenhaft aufzutreten. Nur wenn er alle seine Phantasie zusammennähme, könnt er sich was anderes ausdenken als eine Heldentat. Die Propaganda, die Drohungen und das Beispiel machen beinahe jeden zum Helden, indem sie ihn willenlos machen. (S. 270 f.)

Im Gegensatz zu *Furcht und Elend des Dritten Reiches* wird hier die Mitschuld und das allgemeine Versagen in erster Linie dem gesellschaftlichen System angelastet, da es unter einem solch unmenschlichen System wie dem nationalsozialistischen einfach nicht möglich ist, schuldlos zu bleiben und sich menschenwürdig zu verhalten. Das geht aus Ziffels Bemerkung über den Grund seiner Emigration aus Deutschland hervor:

> Nennen Sies Schwäche, aber ich bin nicht so human, daß ich angesichts von zu viel Unmenschlichkeit ein Mensch bleiben kann. (S. 201)

In Brechts Auseinandersetzung mit dem Phänomen der allgemeinen Mitschuld stellen die *Flüchtlingsgespräche* ein wichtiges Korrelativ dar zu der unnachsichtigen Verurteilung der Kapitulation vor dem NS-Regime in *Furcht und Elend des Dritten Reiches*. Ziffel bezieht in seinen Äußerungen eher die Position eines Galilei oder Schweyk, die mit ihm die Abneigung gegen heroisches Verhalten teilen und aus dieser Haltung ihren Kompromiß mit den Herrschenden eingehen.

Bei einer oberflächlichen Betrachtung der Kompromißbereitschaft dieser und anderer Brechtfiguren (Azdak, Mutter Courage) im Vergleich mit der rigorosen Verurteilung des Opportunismus in *Furcht und Elend* könnte man einen eklatanten Widerspruch in Brechts Beurteilung des Widerstandes sehen. Bei näherem Zusehen zeigt sich jedoch, daß zwischen der Kompromißbereitschaft eines Galilei und Schweyk, des Azdak und der Courage, und der des Amtsrichters, Studienrates und des Mannes der jüdischen Frau ein wesentlicher Unterschied besteht[12]. Im letzteren verurteilt Brecht die Bereitschaft zur Kapitulation, während in Galilei und Schweyk wie in Azdak und auch in der Courage ein oppositioneller Kompromiß und eine hinterhältige Kapitulation dargestellt ist, mit der die Macht unter dem Schein äußerer Anpassung unterwandert wird.

Dennoch wird ein gewisses ambivalentes Verhältnis in Brechts Beurteilung des Widerstandes und der listigen Anpassung sichtbar. Dieses ambivalente Verhältnis äußert sich nicht nur in zwei verschiedenen Widerstandstypen in seinen Stücken, in den kompromißlos-entschiedenen Widerstandsfiguren (Kattrin, Grusche, Simone Machard, Antigone) und in den kompromißbereit-unheroischen Widerstandsfiguren (Galilei, Schweyk, Azdak, Mutter Courage), sondern auch in der teilweise zwiespältigen, zwischen Sympathie und Antipathie schwankenden Beurteilung dieses unheroischen Widerstandes, die im Falle des Galilei in der Auseinandersetzung zwischen Andrea und Galilei (14. Szene der endgültigen Fassung) dialektisch ausgetragen wird. Dieses ambivalente Verhältnis erscheint auch in der dialektischen Anlage der beiden letzten Dialoge der *Flüchtlingsgespräche* in der Ablehnung des Heldentums und der Tugenden durch Ziffel und deren erneute Forderung durch Kalle bis zur Erreichung eines Zustandes (Sozialismus), in dem diese nicht mehr nötig seien.[13]

Zeitlich wesentlich früher als Brechts Dialog-Essay *Flüchtlingsgespräche* und seine Szenen-Reihe *Furcht und Elend des Dritten Reiches* liegen die in der traditionellen Darstellungsform des herkömmlichen Handlungs-Dramas unternommenen Auseinandersetzungen mit dem Dritten Reich, *Ferdinand Bruckner*s (1891 – 1958) *Die Rassen* und *Friedrich Wolf*s (1888 – 1953) *Professor Mamlock*. Beide Stücke entstanden 193 im Exil und gehören zu den frühesten und durch ihre deutschsprachige Uraufführung am Schauspielhaus in Zürich[14] auch zu den wirkungsvollsten Reaktionen auf die mit Hitlers Machtübernahme einsetzenden Terrorakte und antisemitischen Ausschreitungen.

*Ferdinand Bruckner*s Schauspiel *Die Rassen*[15], in dessen Mittelpunkt der Einbruch des Nationalsozialismus in den Hochschulbereich und die Zerstörung der Liebesbeziehung zwischen einem ‚arischen' Studenten und einer Jüdin steht, spielt in einer „westdeutschen Universitätsstadt, März und April 1933" (S. 6). Bruckner fixierte hier die Anfälligkeit der Jugend für die nationalsozialistischen Ideen vom neuen deutschen Reich und einer Volksgemeinschaft, in deren Gefolge sich die nationalsozialistische Rassenideologie befand. Die Auswirkungen dieser Verbindung von völkischer Begeisterung und abstrusem Rassenwahn demonstriert er an der Verstrickung zweier junger Menschen in die nationalsozialistischen Gewalttaten:

Unter dem Einfluß seines nationalsozialistisch gesinnten Freundes Tessow erliegt der innerlich labile Medizinstudent Karlanner trotz anfänglicher Gegenwehr allmählich den nationalsozialistischen Parolen und zieht sich von seiner jüdischen Verlobten Helene zurück, als er sich vor die Wahl gestellt sieht, diese zu verlassen oder die ihm drohende Diskriminierung auf sich zu nehmen. Er schließ sich – teils aus mangelnder Zivilcourage, teils aus fehlgeleitetem Gemeinschaftssinn – dem von einem charakterlosen Kommilitonen namens Rosloh geleiteten nationalsozialistischen Studentenbund an und kommt damit zwangsläufig zur Beteiligung an dessen antisemitischen Aktionen (Kesseltreiben gegen den jüdischen Professor Carmer und Verhaftung des jüdischen Kommilitonen Siegelman Erst Roslohs provozierender Auftrag an ihn, seine Verlobte, von der er sich innerlich nicht lösen konnte, zu verhaften, schreckt ihn aus seinem dumpfen Mitmachen auf. Obwohl er um die Konsequenzen seines Handelns weiß, warnt er seine Verlobte und ermöglicht ihr die Flucht ins Ausland, während er selbst zurückbleibt, um den ihm verhaßten Rosloh zu ermorden und danach auf seine Verhaftung zu warten.

Karlanners und Tessows Weg zur Teilnahme an den nationalsozialistischen Verbrechen kennzeichnet bei Bruckner den Mißbrauch einer Jugend, die in ihrer inneren Ausweg-

und Richtungslosigkeit[16] um so leichter der Verführung des Nationalsozialismus erlag, als dieser ihr Suchen nach einem festen Ziel und die Sehnsucht nach Aufgehen in einer großen, alle verbindenden Gemeinschaft zu erfüllen schien (siehe das Gespräch zwischen Tessow und Karlanner in der 1. Szene). In Wirklichkeit geriet sie aber lediglich in eine neue Ausweglosigkeit, in die der Schuld (Szene 5), die nur die Entscheidung zum radikalen Bruch mit dem Regime (Karlanner) oder zum zynischen Mitmachen (Tessow) zuließ.

Während Tessow in der „großen Kameradschaft der Wölfe" sich jeglicher persönlicher Verantwortung enthoben fühlt, bekennt sich Karlanner zu seiner Mitschuld und glaubt, daß für jeden einzelnen der Augenblick der Entscheidung für oder gegen den Nationalsozialismus gekommen ist:

Tessow:	[...] Lass die Hammel den Wolf fragen, ob er im Recht ist. Damit hat die Natur seit je das ganze Rassenproblem gelöst. [...]	Karlanner:	Wenn ich widerstanden hätte, ich wäre, wie die wenigen, die es versuchten, sofort verloren gewesen. Dass es nur wenige waren: darin besteht ja unser allgemeines Schicksal. [...] Jetzt aber kehrt das Schicksal wieder zu jedem Einzelnen zurück, immer mehr wird er wieder selbst über sich entscheiden müssen, nach bestem Wissen und Gewissen. (S. 93)
Karlanner:	Das billigst Du?		
Tessow:	Aber ich mache es mit. [...]		
Tessow:	(lacht) In der grossen Kameradschaft der Wölfe. Ich weiss jetzt, worum es geht. Das ist meine Karriere. (S. 96)		

Zwar beleuchtet Bruckner die Hintergründe für die Irreführung der Jugend durch den Nationalsozialismus und räumt ihr zum Teil subjektive Entschuldbarkeit ein. Dennoch spricht er ihr eine objektive Schuld zu mit Karlanners Feststellung, daß die junge Intelligenz ihren historischen Auftrag verfehlt habe:

Wir waren eine schwache und hilflose Demokratie. Wir hätten eine starke aus ihr machen sollen. Das war die grosse Aufgabe der deutschen Jugend. Wir haben sie versäumt. (S. 98)

Mit der Feststellung dieser folgenschweren Unterlassungsschuld endet das Stück, das keine Hoffnung auf eine baldige Wende zum Besseren gibt, sondern noch größeres Unheil ahnen läßt. Karlanners Aufbegehren erscheint als ein vereinzelter Aufstand des Gewissens, in dem sich eher die Widerstandsforderung des Autors als eine Widerstandsrealität manifestiert.

Obgleich Bruckner in seinem Schauspiel das Versagen der jungen Generation zu artikulieren und ein allgemeines Zeitbild der politischen Situation in Hitlerdeutschland zu entwerfen versucht, bleibt er hinter diesem Vorhaben zurück. Sein Stück spielt — mit Ausnahme der Brauhaus-Szene (2. Szene), in der die Einstellung des bürgerlichen Mittelstandes zum Nationalsozialismus satirisch charakterisiert wird, und der Begegnung Helenes mit ihrem mit dem Regime kollaborierenden Vater (Szene 6) — zu sehr im begrenzten, privaten Bereich (Karlanners Beziehung zu seiner jüdischen Verlobten und seine Freundschaft zu Tessow). Der Autor konzentriert sich weitgehend auf eine individualpsychologische Durchleuchtung der Hauptfigur. Formal äußert sich diese Begrenzung im überwiegend reflektiven Charakter der meisten Szenen, die die Bewußtseinslage Karlanners spiegeln, anstatt einen konkreten Einblick in die politischen Verhältnisse zu geben.

So bestehen die Begegnungen zwischen Karlanner und Tessow zum Großteil aus Reflexionen über die eigene Bewußtseinshaltung und -veränderung (Szenen 1, 5 und 9) und ergeben keine dramatische Auseinandersetzung über verschiedene Positionen. Das gleiche gilt mit Einschränkung auch von Karlanners Begegnungen mit Helene (Szenen 2 und 6) und selbst noch für sein Zusammentreffen mit Rosloh (Szene 7), das mit dessen Ermordung endet. Das Überwiegen der Reflexion vor der dramatischen Aktion im Dialog (die beispielsweise in Brechts Dialog in *Furcht und Elend* durchweg vorhanden ist) und die Dominanz des privaten, psychologischen Moments bewirkt auch die schemenhafte Zeichnung der politischen Situation in Bruckners Stück. Wenn Bruckner innerhalb dieser Reflexionen auch eine Art aufklärerischer und anklagender Zeitchronik zu geben verstand, so erreicht sein Schauspiel aus den erwähnten Gründen doch nicht die formale und inhaltliche Dimension, die Brechts Zeitdiagnosen in *Furcht und Elend* und in den *Flüchtlingsgesprächen* eigen ist.

Letzteres gilt aus anderen Gründen auch für *Friedrich Wolf*s Exildrama *Professor Mamlock*[17], das wie Bruckners *Die Rassen* an einem individuellen Fall und in einem geschlossenen Handlungsablauf den nationalsozialistischen Terror und die Mitschuld an dessen Ausbreitung darstellt. Im Gegensatz zu Bruckner geschieht dies allerdings aus einer gesellschaftlich-politischen Sicht, die von der marxistischen Position des Autors Wolf bestimmt ist. Entsprechend der (unter anderen auch von Brecht vertretenen[18]) kommunistischen These, daß der Nationalsozialismus ein organisches Produkt des Kapitalismus und somit der Kampf gegen ihn als Klassenkampf zu betrachten sei, geht es Wolf in seinem Schauspiel nicht nur um die szenische Anprangerung der nationalsozialistischen Judenverfolgung, sondern mindestens ebensosehr um die Charakterisierung verschiedener (nach seiner Ansicht politisch- und klassenbedingter) Reaktionen gegen den Nationalsozialismus[19].

Das Stück schildert den Leidensweg eines jüdischen Chefarztes, der durch die nationalsozialistischen Rassengesetze und die Rückgratlosigkeit seiner Kollegen, die nur um ihre eigene Existenz besorgt sind, aus seiner Klinik und in den Selbstmord getrieben wird.

Mamlock, der national und patriotisch gesinnt ist, glaubt trotz des immer spürbarer werdenden Terrors gegen Juden und politisch Andersdenkende, daß sich letztlich auch die neue nationalsozialistische Regierung an Verfassung, Recht und Gesetz halten werde. Er gerät darüber anläßlich der Nachricht vom Reichstagsbrand in eine Auseinandersetzung mit seinem Sohn Rolf, der sich einer kommunistischen Studentengruppe anschloß und im Gegensatz zu ihm davon überzeugt ist, daß nur noch entschlossener politischer Kampf etwas gegen die Nationalsozialisten ausrichten könne. Als man Mamlock aufgrund des Erlasses „Zur Wiederherstellung des Berufsbeamtentums" (der die Entfernung aller „Nichtarier" aus dem öffentlichen Dienst bezweckte) den Zutritt zu der von ihm geleiteten Klinik verwehrt, wird sein Vertrauen in Recht und Gerechtigkeit zwar zutiefst erschüttert, als er jedoch kurz danach aufgrund der „Kriegsteilnehmerklausel" (die ehemalige jüdische Frontkämpfer von der Entlassung ausnahm) in die Klinik zurückkehren kann, hält er seine frühere Überzeugung für bestätigt und die vorausgegangene Diskriminierung lediglich für einen unangenehmen Zwischenfall. Seinen verhängnisvollen Irrtum erkennt er erst, als sein ehemaliger Assistenzarzt, ein fanatischer Nationalsozialist, ihn zu einer unüberlegten Äußerung provoziert, durch die er Mamlocks Kollegen zu der Erklärung nötigt, daß es für sie unannehmbar sei, weiterhin mit Mamlock zusammenzuarbeiten. Aus Verzweiflung über den Verrat seiner Mitarbeiter und die Zumutung, sich mit dieser Erklärung einverstanden zu zeigen, begeht er Selbstmord.

Neben der konkreten Fixierung der jüngsten zeitgeschichtlichen Ereignisse (Reichstagsbrand-Prozeß, Judenboykott, Entfernung der Juden aus den öffentlichen Ämtern) und der Denunzierung der Willfährigkeit eines Großteils des deutschen Volkes kennzeichnet Wolf in seinem Stück mit Mamlock und Rolf auch zwei unterschiedliche Reaktionen in der Ablehnung des Nationalsozialismus[20]. Er illustriert einerseits die Hoffnung auf eine Entradikalisierung der nationalsozialistischen Bewegung und den Glauben an eine mögliche Koexistenz mit dem NS-Regime, die Wolf in den konservativ-bürgerlichen Kreisen für gegeben hielt. Er zeigt andererseits den illusionslos aufgenommenen entschiedenen Widerstand gegen den Nationalsozialismus, den Wolf vor allem im „illegalen" Kampf der Kommunistischen Partei und Arbeiterschaft gewährleistet sah.

Mit der Darstellung von Mamlocks neutral-unpolitischer Reaktion auf den Nationalsozialismus („intra muros endet die Politik, hier herrscht die Wissenschaft" – S. 303), die ihn aufgrund der „Kriegsteilnehmerklausel" einen individuellen Ausweg aus der spezifisch politischen Zwangslage wählen läßt, warnt Wolf vor dem Glauben an eine Koexistenzmöglichkeit mit dem NS-Regime und macht deutlich, daß diese Haltung letztlich zum Scheitern führen müsse. In der entschlossenen Gegnerschaft Rolfs und zweier kommunistischer Arbeiter (Ernst [S. 334 ff.] und „Verwundeter Arbeiter" [S. 304 f.]), die den Kampf gegen den Nationalsozialismus für die einzig wirksame Antwort auf den Terror halten, stellt Wolf die Gegenposition zu Mamlocks Verhalten dar und fordert den Zusammenschluß aller Gegner des Systems (Bildung einer antifaschistischen Einheitsfront). Mamlock selbst, der am Ende des Stückes seinen verhängnisvollen Irrtum erkennt und den „anderen Weg" (S. 364) seines Sohnes Rolf für den einzig richtigen hält, formuliert (in von Wolf programmatisch gehaltenen Sätzen) in seiner Entgegnung auf den feigen Verrat seiner Mitarbeiter die Notwendigkeit des entschiedenen Widerstandes:

> Wie? Ihr zittert, ihr wollt nicht kämpfen, ihr meint, man kann mit weichen Knien durch die Reihen der Gegner schleichen, man kann den Kampf vermeiden? Ihr täuscht euch! (Mit ganzer Kraft) Wenn ihr dieses Protokoll unterschreibt, so unterschreibt ihr euer eigenes Urteil! Aus eurer Feigheit wird der Gegner sich neue Waffen schmieden. D e n n k e i n g r ö ß e r e s V e r b r e c h e n g i b t e s a l s n i c h t k ä m p f e n w o l l e n, w o m a n k ä m p f e n m u ß !! Menschenskinder, ich beschwöre euch, werft euch nicht kampflos weg!! (S. 359)

Wenngleich programmatische Sentenzen und Passagen, die im Dienst der politischen Aufklärung stehen, das Schauspiel manchmal in die Nähe eines vordergründigen Tendenzstückes bringen, so überzeugt Wolfs Stück doch durch Schlüssigkeit in Handlungsführung und Milieuzeichnung und durch die konkrete Fixierung der politischen Situation. Neben der wirklichen Begebenheit als Kristallisationskern der Fabel (Selbstmord eines aus seiner Klinik vertriebenen jüdischen Arztes in Mannheim) dürften dazu nicht wenig die das Stück mitbestimmenden persönlichen Momente beigetragen haben: Wolfs doppeltes Betroffensein durch das NS-Regime aufgrund seiner jüdischen Herkunft und seiner Zugehörigkeit zur KPD wie die in seinem Arztberuf erworbene Kenntnis des Klinikmilieus[21]. Die Einwirkung dieser Komponenten auf die Gestaltung der Fabel verlieh unter allen Stücken Wolfs diesem die größte Geschlossenheit und bewahrte es im großen und ganzen vor der bemühten Handlungserfindung, der Wolf in anderen Stücken nicht entging.

Dies wird besonders in dem am Ende seines Exils geschriebenen Stück *Was der Mensch säet* (1945; UA 1955)[22] deutlich, das nach den vorausgegangenen (Widerstands-)Dramen, die alle den Faschismus denunzierten und den illegalen kommunistischen Widerstandskampf heroisierten[23], am entschiedensten die Frage nach der Mitschuld an Hitlers Verbrechen und Krieg stellt. Was Brecht in *Furcht und Elend* episodisch in selbständigen Einzelszenen sichtbar machte, versucht Wolf in einer Art erweitertem Familiendrama am Verhalten der drei Familien *Pannwitz* (Inhaber eines Herrenmaßgeschäftes), *Westernhagen* (Generalmajor) und *Lippe* (Oberstudienrat) darzulegen, die hier jeweils „repräsentativ für eine der Schichten" stehen, „auf die sich der Faschismus stützen konnte: Kleingewerbetreibende, Berufsmilitärs, ‚mittlere' Intelligenz"[24].

Mit dem Oberstudienrat und SS-Hauptsturmführer Lippe zeichnet Wolf den Typ des skrupellosen, ehrgeizigen Partei-Karrieristen, der grundsätzlich zu jeder Untat bereit war. In dem Uniformschneider Pannwitz und dem Generalmajor Westernhagen zeigt er feige, opportunistische Mitläufer, die die Untaten des Regimes schweigend geschehen ließen und ansonsten ihren beruflichen oder gesellschaftlichen Nutzen zu ziehen wußten. Wolf führt das Mitschuldigwerden aus persönlicher Feigheit und Gewinnstreben nicht nur an diesen Personen vor, sondern formuliert den Tatbestand auch in mehrfachen Schuldbekenntnissen[25]. Unter ihnen bringt das des Pfarrers Kranz im Angesicht der eigenen Verhaftung am klarsten die Folgen der Feigheit zum Ausdruck:

> [. . .] Nun, weil ich meinen Lohn erhalten werde [. . .], meinen Lohn nicht für das, was ich getan habe, sondern für das, was ich nicht getan habe; weil auch ich nämlich einer der Hunderttausende war, die bei allem, was geschah, bloß dabeigestanden sind . . . (S. 386 f.)

An ihm und an Westernhagen rächt sich diese Haltung, indem beide noch Opfer des von ihnen unterstützten Willkürregimes werden. So zieht Wolf hier am Ende seines Exils in *Was der Mensch säet* das Fazit jener Warnung, die am Anfang des Exils in *Professor Mamlock* stand.

Nach Meinung Pollatscheks ist es Wolf in *Was der Mensch säet* gelungen, „bei Beschränkung auf eine verhältnismäßig kleine Zahl von Figuren ein umfassendes Bild des deutschen Bürgertums unter dem Faschismus zu geben" und „in einem einzigen Schauspiele ohne Bruch und Sprünge die gesamte Entwicklung von vier Jahren, vom Überfall auf die Sowjetunion bis zum Zusammenbruch, darzustellen"[26]. In Wirklichkeit – dies macht ein Vergleich mit Brechts Form der losen Szenen-Folge *Furcht und Elend* deutlich – trug diese Komprimierung „in einem einzigen Schauspiele" auch nicht wenig zu der bemühten Handlungskonstruktion bei, die sich in den von Pollat-schek andererseits zugegebenen „Unwahrscheinlichkeiten und Gewaltsamkeiten"[27] der Fabel äußert. Zu nennen sind die Verlegung des Spiels auf ein von den Lippes ge-raubtes Gut in der Sowjetunion, die dortige unbegründete Anwesenheit des Pfarrers Kranz (6. Bild), der Wahnsinnsausbruch der Frau Lippe (10. Bild) und des Pannwitz (11. Bild).

Der Versuch, den „Faschismus in seiner Gesamtheit"[28] in einem konventionellen realistischen Handlungsdrama (sei es an einem individuellen Fall, sei es in einem er-weiterten Familiendrama) zur Darstellung zu bringen, scheint somit weitgehend zum Scheitern verurteilt. In jedem Falle wird er nur durch „Unwahrscheinlichkeiten und Gewaltsamkeiten" in der Handlungskonstruktion ermöglicht, was sich auch in Bruck-ners *Die Rassen* im kolportagehaft anmutenden Mord Karlanners an Rosloh zeigt und noch in der relativ schlüssigen Fabel von *Professor Mamlock* mit der durchaus unmo-tivierten Liaison zwischen dem Kommunisten Rolf und der Nationalsozialistin Dr. Inge als Gefahr auftaucht.

Neben den bisher aufgezeigten Bemühungen, ein anschauliches, möglichst wirklich-keitsgetreues (Ab-)Bild von den Ereignissen im Dritten Reich in Form eines *realisti-schen Zeitstückes* zu geben, steht eine Anzahl anderer Stücke, die die Errichtung des nationalsozialistischen Terrorregimes und die Mitschuld an dessen Etablierung in sa-tirischer Verschlüsselung in Form einer *Parabel-Satire* zu fixieren und zu entlarven suchten.

Als eines der frühesten Stücke dieser Art ist *Friedrich Wolf*s Komödie *Die Jungens von Mons* (1931)[29] zu nennen, deren politisch-satirische Intention der Autor selbst zum Ausdruck brachte, indem er das Stück als „ein *Aufklärungsstück* für den Massen-flugsand der deklassierten Kleinbürger/Mittelstand, die den Hauptbestand der NSDAP ausmachen" und als „*Zersetzungsstück* der Hitlerphrasen" charakterisierte[30]. Für un-sere Betrachtung ist Wolfs theoretische Formulierung der Wirkungsabsicht aufschluß-reicher als das Stück selbst, das erheblich hinter dem gesteckten Ziel zurückbleibt. Schuld daran ist letztlich die Wahl eines (aus einer englischen Zeitungsnotiz entnom-menen) Stoffes, bei dem Wolf sich zwar bewußt war, daß er „ihn ganz umdichten" müsse, „um die große faschistische, nationalsozialistische Analogie zu bekommen"[31], der sich in Wirklichkeit aber der Anwendung auf die nationalsozialistische Bewegung und die politische Situation in Deutschland a priori widersetzte.

Im Mittelpunkt des Stückes steht die Witwe eines im Kriege gefallenen Sergeants, Ellen Celloc, die, da sie auf andere Art keine Arbeit finden kann, sich aus Sorge um ihr Kind als Mann verklei-det und durch Zufall unter dem Namen Captain Campell Führer einer englischen national-faschi-stischen Organisation, der „Jungens von Mons", wird. Mit ihnen bildet sie im Auftrage eines Berg-werksyndikats, ohne dessen eigennützige Interessen zu durchschauen, eine „Schutztruppe" gegen streikende Arbeiter und deren angeblich geplante Kampfmaßnahmen – bis sie schließlich als Frau erkannt und verhaftet wird, wobei mit ihrem „privaten Schwindel" auch der „große Schwindel" der Kapitalisten an die Öffentlichkeit gelangt.

Da „die Hauptlinie der Handlung mit der Entlarvung des Faschismus eigentlich nichts zu tun hat"[32] und auch die Hauptfigur dafür denkbar ungeeignet ist, bleibt Wolfs Stück als politische Satire in sich fragwürdig und kann, gemessen an der Zielsetzung, nur sehr bedingt als satirische Enthüllung des Nationalsozialismus Geltung beanspruchen.

Es erreichte bei weitem nicht die Anspielungsebene und den Enthüllungscharakter von Brechts Parabel-Satire *Die Rundköpfe und die Spitzköpfe* (1931 – 1934; UA 1936 Kopenhagen)[33], die ebenfalls aus einem vorgegebenen, literarisch aber bereits vorgeprägten Stoff entwickelt wurde. Auch hier gelang jedoch die Anwendung des aufgegriffenen Stoffes auf das politische Geschehen in Deutschland nur zum Teil.

Unter dem Eindruck der nationalsozialistischen Ausschreitungen gegen Juden und Kommunisten entstand in diesem Stück aus einer ursprünglich nach literarischen Gesichtspunkten vorgenommenen Bühnen-Bearbeitung von Shakespeares *Mass für Mass*[34] durch die Umfunktionierung der Shakespeare-Fabel auf die aktuelle politische Situation eine aggressive politische Satire auf Hitlers Machtergreifung und Rassenwahn. Wie bereits aus Titel und Untertitel (*Reich und Reich gesellt sich gern*) hervorgeht, verknüpft Brecht hier die Darstellung der nationalsozialistischen Rassenverfolgung mit der Darstellung des Klassenkampfes. In dieser Verbindung interpretiert er den von den Nationalsozialisten propagierten Rassengegensatz als ein politisches Manöver, das von dem entgegen allen Volksgemeinschaftsparolen nach wie vor bestehenden Klassengegensatz ablenken soll.

Ein durch den Aufstand der ausgebeuteten Pächter gegen ihre Pachtherren dem Lande Jahoo drohender Bürgerkrieg wird vom Vizekönig, der selbst zu den fünf größten Grundbesitzern des Landes gehört, im letzten Augenblick dadurch verhindert, daß er die Regierungsgewalt an den besonders vom Mittelstand getragenen Rassendoktrinär Angelo Iberin abtritt, der dem kleinen Mann wirtschaftliche Sicherheit verheißt und als die eigentliche Ursache der wirtschaftlichen Misere den niedrigen Materialismus der spitzköpfigen Minderheit hinstellt. Der drohende Klassenkampf wird so ganz im Interesse des Vizekönigs und der übrigen Großgrundbesitzer durch die nunmehr einsetzende Verfolgung der Spitzköpfe (Tschichen) durch die Rundköpfe (Tschuchen) angewendet. Unter dem Einfluß der Parolen Iberins zerfällt die Solidarität der Pächter: Die rundköpfigen Pächter (Callas) paktieren um ihres eigenen Vorteils willen mit Iberin gegen ihre spitzköpfigen Standesgenossen (Lopez). Erst als der Vizekönig an die Macht zurückkehrt und Iberin, der von Anfang an von den Großgrundbesitzern finanziert wurde, sich gezwungen sieht, die spitzköpfigen Pachtherren wieder freizulassen, merken die Pächter, daß sie die Betrogenen sind. Am Ende des Stückes hängen spitzköpfige und rundköpfige Mitglieder der besiegten Aufstandsbewegung der „Sichel" am Galgen und sitzen die rund- und spitzköpfigen Pachtherren wieder an einem Tisch. Anstelle des propagierten Rassenunterschiedes tritt wieder der alte Klassenunterschied, die alte Einteilung in arm und reich:

> Hier werden Spitz- und Rundkopf jetzt gehängt
> Dort setzen Rund- und Spitzkopf sich zu Tisch.
> Die alte Einteilung bricht durch mit Macht:
> 's ist die in arm und reich. Du hast gedacht
> Du seist der Fischer, doch du warst der Fisch. (S. 209)

Das Stück wird durch die offensichtlichen Anspielungen auf die damalige politische Situation (Iberin: Hitler; Vizekönig: Hindenburg; Rundköpfe [Tschuchen]: ‚Arier';

Spitzköpfe [Tschichen]: Juden; Partei der „Sichel": KPD; Huas [= Hutabschläger-staffel] : SA) zu einer gezielten *Persiflage* („Zersetzungsstück") auf reale historische Vorgänge um Hitlers Machtergreifung. Gleichzeitig gibt es eine (von der kommunistischen Klassenkampftheorie bestimmte) *Interpretation* („Aufklärungsstück") der politisch-gesellschaftlichen Hintergründe und Ursachen für Hitlers Aufstieg. Es deutet die nationalsozialistische Bewegung als Werkzeug konservativer, kapitalistischer Kräfte zur Konsolidierung der bestehenden Macht- und Besitzverhältnisse und die nationalsozialistische Rassenideologie als indirektes Mittel zur Erreichung dieses Zieles — wie am Schluß der Parabel in dem Dank des zurückgekehrten Vizekönigs an Iberin zum Ausdruck kommt:

> Mir aber bleibt, dir auszudrücken nun
> Höchste Zufriedenheit, Herr Iberin.
> Noch einmal hast du uns durch dein Prinzip
> Der runden Köpfe und der spitzen Köpfe
> Den Staat gerettet, der uns teuer ist
> Und eine Ordnung, die uns sehr gewohnt. (S. 210)

In dieser Sicht erscheint Iberin/Hitler als eine von kapitalistischen Kräften gelenkte Marionette, die ihnen gelegen kommt, Ruhe und Ordnung wieder herzustellen, danach aber wieder ihrer Machtposition enthoben wird. In eben dieser Hinsicht aber wurde Brecht durch die weitere historische und politische Entwicklung widerlegt. „Als Gleichnis für die deutsche Entwicklung nach 1933 stimmt das Stück nicht, es unterschätzt die schreckliche Eigengesetzlichkeit des Nationalsozialismus. Brecht sieht nicht vorher, daß Hitlers Bewegung, mag sie immer ein Erzeugnis der wirtschaftlichen und ideologischen Krise der kapitalistischen bürgerlichen Gesellschaft sein, doch ungeheure, auch den Nährvater unterjochende zerstörerische Kräfte entwikkelt."[35]

Zwar hat Brecht nach seiner Emigration sich im dänischen Exil bemüht, der über die erste Fassung seiner Satire *Die Spitzköpfe und die Rundköpfe* hinweggegangenen politischen Entwicklung nachträglich Rechnung tragen. Er verlieh in der (hier behandelten) endgültigen Fassung *Die Rundköpfe und die Spitzköpfe* der Figur des Iberin gefährlichere, eigenständigere und unkontrollierbarere Züge, die ihn nicht mehr nur als einen von Vizekönig und Pachtherren für ihren Zweck eingespannten politischen Phantasten, sondern als einen zynischen und skrupellosen „politischen Hasardeur" erscheinen ließen.[36] An der Gesamtdeutung des Stückes jedoch vermochte (wie die zitierte Stelle zeigt) diese Korrektur nichts mehr zu ändern. Andererseits liegt der unzulängliche Gleichnischarakter des Stückes nicht allein an Brechts zeitbedingter[37] Fehleinschätzung des Nationalsozialismus, sondern ebensosehr daran, daß er der zugrundeliegenden Shakespeare-Fabel trotz Umfunktionierung auf die aktuelle politische Situation zu sehr verhaftet blieb — besonders was den Handlungsausgang betrifft (Rückkehr des Vizekönigs: Ablösung Iberins // Rückkehr des Herzogs: Ablösung des Statthalters Angelo)[38].

Ähnlich wie in Wolfs *Die Jungen von Mons* liegt auch hier in der Hauptfigur der *Rund- und Spitzköpfe*, in Angelo Iberin, eine Schwäche des ganzen Stückes, da sich für den satirischen Angriff auf Hitler und den Nationalsozialismus „die Grundlinie der Shakespearegestalt als hinderlich" erwies[39] und Brecht sich zudem „bei der Gestaltung des Angelo mehr vom literarischen Vorbild als von der politischen Wirklichkeit bestimmen ließ"[40].

Ganz allgemein läßt sich der Parabelwert der *Rund- und Spitzköpfe* und das Verhältnis des hier Dargestellten zum anvisierten Gegenstand dahingehend charakterisieren: Brechts Parabel-Satire *Die Rundköpfe und die Spitzköpfe* blieb überall da, wo sie sich am engsten an die literarische Vorlage hielt (z. B. in der Nana-Isabella-Handlung) oder – gemäß der ursprünglichen Bearbeitungstendenz – lediglich um Klassenkampf-Episoden angereichert wurde (die von Kleists „Michael Kohlhaas" angeregte Callas-Handlung[41]) im wesentlichen ein *Klassenkampf-Stück* ohne überzeugenden aktuellen Bezug zum Dritten Reich. Es wurde nur dort zu einer gezielten, aggressiven *politischen Satire* auf den Nationalsozialismus, wo Brecht das Geschehen des Stückes aus konkreten Zeitereignissen heraus entwickelte (so besonders in der Straßenszene: 2. Szene).

Sieht man von dieser Diskrepanz einmal ab, so hat Brecht aufs Ganze gesehen durch die deutlichen Zeitbezüge dennoch eine wirkungsvolle politische Satire auf das Hitler-Regime geschrieben und wesentliche Momente des nationalsozialistischen Terrors und der Mitschuld an dessen Ausbreitung eingefangen und satirisch entlarvt.

So spiegelt die Parabel teilweise in grotesker Einkleidung die Auswirkungen des Terrors: die Rassendiskriminierung als absurde Einteilung in Rund- und Spitzköpfe; die Terroraktionen von SA und SS in den brutalen „Kopfkontrollen" der „Huas" (= Hutabschlägerstaffeln); Hitlers demagogische Rhetorik in den ideologischen Parolen und Volksgemeinschafts-Phrasen Iberins.

Die Mitschuld breiter Kreise am Aufstieg Hitlers und an dessen Willkürherrschaft demonstriert Brecht am Sympathisieren des Mittelstandes mit Iberin in der Straßenszene. Hier entwirft er ein ironisches Bild von den divergierenden Erwartungen, die die Einzelnen an den Aufstieg knüpften, wobei ihnen in ihren selbstsüchtigen Interessen die Tschichenverfolgung nicht ungelegen kommt: „Die Kleinbürger erhoffen alles" von Iberin: „die Händlerin, daß nicht mehr zwei Läden in der gleichen Straße existieren; die Beamten höhere Gehälter und der Hausbesitzer, daß ‚endlich die Beamten abgebaut werden'; der Tabakhändler die Streichung der Mieten und der Hausbesitzer eine Erhöhung der Mieten."[42] Die Hoffnungen, die der Mittelstand in Hitler/ Iberin setzt, bestimmen auch das Paktieren des Pächters Callas mit dem Iberinregime. In der Darstellung des Verhaltens von Callas, der in Iberins politischem Programm nur seinen persönlichen Vorteil erblickt und dabei das Schicksal seiner von der Rassendiskriminierung betroffenen Standesgenossen übersieht, warnt Brecht (ähnlich wie Wolf in *Professor Mamlock*) vor der Illusion eines individuellen Auswegs aus der Unterdrückung[43]. An der Selbsthilfeaktion des Callas (Aneignung der Gäule des Pachtherren) macht er deutlich, daß dessen mangelnde Solidarität mit den Standesgenossen in der Aufstandsbewegung der „Sichel" lediglich die Position der eigenen Klasse schwächt.

Eine Korrektur der anfänglichen Fehleinschätzung des Nationalsozialismus in den *Rund- und Spitzköpfen* nahm Brecht selbst in seiner späteren Parabel-Satire auf

Hitlers Machtergreifung vor, in dem 1941 in Finnland geschriebenen Stück *Der aufhaltsame Aufstieg des Arturo Ui* (UA 1958)[44]. In der Parabel von den Führern des Karfioltrusts von Chicago, die sich mit dem berüchtigten Gangsterchef Arturo Ui einlassen und sich damit immer mehr dessen Willkür ausliefern, stellt Brecht verschlüsselt dar, wie einflußreiche Kreise der Industrie, Wirtschaft und Politik, die Hitler für ihre Interessen nutzen zu können glaubten, völlig in dessen Abhängigkeit gerieten.

Mit den *Rund- und Spitzköpfen* gemein hat diese Parabel die *klassentheoretische Ausgangsposition* (Hitlers Aufstieg als Ergebnis der wirtschaftlichen Krise des kapitalistischen Systems) und die Ansiedlung des aktuellen politischen Geschehens im *kapitalistischen Milieu*. Nach Brechts eigenem Kommentar ist es ein „Versuch, der kapitalistischen Welt den Aufstieg Hitlers dadurch zu erklären, daß er in ein ihr vertrautes Milieu versetzt wurde."[45] Es ist (im Gegensatz zu der mittelalterlich-feudalistisch und agrarwirtschaftlich bestimmten Welt der Großgrundbesitzer in den *Rund- und Spitzköpfen*) das Milieu des modernen Industriekapitalismus, der Trusts und Konzerne im Zeichen der Weltwirtschaftskrise. Schauplatz des Geschehens ist das dschungelhafte Brecht-Chicago, das bereits in *Dickicht der Städte* und in *Die heilige Johanna der Schlachthöfe* den Spielort abgab. – Das „kapitalistische" Geschäftsgebaren des Fleischerkönigs Mauler erscheint hier wieder und wird mit den Praktiken der Chicagoer Unterwelt in der „Zusammenarbeit" von Karfioltrust und Gangsterbande in Verbindung gebracht. Mit diesem „Ineinander von Geschäft und Verbrechen"[46] wie mit der „Verflechtung von Gangstern, Kommunalpolitikern und Geschäftsleuten"[47] wird zwar auch hier auf die Affinität von Kapitalismus und Faschismus bzw. Nationalsozialismus angespielt. Im Mittelpunkt des Stückes jedoch steht nicht mehr wie in den *Rund- und Spitzköpfen* der Klassenkampf (zwischen Pachtherrn und Pächter), sondern ausschließlich der Aufstieg Hitlers. Anders ausgedrückt: Es lag hier nicht in Brechts Absicht, wie in den *Rund- und Spitzköpfen* eine aktuelle Parabel des Klassenkampfes, sondern ein satirisches Schlüsselstück über Hitlers Weg an die Macht zu schreiben.

Das Stück hält sich an konkrete politische Ereignisse, die diesen Aufstieg markieren. Da die Fabel dieser Parabel-Satire nicht wie die der *Rund- und Spitzköpfe* aus einer literarischen Vorlage durch Umfunktionierung auf die aktuelle politische Situation entstand, sondern in Anlehnung an die konkreten Zeitereignisse entwickelt wurde, trägt Brecht den politisch-historischen Gegebenheiten a priori mehr Rechnung. Dabei darf man freilich nicht übersehen, daß er zum Zeitpunkt der Entstehung des *Arturo Ui* durch die unterdessen stattgefundene politische Entwicklung schwerwiegende politische Fakten für eine aus den Zeitereignissen zu entwickelnde Satire vorfand, – Fakten, die bei der Konzeption der *Rund- und Spitzköpfe* (1931-1934) noch nicht gegeben waren. Das gleiche gilt für Wolfs *Die Jungens von Mons* (1931). Sowohl Brecht wie Wolf griffen hier vermutlich schon deshalb auf einen vorgegebenen Stoff zurück, weil vor 1933 noch keine gravierenden Ereignisse vorlagen, an denen sie die Entlarvung des Nationalsozialismus fixieren konnten. Es ist bezeichnend, daß beide Autoren nach 1933, als die Nationalsozialisten ihr politisches Programm in die Tat umsetzten, und sie spürten, daß ihre Satiren hinter der Wirklichkeit zurückblieben, mit realistischen Zeitstücken (*Professor Mamlock* [1933] und *Furcht und Elend des Dritten Reiches* [1935-1938]) auf die Vorgänge in Hitler-Deutschland reagierten. Erst aus der Rückschau auf die Ereignisse der dreißiger Jahre kam Brecht noch einmal in *Arturo Ui* (1941) auf die Parabel-Satire zurück und behandelte hier in Form eines Schlüsselstückes Hitlers Aufstieg in einer aus dem Zeitgeschehen selbst entwickelten Fabel, die sich zwar der parodistischen „Ausstellung klassischer Formen"[48] (Gartenszene aus „Faust I", Werbeszene aus „Richard III.", Marc Anton-Rede aus „Julius Caesar") bediente, aber nicht mehr auf einem vorgegebenen und nur auf die aktuelle Situation umfunktionierten Stoff basiert.

Die in diesem Stück dargestellten politischen Vorgänge um Hitlers Machtergreifung sind lediglich auf das Niveau gebracht, das Hitler und seiner Bewegung nach den politischen Methoden, deren sie sich bedienten, angemessen ist, und auf die entsprechende Darbietungsebene transponiert: auf die des Gangsterstücks:

> Jedoch ist alles streng wirklichkeitsgetreu
> Denn was Sie heut abend sehen, ist nicht neu
> Nicht erfunden und ausgedacht
> Zensuriert und für Sie zurechtgemacht:
> Was wir hier zeigen, weiß der ganze Kontinent:
> Es ist das Gangsterstück, das jeder kennt!
> (Schluß des „Prolog". S. 185 f.)[49]

Nicht nur der Prolog verweist auf den Schlüsselcharakter des Stückes, sondern auch die dem Stück im Anhang beigefügte „Zeittafel", deren Texte ursprünglich bei einer Aufführung nach jeder Szene projiziert werden und unmißverständlich den Zusammenhang zwischen Gezeigtem und Gemeintem herstellen sollten[50].

Die Namen der Hauptakteure, italienisiert auf der Gangsterseite und anglisiert auf der Gegenseite, sind wie folgt zu entschlüsseln:

Arturo Ui (= Adolf Hitler), Emanuele Giri (= Hermann Göring), Giuseppe Givola (= Joseph Goebbels), Ernesto Roma (= Ernst Röhm), Ted Ragg (= Gregor Strasser); der alte und junge Dogsborough (= Paul und Oskar von Hindenburg), Clark (= Franz von Papen) und die Opfer Ignatius Dullfeet (= Engelbert Dollfuß) und Fish (= van der Lubbe).

An einigen herausgegriffenen politischen Ereignissen zwischen 1929 und 1938[51] demonstriert Brecht in seiner Sicht Hitlers Weg an die Macht, das heißt: die Vorgänge im Stück, die Stationen des aufhaltsamen Aufstiegs des Arturo Ui, finden ihre Entsprechung in den Etappen von Hitlers Aufstieg. Es sind dies[52]:

der *Dockshilfeskandal* (= „Osthilfeskandal": Haltung des Reichspräsidenten Hindenburg in der Osthilfe für die ostelbischen Großgrundbesitzer zur Sanierung ihrer Güter. Schenkung des Gutes Neudeck an Hindenburg, wodurch er für die Interessen der ostelbischen Junker, denen er gesellschaftlich und persönlich nahestand, gewonnen wurde);

der *Aufstieg des Arturo Ui während der Baisse* (= Hitlers Ausnutzung der Wirtschaftskrise für seinen politischen Aufstieg und seine Anbiederung bei der Industrie, von der er z. T. finanzielle Unterstützung bekam);

des *alten Dogsborough Testament* (= das Testament Hindenburgs, das wahrscheinlich im politischen Teil von den Nationalsozialisten gefälscht worden ist, um als die Vollstrecker von Hindenburgs politischem Vermächtnis zu erscheinen);

der *Speicherbrandprozeß* (= Reichstagsbrandprozeß vor dem Leipziger Reichsgericht, in dem der arbeitslose Holländer und angebliche Kommunist van der Lubbe als mutmaßlicher Brandstifter zum Tode verurteilt wurde);

die *Abschlachtung des Ernesto Roma* (= Röhm-Affäre: die Liquidierung Ernst Röhms, Stabschef der SA und Duzfreund Hitlers, auf dessen Veranlassung hin am 30. Juni 1934. Mit diesem Vorgehen gegen eigene Gefolgsleute suchte Hitler den Anschein zu erwecken, daß er sich von radikalen Elementen und Tendenzen in den eigenen Reihen lossagen würde);

die *Erpressung und Ermordung des Ignatius Dullfeet* (= Unter dem Druck Hitlers erklärt sich der österreichische Bundeskanzler Engelbert Dollfuß 1934 bereit, die österreichische Presse zu veranlassen, die Angriffe gegen das NS-Regime einzustellen. Noch im gleichen Jahr, im Juli 1934, wird Dollfuß von Nationalsozialisten ermordet);

die *Eroberung der Stadt Cicero* (= Annexion Österreichs: der von Hitler seit längerem bereits vorbereitete „Anschluß" Österreichs wird 1938 durch den Einmarsch der deutschen Wehrmacht vollzogen).

Zu der entlarvenden Verfremdung der historischen Vorgänge durch Versetzung in das Gangster-Milieu kommt die Verfremdung der Sprache hinzu, Brecht läßt im Stil der elisabethanischen Historie „Gangster und Karfiolhändler jambisch agieren"[53] und erzielt durch diese „Doppelverfremdung – Gangstermilieu und großer Stil –"[54] eine verstärkte Travestiewirkung. Das heißt: Aktion und Diktion denunzieren sich hier gegenseitig. Hitlers deklamatorische Pathetik wird auf diese Weise parodiert und mit seinen verbrecherischen Machenschaften kontrastiert, so etwa wenn Arturo Ui in der Untersuchung des Dockshilfeskandals (Unterschlagung der von Dogsborough erwirkten Stadtanleihe für den Ausbau der Docks) in der Maske des verkannten Biedermannes sich zum Hüter von Recht und Sicherheit aufspielt und sich zum Anwalt des der Veruntreuung verdächtigten Dogsborough macht, nachdem er kurz zuvor den Hauptbelastungszeugen (den Reeder Sheet), den er nun der Tat bezichtigt, zum Schweigen gebracht hat:

> Ui: Es war nicht leicht, die Wahrheit festzustellen.
> Und sie ist nicht erfreulich. Als Herr Dogsborough
> Mich zuzog, im Interesse dieser Stadt
> Zu klären, wo das Geld der Stadt, bestehend
> Aus den Spargroschen von uns Steuerzahlern
> Und einer Reederei hier anvertraut
> Geblieben ist, mußt ich mit Schrecken feststellen
> Daß es veruntreut worden ist. Das ist Punkt eins.
> Punkt zwei ist: Wer hat es veruntreut? Nun
> Auch das konnt ich erforschen, und der Schuldige
> Ist leider Gottes . . .
>
> O'Casey: Nun, wer ist es?
> Ui: Sheet.
> O'Casey: Oh, Sheet! Der schweigsame Sheet, den Sie nicht sprachen?
> Ui: Was schaut ihr so? Der Schuldige heißt Sheet.
> Clark: Der Sheet ist tot. Hast du's denn nicht gehört?
> Ui: So, er ist tot? Ich war die Nacht in Cicero.
> Drum hab ich nichts gehört. Roma war bei mir.
>
> *Pause*
>
> Roma: Das nenn ich komisch. Meint ihr, das ist Zufall
> Daß er grad jetzt . . .?
> Ui: Meine Herrn, das ist kein Zufall.
> Sheets Selbstmord ist die Folge von Sheets Verbrechen.
> .s ist ungeheuerlich! (S. 247 ff.)

In den 17 Bildern dieser *großen historischen Gangsterschau* (Prolog S. 183) werden von Brecht nicht nur die gangsterhaften Praktiken der nationalsozialistischen Macht-ergreifung und Gleichschaltung enthüllt, sondern auch die Mitschuld bestimmter Krei-se[55] an Hitlers Aufstieg und der Etablierung des nationalsozialistischen Systems attak kiert. So steht der Karfioltrust hier für die Kreise aus Wirtschaft, Industrie und Poli-tik, die durch ihre Bereitschaft, mit Hitler zusammenzugehen und ihn an der Regierur zu beteiligen, Hitler erst den Weg zur Errichtung seines totalitären Regimes ebneten[56] Besonders deutlich wird dies in dem Verhalten Clarks, der hier im Stück gegen den an fänglichen Widerstand Dogsboroughs die Zusammenarbeit mit Ui betreibt, und in den offensichtlich die Mittlerrolle des ehemaligen Reichskanzlers von Papen zwischen Hit-ler und Hindenburg, der sich lange einer Nominierung Hitlers zum Reichskanzler wi-dersetzte, charakterisiert ist. In dem Speicherbrandprozeß (Bild 9), der den Reichstag brandprozeß meint, prangert Brecht eine dem NS-Terror sich beugende Rechtsprechu an, wie er dies bereits zuvor in *Furcht und Elend des Dritten Reiches* in der „Rechts-findung" und in *Die Rund- und Spitzköpfe* (Prozeß des Callas gegen seinen spitzköpfi gen Pachtherrn Guzman) getan hatte[57].

Neben dieser aktiven Mitschuld an der Errichtung der nationalsozialistischen Gewa herrschaft kritisiert Brecht aber auch in der Haltung der das Kleinbürgertum repräsen tierenden Grünzeughändler von Chicago (Bild 16) die nur passive, indirekte Mitschul Sie empören sich zwar über den Terror, nehmen ihn aber widerstandslos hin und erho fen die Brechung der Gewalt lediglich von außen, nämlich von den Ciceroern, die je-doch bei der Annexion Ciceros genau wie sie der Gewalt weichen:

> Erster Grünzeughändler (heftig):
>> Was heißt da Feigheit?
>> Es war gesundes Denken. Wenn man stillhielt
>> Und knirschend zahlte, konnte man erwarten
>> Daß diese Unmenschen mit den Schießereien
>> Aufhören würden. Aber nichts davon.
>> Mord! Schlächterei! Erpressung! Willkür! Raub!
>
> Zweiter Grünzeughändler:
>> Möglich ist so was nur mit uns. Kein Rückgrat!
>
> Fünfter Grünzeughändler:
>> Sag lieber: Kein Browning! Ich verkauf Karfiol
>> Und bin kein Gangster.
>
> Dritter Grünzeughändler:
>> Meine einzige Hoffnung
>> Ist, daß der Hund einmal auf solche trifft
>> Die ihm die Zähne zeigen. Laß ihn erst
>> Einmal woanders dieses Spiel probieren!
>
> Vierter Grünzeughändler:
>> Zum Beispiel in Cicero! (S. 354 f.)

Brechts dramatisches Verfahren der Transponierung von Hitlers Machtergreifung ins Gangstermilieu, das von ihm selbst als „‚Verhüllung' (die eine Enthüllung ist)" charak terisiert wurde und dessen Problematik er sich andererseits bewußt war[58], erfuhr zum Teil heftige Kritik und Ablehnung. Einmal erblickte man in dieser Transponierung de politischen Ereignisse in eine Gangster-Story unzulässige Vereinfachungen und Verfälschungen der tatsächlichen historischen Vorgänge (speziell in der Darstellung des Reichstagsbrandprozesses und der Zeichnung von Hindenburgs Stellung zur Osthilfe)[59] oder überhaupt eine bedenkliche Bagatellisierung der Wirklichkeit[60], zum anderen eine vergleichsweise harmlose Darstellung der nationalsozialistischen Terrorherrschaft[61]. All diese Einwände, so überzeugend sie im einzelnen sein mögen, messen jedoch Brechts Parabel zu sehr (aus der heutigen Kenntnis) an der ihr zugrundeliegenden historischen Wirklichkeit und berücksichtigen dabei nicht oder doch zu wenig, daß das Stück von seiner Intention und Funktion her primär Satire und Provokation sein wollte. Das Recht der Satire ist es aber unbestreitbar, polemisch-einseitig unter vorgefaßtem Aspekt und letztlich um historische Genauigkeit oder gar Gerechtigkeit unbesorgt wie die Karikatur zu vereinfachen und zu verzerren, solange sie dabei Wesentliches des dargestellten Gegenstandes trifft.

Dies aber ist hier der Fall, denn zweifellos werden in dieser Parabel-Satire vom aufhaltsamen Aufstieg des Arturo Ui typische Züge des nationalsozialistischen Terrors entlarvt (Drohungen und Erpressungen, Gewaltakte und politische Morde). Im Verhalten des Karfioltrusts und der Grünzeughändler (waghalsiges Paktieren, willenlose Hinnahme des Terrors und Warten auf den Widerstand der anderen) werden andererseits wesentliche Symptome der Mitschuld erfaßt, die Hitlers Aufstieg begleiteten.

Tritt auch in Brechts Parabel-Satiren *Die Rundköpfe und die Spitzköpfe* und *Der aufhaltsame Aufstieg des Arturo Ui* die Darstellung der Mitschuld hinter die des Terrors zurück, so ist es doch gerade deren Zweck, die Erkenntnis des Mitverschuldens beim Betrachter zu provozieren. So impliziert bereits die im Titel des *Arturo Ui* enthaltene These, daß Hitlers Aufstieg ein aufhaltsamer gewesen sei, die Mitschuld. Sie kommt weiterhin in dem (erst später von Brecht angefügten) Epilog zum Ausdruck, der die Lehre aus dem Gezeigten gibt:

> Ihr aber lernet, wie man sieht statt stiert
> Und handelt, statt zu reden noch und noch.
> So was hätt einmal fast die Welt regiert!
> Die Völker wurden seiner Herr, jedoch
> Daß keiner uns zu früh da triumphiert –
> Der Schoß ist fruchtbar noch, aus dem das kroch. (S. 365)

Eine bissige Satire auf die Mitschuld an dem aufhaltsamen Aufstieg Hitlers gibt auch der österreichische Exildramatiker *Albert Drach* (* 1902) in seinem skurril-grotesken „Panoptikalspiel" *Das I*[62]. Wie Brechts *Arturo Ui* ist es ein politisch-satirisches Schlüsselstück über die Vorgänge in Hitler-Deutschland. Im Unterschied zu Brechts Parabel-Satire erstreckt sich die Verschlüsselung des Dargestellten jedoch hauptsächlich auf die Namen der Figuren (die in einigen Fällen eine Anspielung auf bestimmte historische Personen erkennen lassen, meistens jedoch allegorisierende Typisierungen sind). Die wiedergegebenen politischen Ereignisse dagegen spiegeln ziemlich unverhüllt das Geschehen von Hitlers Machtergreifung bis zum Zusammenbruch des Dritten Reiches. In teilweise skurriler Einkleidung entlarvt Drachs Stück das Abstruse der nationalsozialistischen Ideologie und deren reale Auswirkung am Beispiel von Hitlers Rassenwahn und Welteroberungsplänen:

Auf dem Programm der Arischphantasten [Nationalsozialisten] und ihres Führers Alois Gangstl [Adolf Hitler] steht die „Weltveränderung" durch Ausrottung der Juden und Versklavung aller „minderwertigen Rassen". Ihre Entstehung und ihre Ideologie verdanken die Arischphantasten lediglich der Erfindung des I, mit dessen Hilfe sie sich aus „Arschgesichtern" in „Arischgesichter" verwandeln.

Nicht nur in dieser Etymologie der Arischphantasten wird die nationalsozialistische Rassenideologie persifliert, sondern auch in den alogischen Schlußfolgerungen von Gangstls trivialer Argumentation, die sich an Hitlers Diktion anlehnt:

> Ich habe auch ein Buch angefangen. Das heißt: Ich bin ich. Darin ist die Zeit geschildert, wo ich noch in Wien war, wie die vielen Arbeitslosen herumgestanden sind. Weil ich aber kein gelernter Arbeiter war, hab ich gleich eine Arbeit bekommen.
>
> [. . .]
>
> Ich hab auch geschildert, wie ich Antisemit wurde. Ich habe nachgeschaut, wie die Zeitungen schreiben, und das war nicht für das Volk. Wer aber hat das geschrieben? Der Jud! Dann hab ich nachgefragt, wer das schmutzige Geld hat: wieder der Jud! Dann bin ich darauf gekommen, wer hinter der Politik steht und hinter der Wirtschaft, kurz und gut, wer alle Stellen hat, die uns zukommen. Nun, wer soll es sein? Der Jud! Und dann hab ich einen gesehn in einem langen Kaftan über die Kärntnerstraße gehn mit Scheitellocken links und rechts und einem Käppi. Da hab ich mir gleich gedacht: das kann kein Deutscher sein. (S. 200)[63]

In Gangstls Verhandlungen und Zusammenkünften mit den „Großköpfigen" Müller und Quicksalat, mit den „Militärgewaltigen" Puff und Trumpf, mit den „Glaubensauslegern" Haruspex der Große (Anspielung auf den Konkordatsabschluß durch Pius XII und Struppi, mit den „Diplomaten" Camelean (= Kamel/Chamberlain?), Dromedlier (= Dromedar/Daladier?) und Knutow (= Knute/Molotow?) wie mit den „Literaten" Grimbart Lieutenant (= Gerhart Hauptmann) und Theophrast Blemm (= Gottfried Benn) werden in satirisch-polemischer Darstellung verschiedenartige und -gradige Arrangements mit dem Hitler-Regime skizziert und die Mitschuld jener Kreise angeprangert, die durch ihr Verhalten zur Festigung von Hitlers Herrschaft beitrugen. Drachs Kritik am Versagen gegenüber dem Nationalsozialismus macht selbst nicht vor den Opfern halt: In den jüdischen Figuren Meyer (der dank seines Kontos in der Schweiz sich rechtzeitig absetzen konnte und von dort der Judenverfolgung in Deutschland gelassen zusieht), Protzen, Triefer, Jammerer kritisiert Drach — ähnlich wie vor ihm bereits Wolf in *Professor Mamlock* und Brecht in den *Rund- und Spitzköpfen* — der mangelnden Zusammenhalt der Verfolgten, das Vermeiden des Kampfes und die Suche nach einem individuellen Ausweg:

> Sie streiten noch immer, wem erlaubt ist, übrigzubleiben. Sie haben nicht begriffen, daß man kämpfen muß, wenn man etwas gewinnen will. Sie glauben, der eine von uns kann sich an den andern hängen oder ihn mit dem Fuß wegstoßen. (S. 211)

Am Ende dieses Schuld und Mitschuld anprangernden Schlüsselstückes steht die Unbelehrbarkeit der Hauptschuldigen wie der Mitläufer. Alle sind in ihrer Überzeugung die gleichen geblieben, nach außen hin aber geben sie vor, von nichts gewußt und nichts getan zu haben. Gangstl jedoch, der so plötzlich verschwunden ist wie er kam, hält sich (in einer Kiste) versteckt und wartet nur auf eine neue Gelegenheit, um wieder d

Herrschaft des I aufzurichten – und sei es in einem anderen Land unter anderem Namen, beispielsweise als Ahmed El Gangstal (= Gamal Abdel Nasser?).

In diesem letzten Teil (5. Akt) des Stückes führt Drach das Geschehen seiner Satire bis in die Nachkriegszeit und gibt damit noch im Stück selbst die Warnung vor der Wiederholbarkeit des Geschehenen, die Brecht seiner Parabel-Satire des Arturo Ui im Epilog folgen ließ. Den Hinweis auf die Wiederholbarkeit bewirkt Drach dadurch, daß er das Dargestellte in die Nähe des immer wieder und zu jeder Zeit aufführbaren Kasperlspiels (Verstauen des Gangstl in der Kiste) und blutigen Grand-Guignol-Stücks rückt, deren Elemente er sich bereits in einem früheren Stück, *Das Kasperlspiel vom Meister Siebentot*, bedient hat.

In der Travestierung des Märchenmotivs vom tapferen Schneiderlein wird hier offensichtlich ebenfalls auf den Aufstieg Hitlers angespielt. Der entlaufene „Kasperl", der sich Meister Siebentot nennt, schafft in der geschickten Aneignung aller gängiger Phrasen und wirrer Ideen den Aufstieg zum diktatorischen Volkskönig, als der er seinem Machtrausch und Vernichtungsdrang freien Lauf läßt. Die in dieser „Verkleidung" gegebenen zeitgeschichtlichen Anspielungen sind allerdings nur mühsam zu entziffern.

Trifft dies für das „Panoptikalspiel" *Das I* auch nicht zu, so befremdet doch auch in diesem Stück die Einkleidung des Geschehens in ein Kasperlspiel. Sie beeinträchtigt erheblich den Schlüsselcharakter des Stückes und dessen satirische Aggressivität. Letztlich äußert sich aber in dieser Verbindung von Kasperlspiel und satirischem Schlüsselstück eine grundsätzliche Diskrepanz von Drachs Stil, unter der seine beiden hier genannten Stücke leiden, nämlich „daß sehr intelligentes ‚symbolisches' und naives Wiener Volkstheater nicht immer zusammenpassen"[64].

2. Stücke der Nachkriegsdramatiker

Am Anfang dieses Kapitels wurde bereits eine thematische Akzentverlagerung von der gezielten Anprangerung des nationalsozialistischen Terrors zur nachträglichen Frage nach der Mitschuld angedeutet, die beim Vergleich der Mitschuld-Stücke der Nachkriegsdramatiker mit denen der Exildramatiker festzustellen ist. Sie läßt sich am deutlichsten beobachten in *Max Frischs* (* 1911) Parabel-Stück *Biedermann und die Brandstifter* (1957/58; UA 1958)[1], das thematisch in unmittelbarer Nähe von Brechts *Der aufhaltsame Aufstieg des Arturo Ui* steht.

Beide Stücke haben die Etablierung des Terrors zum Thema, stellen sie aber aus völlig entgegengesetzten Perspektiven dar, was bereits in den Stücktiteln zum Ausdruck kommt. Im Mittelpunkt steht bei Frisch nicht mehr die Veranschaulichung der Terroraktion selbst, sondern vielmehr die Charakterisierung der Reaktion darauf als einer für die damalige Zeit symptomatischen Verhaltensweise. Gemeinsam ist beiden Stücken nur, daß sie den anvisierten Sachverhalt in einem (ihm entsprechenden) Outlaw-Bereich ansiedeln und auf ein überblickbares Modellgeschehen bringen (die von einer Gangsterclique terrorisierte Weltstadt Chicago bei Brecht; das von den Brandstiftern okkupierte Bürgerhaus bei Frisch).

Beide Autoren stellen also die Etablierung des Terrors in parabolischem Geschehen dar, doch die aus der jeweiligen Darstellungs- und Wirkungsabsicht entspringenden unterschiedlichen Perspektiven geben den Stücken auch einen verschieden gearteten Parabelcharakter. Während Brechts Parabel eindeutig auf Hitlers Machtergreifung bezogen ist und konkrete historisch-politische Vorgänge verschlüsselt wiedergibt, ist Frischs Parabel allgemeiner gehalten und besitzt keine eindeutige historisch-politische Anspielungsfunktion. Sie erweist sich vielmehr als ein auf verschiedene politische Verhältnisse anwendbares Gleichnis vom Mitverschulden der Katastrophe durch widerstandslose Hinnahme des Terrors. Dementsprechend tendiert die Parabelsatire Brechts zum *politischen Schlüsselstück,* die Frischs zur *politischen Allegorie.* Insofern ist Butzlaffs Einwand gegen *Biedermann* richtig und falsch zugleich:

„Im Gegensatz zu Brecht vereinfacht Frisch die Vorgänge allzu sehr, und auch der Welterfolg darf nicht darüber hinwegtäuschen, daß ‚Biedermann' als blasse Allegorie nicht ausreicht, das Verständ der vielschichtigen Vorgänge um die Machtübernahme zu fördern."[2]

Butzlaffs Kritik ist deshalb unberechtigt, weil sie beim Vergleich der beiden Stücke den Unterschied der Perspektiven sowie Frischs spezifische Zielsetzung zu wenig berücksichtigt.

Frisch gelingt es in diesem „Lehrstück ohne Lehre" (so der ironische Untertitel), die im Titel bereits auf ihre knappste Formel gebrachte Parabelidee[3] ganz in anschauliches szenisches Geschehen umzusetzen und die dem Stück zugrunde liegende These allein aus dem szenischen Vorgang zu entfalten.

Eine ironische Exposition führt in das Geschehen ein: Bei einer guten Zigarre und der abendlichen Zeitungslektüre entrüstet sich der Haarwasserfabrikant Gottlieb Biedermann über eine neuerliche Brandstiftung in seiner Stadt:

Aufhängen sollte man sie. Hab ich's nicht immer gesagt? Schon wieder eine Brandstiftung. Und wieder dieselbe Geschichte, sage und schreibe: wieder so ein Hausierer, der sich im Dachboden einnistet, ein harmloser Hausierer . . . (S. 91)

Genau das aber wird ihm im Verlauf der nun einsetzenden Handlung selbst widerfahren[4]; denn noch während er sich über die neuerliche Brandstiftung und über den sträflichen Leichtsinn seiner Mitbürger erregt, nähert sich seinem Hause das Verhängnis in gleicher Weise.

Ein fremder, nicht gerade Vertrauen einflößender Eindringling (namens Josef Schmitz), der sich vom Dienstmädchen nicht abweisen ließ, steht plötzlich vor Herrn Biedermann und verschafft sich durch sein entwaffnendes Auftreten Abendessen und Unterkunft in dessen Hause. Biedermann, der ihn nicht vor die Türe zu setzen wagt, verdrängt seine Bedenken mit dem Vorsatz, den ungebetenen Gast am nächsten Morgen mit einem Frühstück wieder aus seinem Hause hinauszukomplimentieren. Er überläßt diese unangenehme Aufgabe jedoch seiner Frau Babette, und so kommt es, daß Schmitz, der mit der erfundenen Geschichte von seiner entbehrungsreichen Jugend ihre sentimentale Seite anspricht, am Abend noch immer im Hause ist und sich unterdessen noch ein weiterer ungebetener, von Schmitz allerdings bereits erwarteter Gast eingestellt hat: Willy Eisenring, ein ehemaliger Kellner und Zuchthäusler.

Von nächtlichem Gepolter aus dem Schlaf geschreckt, findet Biedermann die beiden auf dem Dachboden seines Hauses beim Stapeln von Fässern. Vom Anblick der Fässer wie des neuen Unbekannten entsetzt und fassungslos, als die beiden auf seine Frage nach dem Inhalt der Fässer un-

umwunden zugeben, daß Benzin darin sei, droht Biedermann ihnen, sie anzuzeigen und hinaus-
zuwerfen. Als jedoch ein Polizist erscheint, um ihm den Selbstmord seines von ihm ausgeboote-
ten Geschäftsteilhabers Knechtling zu melden, und sich über die Fässer und die beiden Ganoven
wundert, deckt Biedermann aus schlechtem Gewissen die beiden, indem er sie für zwei Angestell-
te und den Inhalt der Fässer für Haarwasser ausgibt. Dadurch wird er indirekt zum Komplizen
von Schmitz und Eisenring. Zwar hat er Angst vor den beiden und ihrem Treiben, will aber nicht
wahrhaben, was er sieht und daraus folgern müßte. Als er mit der Einladung zu einem Gansessen
auf dem Dachboden erscheint, erfährt er dort von Eisenring, daß Schmitz Holzwolle besorgt. Doch
er hält alles nur für einen makabren Scherz, obwohl ihm Eisenring offen ihre Taktik nennt: Scherz
sei die drittbeste Tarnung, Sentimentalität die zweitbeste, die beste und sicherste aber sei immer
noch die blanke und nackte Wahrheit, da sie komischerweise niemand glaube. All dies hindert
Biedermann nicht, bei den Vorbereitungen zur Brandstiftung behilflich zu sein. Bereitwillig as-
sistiert er Eisenring beim Suchen der Zündkapsel und Abmessen der Zündschnur, um nicht als
spießiger Angsthase zu erscheinen. Und als sie ihn schließlich beim Gansessen zum Zeichen seines
Vertrauens auch noch um Streichhölzer bitten, händigt er ihnen diese tatsächlich aus und wird
so – dies ist die groteske Pointe der Fabel – zum Brand-Stifter seines eigenen Hauses.

Diese ganz auf die Schlußpointe ausgerichtete Geschichte vom Biedermann und den
Brandstiftern entfaltet Frisch in einer szenischen Klimax, die schon durch die nach
und nach ins Spiel gebrachten Figuren (Schmitz, Eisenring) und Requisiten (Benzin-
fässer, Zündkapsel, Zündschnur, Streichhölzer) die groteske Zuspitzung des Geschehens theatralisch deutlich macht. Der schrittweisen Etablierung des Terrors auf Seiten der Brandstifter korrespondiert auf Seiten Biedermanns das Anwachsen der Mitschuld: Auf die immer unverhohlenere Vorbereitung des Anschlags durch Schmitz
und Eisenring reagiert Biedermann lediglich mit immer größerem Entgegenkommen
und Negieren der drohenden Gefahr.

Frischs Parabel besticht jedoch nicht nur durch diese theatralisch-anschauliche
Umsetzung des zugrunde liegenden Einfalls, sondern ebensosehr durch die Artikulation der zur Kritik stehenden Haltung Biedermanns in einer knappen und ungemein
gestischen Sprache, die von der bildhaften Ausdrucksweise der Umgangssprache ge-
prägt ist und mit typischen Floskeln die Verhaltens- und Denkweise Biedermanns
charakterisiert und zugleich demaskiert. Die sprachliche Selbstentlarvung Biedermanns
äußert sich beispielsweise in seinem zaghaften Einwand auf Schmitzens Verlangen nach
Aufnahme:

> Es ist halt so eine Sache, mein Herr, heutzutage. Keine Zeitung kann man mehr aufschla-
> gen: Schon wieder so eine Brandstifterei! Und wieder die alte Geschichte, sage und schrei-
> be: Wieder ein Hausierer, der um Obdach bittet, und am anderen Morgen steht das Haus
> in Flammen . . . Ich meine nur – offengesprochen: Ich kann ein gewisses Mißtrauen schon
> verstehen. (S. 97)

Die Antwort Biedermanns steht im ironischen Kontrast zu seiner vorangegangenen
selbstgerechten Erregung über die Unvorsichtigkeit seiner Mitbürger. Nur in sehr allgemeiner und indirekter Formulierung bringt Biedermann hier seine Befürchtung zum
Ausdruck. Sie ist als eine versteckte Frage an den Eindringling gerichtet, in der Hoffnung, eine beruhigende Antwort zu erhalten. Um jedoch seine Angst und sein Mißtrauen nicht zu zeigen, gibt er sich gleichzeitig den Anschein von Vertraulichkeit
(„offengesprochen", „sage und schreibe"), obgleich das Gegenteil, nämlich uneinge-
standene Angst aus seinen Sätzen spricht. Seine Furcht, Schmitz zu nahe zu treten,

verraten die zahlreichen verschleiernd und abschwächend gebrauchten Partikeln und Redewendungen („halt", „*so* eine", „meine *nur*", „*gewisses* Mißtrauen", „*schon* verstehen").

Diese Diskrepanz zwischen Gesagtem und Gemeintem[5], Denken und Tun, die hier zum Ausdruck kommt, ist typisch für Biedermanns paradoxes Verhalten gegenüber den Brandstiftern. Der gleiche Widerspruch zwischen Äußerung und Meinung zeigt sich auch in Biedermanns Versuch, das Treiben von Schmitz und Eisenring zu verharmlosen und die Warnung anderer (Chor) wider bessere Einsicht mit einer Phrase abzutun:

> Man soll nicht immer das Schlimmste denken. Wo führt das hin! Ich will meine Ruhe und meinen Frieden haben, nichts weiter [. . .] (S. 122)

> Wenn wir jeden Menschen, ausgenommen uns selbst, für einen Brandstifter halten, wie soll es jemals besser werden? Ein bißchen Vertrauen, Herrgottnochmal, muß man schon haben, ein bißchen guten Willen. Finde ich. Nicht immer nur das Böse sehen. Herrgottnochmal! Nicht jeder Mensch ist ein Brandstifter. Finde ich! Ein bißchen Vertrauen, ein bißchen . . . (S. 123)

Daß er selbst jedoch nicht an das glaubt, was er hier zur Beschwichtigung der anderen und zur Beruhigung seines eigenen Gewissens vorbringt, geht aus den Wiederholungen („ein bißchen", „finde ich") und den Bekräftigungsformeln („Herrgottnochmal") hervor.

In der szenischen und sprachlichen Demonstration von Biedermanns paradoxem Verhalten, hat Frisch die Mitschuld an der Etablierung des Terrors, wie sie sich ihm in der Retrospektive auf das allgemeine Mitläufertum während des Dritten Reiches darbot, auf eine sinnfällige theatralische Formel gebracht. Zugleich hat er damit ein „warnendes Modell" errichtet, „dessen Anwendung sich nicht darin erschöpft, daß es der Machtergreifung des deutschen Faschismus theatralisch auf die Spur zu kommen sucht"[6], sondern prinzipiell die Haltung des „Mitmachens" reflektiert.

Frisch kritisiert im Biedermann die apolitische Haltung des Durchschnittsbürgers, der nur Ruhe und Frieden will, dadurch das Aufkommen extremistischer Elemente erleichtert und danach aus der gleichen Einstellung heraus schnell zu opportunistischer Anpassung bereit ist.

Daß die Haltung Biedermanns von Frisch als typisch angesehen wird, bekundet das Bekenntnis des Verfassers seiner Titelfigur gegenüber, das sich in der dem Stück vorausgegangenen Hörspielfassung findet:

> Herr Biedermann, Sie dürfen eins nicht vergessen: Ich habe Sie verfaßt [. . .] und kein Verfasser kann etwas darstellen, was nicht auch in ihm selbst ist: Beispielsweise Ihr kategorisches Bedürfnis, Ruhe und Frieden zu haben, und dementsprechend Ihre erstaunliche Routine, sich selbst zu belügen, die offenkundigsten Tatsachen nicht zu sehen, damit Sie keine Konsequenzen ziehen müssen, Ihre rührende Hoffnung, daß die Katastrophe, die Sie fürchten, sich vermeiden lasse, indem Sie sich in Vertrauen hüllen und sich für einen Menschen guten Willens halten [. . .][7]

Frischs „Lehrstück ohne Lehre" ist sowohl Echo der miterlebten jüngsten Vergangenheit als auch Warnung für Gegenwart und Zukunft. Es beinhaltet die Geschichte einer selbstverschuldeten und somit vermeidbaren Katastrophe. Was die Handlung selbst bereits in ihrem grotesken Verlauf veranschaulicht, wird im Prolog und Epilog des Stückes durch den das Geschehen kommentierenden Feuerwehr-Chor direkt zum Ausdruck gebracht. Als bewußte parodistische Anleihe bei der griechischen Schicksals-Tragödie zeigt dieser schon äußerlich an, daß dem hier Dargestellten nicht der Anspruch eines unabwendbaren Schicksals zukommt. Und in Anlehnung an die Chorverse der Sophokleischen *Antigone* („Ungeheuer ist viel, und nichts/Ungeheurer als der Mensch") formuliert dies Frisch im Prolog und Epilog des Stückes in fast gleichem Wortlaut:

[Prolog]

Chorführer:	Feuergefährlich ist viel,
	Aber nicht alles, was feuert, ist Schicksal,
	Unabwendbares.
Chor:	Anderes nämlich, Schicksal genannt,
	Daß du nicht fragest, wie's kommt,
	Städtevernichtendes auch, Ungeheueres,
	Ist Unfug,
Chorführer:	Menschlicher,
Chor:	Allzumenschlicher,
Chorführer:	Tilgend das sterbliche Bürgergeschlecht.
	[. . .]
Chor:	[. . .] Nimmer verdient,
	Schicksal zu heißen, bloß weil er geschehen:
	Der Blödsinn,
	Der nimmerzulöschende einst! (S. 89 f.)

[Epilog]

Chor:	Sinnlos ist viel, und nichts
	Sinnloser als diese Geschichte:
	Die nämlich, einmal entfacht,
	Tötete viele, ach, aber nicht alle
	Und änderte gar nichts.
	[. . .]
	Was nämlich jeder voraussieht
	Lange genug,
	Dennoch geschieht es am End:
	Blödsinn,
	Der nimmerzulöschende jetzt,
	Schicksal genannt. (S. 155 f.)

In dem später hinzugefügten *Nachspiel* (1958)[8] betrachten sich Biedermann und seine Frau in der Hölle, wohin sie zu ihrem ungläubigen Erstaunen nach geschehener Katastrophe versetzt sind, als schuldlose Opfer eines unabwendbaren Verhängnisses. Die Brandstifter Schmitz und Eisenring jedoch, die ihnen hier als Teufel wiederbegegnen, schicken sich an, zu erneuter Brandstiftung auf die Erde zurückzukehren. Damit wird zwar die im Epilog zum Ausdruck gebrachte Befürchtung der Unbelehrbarkeit des „Biedermannes" und der Wiederholbarkeit des Geschehenen durch die nächst besten „Brandstifter" noch einmal szenisch verifiziert. Umgekehrt aber wird durch die Ansiedlung des Nachspiels in einer wenngleich säkularisierten Hölle und durch die Gleichsetzung der Brandstifter mit Teufeln doch noch die Vorstellung vom Wirken einer „höheren Gewalt" (und damit von einem unabwendbaren Verhängnis) ins Spiel gebracht, was der durch den Chor vorgenommenen „Entmetaphysierung" des Geschehens zuwiderläuft.

Was als „verschärfende Bestätigung der Unbelehrbarkeit des traurigen Helden" konzipiert ist, wird so „zur verharmlosenden, weil keineswegs zwanghaften Fortsetzung", zumal das Stück „in sich so konsequent zu Ende gedacht" ist, „daß es das Nachspiel, das Frisch angehängt hat, nicht mehr benötigt, nicht mehr erträgt."[9]

Als Variationen des *Biedermann*-Geschehens von Frisch nehmen sich zwei andere Stücke aus: *Hermann Moers'* (* 1930) Einakter *Koll* (1962; UA 1962) und *Gert Hofmann*s (* 1932) *Der Bürgermeister* (1962; UA 1963).

Wie schon der Untertitel „In verhüllendem Spiel deutlich zeigend den Eingriff des totalitären Politikers in das Leben des arglosen Bürgers" erkennen läßt, versucht *Moers* in *Koll*[10], die Etablierung des Terrors ähnlich wie Frisch in einem gleichnishaften Vorgang zu versinnbildlichen: in der Annexion eines Lebensmittelladens durch einen fremden Eindringling. Im Unterschied zu Frisch geht es Moers allerdings nicht um die Darstellung der Mitschuld, sondern ausschließlich um die des Terrors.

Vor dem bereits geschlossenen Laden des Lebensmittelhändlers Vogel erscheint ein unbekannter Mann (Koll) mit einer schweren Kiste und begehrt Einlaß. Ohne zu sagen, was er wünscht, orientiert er sich nach seinem Eintritt zunächst im Laden, lobt dessen vorbildliche Ordnung und hofiert und irritiert so gleichzeitig seinen Besitzer. Auf seine Bitte hin überläßt ihm Vogel seinen Ladenkittel und bringt ihm ein Brecheisen zum Öffnen der Kiste, die sich als leer erweist. Nach diesen Vorbereitungen ändert Koll sein vertrauliches und undurchsichtiges Verhalten und geht zur offenen Besitzergreifung des Ladens über, indem er drohend von seiner „Berufung" zum Lebensmittelhandel spricht und seinen „gerechten Anspruch" auf das Geschäft mit der Begründung anmeldet, daß Vogel die Fähigkeiten zu dessen Führung fehle: „Mit solchen Methoden kann man keinen Laden führen. Es war die allerhöchste Zeit, daß ich kam, um den totalen Bankrott zu verhindern. Von heute an weht hier ein neuer Wind. Mit eiserner Konsequenz werde ich mein Programm verwirklichen [. . .]" (S. 78). – Er zwingt Vogel zur freiwilligen Geschäftsübergabe und versucht ihn danach zu ermorden. In seiner Not wirft Vogel eine Konservendose in das Schaufenster und rettet damit sich und seinen Laden, da Koll vor den herbeieilenden Leuten schleunigst das Weite sucht.

Im Vergleich zu Frischs *Biedermann und die Brandstifter* stellt Moers' Parabel die Etablierung des Terrors unter einseitigem Aspekt dar: eine eventuelle Mitschuld des „arglosen Bürgers" wird nicht in Betracht gezogen. Zugleich vermißt man eine eigenständige Entfaltung der Beispiel-Handlung auf der Parabel-Ebene: „verhüllendes Spiel" und „deutliches Zeigen" geraten (wie das angeführte Zitat zeigt) in Widerspruch zueinander und beeinträchtigen sich gegenseitig. Das ständige Verweisen auf den gemeinten zeitgeschichtlichen Hintergrund durch Verwendung eines bestimmten politischen Jargons („neuer Wind", „mit eiserner Konsequenz" etc.) offenbart, daß die szenische Realisation von Moers' Parabel-Einfall allein nicht hinreicht, seine Intention zu verdeutlichen, und mithin nicht den Modell-Charakter von Frischs Parabel in sich trägt. Im übrigen bringt der bestmögliche Ausgang des Geschehens Moers' Parabel auch noch um ihre eigene Folgerichtigkeit.

Unter dem Aspekt der Mitschuld steht hingegen wieder *Gert Hofmann*s im gleichen Jahr wie Moers' *Koll* entstandenes zweiaktiges Stück *Der Bürgermeister*[11]. In dieser Parabel-Satire, die sich streckenweise wie eine Paraphrase von *Biedermann und die Brandstifter* liest, wird Frischs Thema in abgewandeltem Milieu erneut durchgespielt und gleichzeitig über Frischs Position hinausgeführt. Hofmann entwirft in seiner szenischen Reflexion über die allgemeine Mitschuld ein Porträt des potentiellen, in seiner Aktivität nur durch äußere Umstände gehemmten Mittäters und nicht nur des absichtslos in Mittäterschaft geratenen Indifferenten, den Frisch charakterisiert. Indem Hofmann die Anfälligkeit des sich biedermännisch gebenden, innerlich jedoch unzufriedenen Kleinbürgers für totalitäre Tendenzen und Elemente aufdeckt, bringt er eine Ergänzung zu Frischs Erkundung des Biedermannes und gibt gleichsam eine szenische Illustration dessen, was Max Picard auf die Formel „Hitler in uns selbst"[12] gebracht hat.

Kaum hat der kleine städtische Büroangestellte Moll, der sich von seinen Kollegen und Vorgesetzten verkannt und zurückgesetzt fühlt, vor seiner Frau Therese zornig seinen Unmut darüber geäußert („Aber warte nur! Es kommt hier auch noch einmal anders. Dann sollen sie mich kennenlernen!" S. 9), da erscheint am Fenster seiner im 3. Stock gelegenen Wohnung ein fremder Mann, der sich als Herr Nachtigall vorstellt und ihm nach seinem Eintritt eröffnet, daß er mit ihm einer Meinung sei, daß hier manches anders werden müsse und man endlich einmal Ordnung schaffen sollte. Nachtigalls offensichtlicher Gedanke an eine Gewaltlösung ist Moll jedoch nicht geheuer. Wenn er im Grunde auch nichts gegen eine gewaltsame Veränderung hat, so will er doch als honoriger Bürger nicht direkt etwas damit zu tun haben. Erst auf die beruhigende Zusicherung Nachtigalls, daß er nichts Ungesetzliches vorhabe, gewährt ihm Moll Unterkunft in seiner Wohnung.
Bereitwillig zeigen die Molls ihm auf dem Stadtplan die Ziele für seine geplanten nächtlichen Anschläge, helfen ihm beim Polieren der Waffen und Einbrecherwerkzeuge (die sich Nachtigall angeblich nur aus Sammlerleidenschaft hält) und nehmen sogar offensichtlich aus einem Einbruch stammende Schmuckstücke zum Geschenk an. Bei all diesen verdächtigen Machenschaften Nachtigalls begnügen sie sich mit dessen fadenscheinigen Erklärungen. Es geht ihnen lediglich darum, nach außen den Schein bürgerlicher Wohlanständigkeit zu wahren. Ansonsten sympathisieren sie mit der Gewalt, da sie darin eine bequeme Möglichkeit sehen, ihre eigenen Ressentiments ungefährdet abzureagieren und im Schatten des Terrors persönlich zu profitieren (Molls Aufstieg zum Abteilungsleiter). Erst als die Terrororganisation, der Nachtigal angehört, die Oberhand gewinnt und für ihn keine Gefahr mehr besteht, läßt Moll die Maske des Biedermannes fallen. Auf Nachtigalls Anerbieten, nach vollzogenem Umsturz das Bürgermeisteramt zu übernehmen, steigert er sich im Gefühl der nahen Erfüllung seines Wunsches, gefürchtet zu werden, in einen Blut- und Machtrausch hinein, in dem er mit Nachtigalls blutbeflecktem Messer wild um sich sticht und als erste Amtshandlung eine Säuberungsliste diktiert.

Wie Frisch in *Biedermann,* so bedient sich auch Hofmann grotesker und komischer Effekte, um die Etablierung des Terrors und damit das Ausmaß der Mittäterschaft zu veranschaulichen: Nachtigalls Einstieg durchs Fenster; Thereses und Molls Mithilfe beim Putzen der Waffen und Einbrecherwerkzeuge; ihr geflissentliches Überse-

hen der Kopfverletzung wie der erbeuteten Wertsachen, die Nachtigall bei einem
nächtlichen Einbruch davongetragen hat. Das auf beiden Seiten stattfindende Ver-
steckspiel, das wechselseitige Durchblickenlassen und Wiederverschleiern der wahren Absichten und Meinungen, vollzieht sich auch hier in einer knappen, der Umgangssprache nachgebildeten Diktion, in der unter genau kalkulierter Plazierung
sprichwörtlicher und alltäglicher Redewendungen die verlogene Biedermann-Moral
bloßgestellt wird:

Moll:	Hat keiner um die Ecke gelugt oder durch die Gardine?
Nachtigall:	Ganz bestimmt nicht, Herr Moll! Ich paß schon auf!
Moll:	„Ich paß schon auf", sagte der Pfarrer und machte seiner Nichte ein Kind!
Nachtigall:	Nicht ich, Herr Moll! Ich bin die Vorsicht selber!
Moll:	(steckt die Uhr in die Westentasche) Wenn's rauskommt, und Sie haben mich angeschwindelt, fallen Sie rein, nicht ich! Mein Name ist Hase. Ich weiß von nichts!
Nachtigall:	Ich weiß, daß Sie von nichts wissen.
Moll:	Ansonsten bedanke ich mich schön für Ihre Aufmerksamkeit.
Nachtigall:	Nichts zu danken, Herr Moll! Nichts zu danken! (S. 35)

Die Demaskierung des falschen Biedersinnes kulminiert am Ende des Stückes in der
plötzlichen Verwandlung Molls vom feigen Nutznießer der Gewalt zum entfesselten,
aller moralischen Skrupel ledigen Despoten, der seinen Lehrmeister Nachtigall an Gefährlichkeit und unberechenbarer Willkür übertrifft. Diese Schlußpointe erscheint
zwar als die äußerste Konsequenz der in Moll vorhandenen, durch äußere Umstände
nur am Ausbruch verhinderten Dispoiertheit zur Gewalttätigkeit. Da aber dieser
Metamorphose Molls die keineswegs zwangsläufige Rückwandlung Nachtigalls zum
Biedermann parallel läuft (er entpuppt sich als sentimentaler, unter Gewissensbissen
leidender Berufsterrorist, der nur auf höheren Befehl tötet, von humanitären Idealen
durchdrungen ist und sich nach einem ordentlichen bürgerlichen Leben sehnt), wird
der Ausgang des Stückes in seiner parabolischen Schlüssigkeit beeinträchtigt.

Eine szenische Illustration der These, daß in jedem ein potentieller Tyrann stecke,
der unter bestimmten Voraussetzungen zum Vorschein komme, ist auch die Komödie *Das Gesicht* (1963; UA 1964) von *Siegfried Lenz* (* 1926)[13]. Lenz präsentiert
in dem Protagonisten seines Stückes, dem unscheinbaren Friseur Bruno Deutz, der
zum allseits gefürchteten Diktator aufsteigt, ähnlich wie Hofmann in Moll, einen
(laut Nachwort) sogenannten kleinen Mann, der durch die Umstände dazu gebracht
wird, uns mit seiner in ihm schlummernden Tyrannenbegabung bekannt zu machen[14].

Deutz, der dem autoritär herrschenden Präsidenten seines Landes zum Verwechseln ähnlich sieht,
wird die fragwürdige Ehre zuteil, diesen bei einer Parade, bei der man ein Attentat befürchtet, als
Double zu vertreten. Als das erwartete Attentat ausbleibt und Deutz damit der ihm zugedachten
Aufgabe entging, faßt der Präsident, der von dem Auftreten des Friseurs beeindruckt ist, den Entschluß, Deutz die Position des Präsidenten eine Zeitlang ganz zu überlassen. Er läßt sich zum Schei

erschießen und zwingt dadurch Deutz seine Rolle auf, da alle (einschließlich der Präsidentenmutter) den sich totstellenden Präsidenten für das Double und dieses für den echten Präsidenten halten. Nach anfänglichem Zögern findet sich Deutz unerwartet schnell in die ihm zugefallene Rolle und übertrifft schon bald seinen Vorgänger an tyrannischer Begabung und Willkür. Er perfektioniert die Diktatur von oben durch die Diktatur von unten, indem er durch ein Gesetz, daß jeder in jedem Augenblick „des anderen Polizist und Richter sein kann" (S. 78) eine allgemeine gegenseitige Denunziation hervorruft und so aus den Bürgern planmäßig kleine Tyrannen macht.

An der Durchführung seiner Pläne hindert ihn lediglich die Rückkehr des totgeglaubten Präsidenten, der ihn in Anerkennung seiner Verdienste zum Mitarbeiter auf Lebenszeit ernennt und Deutzens Machtergreifung mit dem ironischen Kommentar beendet: „Es ist nicht mehr geschehen, als ich vorausgesehen habe: sie haben sich selbst zum Vorschein gebracht, Herr Deutz. Sie haben bewiesen, wie sehr wir uns gleichen." (S. 86) Deutz hat die Prophezeiung des Präsidenten erfüllt: „Niemand, Herr Deutz, ist seiner selbst sicher – solange er keine Gelegenheit hatte, seine Möglichkeiten zu erproben." (S. 35)

Die beiden zitierten Äußerungen des Präsidenten bilden den Abschluß und Auftakt der eigentlichen Deutz-Handlung; sie beinhalten zugleich die Ausgangsthese und das Ergebnis der in diesem Stück vom Autor veranstalteten Probe auf die moralische Standfestigkeit des einzelnen[15]. Allerdings erreicht Lenz mit dem Exempel von der Veränderbarkeit des Menschen in einer extremen Situation nicht das Ziel einer (exemplarisch gemeinten) „moral-politischen Parabel"[16]. Dazu bleibt dieses Stück mit seinem komödienhaften Grundeinfall (Doppelgängermotiv)[17] zu sehr im Bereich des Unverbindlichen. Dem gewählten Vorwurf fehlt das Symptomatische und Zwingende, das man von einer „moral-politischen Parabel" erwartet. Bloßer Situationskomik dienen die zahlreichen, vom eigentlichen Thema nur ablenkenden Episoden, die ihre Entstehung zumeist dem Doppelgängermotiv und der damit gegebenen Möglichkeit zum Verwechslungsspiel verdanken: Liebesgeschichte zwischen Hanna Deutz und dem Untergrundführer Josef Kuhn; Verbannung des als Denkmalschänder verhafteten Vaters Deutz durch seinen Sohn; die matriarchalischen Bemühungen der Präsidentenmutter um den echten und unechten Präsidentensohn; Besuch des echten Präsidenten in der Rolle des Deutz bei dessen Frau.

Die Unverbindlichkeit dieser Komödie ist jedoch ebenso durch die offensichtliche Konstruiertheit der Fabel bedingt. Das Kerngeschehen, die Wandlung des Bruno Deutz zum maßlosen Tyrannen, ist mehr von der Ausgangsthese des Autors her bestimmt als aus der Figur selbst entwickelt. Denn entgegen der erklärten Absicht, hier „das Nachtgesicht eines einzelnen zum Vorschein zu bringen"[18] und an dem in eine extreme Lage geratenen Zeitgenossen zu zeigen, „was alles [. . .] man aus uns machen" kann[19], wird die Figur des Bruno Deutz im Grunde nicht durch unmittelbaren Zwang der äußeren Umstände oder aus innerer Disponiertheit zum Tyrannen. Er wird es vielmehr aus Enttäuschung darüber, daß selbst seine Frau und seine Freunde nicht bereit sind, ihn als Bruno Deutz zu akzeptieren. Erst als alle in ihm den Diktator sehen, macht er aus Abscheu vor ihrer Unterwürfigkeit und Angst endgültig von der ihm zugefallenen Macht Gebrauch, indem er nun seinerseits ihre latente Tyrannenbegabung fördert und provoziert[20]. Damit aber übernimmt ihnen gegenüber Deutz auch die Rolle, die der Präsident ihm gegenüber spielt: er inszeniert eine Probe auf die moralische Standfestigkeit der anderen.

Es fragt sich, inwieweit die Figur des Bruno Deutz noch als exemplarische Demonstration der unberechenbaren Veränderbarkeit des einzelnen gelten kann. Letztlich wird weder in seinem Verhalten die Physiognomie potentieller Mittäterschaft deutlich, noch macht die Figur des Präsidenten, die primär als dramaturgisches Vehikel in Erscheinung tritt, die von einer Diktatur ausgehende Bedrohung spürbar.

Beide Figuren erweisen sich als unzulängliche (weil schemenhafte) und keineswegs beunruhigende Demonstrationsobjekte für die beabsichtigte Reflexion über ein totalitäres System und potentielle Täterschaft. Die Komödie gibt so weder einen Einblick in das Wesen eines totalitären Regimes und die Manipulierbarkeit der unter ihm Lebenden, noch erbringt sie ein überzeugendes Beispiel für die irritierende Tatsache, daß niemand seiner selbst sicher ist, solange er nicht in einer Extremsituation seine eigenen Möglichkeiten und Grenzen erfahren hat.

Weniger konstruiert und in sich schlüssiger ist das frühere, zweiteilige Stück *Zeit der Schuldlosen* (1960/61; UA 1961)[21] von Lenz, das sich ebenfalls mit der Einsicht auseinandersetzt, daß unter bestimmten Umständen jeder schuldig werden kann, und diese Einsicht an einem erdachten Beispiel demonstriert. Wie in *Das Gesicht* handelt es sich auch hier um eine Probe auf die Standfestigkeit des einzelnen in einer Ausnahmesituation, nur mit dem Unterschied, daß sie an einem Kollektiv vorgenommen wird und in einer zwar erdachten, aber immerhin denkbaren Situation stattfindet. Auch in *Zeit der Schuldlosen* wird das „Experiment" durch einen totalitären Machthaber ausgelöst. Im Gegensatz zu dem Präsidenten in *Das Gesicht* fungiert dieser aber nicht nur als dramaturgisches Vehikel des Autors, sondern bleibt, obgleich er selbst nicht auftritt, als reale Bedrohung im Hintergrund präsent. Das von ihm ausgelöste Geschehen spielt sich allein unter den Betroffenen ab, gemäß der Intention des Autors, der mit diesem Stück weniger die Darstellung der Diktatur als der Mitschuld beabsichtigt.

Neun unbescholtene Bürger aus verschiedenen Bevölkerungsschichten (Hotelier, Drucker, Bankmann, Bauer, Ingenieur, Lastwagenfahrer, Student, Konsul, Arzt) – „gewissermaßen ein repräsentativer Querschnitt der Bevölkerung" (S. 5) – finden sich unversehens und ohne Angabe von Gründen in einer Gefängniszelle inhaftiert und erhalten hier durch einen Polizeimajor den Auftrag des „Gouverneurs", einen mit ihnen eingesperrten Attentäter (Sason) zum Verrat seiner Kameraden aus der Widerstandsbewegung oder zur Kollaboration mit dem Regime zu bringen. Erst wenn sie sich dieser Aufgabe oder eventuell auch des Attentäters selbst (denn der Gouverneur stellt ihnen die Wahl der Mittel völlig frei) entledigt haben, werden sie ihre Freiheit zurückerlangen. Die neun Männer, mit dem Attentäter alleingelassen, weisen zunächst die Zumutung entrüstet ab, sich zum „Vernehmungsrichter des Gouverneurs ernennen zu lassen" (S. 12).

Mit der Zeit jedoch überwiegt ihr Interesse, wieder freizukommen, ihren anfänglichen Vorsatz, nicht auf das Ansinnen des Gouverneurs einzugehen. Ihre Sorge um Beruf und Familie treibt sie dazu, eine Entscheidung herbeizuführen. Sie versuchen es zunächst mit moralischem Druck auf den Attentäter, indem sie ihn darauf hinweisen, daß er das Schicksal von neun schuldlosen Männern in der Hand habe und sich der einzelne dem Wohl der Mehrheit unterzuordnen habe. Als dies nicht zum Erfolg führt, gehen sie zu Drohungen über und lassen sich schließlich vereinzelt sogar zu Tätlichkeiten hinreißen, so daß sie sich genötigt sehen, während der Nacht eine Wache aufzustellen, um den Attentäter vor ihren eigenen Übergriffen zu schützen. Trotzdem geschieht, was der Gouverneur einkalkuliert hat und was sie sich nicht eingestehen wollen, obwohl es jeder in Gedanken bereits getan hat: der Attentäter wird von einem der neun Männer in einem unbewachten Augenblick getötet. Damit sind sie zwar wieder frei, aber nicht mehr frei von Schuld. Dies gilt für alle; denn nur einer von ihnen hat zwar den Mord begangen, aber jeder von ihnen könnte es getan haben: „Es spielt keine Rolle mehr, wer es war. Wir alle haben an diese Möglichkeit gedacht. Jeder von uns hat sie in Gedanken vollzogen. Darum sind wir alle daran beteiligt." (Student S. 49)

126

In dieser Parabel enthüllt Lenz das Zweifelhafte einer unter einem Gewaltregime bewahrten Schuldlosigkeit und macht deutlich, daß auch die scheinbar Schuldlosen mitschuldig sind, da jeder zumindest als potentiell Schuldiger in Betracht kommt.

In dem nachfolgenden zweiten Teil des Stückes, das aus zwei Hörspielen mit den Titeln „Zeit der Schuldlosen" und „Zeit der Schuldigen" hervorging[21], bringt Lenz das Nachspiel zum vorausgegangenen Geschehen und macht zugleich die Probe auf das dort gegebene Exempel: Die Schuldlosen geraten nach Beseitigung des diktatorischen Regimes in eine ähnliche Lage und sind wiederum bereit, für ihre eigene Freiheit einen anderen zu opfern.

Die Widerstandspartei hat die Macht errungen und sucht den Mörder Sasons. Die „Schuldlosen" finden sich erneut in Haft. Diesmal besteht ihre Aufgabe darin, den Täter unter sich zu ermitteln. Erst dessen Auslieferung wird für die übrigen das Ende der Haft bringen. Abermals lehnen sie zunächst entrüstet dieses Ansinnen ab. Doch bald beginnen die gegenseitigen Verdächtigungen und Anschuldigungen, mit denen man die Schuld von sich weisen will und den Täter zu finden hofft. Und nur allzu gern sind sie bereit, die eigene Freiheit auf Kosten eines anderen zu erlangen, als der einfältige Bauer sich ihnen in seinem Schuldgefühl als bequemer Sündenbock anbietet. Nur der Selbstmord des Konsuls, dem diese Manipulation zuwider ist, verhindert die endgültige Auslieferung eines offenbar Unschuldigen. Formell ist mit dem Tod des Konsuls (den man nun als den Täter ausgeben kann) dem Verlangen des neuen Regimes Genüge getan. Wieder sind sie frei, aber nicht frei von Schuld: „die Tat ist gebüßt, aber die Schuld wird unter uns bleiben." (Student S. 89)

Erscheint auf den ersten Blick die Wiederholung des gleichen Vorgangs in ähnlicher Situation als eine Bestätigung und Steigerung des im ersten Teil Dargestellten, so erweist sich dies bei näherem Zusehen eher als das Gegenteil. Der erste Teil des Stückes ist in sich so selbständig und abgeschlossen, daß der zweite demgegenüber nur noch als problematische Ausweitung erscheint, zumal er keinen neuen wesentlichen Aspekt zur bereits vollständig exemplifizierten Parabelthese beiträgt. Stattdessen läßt er eine um so stärkere Konstruiertheit in Situation und Vorgang erkennen: Jeder der erneut Inhaftierten tritt zugleich als Angeklagter und Richter auf, nachdem der vom neuen Regime bestellte Richter, der Student (der nach Ermordung Sasons sich der Widerstandspartei angeschlossen hat), den Urteilsspruch allen überläßt, da er selbst als Mitangeklagter und eventueller Täter in Betracht kommt.

Hat der erste Teil zudem trotz der Außergewöhnlichkeit des erdachten Modellfalles noch einen politischen Aktualitätsbezug, so ist dieser im zweiten Teil nicht mehr gegeben, der die „Tendenz" hat, „die Schuldfrage vom – sowieso schon recht allgemein gezeichneten – politisch-gesellschaftlichen Bereich in den metaphysischen hinüberzuspielen"[23]. Hier hat sich Lenz von den Vorbildern seines Stückes (Sartres *Tote ohne Begräbnis* und Camus' *Die Gerechten*) zur existentialphilosophischen Diskussion von Tat, Schuld und Sühne verleiten lassen[24] und seine Kollektivschuld-Parabel mit einer unangemessenen Nebenthematik belastet. So scheitert der Versuch von Lenz, eine szenische Analyse zum Problem der Mitschuld zu liefern, trotz der Originalität seines thematischen Ansatzes am Bemühen, jene Analyse in einem „ ‚Zeitstück' auf der höheren Ebene: der des politisch-philosophischen Debattierstückes"[25] zu realisieren.

In näherer thematischer Beziehung zu *Zeit der Schuldlosen* steht ein Stück, dessen Aufnahme in diesen Abschnitt zunächst Befremden auslösen mag: *Friedrich Dürrenmatts* (*1921) „tragische Komödie" *Der Besuch der alten Dame* (1955/56; UA 1956)' Als Probe auf die moralische Standfestigkeit des einzelnen läßt sich aber auch ihr Geschehen charakterisieren. Auch Dürrenmatt wählt einen hypothetischen Modellfall; doch im Unterschied zu Lenz, der eine an der politischen Realität orientierte, wenn auch überspitzte Modellsituation zugrundelegt, siedelt Dürrenmatt sein Beispiel in einer von allen realen und politischen Bezügen freien Sphäre, im überrealen Bereich der Groteske an. Er realisiert damit sein dramatisches Programm: „Was der Schriftsteller treibt, ist nicht ein Abbilden von Welt, sondern ein Neuschöpfen, ein Aufstellen von Eigenwelten, die dadurch, daß die Materialien zu ihrem Bau in der Gegenwart liegen, ein Bild der Welt ergeben."[27]

Der unterschiedlichen Ausrichtung der beiden Kollektivschuld-Parabeln entspricht die Konzeption und szenische Durchführung: Die Parabel von Lenz, der in erster Linie ein Leit*gedanke* (die Schuld der Schuldlosen) zugrunde liegt, zielt hauptsächlich auf die gedankliche Herausarbeitung der Mitschuldproblematik ab und bleibt in der szenischen Ausführung dementsprechend abstrakt. Dürrenmatt dagegen verzichtet in seiner Parabel, die primär einer *bild*haften Vorstellung entstammt, auf die Reflexion des Mitschuldproblems und bringt das Phänomen nur in einem gleichnishaften Vorgang zur Darstellung.[28]

Bei aller Verschiedenheit der Beispiele verbindet beide Stücke eine Reihe gemeinsamer Züge, die aus der ähnlichen Grundstruktur des Probespiels resultieren: Wie in *Zeit der Schuldlosen* werden auch in *Der Besuch der alten Dame* biedere Durchschnittbürger, die sich für human und ehrenhaft halten, einer Belastungsprobe ausgesetzt, an deren Ende eine Tat steht, deren sie sich anfangs nicht fähig glaubten. Die Erprobung der moralischen Standfestigkeit wird auch bei Dürrenmatt durch eine Explorationsfigur, die „alte Dame", eingeleitet. Im Grunde hat auch sie nur die dramaturgische Funktion, die bei Lenz der „Präsident" in *Das Gesicht* und der „Gouverneur" in *Zeit der Schuldlosen* haben: die vom Autor erdachte Probe auszulösen und in Gang zu halten. Ihre Position als dramaturgisches Vehikel wird schon daran sichtbar, daß sie weniger als lebendige Figur denn als fiktives Monstrum[29] (mit Arm- und Beinprothese) in Erscheinung tritt. Und wie in *Zeit der Schuldlosen* vollzieht sich auch hier die eigentliche Handlung nach Auslösung der Probe allein zwischen den Mitschuldigen und deren Opfer[30].

In der heruntergewirtschafteten Kleinstadt Güllen erhoffen sich die Einwohner von der in ihre Vaterstadt zurückkehrenden mehrfachen Milliardärin Claire Zachanassian einen neuen wirtschaftlichen Aufschwung ihrer Stadt. Die Erwartung der Güllener wird nicht enttäuscht. Claire ist bereit, „Güllen eine Milliarde zu schenken. Fünfhundert Millionen der Stadt und fünfhundert Millionen verteilt auf jede Familie." (S. 292) Allerdings macht sie zur Bedingung, daß jemand ihren Jugendgeliebten Alfred Ill tötet, der sie einst für eine reiche Güllenerin hochschwanger sitzen ließ und aus Güllen in die Fremde trieb, wo sie zum Freudenmädchen wurde, schließlich aber durch die Heirat mit einem Ölmilliardär zu Ansehen und Macht kam. Nun ist sie mit dem ererbten Vermögen zurückgekehrt, um sich Gerechtigkeit zu kaufen: „Güllen für einen Mord, Konjunktur für eine Leiche." (S. 325)

Mit dem Ausdruck moralischer Entrüstung weisen die Güllener dieses Angebot weit von sich, beginnen aber gleichzeitig im Hinblick auf die in Aussicht gestellte Milliarde und im Glauben, daß

Zachanassians Bedingung nur ein makabrer Scherz sei, auf Kredit zu kaufen. Auf diese Weise geraten sie alle („eine Gemeinde, die langsam der Versuchung nachgibt"[31]) schrittweise in eine ausweglose Lage. Total verschuldet und von Claire Zachanassian an ihre Bedingung erinnert, stellen sie sich langsam auf Ills Ermordung ein. Noch will dies keiner wahrhaben, vielmehr versichert man Ill seine Solidarität, im Stillen hofft aber doch schon jeder, daß es irgendeiner tun werde. So erscheint es nur als die äußerste Folgerichtigkeit ihres Verhaltens, wenn Ill schließlich auf einer einberufenen Gemeindeversammlung einstimmig zum Tode verurteilt und im Namen der Gerechtigkeit und Menschlichkeit, in dem am Anfang die Forderung Claires abgelehnt wurde, gemeinsam umgebracht wird: Güllen erhält den Scheck und die „alte Dame" das Opfer, mit dem sie die Stadt verläßt.

Die schleichende Korrumpierung und zunehmende Demoralisierung der Güllener werden von Dürrenmatt in einer szenischen Klimax veranschaulicht, die an Frischs *Biedermann* erinnert. Auch hier wird die Zuspitzung des Geschehens, der allmähliche Gesinnungswandel der Güllener, mit optischen und akustischen Mitteln signalisiert. Dies machen im einzelnen deutlich:

die *Kunden,* die in Ills Geschäft bessere Ware verlangen, aber nurmehr anschreiben lassen; der *Polizist,* der mit einem neuen Goldzahn im Munde Ill versichert, bei dem leisesten Verdacht irgendeiner Bedrohung einzuschreiten; der *Bürgermeister,* der Ills Bedenken mit dem Hinweis auf Güllens humanistische Tradition und Rechtsstaatlichkeit zu zerstreuen sucht, gleichzeitig aber eine neue Schreibmaschine entgegennimmt und den Plan für ein neues Stadthaus an der Wand hängen hat; der *Pfarrer,* der Ills Todesfurcht als bloßes Gespenst seines schlechten Gewissens abtut und dann beim Läuten einer zweiten, neuen und natürlich unbezahlten Glocke Ill eingestehen muß, daß auch er der allgemeinen Versuchung nachgab, der selbst *Ills Familie* erlag.

Die wachsende Bedrohung Ills durch die Güllener wird so in ihrem Verhalten szenisch präsent; am augenscheinlichsten in jenem Symbolrequisit der gelben Schuhe, die im Verlauf des Geschehens immer mehr Güllener tragen und die zum „Kainszeichen der Stadt"[32] werden.

In den Äußerungen der Güllener besteht ähnlich wie in denen Biedermanns eine Diskrepanz zwischen Sprache und Meinung, oder wie es H.-J. Syberberg in seiner „Modellinterpretation" formuliert, ein „Spannungsgefüge von ‚Ausdruck' und ‚eigentlich Gemeintem'"[33]. Lediglich bei der Titelfigur decken sich beide Bereiche, sind Aussage und Meinung kongruent. Ihre Sprache ist eindeutig; sie läßt die Güllener weder über den Grund ihres Besuches noch über die erwartete Gegenleistung für die von ihr erbetene Hilfe im Unklaren. Die Güllener hingegen „reden anders als sie es wissen, ahnen oder meinen"[34]. Das gilt für ihre Äußerungen sowohl Ill als auch Zachanassian gegenüber. Wie bei Frisch im *Biedermann* so dient auch hier die Diskrepanz zwischen Gesagtem und Gemeintem in der Sprache, verbunden mit entlarvenden außersprachlichen Darstellungsmitteln, zur Demaskierung der bieder und honorig scheinenden Güllener. Am offensichtlichsten wird dies in der diametral entgegengesetzten Verwendung der nämlichen ethischen Begriffe zur Ablehnung und Ausführung der von der „alten Dame" gestellten Bedingung. Mit den gleichen Phrasen von Menschlichkeit und Gerechtigkeit, mit denen anfangs die Tötung Ills abgelehnt wurde, wird er schließlich zum Tode verurteilt:

Frau Zachanassian: Noch sind wir in Europa, noch sind wir keine Heiden. Ich lehne im Namen der Stadt Güllen das Angebot ab. Im Namen der Menschlichkeit. Lieber bleiben wir arm denn blutbefleckt. (Bürgermeister S. 295)

Es geht nicht um Geld – *Riesenbeifall* – es geht nicht um Wohlstand und Wohlleben, nicht um Luxus, es geht darum, ob wir Gerechtigkeit verwirklichen wollen, und nicht nur sie, sondern auch all die Ideale, für die unsere Altvordern gelebt und gestritten haben und für die sie gestorben sind, die den Wert unseres Abendlandes ausmachen. [...] Mit unseren Idealen müssen wir nun eben in Gottes Namen Ernst machen, blutigen Ernst [...] Nur wenn ihr das Böse nicht aushaltet, nur wenn ihr unter keinen Umständen in einer Welt der Ungerechtigkeit mehr leben könnt, dürft ihr die Milliarde der Frau Zachanassian annehmen und die Bedingung erfüllen, die mit dieser Stiftung verbunden ist. (Lehrer S. 347)

Dürrenmatts Kollektivschuld-Parabel, die sich in ihrer Fabel durch die Monstrositäten auf Seiten der „alten Dame" abstrus und grotesk ausnimmt, in der Entwicklung eines bestimmten Verhaltens auf der Seite der Güllener aber von zwingender Logik ist, kann man in gewissem Sinne als die Realisation des Mitschuldthemas deuten, das Dürrenmatt in der geplanten, aber nicht zustande gekommenen Fortsetzung seiner „fragmentarischen Komödie" *Ein Engel kommt nach Babylon* (1948–53) behandeln wollte[35]: „Dem Plane nach sollte als nächstes Stück der Turmbau selber dargestellt werden: ,Die Mitmacher'. Alle sind gegen den Turm und dennoch kommt er zustande . . ."[36]. In der Geschichte der Güllener hat Dürrenmatt dieses Thema der „Mitmacher" an einem zeitnahen Beispiel verwirklicht, dessen Quintessenz sich ähnlich charakterisieren läßt: Alle sind gegen den Tod Ills und dennoch kommt er zustande. Denn die Güllener sind, wie der Autor im Nachwort zum Stück vermerkt, „Menschen wie wir alle. Sie sind nicht böse zu zeichnen, durchaus nicht, zuerst entschlossen, das Angebot abzulehnen, zwar machen sie nun Schulden, doch nicht im Vorsatz, Ill zu töten, sondern aus Leichtsinn, aus einem Gefühl heraus, es lasse sich alles schon arrangieren."[37]

Wie bei Frisch in der Hörspielfassung des *Biedermann*, bei Lenz im Kommentar zu den beiden Mitschuld-Parabeln (im Anhang zu *Das Gesicht*), findet sich denn auch bei Dürrenmatt trotz aller satirischen Denunziation eine gewisse Identifikation mit seinen Figuren. So bringt er Zweifel zum Ausdruck, ob er selbst im gegebenen Fall eine andere Haltung einnehmen würde:

„Der Besuch der alten Dame ist eine Geschichte, die sich irgendwo in Mitteleuropa in einer kleinen Stadt ereignet, geschrieben von einem, der sich von diesen Leuten durchaus nicht distanziert und der nicht so sicher ist, ob er anders handeln würde."[38]

Durchaus hat also die Frage der Autoren nach ihrem möglichen Verhalten in ähnlichen Zwangs- und Entscheidungssituationen zur Entstehung der Mitschuld-Stücke nach dem Kriege beigetragen. Dafür mag als exemplarisches Zeugnis eine Äußerung Max Frischs stehen, die sich in dem 1949 entstandenen Aufsatz „Kultur als Alibi" findet und erklärt, warum er als Schweizer sich veranlaßt sieht, zur jüngsten deutschen Vergangenheit Stellung zu nehmen:

„Die tausend Geschichten [gemeint sind die Nachrichten über die Vorgänge im Dritten Reich], die man uns erzählt, haben mich mehr und mehr unsicher gemacht, wie ich mich in einer ähnlichen Lage selber verhalten hätte. [...] Sie haben unser Vertrauen in die eigene Menschlichkeit erschüttert. Menschen, die ich als verwandt empfinde, sind Unmenschen geworden."[39] Seine Folgerung daraus: „Wenn Menschen, die gleiche Worte sprechen wie ich [...], nicht davor sicher sind, Unmenschen zu werden, woher beziehe ich fortan meine Zuversicht, daß ich davor sicher sei?"[40]

Eben diese hypothetische Frage nach dem eigenen Verhalten oder dem der eigenen Landsleute unter dem NS-Regime bildet indirekt den Anlaß für die Entstehung von *Max Frisch*s Stück *Andorra* (1958–61; UA 1961)[41]. Es beschreibt im Antisemitismus die Vorstufe des kollektiven Verbrechens, das im Dritten Reich an den Juden begangen wurde.

Dramaturgisch gesehen erzählt Frisch in *Andorra* – ähnlich wie Dürrenmatt im *Besuch der alten Dame* – die fiktive Geschichte eines Gemeinwesens, dessen Bürger sich viel auf ihre humanistische und demokratische Tradition zugutehalten, sie im entscheidenden Augenblick jedoch schnell hinter sich lassen und – um sich selbst zu retten – einen Mitbürger der Gewalt preisgeben. Auch hier steht also eine Gemeinschaft im Mittelpunkt des Dramas, die *Andorraner,* und nicht etwa deren Opfer, *Andri,* gegen den das Vorurteil des Antisemitismus sich wendet. Diese Figur dient trotz aller Eigenständigkeit (genau wie Sason bei Lenz oder Ill bei Dürrenmatt) primär als Demonstrationsobjekt für ein Kollektivverhalten. Andererseits erfüllen die „Schwarzen", die Nachbarn Andorras, die erst am Schluß des Stückes in Erscheinung treten, eine ähnliche Funktion wie Dürrenmatts „alte Dame" und Lenz' „Diktatoren"-Figuren. Sie sind dramatisches Movens in dem Geschehen zwischen Kollektiv und Opfer und erbringen zugleich den Erweis für die Mittäterschaft an einer ursprünglich nicht für möglich gehaltenen Untat. In der Grundkonstellation gleicht damit auch *Andorra* dem Dramentypus der szenischen *Versuchsanordnung* zur Erprobung der moralischen Standfestigkeit.

Im Unterschied zu Dürrenmatts grotesker Kollektivschuld-Parabel hat das Mitschuld-Exempel *Andorra* im Anklang an die nationalsozialistische Judenverfolgung und -vernichtung einen eindeutigen Vergangenheitsbezug. Indem Frisch nun aber das allgemein verbreitete Vorurteil gegen die Juden nicht an den Urhebern des Massenmordes (Schwarze//Deutsche), sondern an Unbeteiligten (Andorraner // Schweizer) aufzeigt, demonstriert er, daß bereits all diejenigen an dem Verübten mitschuldig sind, die mit den Tätern die gleichen Ressentiments teilten; daß sie selbst als potentielle Täter in Betracht zu ziehen sind, die letztlich nur durch Zufall vor direkter Schuld bewahrt blieben. Frischs Parabel hat so mit *Zeit der Schuldlosen* die These von der Schuld der Schuldlosen gemein, zeichnet sich aber durch den deutlichen Bezug auf zeithistorische Vorgänge aus.

Im Bezug auf eine reale historische Situation strebt Frisch jedoch gleichzeitig eine darüber hinausweisende, exemplarische Studie über die Mitschuld an. Sein Stück deckt einmal anhand eines erdichteten Geschehens die eigentlichen Ursachen auf, die zur planmäßigen Vernichtung der Juden führten; zum andern exemplifiziert es am Beispiel des Antisemitismus die prinzipiell mit jedem Vorurteil verbundene schuldhafte Fixierung eines Mitmenschen auf ein bestimmtes Bild, dem dieser nicht mehr entrinnen kann. In dieser Ambivalenz bezeichnet *Andorra* nicht bloß den fiktiven Ort einer erdachten Parabel-Handlung, sondern ist vielmehr (nach des Autors eigener Vorbemerkung zum Stück) der „Name für ein Modell"[42], das die tödlichen Mechanismen eines kollektiven Vorurteils verdeutlicht.

Die Einwohner dieses fiktiven Kleinstaates Andorra sind wie die Güllener in Dürrenmatts *Besuch der alten Dame* eine Gemeinde selbstgerechter Bürger. Sie betrachten ihr Land als „Hort des Friedens und der Freiheit und der Menschenrechte" (Doktor S. 256) und entrüsten sich über den totalitären Nachbarstaat der „Schwarzen", der sich die Ausrottung der Juden zum Ziel gesetzt hat und Andorra mit der Okkupation bedroht. In Wirklichkeit unterscheiden sie sich in ihrem eigenen Ressentiment gegenüber den Juden von den „Schwarzen" und deren Antisemitismus nur graduell. Dies wird deutlich an ihrem Verhalten gegenüber Andri, dem außerehelichen Sohn des Lehrers, den dieser von einer „Schwarzen" hat, aber aus Feigheit vor seiner Frau und seinen Landsleuten für ein vor den „Schwarzen" gerettetes Judenkind ausgibt. Waren am Anfang die Andorraner stolz auf diese vermeintliche Großmütigkeit des Lehrers, die sie in ihrer Überzeugung bestärkte, nichts mit den „Schwarzen" gemein zu haben, so begegnen sie dem heranwachsenden Andri bald mit den auch bei ihnen tief eingewurzelten Ansichten über den Juden. Der Jude, und damit Andri, ist für sie feige, vaterlandslos, geschäftstüchtig und ehrgeizig, gemütlos und vernunft betont.

Frisch konkretisiert diese einzelnen für den Antisemitismus charakteristischen Vorurteile jeweils in einer Figur. Er enthüllt das Alogische und Irrationale der antisemitischen Argumentation und entlarvt zugleich die „typisch jüdischen" Eigenschaften als Projektionen eigener negativer Eigenschaften auf eine Fremdperson:

Für den *Soldaten,* der bis zum letzten Atemzug gegen die „Schwarzen" kämpfen will, bei ihrem Einmarsch in Andorra aber als erster mit ihnen kollaboriert, ist Andri zwangsläufig feige:

> Soldat: Ein Andorraner hat keine Angst!
>
> Andri: Das sagtest du schon.
>
> Soldat: Aber du hast Angst!
>
> Andri: *schweigt.*
>
> Soldat: Weil du feig bist.
>
> Andri: Wieso bin ich feig?
>
> Soldat: Weil du Jud bist.   (S. 214)

Der *Tischler,* der Andri nur widerwillig für fünfzig Pfund in die Lehre genommen hat, ignoriert dessen handwerkliches Geschick, weil er ihn aufgrund seiner Vorstellung von spezifisch jüdischen Fähigkeiten eher für den Verkauf als für die Herstellung von Möbeln geeignet hält:

> Tischler werden íst nicht einfach, wenn's einer nicht im Blut hat. Nicht einfach. Woher sollst du's im Blut haben. (S. 223)

> Für jede Bestellung, die du hereinbringst mit deiner Schnorrerei, verdienst du ein halbes Pfund. Sagen wir: ein ganzes Pfund für drei Bestellungen. Ein ganzes Pfund! Das ist's, was deinesgleichen im Blut hat, glaub mir, und jedermann soll tun, was er im Blut hat. Du kan Geld verdienen, Andri, Geld, viel Geld . . . (S. 226 f.)

Selbst die Kritik des *Wirts* am Verhalten des Tischlers artikuliert noch das antisemitische Vorurteil:

> Die Andorraner sind gemütliche Leut, aber wenn es ums Geld geht, das hab ich immer gesagt, dann sind sie wie der Jud. (S. 208)

Der Teufelskreis des Vorurteils ist nicht zu durchbrechen. Auf des Lehrers Vorhaltung: „Woher wißt ihr alle, wie der Jud ist?" (S. 208) gibt der Wirt eine Antwort, die die Hartnäckigkeit und U reflektiertheit des Vorurteils deutlich macht:

> – ich habe nichts gegen deinen Andri. [. . .] Hab ich nicht bei jeder Gelegenheit gesagt, A dri ist eine Ausnahme? (S. 208)

Die zugestandene individuelle Ausnahme im Falle Andris bestätigt für ihn nur die Regel, stellt aber keineswegs das vorgeprägte Bild „vom Juden" in Frage. Dieses hält sich nicht zuletzt deshalb so zäh, weil die Andorraner in ihrem Antisemitismus ihre eigenen uneingestandenen Fehler und Schwächen kompensieren. Projiziert der Soldat seine eigene Feigheit, der Tischler seine eigene Profitsucht auf den vermeintlichen Juden Andri, so macht der ihn behandelnde *Doktor* die Juden ganz allgemein für sein berufliches Scheitern verantwortlich:

> Ich kenne den Jud. Wo man hinkommt, da hockt er schon, der alles besser weiß, und du, ein schlichter Andorraner, kannst einpacken. So ist es doch. Das Schlimme am Jud ist sein Ehrgeiz. In allen Ländern der Welt hocken sie auf allen Lehrstühlen, ich hab's erfahren, und unsereinem bleibt nichts andres übrig als die Heimat. (S. 231 f.)

Aber selbst da, wo kein persönliches Motiv im Spiele ist, wirkt sich das allgemeine Vorurteil noch aus, so wenn der *Pater*, um Andri zu helfen, ihm den gutgemeinten Rat gibt, sein „Anderssein" bewußt zu akzeptieren:

> Wir müssen uns selbst annehmen, und das ist es, Andri, was du nicht tust. Warum willst du sein wie die andern? Du bist gescheiter als sie, glaub mir, du bist wacher. Wieso willst du's nicht wahrhaben [. . .] Warum soll's nicht auch Geschöpfe geben, die mehr Verstand haben als Gefühl? (S. 252)

Andri wird durch die Andorraner in die Rolle des Andersgearteten und in eine Ausnahmestellung gedrängt. Er wird zum Gefangenen einer vorgefaßten Meinung und schließlich deren Opfer. Daß die Andorraner ihn bei der Okkupation ihres Landes durch die „Schwarzen" der Liquidation preisgeben, ist nur die letzte Konsequenz ihres Verhaltens. Die „Schwarzen" fungieren hier nur als Vollstrecker des antisemitischen Vorurteils der Andorraner. Im Rückblick auf das Geschehene will allerdings keiner von diesen etwas mit dem Tode Andris zu tun haben. In den vom Autor in den Handlungsverlauf eingefügten, zeitlich weit nach der Tat stattfindenden Rechtfertigungsversuchen der Andorraner wird mit stereotyper Monotonie unter der Begründung, niemand habe wissen können, daß Andri kein Jude sei, jegliche persönliche Schuld an seinem Tode bestritten:

(Wirt) Niemand von uns hat wissen können, daß Andri wirklich sein eigner Sohn ist, der Sohn von unsrem Lehrer. [. . .] Ich bin nicht schuld, daß es dann so gekommen ist. (S. 216)

(Tischler) Wieso wollte er nicht Verkäufer werden? Ich dachte, das würd ihm liegen. Niemand hat wissen können, daß er keiner ist. Ich kann nur sagen, daß ich es im Grund wohlmeinte mit ihm. Ich bin nicht schuld, daß es so gekommen ist später. (S. 221)

(Soldat) Ich gebe zu: Ich hab ihn nicht leiden können. Ich habe ja nicht gewußt, daß er keiner ist, immer hat's geheißen, er sei einer. Übrigens glaub ich noch heut, daß er einer gewesen ist. (S. 247)

(Doktor) Ich gebe zu: Wir haben uns damals alle getäuscht. was ich selbstverständlich nur bedauern kann [. . .] Ich kann nur sagen, daß es nicht meine Schuld ist, einmal abgesehen davon, daß sein Benehmen (was man leider nicht verschweigen kann) mehr und mehr (sagen wir es offen) etwas Jüdisches hatte, obschon der junge Mann, mag sein, ein Andorraner war wie unsereiner. Ich bestreite keineswegs, daß wir sozusagen einer gewissen Aktualität erlegen sind. [. . .] Eine tragische Geschichte, kein Zweifel. Ich bin nicht schuld, daß es dazu gekommen ist. (S. 289 f.)

133

Diese Rechtfertigungsversuche, die den Geschehnisverlauf unterbrechen (im ganzen sind es sieben bei zwölf Bildern), kennzeichnen inhaltlich die nachträgliche Stellung der Andorraner zu dem vor den Augen der Zuschauer sich abspielenden Geschehen. Kompositorisch bilden sie die notwendige Verklammerung zwischen den fragmentarisch gehaltenen Situationsbildern aus dem täglichen Umgang der Andorraner mit Andri. Zudem lenken diese eingeblendeten (chronologisch späteren, auf der Bühne aber voraus- und zurückverweisenden) Stellungnahmen der Figuren zu ihrem eigenen (in den Spielszenen demonstrierten) Verhalten immer wieder den Blick auf den Ausgang des Stückes und intensivieren die partielle Aussage der einzelnen Situationsbilder[43].

In den Rechtfertigungsmonologen selbst macht Frisch durch konsequente Wiederholung fast gleichlautender Distanzierungsformeln die Uneinsichtigkeit der Andorraner deutlich: Dem Eingeständnis eines falschen Verhaltens („ich gebe zu") folgt jeweils die entschiedene Ablehnung persönlicher Mitschuld am Geschehenen („nicht schuld, daß es so gekommen ist"). Alle verweisen zur eigenen Entlastung auf die Ausnahmslosigkeit, mit der man einem Irrtum erlegen ist („niemand von uns"), sowie auf den Grund des Irrtums: auf die Unkenntnis von Andris nichtjüdischer Abstammung („nicht gewußt, daß er keiner ist"). Indem sie aber zur Rechtfertigung dieses Irrtums wiederum das antisemitische Vorurteil bemühen, geben sie unbeabsichtigt zu erkennen, daß ihr verhängnisvolles Irren im Falle Andris nicht etwa ihr Vorurteil in Frage stellte, sondern daß sie noch immer ihre feste Vorstellung „vom Juden" haben. In dieser Pointierung der andorranischen Rechtfertigungsversuche meldet Frisch seine grundsätzlichen Zweifel an der Einsicht der Mitschuldiggewordenen an, wie er es auch in *Biedermann und die Brandstifter* getan hat.

Unter den Andorranern erkennt allein der Pater, daß sie Andri zum Gefangenen eines vorgeprägten Bildes machten und an ihm schuldig wurden:

> Du sollst dir kein Bildnis machen von Gott, deinem Herrn, und nicht von den Menschen, die seine Geschöpfe sind. Auch ich bin schuldig geworden damals. Ich wollte ihm mit Liebe begegnen, als ich gesprochen habe mit ihm. Auch ich habe mir ein Bildnis gemacht von ihm, auch ich habe ihn gefesselt, auch ich habe ihn an den Pfahl gebracht. (S. 254)

Dies Schuldbekenntnis des Paters enthält die zentrale Aussage des Stückes. In ihr formuliert sich ein Thema, das Frischs gesamtes Werk durchzieht: die Fixierung des anderen auf ein bestimmtes Bild, das man sich von ihm gemacht hat, oder umgekehrt: das Verurteiltsein des eigenen Ich zu dem, wofür einen die anderen halten[44]. Bereits 1946 notierte Frisch am Anfang seines Tagebuches unter dem Titel *Du sollst Dir kein Bildnis machen:*

> „In gewissem Grad sind wir wirklich das Wesen, das die andern in uns hineinsehen, Freunde wie Feinde. Und umgekehrt! auch wir sind die Verfasser der andern; wir sind auf eine heimliche und unentrinnbare Weise verantwortlich für das Gesicht, das sie uns zeigen, verantwortlich nicht für ihre Anlage, aber für die Ausschöpfung dieser Anlage. [. . .] Wir halten uns für den Spiegel und ahnen nur selten, wie sehr der andere seinerseits eben der Spiegel unsres erstarrten Menschenbildes ist, unser Erzeugnis, unser Opfer – ."[45]

In unmittelbarer Nachbarschaft zu dieser Tagebucheintragung findet sich bereits Idee und Fabelgerüst zu *Andorra:* in der Prosaskizze *Der Andorranische Jude,* die die vorausgegangene Betrachtung an einem erdachten Beispiel verifiziert und ebenfalls mit dem Postulat schließt, sich kein Bildnis vom anderen zu machen[46]. Die gleiche Forderung erscheint im Nachwort zu *Als der Krieg zu Ende war* (UA 1949), einem Stück, das in der Begegnung zwischen einer deutschen Frau und einem russischen Offizier die Überwindung eines allgemeinen Vorurteils darstellt[47]. Doch erst mit *Andorra* erhielt das Thema von der schuldhaften Fixierung des Nächsten seine eindringlichste Formulierung, da Frisch hier den geeigneten Stoff dafür fand[48]. Die „Geschichte von Andri und vom antisemitischen Andorra" ist, wie Helmut Krapp es formulierte, die „politische und tragische Metapher" für „Frischs Grunderfahrung", den „Widerspruch zwischen der möglichen wahren und der tatsächlich gelebten Existenz des Menschen"[49].

So verstanden ist Frischs Stück nicht allein eine Auseinandersetzung mit dem Antisemitismus und dessen Auswirkungen während des Dritten Reichs, sondern dient darüber hinaus der Explikation, daß prinzipiell jede Art von Vorurteil ein Schuldigwerden gegenüber den Mitmenschen bedeutet. Gleichzeitig verfolgt Frisch allerdings das konkrete Ziel, die allgemeine Mitschuld an dem unter Hitler verübten Unrecht gegen die Juden bewußt zu machen, auch für den Fall, daß man (wie die Andorraner) an diesen Verbrechen nicht persönlich beteiligt war:

„Die Quintessenz: die Schuldigen sind sich keiner Schuld bewußt, werden nicht bestraft, sie haben nichts Kriminelles getan. Ich möchte keinen Hoffnungsstrahl am Ende, ich möchte vielmehr mit diesem Schrecken, ich möchte mit dem Schrei enden, wie skandalös Menschen mit Menschen umgehen. [. . .] Die Schuldigen sitzen ja im Parkett. Sie, die sagen, daß sie es nicht gewollt haben. Sie, die mitschuldig wurden, sich aber nicht mitschuldig fühlen."[50]

Um die Tatsache der kollektiven Schuld aufgrund eines allgemeinen Ressentiments sowie dessen Irrationalität deutlich zu machen, konzipierte Frisch einen Demonstrationsfall, an dem das antisemitische Vorurteil effektiv als bloßes Vorurteil evident wird. Dadurch, daß die antisemitischen Klischeevorstellungen hier am falschen Objekt angewandt werden, wird der Antisemitismus als unhaltbares Vorurteil erwiesen und ad absurdum geführt:

„Das Stück entlarvt das Vorurteil, indem es ihm jeden Boden entzieht. Der Antisemitismus sieht nur, was er sehen will. Und er sieht es auch da, wo es gar nicht sichtbar sein kann. Das ist ebenso grandios wie problematisch. Grandios, weil es die Mechanismen von Vorurteilen bloßlegt, die durch keine Realität eines Besseren zu belehren sind. [. . .] Wer Jude ist, bestimmt das Vorurteil, der Wahn, der sich überlegen, anders dünkt. Problematisch ist diese Modell-Skizzierung deshalb, weil sie dem Vorurteil keinerlei Gründe zubilligt, es – da Andri ja nicht ist, was die anderen in ihm sehen – nur in Reaktionen zeigt."[51]

Von diesem Gesichtspunkt gehen die hauptsächlichen Vorbehalte aus, die gegen das Stück geltend gemacht wurden. Der Umstand, daß die Beweisführung nicht etwa an einem Juden vorgenommen wird, der alle die durch das Vorurteil ihm zugeschriebenen negativen, angeblich jüdischen Eigenschaften durch sein Anderssein entkräftet, sondern an einem Nichtjuden (der sie nach landläufigem Vorurteil eben nicht haben kann), erbringe letztlich – zumindest für Uneinsichtige – keine Widerlegung des Antisemitismus und dessen typischer Vorurteile[52]. Eine andere aus diesem Umstand resultierende und Frischs Intention zuwiderlaufende Wirkung des Stückes sei die fehlgeleitete Erschütterung des Zuschauers über Andris Tod, falls er etwa deshalb besonderes Mitleid mit Andri empfinde, weil dieser als Nichtjude sozusagen ungerechterweise das Schicksal der Juden erleide[53]. Bei aller Subtilität der Argumentation sind diese Einwände doch zu spitzfindig, um entscheidend ins Gewicht zu fallen, – zumal die Aufnahme des Stückes beim Zuschauer entgegen den hier geäußerten Vermutungen normalerweise der Intention des Autors entsprechen dürfte. Der neuralgische Punkt des Stückes liegt weniger in der Prämisse von Frischs Beweisführung, dem Faktum, daß die Demonstrationsfigur zur Widerlegung des Antisemitismus *kein* Jude ist, sondern vielmehr in der Motivierung dieses Umstandes im Stück und den sich daraus ergebenden Unwahrscheinlichkeiten im Handlungsverlauf: Konnte Frisch in seiner Prosaskizze *Der Andorranische Jude* sich eingangs mit dem Vermerk „Zu erzählen wäre die vermeintliche Geschichte seiner Herkunft" und am Schluß mit der lapidaren Feststellung begnügen, daß der *Andorranische Jude* ein „Findelkind" war, dessen nichtjüdische Herkunft man erst nach seinem Tode entdeckte, und sich damit auf die Beschreibung von Andris „tägliche[m] Umgang mit den Andorranern, die in ihm den Juden sehen", konzentrieren, so sah er sich bei der szenischen Umsetzung der Prosaskizze in einen Handlungsverlauf gezwungen, auch die bislang ausgesparte „Geschichte seiner Herkunft"[54] zu realisieren[55].

Zwar ist die Begründung von Andris nichtjüdischer Herkunft (Andri als unehelicher Sohn des Lehrers, den dieser als adoptiertes Judenkind ausgibt) noch plausibel, doch wirken die weiteren Motivierungen, mit denen das vermeintliche Judentum Andris vom Autor aufrechterhalten wird, befremdend und konstruiert. Als unwahrscheinlich muß es der Zuschauer empfinden, daß der Lehrer Andri selbst dann noch nicht die Wahrheit eröffnet, als dieser um die Hand seiner Halbschwester Barblin anhält, daß Andri, als er schließlich doch noch vom Lehrer und vom Pater seine Herkunft erfährt, diese nicht annehmen will, sondern nun gegen besseres Wissen die ihm aufoktroyierte Rolle des Juden akzeptiert, und daß er schließlich in der Judenschau-Szene als einziger unter den Andorranern von den „Schwarzen" als Jude „erkannt" und liquidiert wird.

Diese Unwahrscheinlichkeiten in der Handlungsführung stehen freilich im ursächlichen Zusammenhang mit Frischs Demonstrationsabsicht. Um die Unhaltbarkeit des antisemitischen Vorurteils zu verdeutlichen, darf Andri kein Jude sein, muß aber von den Andorranern bis zum Schluß als Jude betrachtet werden, ja muß sich selbst auch nach der Eröffnung seiner wahren Herkunft dafür halten.

Innerhalb der Gesamtkonzeption des Stückes verlieren diese Unstimmigkeiten jedoch an Bedeutung. Andri ist, worauf an anderer Stelle bereits verwiesen wurde, bei aller Eigenständigkeit der Figur in erster Linie Objekt für die Demonstration eines kollektiven schuldhaften Versagens. Im Zentrum der Darstellung steht also nicht die „Geschichte" von Andri, sondern das Verhalten der Andorraner. Zudem treten die genannten Unstimmigkeiten und Unwahrscheinlichkeiten in der Handlungskonstruktion und -motivierung auf Seiten Andris weitgehend in den Hintergrund vor der Folgerichtigkeit und Konsequenz des Geschehnisablaufes auf Seiten der Andorraner.

Mit bemerkenswerter künstlerischer Ökonomie werden auf dieser entscheidenden

Ebene des Stückes durch wenige Figuren, die bei aller Typisierung je nach Beruf und Stand eine individuelle Charakterisierung und sprachliche Nuancierung aufweisen, die typischen Argumente und Verhaltensweisen des Antisemitismus demonstriert und dekouvriert. Die ersten neun Bilder des Stückes zeigen die vergleichsweise harmlose Entfaltung des kollektiven Vorurteils, die letzten drei dessen tödliche Auswirkung. In dieser „schrittweisen Aufdeckung des Vorurteils, in dem zwangsläufigen Umschlagen der latenten Abneigungen in den Terror" hat *Andorra* „tatsächlich die Züge eines grundlegenden Modells."[56] Was die Originalität des thematischen Vorwurfs und die moralischen und aufklärerischen Impulse angeht, hat Frisch mit *Andorra* jedenfalls eines der wichtigsten Stücke der deutschen Nachkriegsdramatik geschrieben und den substantiellsten Beitrag zur szenisch-dramatischen Diskussion um die Mitschuld geliefert.

Gleichzeitig markiert Frischs *Andorra*-Modell auch einen Höhe- und bereits Endpunkt der hauptsächlich von Brecht beeinflußten Parabeldramatik, die für die erste Phase der deutschen Nachkriegsdramatik kennzeichnend ist. An die Stelle der (politischen) Parabel tritt als neue dramatische Spezies das Dokumentarstück. Die *realistische Fiktion*, die sich, etwa in Frischs *Andorra*, bereits gegen den von allen tatsächlichen Ereignissen abstrahierenden Parabeltypus abhebt, wird vom *Fakten-Drama* abgelöst. Dieser Vorgang drückt Zweifel an der Effektivität der Parabel aus, die in Verdacht geraten ist, aufgrund ihres fiktiven Charakters dem Zuschauer allzu leicht eine Distanzierung und Exkulpierung zu ermöglichen. Allein die Faktizität des Stoffes, die dokumentarisch abgesicherte Fabel scheint noch zu gewährleisten, daß der Zuschauer sich einer Auseinandersetzung mit dem Dargestellten nicht entziehen kann[57].

Am Beginn dieser neuen Phase in der deutschen Nachkriegsdramatik steht *Rolf Hochhuths* (* 1931) Schauspiel *Der Stellvertreter* (UA 1963)[58], in dem die Ebene der mehr oder minder parabolischen Auseinandersetzung um die Mitschuld verlassen und ein konkreter historischer Fall anvisiert wird: die Haltung Papst Pius' XII. zu den Judendeportationen während des Zweiten Weltkrieges.

Hochhuth erhebt gegen Pius XII. den schwerwiegenden Vorwurf, er habe trotz hinreichender Information über das Ausmaß der Judenverfolgung und die geplante „Endlösung der Judenfrage" sich zu keinem eindeutigen Protest gegen das Vorgehen der Nationalsozialisten entschließen können; selbst dann nicht, als in Rom selbst Juden deportiert wurden. Hochhuths Vorwurf gipfelt[59] in der These, daß Pius XII. durch eine öffentliche Verurteilung der nationalsozialistischen Judenverfolgung mit großer Wahrscheinlichkeit die Einstellung der weiteren planmäßigen Deportation und Vernichtung hätte erreichen können, durch sein Schweigen jedoch an deren Tod mitschuldig wurde: „Vielleicht haben niemals zuvor in der Geschichte soviele Menschen die Passivität eines einzigen Politikers mit dem Leben bezahlt."[60]

In den fünf Akten seines rund 220 Seiten umfassenden Schauspiels, das ungekürzt eine Spieldauer von mehreren Stunden erfordern würde, demonstriert Hochhuth diese „Passivität" Pius' XII. am verzweifelten Bemühen zweier engagierter Christen – eines protestantischen SS-Offiziers (Kurt Gerstein) und eines jungen römischen Jesuiten (Riccardo Fontana)[61] – , den Papst zu einer demonstrativen Stellungnahme zu bewegen.

Gerstein, der in Polen Augenzeuge der systematischen Vernichtung der Juden wurde, unterrichtet (im I. Akt: Der Auftrag) den päpstlichen Nuntius in Berlin von diesen Vorgängen mit der Bitte, den Vatikan zu informieren und den Papst zu einer entschiedenen Intervention zu veranlassen. Während Gerstein mit seinem Ersuchen beim Nuntius auf politische Bedenken und diplomatische Vorbehalte stößt, findet er bei dem gerade an der Nuntiatur weilenden römischen Jesuiten Riccardo vorbehaltlose Unterstützung. Riccardo, der über seinen Vater (Graf Fontana), einen der höchsten Laien am Heiligen Stuhl, unmittelbaren Zugang zum Papst hat, macht Gersteins Forderung zu seiner eigenen Mission. Nach Rom zurückgekehrt (II. Akt: Die Glocken von St. Peter), konstatiert er unter dem Eindruck des in Deutschland Erfahrenen mit Befremden die religiös introvertierte und diplomatisch taktierende Haltung des Papstes. Auf den Versuch seines Vaters, die Zurückhaltung des Papstes in der Judenfrage mit Gründen der Staatsräson zu erklären, reagiert er mit äußerster Empörung:

> „Ein Stellvertreter Christi, der *das*
> vor Augen hat und dennoch schweigt, aus Staatsräson,
> der sich nur *einen* Tag besinnt,
> nur eine *Stunde* zögert,
> die Stimme seines Schmerzes zu erheben
> zu einem Fluch, der noch den letzten Menschen
> dieser Erde erschauern läßt – : ein solcher Papst
> ist . . . ein Verbrecher." (S. 83)

Unter dieser moralischen Prämisse stehen nunmehr alle weiteren Szenen des Stückes bis zum Erscheinen des Papstes auf der Bühne (im IV. Akt). Bis dahin wird dessen Passivität nur indirekt charakterisiert, vor allem in der Begegnung Riccardos mit dem Kardinal, der in seiner Argumentation die Haltung der Kurie sowie die Einstellung des Papstes zum Ausdruck bringt. Die mangelnde Bereitschaft des Vatikans und des Papstes zu einem Engagement für die Juden wird im nächsten Akt, der zugleich eine Zuspitzung der Situation bringt (III. Akt: Die Heimsuchung), auch szenisch illustriert. Selbst beim Einsetzen der Judendeportationen in Rom (Judenrazzia der Gestapo, Szene 1 und 3), die zu verstärkten Bemühungen von Riccardo und Gerstein führen (Szene 2), bleibt der Vatikan weiterhin passiv und begnügt sich lediglich mit begrenzten Hilfsaktionen durch Aufnahme einzelner Verfolgter in römische Klöster. Nach dieser belastenden Indiziensammlung der ersten drei Akte kommt es im IV. Akt (Il gran rifiuto) zu der längst erwarteten Konfrontation zwischen Papst und Riccardo. Die Unbedingtheit der moralischen Forderung Riccardos trifft hier auf die von realpolitischen Erwägungen bestimmte Haltung des Papstes:

> „Gewiß, der Terror gegen Juden ist *ekelhaft,*
> doch darf er Uns nicht so verbittern,
> daß wir vergessen, *welche* Pflichten
> den Deutschen auch als Schirmherrn Roms
> in nächster Zukunft auferlegt sind." (S. 168)

> „Gott helfe, daß der Angriff aus dem Osten
> auch diesmal scheitert, weil Europa
> noch rechtzeitig erkennt,
> daß es vor *dieser* Drohung
> seine internen Fehden begraben muß. [. . .]
> Und betet, ihr Lieben im Herrn, auch
> für die Juden, von denen viele
> schon bald vor Gottes Antlitz treten werden." (S. 169)

Auf diese vom Autor bewußt satirisch gehaltene Argumentation des Papstes, mit der dieser im Sinne der Prämisse Riccardos über sich selbst das Urteil spricht, folgt die von Riccardo geforderte offizielle Stellungnahme des Papstes. Er diktiert sie zwischen finanziellen Transaktionen in einem floskelreichen, kurialen Stil, ohne dabei die Judenvernichtung auch nur mit einem Wort direkt zu erwähnen. Aus Protest über diese unverbindliche Stellungnahme des Papstes heftet sich Riccardo demonstrativ den Judenstern an die Soutane und geht stellvertretend für den „Stellvertreter Christi", der sich dem an ihn ergangenen Ruf entzieht, mit den Juden (im V. Akt: Auschwitz oder die Frage nach Gott) in den Tod. In diesem Schlußakt wird von Hochhuth noch einmal der Blick auf die vom Papst ihrem Schicksal überlassenen Opfer und auf die Mentalität ihrer Henker (in der Figur des Doktors) gelenkt.

In einer stufenweise vorgetragenen und sich steigernden Anklage, die dem Durchlaufen des hierarchischen Instanzenweges — Nuntiatur, Kurie, Papst — entspricht, führt Hochhuth seinen szenischen Prozeß gegen Papst Pius XII. Szenen, die die Passivität des Vatikans demonstrieren (Nuntiatur in Berlin: I. Akt, Szene 1; Kurie in Rom: II. und III. Akt, Sz. 2; Papst: IV. Akt), wechseln nahezu alternierend mit solchen, die das Vorgehen der Gestapo und SS zeigen (Jägerkeller: I. Akt, Sz. 2; Judendeportation in Rom: III. Akt, Sz. 1 und 3; Auschwitz: V. Akt). Der Sachverhalt, um den es im Stück geht, wird somit nicht nur aus den Auseinandersetzungen Riccardos (und Gersteins) mit den kirchlichen Instanzen deutlich, sondern gleichzeitig an einzelnen Vorgängen veranschaulicht. Kulminationspunkt dieser wechselseitigen Erhellung ist das Auftreten des Papstes im IV. Akt. Nach der vorausgegangenen belastenden Indiziensammlung erbringt nun Pius XII. selbst durch sein Verhalten den definitiven Beweis für die ihm unterstellte Passivität. Seinem Versagen wird im nachfolgenden Schlußakt mit dem freiwilligem Opfergang Riccardos nach Auschwitz ein Gegenbild der Solidarität mit den Verfolgten und konsequent verwirklichter „Nachfolge Christi" gegenübergestellt[62].

Wie es die Brisanz des Themas erwarten ließ, fand Hochhuths Stück wie kaum ein zweites in der deutschen Nachkriegsdramatik weltweite Publizität und Beachtung. In zahlreichen Diskussionen und Rezensionen kam es zu teilweise leidenschaftlichen Stellungnahmen für und wider das Stück[63] sowie an den meisten Aufführungsorten zu öffentlichen Demonstrationen gegen dessen Inszenierung[64]. Fern aller Parteinahme für oder gegen Hochhuths Stück stellt sich allerdings in Anbetracht der rigorosen Verurteilung der Gestalt Pius XII. zunächst die Frage nach der historischen Stichhaltigkeit der Anklage. Sie stellt sich um so zwingender, als der Autor selbst den Anspruch auf historische Wahrhaftigkeit nachdrücklich geltend macht. In seinen *Historischen Streiflichtern* erklärt Hochhuth, „daß der Verfasser des Dramas sich die freie Entfaltung der Phantasie nur soweit erlaubt hat, als es nötig war, um das vorliegende historische Rohmaterial überhaupt zu einem Bühnenstück gestalten zu können. Die Wirklichkeit blieb stets respektiert, sie wurde aber entschlackt." (S. 229)

Wie ist es nun mit der „Wirklichkeit" im Falle Pius XII. bestellt? — Sichtet man die bekannten offiziösen Stellungnahmen Papst Pius XII. zur nationalsozialistischen Rassenverfolgung[65], so ergibt sich in der Tat, daß Pius XII. keinen unüberhörbaren Protest gegen die Deportation und Vernichtung der Juden durch das Hitlerregime ausgesprochen hat. Strittig hingegen bleiben die Motive für seine Zurückhaltung. In dieser Hinsicht wurden von den Kritikern und Verteidigern Pius XII. je nach ihrem Standpunkt (oder dem Grad ihrer Voreingenommenheit) letztlich nur Vermutungen geäußert und Spekulationen über die negativen oder positiven Auswirkungen eines päpstlichen Protestes angestellt. Das Gleiche gilt allerdings für den Auslöser dieser Diskussion selbst: auch Hochhuth setzt mit der Deutung eines noch ungeklärten geschichtlichen Tatbestandes aufgrund des von ihm zusammengetragenen historischen Materials an dieser Stelle ein.

Unter den gegebenen Umständen wird man mit Carl Amery zugestehen müssen, daß es Hochhuth als historischem Dramatiker erlaubt ist, Tatbestand und Figuren im Sinne seiner These zu interpretieren, solange die Dokumentenlage nicht eindeutig gegen ihn spricht[66]. Umgekehrt wird man aber auch mit einigem Recht fordern dürfen, daß „Personen und Institutionen, die als geschichtlich handelnde auftreten und als solche von der Geschichte mitbetroffen sind und vom Stück auch als solche verstanden werden [. . .] in einem Bühnenstück, das dokumentarisch sein will, in ihrer Eigenart und ihrem Charakter, kurzum in ihrer ‚Realität' respektiert werden, wenn bewußte Diffamierungen der entsprechenden Institutionen und Personen vermieden werden sollen."[67] Doch eben dieses Recht des historischen Dramatikers, das Verhalten einer historischen Figur zu interpretieren, und die Pflicht, dabei zugleich deren innere Glaubwürdigkeit zu wahren (falls nicht von vornherein eine bewußte historische Satire angestrebt wird, was der Autor in diesem Falle ausdrücklich bestritt[68]), vermochte Hochhuth nicht ins rechte Verhältnis zu bringen.

Hochhuth gesteht Pius XII. keinen persönlichen Gewissenskonflikt zu. Er stellt ihn zudem sicherlich erheblich unter dessen tatsächlichem intellektuellen und moralischen Niveau dar, wenn er ihn als Krämerseele abtut (den die Aktien des Vatikans mehr interessieren als die Not der Juden)[69], oder als politischen Kleingeist (der in den politischen Kategorien des Wiener Kongresses denkt)[70] und hygiomanischen Egozentriker (der sich durch Kontaktlosigkeit und Gefühlskälte auszeichnet)[71]. In der dem Papst vom Autor zugewiesenen Argumentation und Diktion ist a priori die Verurteilung durch den Verfasser enthalten; Denk- und Sprechweise der Papstfigur sind nicht dramatisch autonom, sondern werden hier zum Vehikel der indirekten satirischen Denunzierung durch den Autor. Letztlich setzt sich so auch im dramatischen Text die satirisch-polemische Charakterisierung der Figur fort, der sich der Autor in den Regiebemerkungen bedient[72].

Dieses dramatisch-dialogische Verfahren legt es nahe, in Hochhuths Stück eher ein (satirisches) Pamphlet als ein (historisch-dokumentarisches) Drama zu sehen. Am zutreffendsten ist wohl die Charakterisierung des Stückes als Mischform, wie sie Barbara Klie gibt:

„Für ein Pamphlet war sein Sinn für Problematik zu groß; für ein Drama zu gering. Es ist eine Mischform entstanden, die gerade in ihrer Halbheit und Unausgegorenheit die Diskussion über das Stück lange wachhalten wird."[73]

Unter der Fragestellung „Drama oder Pamphlet?" steht denn auch der bisher einzige größere Interpretationsversuch von Seiten der Literaturwissenschaft, Rolf Christian Zimmermanns Aufsatz „Hochhuths ‚Stellvertreter' und die Tradition polemischer Literatur"[74]. In ihm geht es um eine literarhistorische und gattungsmäßige Standortbestimmung des Werkes. Zimmermann, der Hochhuths Werk in eine bestimmte literarische Tradition stellt, gelangt im Gegensatz zu der von B. Klie und vielen anderen Kritikern vertretenen Ansicht von der Widersprüchlichkeit des Stückes zu der Auffassung, daß es sich um ein Werk handele, das sich in seiner Eigenart durch die „Stimmigkeit seiner dramatischen Mittel"[75] hinreichend legitimiere.

Zimmermann sieht in Hochhuths Stück als strukturbildendes Moment, das sowohl die Szenen-erfindung wie auch Figurengruppierung und -zeichnung bestimmt, das „Prinzip der Empörung" wirksam (S. 139). Die Darstellung der geschichtlichen Wirklichkeit geschehe nicht aus der „Op-tik des ‚abgeklärten' Historikers", sondern aus der „Optik des empörten Herzens" (S. 141), das angesichts des Ausmaßes der geschehenen Verbrechen und deren kaum wahrnehmbarer Verurtei-lung nicht unparteiisch zu sein vermag. Das bedeute: Szenenführung und Figurenzeichnung sind vom Autor aus dem Blickwinkel der Empörung konzipiert und verfolgen den Zweck, auch beim Zuschauer Empörung hervorzurufen. Da nun aber die Figuren hier unter dem „Prinzip der Em-pörung" stehen und in ihnen „nicht mit psychologischem, sondern moralistischem Interesse Ge-schichte auf die Bühne imaginiert wird" (S. 142), sei die von Hochhuth angewandte „Technik moralisierender Typenzeichnung" (S. 145) anstelle von individueller psychologisierender Charak-terisierung, besonders im Falle Pius' XII., nur die logische Konsequenz seiner Konzeption. Wie Riccardo und Gerstein keine „normalen" Charaktere (im Sinne der Charakterentwicklung im her-kömmlichen Drama) seien, sondern als bloße „Gefäße der Empörung" fungieren, so dürfe auch Pius XII. „nicht anders denn als moralisches Individuum auftreten" (S. 143). Denn der Zuschauer solle nicht die Haltung des Papstes zu verstehen suchen, sondern vielmehr mit Empörung zur Kenntnis nehmen. In seiner Zielsetzung und der daraus resultierenden Art der Figurenzeichnung nähere sich Hochhuths Drama dem Typus des Moralitäten- und Mysterienspiels, das keine indivi-duell psychologisierende Charakterisierung von Situation und Figuren, sondern nur deren morali-sierende Typisierung kenne[76], und dürfe deshalb nicht als historisches Schauspiel im herkömm-lichen Sinn verstanden und beurteilt werden[77].

So überzeugend Zimmermanns Erklärung des Stückes aus der Tradition der polemi-schen Literatur sowie der Vergleich mit dem Moralitätenspiel sich ausnehmen, so sehr verstellt seine Interpretation andererseits den Blick für die Mängel und Diskrepanzen des Stücks. Sie erweckt den Eindruck formaler Folgerichtigkeit und Stimmigkeit, wäh-rend im *Stellvertreter* doch die divergierendsten Komponenten und Stilelemente ein äußerst verwirrendes Verhältnis eingingen. Zimmermanns Deutung vermag jedenfalls die von der Kritik vielfach vorgebrachten Einwände gegen Form und Figurenzeich-nung (speziell im Falle Papst Pius XII.) nicht restlos zu entkräften.

Zwar schließt, wie Zimmermann einsichtig darlegte, der Angriffscharakter polemi-scher Literatur die dem Dramatiker für gewöhnlich zugeschriebene Unparteilichkeit aus. Aufgrund der typisierend-moralisierenden Figurenzeichnung nach Art des Morali-tätenspiels kann weiterhin keine individuell-psychologisierende Charakterisierung der Hauptfigur erwartet werden. In der Gestalt des Papstes ging Hochhuth jedoch zweifel-los über eine bloße typisierend-moralisierende Figurenzeichnung hinaus bis an die Grenze zur Karikatur. Wenn Hochhuth den Papst in keinem inneren Konflikt zeigen will, da dieser die Anklage abschwächen müßte und womöglich Verständnis für die Haltung des Papstes hervorrufen könnte, so erreicht er durch die übertendenziöse, verzerrende Zeichnung des Papstes bis zu einem gewissen Grade das Gegenteil. Die von der Unbedingtheit eines ethischen Postulats getragene und legitimierte Anklage gegen Pius XII. verliert dadurch viel an Überzeugungskraft und Gewicht. Hochhuth beeinträchtigt nicht nur den dokumentarischen Charakter seines Stückes und den da-mit verbundenen Anspruch auf historische Wahrhaftigkeit, sondern bringt letztlich das Stück um den moralischen Ernst seiner Fragestellung.

Die eigenartige Mittelstellung zwischen (historischem) Drama und (satirischem) Pamphlet sowie die Kombination von Dokumentarstück und Moralitätenstück, die den *Stellvertreter* kennzeichnen, sind im Grunde Resultat von Hochhuths besonde-rer Einstellung zur Geschichte, die Melchinger als eine „sonderbare Mischung von Objektivität und Engagement" charakterisiert[78]. Zu welch unterschiedlichen Ergebnissen diese Einstellung zur Geschichte im Einzelfall führen und wie verschiedenartig die „Mischung von Objektivität und Engagement" ausfallen kann, macht ein von Melchinger angestellter Vergleich mit Hochhuths zweitem Dokumentarstück, *Soldaten* (1967), deutlich.

Wie Melchinger überzeugend ausführt (S. 32 ff.), wurde im *Stellvertreter* das „Engagement" des Autors in die Darstellung des geschichtlichen Tatbestandes direkt, d. h. unmittelbar in die Fabel des Stückes, durch die erfundene idealistische Protest-Figur Riccardo hineingetragen, während in den *Soldaten* die beiden Komponenten „Engagement" und „Objektivität" weitgehend voneinander getrennt blieben: Das „Engagement" des Autors wird zwar auch hier von einer fiktiven idealistischen Figur, dem Bomberpiloten Dorland, artikuliert, im Unterschied zum *Stellvertreter* geschieht dies aber außerhalb der eigentlichen Handlung in der sie umschließenden Rahmenhandlung. Dem darzustellenden geschichtlichen Sachverhalt wird dadurch größere „Objektivität" entgegengebracht; das historische Geschehen läuft hier faktisch autonom als „ ,historisches Schauspiel' im klassischen Sinn" (S. 32) ab. An dieser Zweiteilung des Stückes in eine Rahmen- und Haupthandlung, der die Trennung von „Engagement" und „Objektivität" entspricht, läßt sich ein geändertes Verhältnis des Autors zur Geschichte ablesen, das sich auch in der Art der Darstellung der jeweils zu Kritik stehenden historischen Gestalt offenbart: Während Hochhuth im Falle Pius XII. von einem vorgefaßten Urteil ausging und einer persönlichen Antipathie nachgab, erlag er im Falle Churchills bei aller Kritik an der Figur der Faszination, die von dieser historischen Gestalt ausging (s. Melchinger. S. 58 f.), so daß er ihr mehr Objektivität und dramatische Gerechtigkeit als der Person Pius XII. zuteil werden ließ. Dem Politiker Churchill, der sich in seinem Handeln und in seinen Entscheidungen von realpolitischen Gesichtspunkten leiten lassen mußte, kann Hochhuth eher Verständnis entgegenbringen als Papst Pius XII., der von ihm nur als oberste geistige und moralische Instanz gesehen wird, die jener Notwendigkeit nicht im gleichen Maße ausgesetzt und durch die von ihr vertretene Idee und Lehre zum Protest verpflichtet war. – Die Konzeption der *Soldaten* läßt jedenfalls erkennen, daß in diesem Stück für Hochhuth Geschichte „mehr geworden war als die Faktizität, mit der das Engagement motiviert wurde" (S. 33), genauer gesagt: „Der Appell des Engagements wurde [hier] durch die Einsicht in die Geschichte zersetzt!" (S. 34)

Melchingers Beobachtung bliebe noch hinzuzufügen, daß die im *Stellvertreter* festgestellte Annäherung der historisch-dokumentarischen Darstellung an die mysterienspielähnliche Moralität auch in den *Soldaten* zu konstatieren ist. Freilich nicht faktisch, da die eigentliche Haupthandlung in Form eines autonomen historischen Schauspiels abläuft – aber doch in der äußeren Konzeption, die das dreiaktige Hauptgeschehen unter dem Titel „Das Londoner Kleine Welttheater" als Mysterienspiel deklariert, das als Spiel im Spiel in der Ruine der Kathedrale von Coventry zur Aufführung gelangt.

Als weiteres charakteristisches Merkmal der Hochhuthschen Dokumentarstücke ist neben der Verbindung von Moralität und historischem Schauspiel die Kombination von historischen und fiktiven Figuren zu nennen[79]. So steht in beiden Stücken das Verhalten einer allgemein bekannten Gestalt der Zeitgeschichte (Pius XII./Churchill) im Mittelpunkt der dramatischen Auseinandersetzung; und in beiden Fällen wird die Kritik des Autors an jenen durch eine fiktive idealistische Figur (Riccardo/Dorland) vertreten.

Im *Stellvertreter* geht diese Vermengung von authentischen und fiktiven Figuren quer durch die Figurenkonstellation; auf allen Seiten stehen fiktive neben historischen Figuren: Riccardo – Gerstein; Kardinal – Pius XII.; Doktor – Eichmann.

In der zentralen Konfrontation zwischen Papst Pius XII. und Riccardo treffen somit eine historische und eine erfundene Figur aufeinander, – ein Verfahren, das bereits bei Schiller in *Don Carlos* (König Philipp – Marquis Posa) und *Wallenstein* (Wallenstein – Max Piccolomini) Anwendung fand[80]. Riccardo Fontana, der mithin in der Tradition des im klassischen Drama üblichen jungen idealistischen Helden zu sehen ist, hat in Hochhuths Stück eine doppelte Funktion zu erfüllen. Thematisch gesehen, verkörpert und artikuliert er den Protest und die Empörung seines Autors über einen entdeckten historischen Tatbestand. Dramaturgisch gesehen, ermöglicht die Erdichtung dieser fiktiven Protestfigur es Hochhuth überhaupt erst, das Schweigen und die Passivität des Papstes – ein Thema, das sich eigentlich der szenischen Vergegenwärtigung entzieht – zum Gegenstand einer (Bühnen-) *Handlung* zu machen. Die „erdichtete Handlungsweise" (um die von Zuckmayer für Oderbruchs Verhalten geprägte Formulierung zu gebrauchen) dieser erfundenen idealistischen Figur konstituiert somit erst die Handlung sowie die dramatische Auseinandersetzung mit dem Schweigen des Papstes.

Wie Oderbruch in Zuckmayers *Des Teufels General,* so ist also auch Riccardo eine synthetische Figur, die die moralisch-politische Position des Autors vertritt und die weit mehr Idee und Postulat unbedingten Widerstandes als eine Konkretisierung realer historischer Widerstandsäußerungen beinhaltet[81]. Sicherlich ist es kein bloßer Zufall, daß sich in der erdichteten Handlungsweise Riccardos der gleiche ethische Rigorismus wie in Oderbruchs Widerstandshandlung (in der 1. Fassung von *Des Teufels General*) findet. Auch Riccardo ist bereit, in seinem Kampf gegen die Unmenschlichkeit eines verbrecherischen Systems und deren schweigende Duldung seinerseits nicht vor Unmenschlichkeit zurückzuschrecken (Riccardos Plan, den Papst zu ermorden: II. Akt, 2. Szene, S. 129 ff.). Diese Art der Darstellung des Widerstandes ist nicht weniger aufschlußreich und in sich problematisch als die Darstellung der vom NS-Regime verübten Untaten durch Dämonisierung der Täter. Der Personifizierung der realiter weitgehend unerfüllten moralischen Forderung nach allgemeinem Widerstand in fiktiven idealistischen Widerstandsfiguren korrespondiert so die Personalisierung eines unfaßbaren Geschehens in ebenfalls fiktiven, mythisch überhöhten bzw. dämonisierten NS-Figuren.

Der Konfrontation der historischen Zentralfigur (Pius XII.) mit einer fiktiven idealistischen Widerstandsfigur (Riccardo) im IV. Akt folgt nämlich im letzten Akt eine Konfrontation dieses erfundenen Gegenspielers des Papstes mit einer gleichfalls fiktiven Gestalt, mit jenem zynisch-nihilistischen SS-Doktor, der als Inkarnation des Teuflischen und damit als negatives Pendant zu Riccardo in Erscheinung tritt.

Im Zusammentreffen dieser beiden fiktiven Figuren geht Hochhuths dokumentarisch kompiliertes Zeitstück endgültig in den Bereich des Moralitäten- und Mysterienspiels über. Die bewußte Anlehnung geht aus Hochhuths eigener Charakterisierung dieser Figur hervor:

Er hat das Format des absolut Bösen [. . .] Wir haben bewußt von der Historie abweichende Vorstellungen von diesem geheimnisvollen „Chef". (S. 29)

Und weil dieser ‚Chefarzt' sich nicht nur von seinen SS-Genossen, sondern überhaupt von Menschen und auch von allen Erfahrungen, die man, nach unserer Kenntnis, bisher mit den Menschen gemacht hat, so völlig abhebt, schien es uns erlaubt, mit diesem Wesen wenigstens die Möglichkeit anzudeuten, daß hier eine uralte Figur des Theaters und des christlichen Mysterienspiels die Bühne wieder betreten habe. (S. 30)

In der Auseinandersetzung dieses ins Diabolische gesteigerten Doktors mit Riccardo treffen wir wieder auf jene bedenkliche Motivierung der Massenvernichtung als metaphysische Revolte eines verzweifelten Nihilisten[82], wie sie uns bereits in Frischs *Nun singen sie wieder* bei dem Offizier Herbert und in Zuckmayers *Gesang im Feuerofen* bei Truppführer Sprenger begegnete. – Auf Riccardos Frage „Warum tun Sie das?" erwidert der Doktor:

> Weil ich Antwort wollte – Antwort!
> Und so riskierte ich, was keiner noch
> riskiert hat, seit die Welt sich dreht . . .
> Ich tat den Schwur, den alten Herrn
> so maßlos, so völlig ohne Maß
> zu provozieren, daß er Antwort geben mußte.
> Sei es auch die negative, die allein,
> wie Stendhal meinte, ihn noch
> entschuldigen kann:
> Daß er nicht existiert.
>
> [. . .]
>
> Wahrhaftig: Schöpfer, Schöpfung und Geschöpf
> *sind* widerlegt durch Auschwitz
> Das Leben als Idee ist tot.
> Das könnte der Anfang einer großen Umkehr sein,
> eine Erlösung vom Leid.
> Es gibt nach dieser Einsicht nurmehr
> *eine* Schuld: Fluch dem, der Leben schafft.
> Ich schaffe Leben ab, das ist die aktuelle
> Humanität, die einzige Rettung vor der Zukunft. (S. 198)

Die Einführung der Theodizee zur Motivierung des in Auschwitz Geschehenen stellt eine unangebrachte Dämonisierung der Taten und Täter dar. War sich Hochhuth auch der Problematik, die Vorgänge in Auschwitz auf der Bühne zur Darstellung zu bringen, durchaus bewußt und hielt er eine „Nachahmung der Wirklichkeit" für indiskutabel[83], so hat er andererseits mit dem von ihm beschrittenen Weg einen sehr fragwürdigen Lösungsversuch unternommen: Indem er das Phänomen Auschwitz in der mythischen und „überhöhten" Symbol-Figur des Doktors personalisiert und gleichzeitig durch Bemühen des alten literarischen Motivs der Theodizee dämonisiert, wird er weder dem institutionalisierten Vernichtungsapparat des NS-Regims noch der „Banalität des Bösen"[84] gerecht, wie sie etwa in Eichmann (der als historische Parallelfigur zur fiktiven des Doktors in Hochhuths Stück ja ebenfalls vorkommt) und anderen in Erscheinung trat[85].

Auch wenn man mit Walter Muschg, der ähnlich wie Zimmermann auf die Tradition der polemischen Literatur zum Verständnis des *Stellvertreter* verweist[86], zur Rechtfertigung der umstrittenen Papst- und Auschwitzszene geltend macht, daß Hochhuth in seinem Stück „auf einem exakten dokumentarischen Unterbau in typischen Vertretern und Szenen [. . .], die auf den Höhepunkten ins Symbolische, Transzendente übergehen" letztlich „Weltgeschehen" als „Kampf zwischen Licht und Finsternis" auf die Bühne bringe[87], so kann dieser Deutungsversuch nicht über die grundsätzliche Problematik des dramaturgischen Verfahrens hinwegtäuschen[88]. Die Vermischung von dokumentarischem Material mit „historischer" Erfindung und deren Präsentation durch authentische und erdichtete Figuren in einer zwischen historisch-dokumentarischem Schauspiel und satirischem Pamphlet angesiedelten Dramenform führt zu einem verwirrenden mixtum compositum aus divergierenden Stilelementen, die keine künstlerische Synthese eingingen. Die Unzulänglichkeit dieser Technik sowie die bedenkliche Mischung von Faktischem und Fiktivem in Hochhuths *Stellvertreter* läßt sich bereits – pars pro toto – an den Figurenbeschreibungen in den Szenenkommentaren ablesen[89].

Weit gravierender als Hochhuths dramaturgische Mischtechnik ist jedoch die Unzulänglichkeit in der sprachlichen Ausführung seines thematischen Vorwurfs. Die Stilisierung des Dialogs durch Annäherung an den Blankvers des klassischen Dramas, nach Melchinger ein „Mittel der Distanzierung (Verfremdung), die es ermöglicht, das Faktische gleichsam zitiert auf die Bühne zu bringen"[90], steht in krassem Widerspruch zur häufigen Trivialität des Textes, die aus den angeführten Stellen bereits hinreichend deutlich geworden sein dürfte. Die moralische Provokation, die von Hochhuths historischem Gegenstand und der Unerbittlichkeit seiner Fragestellung ausgehen, werden so durch ihre Artikulation im Stück wieder eingeschränkt.

Gleichwohl bleibt Hochhuth das Verdienst, sowohl mit dem *Stellvertreter* als auch mit den *Soldaten* neuralgische Punkte der jüngsten Zeitgeschichte aufgespürt und seinen Zeitgenossen ins Bewußtsein gebracht zu haben. Will man ihm gerecht werden, so ist nicht nur das Resultat seiner darstellerischen Bemühungen, sondern auch die Art und Schwierigkeit der gewählten Themen in Rechnung zu stellen. Für ihn gilt uneingeschränkt Marcel Reich-Ranickis Feststellung, daß jede Epoche ihre zentralen und peripheren Fragen habe und die Entscheidung eines Autors für diese oder jene bereits für oder gegen ihn spreche[91]. Unter diesem Aspekt und dem der Wirkungsgeschichte kommt Hochhuths *Stellvertreter* trotz aller Schwächen ein zentraler Platz in der deutschen Nachkriegsdramatik zu. Von diesem Stück gingen nach zwei Seiten hin folgenreiche Anstöße aus. Es löste durch seinen Inhalt eine weltweite Diskussion um den historischen Sachverhalt aus; in formaler Hinsicht führte es die Abkehr vom politischen Parabel-Stück und die Hinwendung zum Dokumentar-Theater herbei.

Hochhuths *Stellvertreter* unterscheidet sich freilich in der dramaturgischen Grundkonzeption trotz der Verwendung dokumentarischen Materials nicht prinzipiell von den bisher behandelten Mitschuld-Stücken der Nachkriegsdramatiker. Auch in diesem Stück wird eine (nicht geschehene, sondern nur erdachte) Probe auf die moralische Standfestigkeit unternommen, hier nur an einer konkreten historischen Figur aufgrund des gesichteten dokumentarischen Materials. Wie in den Mitschuld-Parabeln handelt es sich um eine szenische Versuchsanordnung, der lediglich ein realer Fall anstelle eines fiktiven zugrundeliegt. Dies geht bereits deutlich aus der Fiktion eines Antagonisten zur historischen Figur sowie aus deren erdichteter Konfrontation hervor. Von Funktion und Anlage her ist mithin Hochhuths *Stellvertreter,* wie Zimmermann es formulierte, als eine „Szenen-Reihe moralistischer Testversuche"[92] anzusehen, in der die „auftretenden Figuren Versuchsobjekte, Testpersonen"[93] sind.

In der Nachfolge von Hochhuths Dokumentarstück *Der Stellvertreter* stehen Wolfgang Graetz' *Die Verschwörer* (1965) und Hans Hellmut Kirsts *Aufstand der Offiziere* (1966), Heinar Kipphardts *In der Sache J. Robert Oppenheimer* (1962–64) und *Joel Brand. Die Geschichte eines Geschäfts* (1964/65), ferner das „Oratorium" *Die Ermitt-*

lung (1964/65) von Peter Weiss, sowie dessen *Marat/Sade*-Stück (1962–65), *Gesang vom Lusitanischen Popanz* (1966) und *Viet Nam Diskurs* (1966–68)[94]. So unterschiedlich auch das Verhältnis der angeführten Stücke zum verarbeiteten authentischen Material und damit die Relation von literarischer Erfindung und Dokumentation ausfällt, so ist doch all diesen Stücken die Tendenz zur Faktizität der Fabel gemeinsam.

Wie verschiedenartig im Einzelfall das Verhältnis der sogenannten Dokumentarstücke zu den in ihnen verarbeiteten Dokumenten und mithin ihr Dokumentationscharakter und -wert sein kann, erweisen zwei oben erwähnte Stücke, in denen es wie in Hochhuths *Stellvertreter* um das Bewußtmachen einer allgemeinen Mitschuld an dem in Auschwitz Geschehenen geht: *Die Ermittlung* von Peter Weiss und *Joel Brand* von Heinar Kipphardt.

Peter Weiss (* 1916), der 1934 als Sohn eines jüdischen Vaters mit seinen Eltern aus Deutschland emigrierte und nur deshalb, wie er mit einer Art Schuldgefühl konstatiert, dem Ort der Vernichtung, für den auch er bestimmt war, entging[95], hat in seinem Auschwitz-Stück *Die Ermittlung* (1964 – 1965; UA 1965)[96] am konsequentesten dokumentarisches Material in seiner Authentizität erhalten und auf die Bühne gebracht. Es handelt sich bei diesem Stück bis zu einem gewissen Grade um die szenische Dokumentation des Frankfurter „Auschwitz-Prozesses" (1963 – 1965), die sich auf eigene Aufzeichnungen des Autors, hauptsächlich aber auf die (in der „Frankfurter Allgemeinen Zeitung" erschienenen) Prozeßberichte Bernd Naumanns stützt, die viele Verhandlungsabschnitte in authentischer Dialogform wiedergaben[97].

Im Unterschied zu Hochhuth benutzt also Weiss dokumentarisches Material nicht als Basis für eine eigene Handlungserfindung (mit der im Falle des *Stellvertreter* der aus den Dokumenten ermittelte Tatbestand überhaupt erst zur Darstellung gebracht werden konnte), vielmehr beschränkt er sich im wesentlichen auf Auswahl, Anordnung und Komprimierung des authentischen Materials, das ihn in diesem Falle durch seine spezifische Tradierungsart (Verhandlungsprotokoll) und aufgrund der bereits vorgegebenen Darstellungsform (Prozeß) von vornherein einer Handlungserfindung enthob.

Diese unterschiedliche Ausgangsposition der beiden Stücke macht sich auch in anderer Hinsicht bemerkbar. Während Hochhuth das Phänomen Auschwitz personalisierte und emotionalisierte, strebte Weiss das Gegenteil an; er trachtete danach, die Aussagen der Zeugen und Angeklagten zu entemotionalisieren und entpersonalisieren, sie allein auf das Faktische zu konzentrieren:

> Dieses Konzentrat [der Aussage] soll nichts anderes enthalten als Fakten, wie sie bei der Gerichtsverhandlung zur Sprache kamen. Die persönlichen Erlebnisse und Konfrontationen müssen einer Anonymität weichen. Indem die Zeugen im Drama ihre Namen verlieren, werden sie zu bloßen Sprachrohren. Die 9 Zeugen referieren nur, was hunderte ausdrückten. (Vorbemerkung zum Stück, S. 9).

Ähnlich wie die Zeugen sind auch die 18 authentischen Angeklagten behandelt (Angeklagter 1 usw.), obgleich sie mit ihren realen Namen genannt werden, denn es

[. . .] sollen im Drama die Träger dieser Namen nicht noch einmal angeklagt werden. Sie leihen dem Schreiber des Dramas nur ihre Namen, die hier als Symbole stehen für ein System, das viele andere schuldig werden ließ, die vor diesem Gericht nie erschienen. (S. 9)

In dieser Gegenüberstellung von neun anonymen Zeugenfiguren, die abwechselnd mehrere Zeugen darstellen, und achtzehn authentischen Angeklagten vor einem Gericht, dessen Repräsentanten jeweils nur durch eine Figur vertreten sind (1 Richter, 1 „Vertreter der Anklage" und 1 „Vertreter der Verteidigung"), hat Peter Weiss (ähnlich wie Kipphardt in seinem *Oppenheimer*-Report) durch Reduktion der tatsächlichen Personenzahl (annähernd 400 Zeugen, 22 Angeklagte, 24 Verteidiger) und Kontraktion der Aussagen einen Extrakt des im faktischen Prozeß ermittelten Tatbestandes gegeben. Gleichzeitig hat er jedoch eine bloße Rekonstruktion des Auschwitz-Prozesses bewußt zu vermeiden gesucht, indem er das Faktenmaterial einer strengen Strukturierung unterwarf. Das Konzentrat des im Auschwitz-Prozeß zur Sprache Gebrachten wird nämlich von Weiss in elf jeweils dreiteiligen „Gesängen" wiedergegeben, die einzelne Stationen des Vernichtungsapparates fixieren:

Beschreibung der Ankunft und Selektion der Opfer (*1 Gesang von der Rampe*), der Verhältnisse im Lager (*2 Gesang vom Lager*), der dort angewandten Folter- und Mordmethoden (*3 Gesang von der Schaukel, 7 Gesang von der schwarzen Wand, 8 Gesang von Phenol, 9 Gesang vom Bunkerblock, 10 Gesang vom Zyklon B*) und der Endstation der Umgebrachten (*11 Gesang von den Feueröfen*).

Durch diese kompositorische Anordnung der Tatbestandsaufnahme in einer nach thematischen Schwerpunkten gegliederten[98] und „von der Peripherie des Lagers zu dessen Zentrum"[99] führenden Stationen-Folge von „Gesängen" wird die Ermittlung des in Auschwitz Geschehenen, um die es sich rein inhaltlich handelt, formaliter einer bloßen Prozeßreportage entrückt und auf die Ebene einer „Passion" transponiert, – eine Tendenz, die bereits in der Gattungsbezeichnung „Oratorium" zum Ausdruck kommt. Formales Vorbild dieser Anordnung und Darbietung des Stoffes in 11 jeweils dreiteiligen Gesängen, in 33 Sequenzen also, ist Dantes *Divina Commedia*, deren drei Hauptteile (Inferno, Purgatorio und Paradiso) aus je 33 Gesängen bestehen[100].

In diesem Rückgriff auf ein überliefertes arithmetisch strenges Formschema sucht Weiss das ermittelte „Inferno" von Auschwitz in eine „poetische" Form zu fassen, jegliche „Poetisierung" des Inhalts selbst aber zu vermeiden. Er nimmt in dem größtenteils authentischen Text lediglich eine starke Zäsurierung vor[101], um dem Inhalt größeren Nachdruck zu verleihen und den demonstrativen Charakter des Gesagten zu unterstreichen[102].

So eindeutig aus der Stück-Konzeption (Oratorium) und der Textbehandlung (Zäsurierung) Weiss' Absicht hervorgeht, die Fakten unter ein Formprinzip zu subsumieren, so fraglich bleibt allerdings, inwieweit dieses primär optische, nur im Druckbild des Stückes wahrnehmbare Gliederungs- und Gestaltungsprinzip bei der Darstellung auf der Bühne evident und wirksam gemacht werden kann.

Daß es Weiss jedenfalls mit seinem Stück um mehr zu tun war als um eine bloße Prozeßreportage, dafür spricht nicht nur die bei aller Dominanz des Faktischen angestrebte formale Distanz zur Stoff-Vorlage (Naumann-Protokoll), sondern auch die

Tatsache, daß die *Ermittlung* im Gegensatz zu der im wirklichen Prozeß ohne Urteil endet, Es ist für Weiss' Darstellungs- und Wirkungsabsicht irrelevant; ihm geht es nich darum (wie aus der Vorbemerkung zum Stück ersichtlich wurde), den authentischen Angeklagten auf der Bühne noch einmal den Prozeß zu machen, sondern vielmehr dar um, durch die Beschreibung des Lagers von Auschwitz einen Bewußtseins-Prozeß bei den Zuschauern zu provozieren. Indem Weiss die in der Frankfurter Gerichtsverhand-lung zur Sprache gekommenen Fakten szenisch publiziert, impliziert er die Frage nach der allgemeinen Mitschuld an den ermittelten Verbrechen, – auch wenn in der *Ermitt lung* nicht, wie in den bisher behandelten Stücken der Nachkriegsdramatiker, das Phä-nomen der Mitschuld ausdrücklicher Gegenstand der Darstellung ist. Ziel der *Ermitt-lung* ist es jedenfalls, den Zuschauern bewußt zu machen, daß für die in Auschwitz verübten Verbrechen nicht nur die (hier) namhaft gemachten Täter, sondern auch die „Unbeteiligten" verantwortlich sind, da sie durch ihr Verhalten Auschwitz erst ermög lichten.

Dies wird im Stück selbst an mehreren Stellen artikuliert, so in der Erwiderung des *Zeugen 3* auf die Attacken des Verteidigers:

> Ich spreche frei von Haß
> Ich hege gegen niemanden den Wunsch
> nach Rache
> Ich stehe gleichgültig
> vor den einzelnen Angeklagten
> und gebe nur zu bedenken
> daß sie ihr Handwerk
> nicht hätten ausführen können
> ohne die Unterstützung
> von Millionen anderen
>
> [. . .]
>
> Ich bitte nur
> darauf hinweisen zu dürfen
> wie dicht der Weg von Zuschauern gesäumt war
> als man uns aus unsern Wohnungen vertrieb
> und in die Viehwagen lud
> Die Angeklagten in diesem Prozeß
> stehen nur als Handlanger
> ganz am Ende. (S. 194 f.)

In der Feststellung des *Zeugen 3,* daß es letztlich ein von ideologischer Willkür bestim ter Zufall war, ob man auf die Seite der Opfer oder Henker geriet, macht Weiss zuder deutlich, daß all diejenigen, die mit Auschwitz nichts zu tun haben wollen, wenn nic als mögliche Opfer so doch als potentielle Täter in Betracht zu ziehen sind:

> Wenn wir mit Menschen
> die nicht im Lager gewesen sind
> heute über unsere Erfahrungen sprechen
> ergibt sich für diese Menschen
> immer etwas Unvorstellbares
> Und doch sind es die gleichen Menschen
> wie sie dort Häftling und Bewacher waren

Indem wir in solch großer Anzahl
in das Lager kamen
und indem uns andere in großer Anzahl
dorthin brachten
müßte der Vorgang auch heute noch
begreifbar sein
Viele von denen die dazu bestimmt wurden
Häftlinge darzustellen
waren aufgewachsen unter den selben Begriffen
wie diejenigen
die in die Rolle der Bewacher gerieten
Sie hatten sich eingesetzt für die gleiche Nation
und für den gleichen Aufschwung und Gewinn
und wären sie nicht zum Häftling ernannt worden
hätten auch sie einen Bewacher abgeben können
Wir müssen die erhabene Haltung fallenlassen
daß uns diese Lagerwelt unverständlich ist. (S. 85)

Es folgt ein Versuch, die Entstehung dieser Lagerwelt zu erklären:

Wir kannten alle die Gesellschaft
aus der das Regime hervorgegangen war
das solche Lager erzeugen konnte
Die Ordnung die hier galt
war uns in ihrer Anlage vertraut
deshalb konnten wir uns auch noch zurechtfinden
in ihrer letzten Konsequenz
in der der Ausbeutende in bisher unbekanntem Grad
seine Herrschaft entwickeln durfte. (S. 85 f.)

Diese Reflexion des *Zeugen 3* über das Phänomen Auschwitz vereinigt in sich eine
aus persönlicher Identifikation mit den Opfern resultierende Sicht der institutionalisierten Massenvernichtung und eine vom marxistischen Standpunkt aus vorgenommene Analyse der gesellschaftlichen Ursachen.

Geht letztere auf die seit dem *Marat* datierbare Hinwendung des Autors zum
Marxismus zurück, so sind in die Formulierung der These von der Austauschbarkeit
der Rollen von Häftling und Bewacher Überlegungen eingegangen, die Weiss bereits
(durch die autobiographisch zu verstehende Erzählerfigur) im *Fluchtpunkt* geäußert
hat. Schon dort wird die Zugehörigkeit zu der einen oder anderen Seite als bloßer
Zufall gesehen: „Ich hätte auch auf der andern Seite stehen können [. . .], hätte
mich nicht der Großvater im Kaftan davor bewahrt"[103]. Das bedeutet aber, daß man
unter anderen Voraussetzungen ebenso gut „auf der Seite der Verfolger und Henker"[104] hätte stehen können. Die aus dieser Überlegung abgeleitete Erkenntnis der
prinzipiellen Vertauschbarkeit der Rollen von Opfer und Henker hat ihren Ursprung
in einem persönlichen Kindheitserlebnis, in der Teilnahme an einem Pogrom, das an
gleicher Stelle mitgeteilt wird[105].

Erst in der Folge seiner Hinwendung zum Sozialismus gelangte Weiss zu einer marxistischen Deutung von Auschwitz. Wie vor ihm bereits Brecht und Wolf, so sieht auch
er die eigentliche Wurzel für das NS-Regime und dessen Rassenideologie in der kapitalistischen Gesellschafts- und Wirtschaftsordnung. Die Mitschuld der Großindustrie

an dem Aufstieg des NS-Regimes, an der Entfesselung des Zweiten Weltkrieges und an der Errichtung der Konzentrationslager ist ein nicht zu übersehendes Faktum und wurde auch von anderen Autoren immer wieder registriert und angeprangert, so beispielsweise von Zuckmayer in *Des Teufels General,* von Hochhuth im *Stellvertreter,* von Drach in *Das I,* von Sartre in *Die Eingeschlossenen.*

Mit einer satirischen Invektive auf die deutsche Nachkriegsgesellschaft endet das Stück in jenem Schlußwort des *Angeklagten 1,* das auf eine Verharmlosung, wenn nicht gar Rechtfertigung des in Auschwitz Geschehenen abzielt:

> Herr Präsident
> man soll in diesem Prozeß
> auch nicht die Millionen vergessen
> die für unser Land ihr Leben ließen
> und man soll nicht vergessen
> was nach dem Krieg geschah
> und was immer noch
> gegen uns vorgenommen wird
> Wir alle
> das möchte ich nochmals betonen
> haben nichts als unsere Schuldigkeit getan
> selbst wenn es uns oft schwerfiel
> und wenn wir daran verzweifeln wollten
> Heute
> da unsere Nation sich wieder
> zu einer führenden Stellung
> emporgearbeitet hat
> sollten wir uns mit anderen Dingen befassen
> als mit Vorwürfen
> die längst als verjährt
> angesehen werden müßten. (S. 198 f.)

In diesem provokatorischen Schluß des Stückes formuliert sich das Unbehagen des Autors gegenüber der deutschen Nachkriegsgesellschaft, die mit ähnlichen Argumenten ihre Schuld und Mitschuld an dem in Auschwitz und anderswo Verübten zu ignorieren und zu verdrängen sucht.

Hat Weiss in seinem Stück die Ereignisse in Auschwitz selbst indirekt durch die szenische „Ermittlung" der dort begangenen Verbrechen beschrieben, so zeichnet *Kipphardt* in *Joel Brand. Die Geschichte eines Geschäfts* (1964/65; UA 1965)[106] ähnlich wie Hochhuth im *Stellvertreter* die Reaktion der Außenwelt auf die Vorgänge in Auschwitz anhand eines dokumentarisch belegten Falles nach.

Das Stück schildert die Reaktion der westlichen Alliierten auf ein ihnen durch Joel Brand, einen Vertreter der halbillegalen Organisation „Waada" der Budapester Juden, übermitteltes Angebot Eichmanns bzw. Himmlers. Gegen Lieferung von zehntausend fabrikneuen und fronttauglichen Lastwagen, deren ausschließlicher Einsatz an der Ostfront zugesichert wurde, sollten eine Million bereits für die Gaskammern in Auschwitz bestimmter Juden freigegeben und ins Ausland abgeschoben werden. Dieser Vorschlag stieß jedoch bei den Westmächten auf Ablehnung, da er ihnen als unverantwortliche Stärkung des gegnerischen Potentials erschien und außerdem die Verletzung der Bündnistreue gegenüber Rußland beinhaltete.

Dieser Sachverhalt wird von Kipphardt zwar objektiv, unter Berücksichtigung der ungewöhnlichen Entscheidungssituation der Alliierten wiedergegeben, doch gleichzeitig wird auch von ihm (neben der Demonstration, daß Menschen zu einem Tauschobjekt degradiert wurden) das allgemeine moralische Versagen gegenüber den Opfern von Auschwitz anvisiert. Wie Hochhuth im *Stellvertreter,* so stellt auch Kipphardt ein Verhalten zur Kritik, bei dem realpolitische und taktische Gesichtspunkte stärker waren als die Bereitschaft zum Engagement für die vom Tod Bedrohten.

Dies wird im Stück selbst aus den Argumenten deutlich, mit denen die Alliierten dem Drängen Joel Brands, auf das vorgeschlagene Tauschgeschäft einzugehen, begegnen:

> Schon der Gedanke, Lastwagen gegen Menschen zu liefern ist ekelerregend. Kein britischer Regierungsbeamter kann sich dazu hergeben, diese Massenmörder als Verhandlungspartner anzunehmen. Von unseren Verträgen in Casablanca und Teheran einmal abgesehen, die uns gesonderte Verhandlungen verbieten. (Moyne S. 119)

> Aber ich bitte Sie, Herr Brand, was mache ich in unserer Lage mit einer Million Juden? Wo soll ich sie hinbringen? Wer wird die Leute nehmen? Wissen Sie, was hier in unseren arabischen Mandatsgebieten losbricht, wenn wir nur den zehnten Teil hereinbringen würden? (Moyne S. 120)

Kipphardts Darstellung dieser „Geschichte eines Geschäfts" basiert auf Joel Brands eigener (von Alex Weissberg aufgezeichneter) Schilderung seiner erfolglosen Mission[107] sowie auf dem Bericht des Journalisten Rudolf Kastner, der nach Joel Brands Scheitern mit Eichmann noch weiterverhandelt hat[108]. Beide Werke werden vom Autor selbst im Anhang zu seinem Stück in einem Nachweis der von ihm benutzten „historischen Quellen und Arbeiten" angeführt. Zur Umsetzung des dokumentarischen Materials in ein Bühnengeschehen merkt Kipphardt an der gleichen Stelle an:

> „Der Stoff und die Hauptpersonen sind historisch. Für den Zweck des Dramas nahm sich der Verfasser die Freiheit, die Handlung auf diejenigen Hauptzüge zu konzentrieren, die ihm bedeutend schienen." (S. 141)

Das Resultat dieser dramaturgischen Konzeption nimmt sich wie folgt aus: Im Zusammentreffen Joel Brands mit seinen Auftraggebern (mit Eichmann in Budapest) und den von diesen ausersehenen Verhandlungspartnern (der jüdischen Hilfsorganisation Sochnuth in Istanbul und den Engländern in Kairo) zeichnet Kipphardt die hauptsächlichsten Etappen dieses geplanten Tauschgeschäfts nach. Die Gestalt Joel Brands führt hierbei, wie aus der von der autobiographischen Vorlage abweichenden Titelgebung bereits hervorgeht, kein dramatisches Eigenleben. Nicht das persönliche Schicksal Brands wird in den Blickpunkt gerückt; er hat vielmehr die Funktion, die „Geschichte dieses Geschäfts" auf der Bühne in einer gewissen Handlungskontinuität zu präsentieren. Der Geschehniszusammenhang, der mit dieser Leit-Figur gegeben ist, ermöglichte Kipphardt erst die Konzeption einer autonomen Bühnenhandlung, die sein Theaterstück von der vorausgegangenen Fernsehfassung unterscheidet, in der ein Sprecher anhand von Landkarten und Dokumenten über den Sachverhalt informierte und dieser dokumentarisch gehaltene Bericht durch gespielte Dialogszenen nur ergänzt wurde[109].

Der Verzicht auf den dokumentarischen Begleitkommentar der Spielhandlung in der Bühnenfassung und die Ausweitung der Demonstrier-Szenen der Fernsehfassung zu einem eigenen, in sich geschlossenen Bühnengeschehen führten zur „theatralischen" Aufbereitung und Anreicherung des Stoffes bzw. der ursprünglichen Fassung[110]. Sie äußert sich in einer auf Spannung abzielenden, nach dem Schema eines Agentenstücks ablaufenden Handlung[111], in einer auf Atmosphäre und detaillierte Milieuzeichnung bedachten Lokalisierung des Geschehens[112] sowie im Ablauf einzelner Gespräche in effektvoller Pose[113].

All diese theatralischen Komponenten, die Kipphardts Bühnenstück kennzeichnen, drängen sich in den Vordergrund und überdecken das eigentliche Geschehen. Die Aufmerksamkeit des Zuschauers richtet sich weit mehr auf den äußeren Gang der Handlung als auf den dokumentierten Sachverhalt, der von Kipphardt auch in sprachlicher Hinsicht unzulänglich vermittelt wird: papierne Argumentation auf Seiten Joel Brands und der Alliierten wechselt ab mit einer Ansammlung zynischer Sentenzen auf Seiten der SS-Figuren. Letzteres trifft vor allem auf Eichmann zu. Diese zum Inbegriff für die „Banalität des Bösen" gewordene und auch von Kipphardt so verstandene Gestalt wird durch die angedeutete sprachliche und gestische Charakterisierung zu einem Theater-Bösewicht im herkömmlichen Sinne[114].

Die Tendenz zur theatralischen Aufbereitung und Anreicherung des dokumentarischen Stoffes ist allerdings bereits in der Art der Stoffvorlage begründet. Wie in Hochhuths *Stellvertreter* dient nämlich auch hier dokumentarisches Material als Basis für die Konstruktion einer Bühnenhandlung. Das bedeutet: das dokumentarische Material gelangt hier nicht wie in der *Ermittlung* von Peter Weiss oder wie in Kipphardts vorausgegangenem Dokumentarstück *In der Sache J. Robert Oppenheimer* in seiner spezifischen Tradierungsart (als Dramatisierung eines Verhandlungsprotokolls) und damit weitgehend authentisch auf die Bühne, sondern dient zur Konstruktion eines Handlungsablaufes. Dieser Handlungsablauf ist in *Joel Brand* zwar nicht bloße Fiktion wie im *Stellvertreter,* da Kipphardt die realen Stationen der gescheiterten Mission einer historischen Figur (Joel Brand) nachzeichnet, während Hochhuth hypothetische Stationen der ebenfalls erfolglosen Mission einer fiktiven Figur (Riccardo Fontana) darstellt. Dennoch erweckt auch Kipphardts Dokumentarstück aufgrund der genannten Voraussetzungen den Eindruck eines illusionären und fiktiven, d. h. nur die Faktizität seines Inhalts vortäuschenden Bühnenstücks.

Es läßt sich mithin an den hier verglichenen Dokumentarstücken ein fundamentaler Unterschied in der Präsentation dokumentarischen Materials erkennen. Sie alle vergegenwärtigen einen belegten Sachverhalt und basieren sämtlich auf eingesehenen und verarbeiteten historischen Quellen und Dokumenten[115]. Aber sie stehen zu diesen doch in einem sehr unterschiedlichen Verhältnis, was ihnen wiederum einen ebenso unterschiedlichen Dokumentationscharakter und -wert verleiht.

Sui generis ist jedes Dokument ein Beleg der Wirklichkeit, nicht aber deren unmittelbarer Ausdruck oder direktes Abbild. Diese von Torberg konstatierte Relation zwischen Realität und Dokument[116] ist in der *Ermittlung* und *In der Sache J. Robert Oppenheimer* prinzipiell gewahrt[117]: Dort wird das Dokument selbst auf der Bühne zitiert; es wird also, will man das hier vorliegende Abbildungsverhältnis zur Realität näher bestimmen, nur ein Abbild des Wirklichkeits-Beleges gegeben, nicht jedoch ein Abbildungsversuch der in den Dokumenten belegten Wirklichkeit unternommen, wie das im *Stellvertreter* und in *Joel Brand* geschieht. Da in diesen Stücken die Fakten nicht mehr in ihrer eigenen Tradierungsform auf die Bühne gelangen, sondern zur Konzeption einer Stück-Fabel benutzt werden, tritt hier an die Stelle des Wirklichkeitsberichts eine Wirklichkeitsimitation.

Obwohl also gravierende Unterschiede innerhalb der angeführten Dokumentarstücke festzustellen sind, stieß das Dokumentartheater schlechthin immer wieder, auch bei einzelnen Dramatikern, auf Kritik. So lehnt beispielsweise Max Frisch, der in *Andorra* der Wirklichkeit in Form einer realistischen Fiktion beizukommen suchte, aus fast den gleichen Überlegungen wie Torberg das Dokumentartheater als eine Verkennung der Eigengesetzlichkeit der Bühne ab. Für ihn stellt der „Versuch, die theatralische Vision zu ersetzen durch Dokumente, die eben dadurch, daß sie von einem Darsteller gespielt werden, ihre Authentizität und damit ihren einzigen Wert verspielen"[118], keine Alternative zu dem in Mißkredit geratenen Parabelstück dar. Bei aller Skepsis, die auch er unterdessen der Parabelform entgegenbringt, sieht er in ihr noch immer „ein bewährtes Verfahren, um dem Imitier-Theater zu entgehen, jener hoffnungslosen Art von Theater, das sich Realität durch Imitation von Realität verspricht."[119] Eine ähnliche Position zum Dokumentarstück nimmt Martin Walser ein. Auch ihm erscheint das Dokumentarstück — wobei er dessen Informationswert durchaus anerkennt — als keine akzeptable Alternative zum Parabelstück, da es im bloßen Abbildungsdienst verharre:

„Dokumentartheater ist Illusionstheater, täuscht Wirklichkeit vor mit dem Material der Kunst. [. . .] Diese Darstellungen laufen hinter der Realität her, ohne je in ihre Nähe kommen zu können. Die Bühne wird zwar hergerichtet wie das Lokal, in dem die Handlung einmal wirklich passierte, aber diese gewaltige Bemühung um Imitation läßt keine Sekunde vergessen, daß wir es mit einem harmlosen Abbild der Realität zu tun haben. Der Zuschauer wird aufgefordert, ein Voyeur oder ein Zeuge zu sein; aber da der Imitationscharakter gar nicht aufgehoben werden soll, da die Illusion durchschaubar bleiben soll, bleibt der Zuschauer ein Voyeur, dem nicht genug geboten wird, und ein Zeuge, der nichts gesehen hat. Nein, er hat etwas gesehen: Ersatz. Ersatz für die Wirklichkeit, an der er glücklicherweise nicht teilnehmen mußte. Er hat Kunst gesehen, die sich für Realität ausgab."[120]

Nach diesen (1967 veröffentlichten) dramentheoretischen Überlegungen ist es nicht verwunderlich, daß *Martin Walser*s (* 1927) Stück *Der schwarze Schwan* (1961 – 1964; UA 1964)[121] mit den Stücken von Hochhuth, Weiss und Kipphardt lediglich den thematischen Ausgangspunkt gemein hat.

Wie bei Frischs *Andorra* handelt es sich auch bei Walsers Stück um eine „theatralische Vision". Schilderte Frisch an einer vorgestellten Situation das Vorstadium von Auschwitz, dessen massenpsychologische und soziologische Voraussetzungen, so beschreibt Walser das Stadium nach Auschwitz, die nachträgliche Einstellung zum dort Geschehenen. Beide Autoren begnügen sich also nicht mit der Darstellung der Vergangenheit, auf die die drei genannten Dokumentarstücke im Prinzip hinauslaufen, sondern geben eine Verhaltens- und Bewußtseinsanalyse der Vor- und Nachgeschichte von Auschwitz. Ausschlaggebend für Walsers Vorbehalte gegen das Dokumentarstück aber ist nicht nur, daß es eine Wirklichkeitsimitation liefert, sondern daß es sich zugleich in bloßer Vergangenheitsdarstellung erschöpft. Wenn die Dokumentarstücke von ihren Autoren auch nicht in der Absicht von „Beschreibung der Vergangenheit als Vergangenheit, sondern als Wirkung in die Gegenwart"[122] entstanden sind, so bleibt dies jedoch nur die Stoßrichtung dieser Stücke, ist aber in ihnen selbst nicht, oder nur ansatzweise realisiert. Allein die *Ermittlung* von Peter Weiss bildet hier eine Ausnahme, insofern der Vorgang in der Nachkriegszeit spielt, d. h. die Vergangenheit bereits aus der Perspektive der Gegenwart dargestellt wird. Bei Kipphardt fehlt diese Perspektive ganz, bei Hochhuth wird sie nicht relevant, da sie nur in den Szenenkommentaren vorhanden ist, in denen teilweise die Charakterisierung der Figuren über das Stückgeschehen hinaus bis in die Nachkriegszeit fortgeführt wird. Die Reflexion auf die Haltung der Schuldigen und Mitschuldigen zur Vergangenheit ist also nicht ins Spielgeschehen integriert, wie dies bei Weiss durch die Darstellungsform der Gerichtsverhandlung – oder auch, um auf Frisch zurückzukommen, in den Zeugenaussagen der Andorraner der Fall ist.

Walsers *Schwarzer Schwan* hingegen macht die Haltung der Gegenwart zur Vergangenheit zum ausschließlichen Thema. Walser hat diese für die Nachkriegsdramatik neue Position, auf der sein Stück beruht und die es von den bisher behandelten Mitschuld-Stücken grundsätzlich unterscheidet, in seinem Aufsatz *Imitation oder Realismus* selbst formuliert und begründet:

„Wenn wir unsere jüngste Vergangenheit heute dargestellt sehen in Prozeßberichten, auf der Bühne, auf dem Bildschirm, dann fällt auf, daß der Prozeßbericht schaudernd und staunend eine ungeheure Frage formuliert, die dann auf der Bühne und auf dem Bildschirm in gut gemeintem moralischen Idealismus verschwiegen wird, die Frage nämlich: Wie kann Herr Soundso, ehemals vielfacher Mörder, jetzt lammfromm in seiner Familie und Gemeinde dahin leben? Oder wie kann der Schriftsteller Soundso, der Professor Soundso, wie können sie jetzt ganz anders urteilen und schreiben als damals? Wie ist dieser Wandel möglich für ein ganzes Volk? Der Prozeßbericht bringt es lediglich zur Formulierung der Frage, zum erschütterten Staunen. Die Darstellungen aber retten sich gern aus der Gegenwart und sorgen dafür, daß die Fabel nicht über 1945 hinausreicht. Sie bewerten die sauber von der Gegenwart getrennten nationalsozialistischen Vorgänge nach heutigen Maßstäben. Das heißt: sie zeigen, wie man sich nach den Einsichten des Jahres 1964 im Jahre 1942 hätte benehmen wollen. Das ist so leicht wie sinnlos. Da sind die Moralen schnell gefunden. Ich glaube, jede realistische Darstellung des Dritten Reiches *muß* bis in unsere Zeit hineinreichen, sie *muß* die Charaktere den historischen Provokationen von damals aussetzen, zeigen, wie diese Charaktere damals handelten und wie sie heute handeln."[123]

Dieser theoretischen Forderung versuchte Walser noch vor ihrer Formulierung in dem angegebenen Aufsatz in zwei Dramen nachzukommen, die er als „Stücke aus einer deutschen Chronik" verstanden wissen will und wie folgt charakterisierte:

1. Eiche und Angora. (Oder: die Personen zwischen 33 und 45 sind die Personen von 1950 und 1960; aber heute handeln sie anders.) 2. Der Schwarze Schwan. (Oder: wie man heute mit der Vergangenheit umgeht, hängt davon ab, über welche Art von Gedächtnis man verfügt. Dieses Stück, das auch „Gedächtnisse" heißen könnte, zeigt ein paar Arten von Gedächtnis.)[124]

Die „Arten von Gedächtnis", die Walser in den einzelnen Figuren des Stückes vorführt, demonstrieren mithin nichts anderes als verschiedene Möglichkeiten, auf die Schuld in der Vergangenheit zu reagieren.

Der Schauplatz dieses Erinnerungs- und Verdrängungsprozesses, der sich zwischen den einzelnen Figuren abspielt, ist eine entlegene Nervenheilanstalt, ein Spielraum also, der für einen sich weitgehend nur im Bewußtsein vollziehenden Vorgang einen sinnbildhaften Rahmen abgibt und darüber hinaus zugleich die moralische Schizophrenie der Nachkriegsgesellschaft in ihrer Haltung zur Vergangenheit signalisieren soll.

Leiter dieser Nervenheilanstalt ist Professor *Liberé*, ein ehemaliger KZ-Arzt und Euthanasiespezialist, der durch Namensänderung (eigentlich heißt er Leibniz) und durch einen erfundenen Indien-Aufenthalt der Verurteilung entging. In der selbstgewählten Verbannung, die das entlegene Sanatorium für ihn bedeutet, unterzieht er sich in der Überzeugung, daß im Gerichtssaal nichts geklärt werden könne, einer Selbstbestrafung, indem er sich bewußt der Erinnerung aussetzt und selbstauferlegte Bußübungen absolviert. *Seine Frau* jedoch, für die das Vergangene längst vorbei ist, bringt dafür kein Verständnis auf, sondern versucht, aus der ihr zugemuteten Isolation auszubrechen. Ein ähnlich problemloses Verhältnis zur Vergangenheit zeigt Assistenzarzt *Dr. von Trutz,* der sich um die Hand ihrer Tochter Irm bemüht. Sein Bezug zur Vergangenheit beschränkt sich auf die Erinnerung an periphere und triviale Ereignisse (so etwa, daß ihm in Minsk das Kölnisch Wasser ausging). *Irm* hingegen fehlt aufgrund ihrer Jugend ein deutliches Vergangenheitsbewußtsein. Sie hat ihre im Umkreis des KZ verlebte Kindheit wie ihren eigentlichen Namen (Hedi) vergessen und die ihr vorgetäuschte Vergangenheit als ihre wirkliche angenommen. Das Gegenbild zu ihr ist *Tinchen,* ihre ältere und geistesschwache Adoptivschwester, die noch immer in der Vergangenheit lebt, in BDM-Kluft für das Winterhilfswerk sammelt, NS-Lieder singt und Sonnwendfeiern veranstaltet[125].

Ins Spiel gebracht werden diese Figuren und ihre verschiedenen Bewußtseinshaltungen — wobei sie zugleich um zwei neue Varianten bereichert werden — durch eine provokative Konfrontation mit der Vergangenheit, die von außen in Gestalt eines ehemaligen KZ-Arzt-Kollegen Liberés, Professor Goothein, und dessen Sohn Rudi in diese Welt eindringt. *Goothein,* für den im Gegensatz zu Liberé die Vergangenheit durch eine verbüßte Gefängnisstrafe endgültig erledigt ist, bringt seinen Sohn *Rudi,* der sich weniger leicht mit der Vergangenheit seines Vaters abfindet, zur Behandlung von dessen „ethischen Hypertrophie" zu Liberé. Rudi gibt sich nämlich, seitdem er einen Brief seines Vaters entdeckt hat, der einen Transport Häftlinge zur Tötung anforderte, selbst für den Schreiber dieses Briefes aus. Er simuliert den Täter, um dadurch das Eingeständnis der wirklich Schuldigen zu provozieren. Mit vier Anstaltsinsassen führt er seinem Vater und Liberé ein an die Mausefallen-Szene in Hamlet erinnerndes Spiel, „Die Domestizierung beziehungsweise Zähmung der Erynnien durch Doktor F", vor, das (in einer satirischen Inversion der antiken Erynnien-Vorstellung) ihnen ein Spiegelbild ihrer Schuld und ihres Verhältnisses dazu vorhält. Er demonstriert ihnen, wie sie ihr Schuldgefühl einem hektischen Wiederaufbau und dem Streben nach Wohlstand dienstbar zu machen verstehen: „Herr Professor, lieber Papa, so wird gespielt. Und siehe: die Schuld schläft ein wie das Kätzchen in der Sonne. [. . .] die Erinnerung frißt uns aus der Hand." (S. 72)

Dieses Spiel im Spiel sowie die Schuldsimulation Rudis ist eine List, den Tätern das Eingeständnis ihrer Schuld und zweifelhaften Reue abzufordern. Gleichzeitig enthält Rudis Spielen des Täters neben der Absicht der Entlarvung der Schuldigen eine tatsächliche Identifikation mit der gespielten Schuld. Die Entdeckung des Briefes hat in ihm nämlich wieder die Erinnerung an seine Kindheit zurückgerufen, in der er als „Schwarzer Schwan" (eine Chiffre für die SS) mit Irm alias Hedi Selektion spielte, so daß er sich als potentieller Täter fühlt: „Was ein Vater tut, das hätte auch der Sohn getan, wenn's an ihm gewesen wäre. Besonders einer, der sich so früh übte wie ich." (S. 84) Da er die Vorstellung, daß er unter ähnlichen Umständen genauso wie sein Vater gehandelt hätte, nicht ertragen kann und sich andererseits mit dem Vergessenkönnen der

155

wirklich Schuldigen nicht abfinden will, wählt er den Freitod, zu dem er vergeblich auch Irm zu überreden versucht. Sie, die sich im Unterschied zu ihm nicht für die Taten ihrer Väter mitverantwortlich fühlt, hat nur einen Wunsch, mit ihm, den sie liebt, ihr eigenes Leben zu führen und alles Gewesene zu vergessen. Gerade aber der Möglichkeit des Vergessens sowie der Möglichkeit, an den Grausamkeiten der nächsten Generation beteiligt zu sein, will Rudi durch seinen Selbstmord entgehen.

Der in diesem Stück stattfindende Prozeß von Vergangenheitserinnerung und Vergangenheitsverdrängung wird mithin im wesentlichen unter vier einander näher zugeordneten Figuren ausgetragen. Verkörpern dabei Liberé und Goothein, die für die schuldiggewordene Vätergeneration stehen, zwei gegensätzliche Arten der Schuld- und Vergangenheitsbewältigung, so stellen Rudi und Irm zwei entgegengesetzte Arten der Reaktion auf deren Taten dar. Allein aus diesen Kontrastfiguren geht hervor, daß es sich weit mehr um das Durchspielen der unterschiedlichsten Einstellungen zur Vergangenheit handelt als um eine Wiedergabe wirklicher Verhaltensweisen. Dies wird nicht nur aus der Konzipierung einer so eigenwilligen Figur wie Tinchen ersichtlich, sondern auch in der Rudis, der Hauptgestalt des Stückes, besonders in seinem Selbstmord am Schluß des Dramas. So konsequent Rudis Freitod sich im Denkspielcharakter der Fabel ausnimmt und als sinnfällige Manifestation eines absoluten moralischen Protests gegen das Totschweigen und Vergessen der Vergangenheit erscheint, so fragwürdig bleibt diese Tat, wenn man von ihrem Symbolgehalt und ihrer dramaturgischen Funktion absieht, da sie für sich genommen eine Scheinlösung des Problems der Vergangenheitsbewältigung darstellt. Letztlich kann diese Tat nur verstanden werden als das Resultat der Gegenposition zu Irms Tendenz, das Vergangene auf sich beruhen zu lassen. Das Verhalten der Figuren ist also jeweils ganz von dem Grundeinfall des Stückes, verschiedene Arten von Gedächtnis im Umgang mit der Vergangenheit zu zeigen, bestimmt.

Diese Ausrichtung der Figuren auf eine bestimmte Demonstrationsabsicht läßt sie allerdings, wie Taëni kritisch einwendet, ,,weitgehend typisiert und ohne ein wirkliches Eigenleben, in jeder Beziehung also den Aussageinteressen des Autors untergeordnet"[126] erscheinen. So steht beispielsweise die Liebesepisode zwischen Rudi und Irm gänzlich unter diesem Demonstrationszweck des Autors. Indem Irm trotz ihrer Zuneigung Rudi nicht vor dem Selbstmord zurückhält und sich danach kaum getroffen zeigt, wird die Position des Mädchens, das Vergessenwollen um jeden Preis, zwar um so augenscheinlicher. Gleichzeitig aber wird daran auch deutlich, daß das den Figuren zudiktierte Verhalten teilweise sich widersprechende und nicht immer einsichtige Reaktionen zur Folge hat.

Am eklatantesten äußert sich dies in der Figur Liberés, der sich der Herausforderung, die Rudis Schuldsimulation bedeutet, stellen und ihm seine Haltung zur Vergangenheit erklären will, dann aber, als Rudi die Vergangenheit Liberés und Gootheins im Spiel von der Domestizierung der Erynnien beschwört, sich jeglicher Stellungnahme entzieht. Dieses Verhalten Liberés wirkt nach dem Vorausgegangenen genauso unverständlich wie die mangelnde Reaktion Liberés auf Rudis Selbstmord, der ihn so wenig wie die Herausforderung des Spiels zum Eingeständnis seiner Schuld zu bringen vermag.

Ebensowenig wie die in der ersten Fabelhälfte in Aussicht gestellte Konfrontation zwischen Rudi und Liberé zustandekommt, wird andererseits das vom Autor als eng bezeichnete Verhältnis zwischen Rudi und seinem Vater im Stückverlauf sichtbar. Nur andeutungsweise wird deutlich, daß Rudis Verhältnis zu seinem Vater nicht von Haß und Feindschaft bestimmt ist, sondern zwischen Liebe und Erschrekken, zwischen Verständnis und Verurteilung schwankt[127]. Die sich von daher ergebende eigenwillig zwiespältige Reaktion Rudis auf die Vergangenheit seines Vaters wird so nicht ohne weiteres verständlich und trägt dazu bei, daß auch das Verhalten der Hauptgestalt in sich widerspruchsvoll und verwirrend erscheint[128].

Rudis ambivalente Reaktion auf die Schuld der Vätergeneration ist bis zu einem gewissen Grade Ausdruck der subtilen Betrachtungsweise der Vergangenheit durch den Autor. Er enthält sich jeglichen simplen Verdikts über die Täter aus heutiger Sicht, da „die Moralen schnell gefunden" sind, und will die in der Vergangenheit Schuldiggewordenen nicht als Verbrecher zeigen, ohne daß diese sich als solche fühlen. Er will vielmehr gerade dieses Phänomen darstellen.

Gleichzeitig haben in der Figur Rudis und in dessen doppelter Reaktion auf die Vergangenheit zwei für die Mitschuld-Stücke der Nachkriegszeit typische Züge Gestalt angenommen: Rudis Schuldsimulation zur Provokation der Schuldigen entspricht der Absicht der Nachkriegsdramatiker, die Zeitgenossen mit ihrer Vergangenheit zu konfrontieren und eine Auseinandersetzung herbeizuführen. Rudis Identifikation mit den Schuldigen ist eine weitere Variante der These von der potentiellen Schuld der durch Zufall schuldlos Gebliebenen, die den meisten Mitschuld-Stükken nach 1945 zugrunde liegt. Diese Identifikation enthält zudem den Zweifel, ob man in gleicher Situation sich anders verhalten hätte, dem sich die einzelnen Autoren jeweils ausgesetzt sahen und der entscheidend zum Entstehen dieser Stücke beitrug[129].

Diese Skepsis sich selbst und den sich Schuldloswähnenden gegenüber resultiert bei Walser aus der Einsicht, daß (wie er in seinem Essay *Unser Auschwitz* formulierte) die „Täter bis zu irgend einem Zeitpunkt zwischen 1918 und 1945 mit uns allen verwechselbar ähnlich waren, daß sie dann durch spezielle Umstände den Weg nahmen", der sie in Verbrechen und Schuld führte[130]. Diese Erkenntnis und die Tatsache, daß die Schuldiggewordenen nach 1945 wieder in normale bürgerliche Verhältnisse zurückkehren konnten, als ob nichts geschehen wäre, – die Erfahrung also, daß die gleichen Personen heute so und morgen anders handeln können, ohne dabei in merklichen Widerspruch mit sich selbst zu geraten, brachte Walser zu einer grundsätzlichen Absage an die „idealistische" Auffassung von Individuum und Charakter. Walser gelangte stattdessen zu der Überzeugung, daß der Einzelne viel eher ein „Dividuum" sei, dessen „Charakter", ein Konglomerat divergierender Eigenschaften, weitgehend durch Umwelteinflüsse, besonders aber durch die gesellschaftlichen Umstände konditioniert wird[131].

Diese Grundanschauung Walsers, aus der seine Stücke *Der schwarze Schwan* und *Eiche und Angora* hervorgegangen sind, sowie die für sein gesamtes Schaffen bestimmende „Frage nach der Identität des Ich, nach einer möglichen Kontinuität von Bewußtsein und Gewissen, nach Antizipation und Erinnerung, dem Verhältnis von Vergangenem und Gegenwärtigem" werfen letztlich die „Frage nach der menschlichen Verantwortung" auf[132]. Sie aber erscheint im Hinblick auf seine Mitschuld-Stücke als nicht unproblematisch[133], wenn man aus Walsers Überlegungen von der Konditioniertheit des Charakters ein exkulpierendes Moment für die Schuldigen und ihre Taten ableiten wollte. In Wirklichkeit jedoch zielt Walser mit seiner Infragestellung der idealistischen Auffassung von Individuum und Charakter eher auf das Gegenteil ab, wie sein Essay *Unser Auschwitz* deutlich macht. In ihm wendet er sich dagegen, daß aufgrund eben dieser idealistischen Einschätzung von Individuum und Charakter und der damit verbundenen Vorstellung von einer rein personalen Verantwortlichkeit der Einzelne von einer kollektiv verursachten Schuld freigesprochen wird[134].

Walser hat in seinem Stück *Der schwarze Schwan* an einer zentralen Stelle (in Rudis Reflexion über das Zustandekommen der Massenvernichtung) zum Ausdruck gebracht, daß eben diese Einstellung, in der jeder sich nur für sein eigenes Tun verantwortlich fühlt, erst das Phänomen Auschwitz ermöglicht hat:

> Es ging doch immer so: sieben Englein um Dich stehn. Der Erste sagt: Du siehst aus wie ein Opfer. Der Zweite holt Dich. Der Dritte verlädt Dich. Der Vierte beruhigt Dich. Ich mach den Daumen krumm. Der Sechste hat schon den Ofen geheizt. Und der Siebte sagt: so, jetzt geh rein. Da wurde immer in der Kette gearbeitet. Jeder hat nur ein Wort gerufen. Den Satz, der da entstand, hat keiner gehört. (S. 81)

Was Walser hier und an anderen Stellen des Stückes (vgl. die Zitate in der Fabel-Wiedergabe) an Einsichten formuliert, zeugt von analytischem Scharfsinn und bildhafter Ausdruckskraft des Autors. Doch da sein Stück kein wirklichkeitsnahes Geschehen, sondern einen Bewußtseinsprozeß darstellt, das heißt, Inhalte und Vorgänge deutlich zu machen versucht, die sich nun einmal eher sprachlich als in Figuren und Aktionen fixieren lassen, kommt es zu dem von Ernst Wendt beschriebenen paradoxen Umstand, daß „die in Dialogmetaphern benannten Dinge leibhaftiger werden als die Personen, die sich dialogisierend äußern". Im Unterschied zu anderen Dramatikern, „die mehr ‚Anliegen' als denkerisches und formales Vermögen mitbringen" und nur „blasse Schemen auf die Bühne [stellen], denen Papierschlangen aus den Mündern hängen", reden zwar Walsers Figuren, wie Wendt weiter konstatiert, „alles andere als Papier; im Dialog verdinglichen sie, stellvertretend, unser aller Bewußtsein der Vergangenheit, artikulieren es in Bildern, entzünden es durch brennende Metaphern. Aber sie leben oft *nur* in ihrer Sprache, sie skelettieren sich selbst, indem sie sich äußern."[135]

In der oben angedeuteten Schwierigkeit der szenischen Präsentation ist mithin die eigentliche Ursache für die mangelnde Bühnenlebendigkeit von Handlung und Figuren, die starke Konstruiertheit der Fabel zu suchen. Als Kehrseite dieser Darbietungsschwierigkeit erweist sich die symbolische Überfrachtung im Sprachlichen und im Szenischen. Sie äußert sich in einer zum Teil recht gesuchten sprachlichen und szenischen Metaphorik, die durch Anspielungen und Assoziationen die Vergangenheit und die Gegenwart ins Spiel und zum Bewußtsein zu bringen versucht, aber mit den dafür gewählten Symbolen und Allegorien keinen überzeugenden Wirklichkeitsbezug herzustellen vermag[136]. Im einzelnen besteht die metaphorische und symbolische Verschlüsselung[137] der Wirklichkeit in vergangenheitsbeschwörenden Chiffren (schwarzer Schwan, Ruß auf der Wäsche, Witwenverbrennung usw.), in den Erinnerungs- und Verdrängungsprozesse verdeutlichenden atmosphärischen Charakterisierungen (Schnaken, feuchte Spinweb, nasse Lappen), in anspielungsreicher Namens- und Dingsymbolik (Leibniz, Libere

Goothein; siebenarmige Thuja) sowie in der Erynnien-Allegorie und der Hamlet-Variante.

Die mit diesem System von Anspielungen und Assoziationen betriebene Zeit- und Gesellschaftskritik führte zu einer hyperpoetischen Konkretion des gemeinten Sachverhalts, die der angestrebten Analyse der Verdrängung von Schuld und Vergangenheit aus dem Gegenwartsbewußtsein eher abträglich als förderlich ist.

Dessen ungeachtet hat Walser in seinem Stück *Der schwarze Schwan* bestimmte Bewußtseinshaltungen zur Sprache gebracht und dabei bedeutende Einsichten formuliert, die, wie J. Kaiser vermerkt, Gegenstand eines „grandiosen Essays"[138] sein könnten. Vielleicht darf man umgekehrt aus dieser Feststellung aber auch die Folgerung ziehen, daß das Thema, das sich Walser hier gestellt hat, eben eher Gegenstand eines Essays als eines Bühnenstücks gewesen wäre, und daß es deshalb einer szenisch-dramatischen Fixierung widerstrebt. Die Vermutung liegt jedenfalls nahe, daß hierin der eigentliche Grund für die Überkonstruiertheit der Fabel und für die symbolische Überfrachtung des Stückes zu suchen ist. Und wahrscheinlich ist es auch nur Folge und Ausdruck dieses Dilemmas, daß Walser bei der Konzeption seiner Stückfabel literarischen Vorbildern verpflichtet bleibt, das heißt, auf vorgegebene Handlungselemente zurückgreift. Dies wird aus der Hamlet-Variation und der Nachahmung der Mausefallen-Szene innerhalb des Erynnienspiels, aber auch aus den gewiß nicht zufälligen Analogien zu Sartres *Die Eingeschlossenen* (1959) ersichtlich[139].

Bei aller Originalität seines thematischen Vorwurfs vermochte Walser mit seinem Stück jedenfalls nicht die von ihm aufgestellten dramaturgischen Prämissen adäquat zu realisieren. Noch wurde er seinem Gegenstand so gerecht wie in seinem Essay *Unser Auschwitz*, der zum Scharfsinnigsten gehört, was zu diesem Thema und zur Mitschuldfrage geäußert wurde.

Walsers Forderung, daß jede realistische Darstellung des Dritten Reiches bis in die unmittelbare Gegenwart reichen müsse, erfüllen neben seinen eigenen Versuchen in *Eiche und Angora* und in *Der schwarze Schwan* die Stücke *Helm* von Hans Günter Michelsen, *Der Himbeerpflücker* von Fritz Hochwälder und *Der Herr Karl* von Carl Merz und Helmut Qualtinger. Alle drei visieren in und aus der Gegenwart die Vergangenheit an, haben deren Verdrängung aus dem Gegenwartsbewußtsein und unterschwelliges Weiterwirken zum Thema.

In *Hans Günter Michelsen*s (* 1920) Einakter *Helm* (1964; UA 1965)[140] wird eine Gruppe von fünf Männern mit ihrer Vergangenheit konfrontiert durch jene merkwürdige Figur, die dem Stück den Titel gab, auf der Bühne selbst jedoch nicht in Erscheinung tritt:

Für fünf ehemalige Offiziere, die sich ab und zu in feucht-fröhlicher Runde ihrer gemeinsamen Kriegszeit erinnern, ist unerwartet ihre wirkliche, längst abgetane Vergangenheit wieder lebendig geworden durch ihr Zusammentreffen in der Gaststube Fritz Helms, an dem einer von ihnen schuldig wurde: In momentaner Verärgerung und aus falschem Geltungsbedürfnis hat ihn einst Oberst Kenkmann wegen einer Bagatelle (nach seiner Ansicht ließ das von Helm anläßlich des Besuchs des Kommandierenden Generals gekochte Essen zu wünschen übrig) der Wehrkraftzersetzung bezichtigt und ihn so in ein Strafbataillon gebracht, wo Helm zum Krüppel geschossen wurde. Dies, wie das Verhalten der übrigen Personen während des Krieges wird bruchstückhaft aus dem Dialog deutlich, den die fünf Figuren nach durchzechter Nacht auf einer Waldlichtung führen, wohin sie Helm bestellt hat, um ihnen sein Jagdrevier zu zeigen. Doch Helms Ausbleiben und die ominösen Schüsse, die dann jedesmal fallen, wenn einer von ihnen den ausgemachten Treffpunkt verläßt, erwecken in ihnen den Verdacht, daß Helm sie hierher gelockt hat, um sich an ihnen für das erlittene Unrecht zu rächen. Das Warten auf Helm aber und die plötzlich aufgekommene Angst bringt sie zur Rekapitulation und stückweisen Enthüllung ihrer Vergangenheit, indem sie unter gegenseitigen Rechtfertigungen und Anschuldigungen zu dem im Krieg Geschehenen und zu Helms Schicksal Stellung nehmen. Zerstritten und beunruhigt verläßt einer nach dem anderen die Stätte dieser erzwungenen Gewissenserforschung und Selbstentlarvung. Zum Schluß befindet sich nur noch der eigentlich Schuldige, Oberst Kenkmann, auf der Lichtung. Doch auch er entschließt sich, trotz des mysteriösen Schusses, der jedesmal dem Weggang eines der Anwesenden folgte, gleich ihnen den ausgemachten Treffpunkt zu verlassen. Das Stück endet, ohne daß diesmal der vom Zuschauer erwartete Schuß fällt. Es bleibt offen, ob die vernommenen Schüsse tatsächlich den fünf hier Versammelten galten, ob sie überhaupt von Helm abgegeben wurden, und wenn, ob er wirklich auf sie anlegte oder ob er sich lediglich einen makabren Scherz mit ihnen erlaubte.

Die unsichtbar bleibende Titelfigur fungiert hier mithin als auslösendes Moment für den sich auf der Bühne unter den fünf Personen vollziehenden Erinnerungs- und Demaskierungsprozeß. Michelsen selbst bezeichnete Helm als *fiktives Monstrum*. Ironisch vermerkte er zu seiner Titelfigur: „Helm ist nur der Held eines Stückes", denn, „auch Helm, gäbe es ihn so, würde am Ende wahrscheinlich nur Spaß gemacht haben, würde weiter hinter der Theke stehn und Bier ausschenken . . . . Er fügte sich, bestenfalls resignierend, Verhältnissen, die noch immer oder schon wieder die geringfügig modifizierte Struktur einer durch Verbrechen schuldiggewordenen Gesellschaft stützen und verteidigen."[141] – Nach Funktion und Eigenschaft der Titelfigur (Auslösen einer Konfrontation mit der Vergangenheit, „nur Held eines Stückes") als auch nach der Art des Schauplatzes (Abgelegenheit, beklemmende Atmosphäre) gleicht Michelsens *Helm* Walsers *Schwarzem Schwan*. In beiden Stücken handelt es sich um eine realistische Fiktion, die einen provokatorischen Gegenentwurf zur Nachkriegsrealität insofern darstellt, als in beiden Fällen eine Auseinandersetzung mit der verdrängten und negierten Vergangenheit in einer szenischen Versuchsanordnung durch eine Provokationsfigur herbeigeführt wird.

Das gilt in Abwandlung auch für *Fritz Hochwälders* (* 1911) dreiaktige Komödie *Der Himbeerpflücker* (1964; UA 1965)[142]. In ihr wird ebenfalls in analoger Form eine satirische Demaskierung der Nachkriegsgesellschaft und ihres Verhältnisses zur Vergangenheit unternommen. Der Schauplatz dieses Vorgangs ist ein fiktiver Ort wie Andorra und Güllen, der entsprechend der Herkunft des Autors im Österreichischen angesiedelt ist. Wie bereits der Ortsname Bad Brauning annonciert, wird eine Kleinstadt vorgestellt in der hinter der Fassade von bürgerlicher Wohlanständigkeit und Biedersinnes die alte Gesinnung lebendig ist. Im Grunde sind die Bürger von Bad Brauning bei aller Anpassung an die veränderte politische Situation sich gleich geblieben; sie sind noch immer skrupellose Opportunisten, die sich auf eine neue, veränderte Situation einstellen und dabei ihren eigenen Vorteil suchen.

Die vermeintliche Rückkehr des berüchtigten „Himbeerpflückers", des ehemaligen Kommandanten eines Bad Brauning benachbarten Konzentrationslagers, der zu seinem Privatvergnügen Häftlinge zum Himbeersuchen in den Wald beorderte und dann einzeln mittels Zielfernrohr „abschoß", löst unter den Honoratioren der Stadt die nicht unbegründete Befürchtung aus, daß mit der Aufspürung des gesuchten Himbeerpflückers auch ihre eigene Vergangenheit publik werden könnte, die zu verbergen sie allen Grund haben. So hat beispielsweise Bürgermeister Steisshäuptl in seiner Eigenschaft als Ortsgruppenleiter einige Kisten Zahngold bei der Auflösung des KZ zur Verwahrung übernommen und nach 1945 zum Ausbau seines Hotels verwendet. Dr. Schnopf hat in der NS-Zeit das als lebensunwert deklarierte Leben der Insassen des städtischen Altersheimes durch tödliche Injektionen verkürzt, Schuldirektor Huett eigenhändig flüchtige Fremdarbeiter liquidiert, Rechtsanwalt Suppinger sich an der „Arisierung" eines jüdischen Geschäftsmannes ein Vermögen erworben. Sie alle (neben den vier Genannten sind es der Baumeister Ybbsgruber, ein Fabrikant Stadlmeier und der Gendarmeriekommandant Ziereis) die eine mehr oder minder belastete Vergangenheit hinter sich haben und doch nach wie vor die gleichen Positionen einnehmen, stimmen dafür, den Himbeerpflücker bei sich untertauchen zu lassen.

Ob dies mehr aus reiner Selbstverteidigung oder aus altem NS-Korpsgeist geschieht, bleibt im einzelnen undeutlich. Auf jeden Fall sind ihnen die alten Parolen schnell wieder geläufig. Sie offenbaren, daß sie sich nach außen hin zwar von der NS-Zeit distanzierten, insgeheim aber noch immer damit sympathisieren. Andererseits hindert sie das Verkünden der alten nationalen und völkischen Parolen und das Beschwören der einstigen NS-Verbundenheit nicht daran, einen höchst eigensüchtigen und privaten Interessenkampf auszutragen. Die Suche nach dem eigenen Vorteil, der sie bei ihrer Tätigkeit unter dem NS-Regime leitete, bestimmt auch ihr jetziges Tun: In der Annahme, daß der vermeintliche, bei Steisshäuptl abgestiegene Himbeerpflücker zurückgekommen sei, die Kisten Zahngold zurückzufordern, rivalisieren sie gegenseitig um dessen Gunst, um ihn als Geschäftspartner für sich zu gewinnen. Erst als sich herausstellt, daß sie einem Hochstapler und Gelegenheitsdieb (Alexander Kerz) aufgesessen sind – der unterdessen tatsächlich aufgespürte Himbeerpflücker hat sich in Untersuchungshaft erhängt –, ist für die Brauninger die Vergangenheit schnell wieder tabu, die moralische Entrüstung über den kleinen Verbrecher (im Gegensatz zu der vorausgegangenen Sympathie für den Massenmörder) allseits sehr groß, und damit für die am falschen Objekt engagierten alten Kämpfer von Bad Brauning die Rückkehr in den Schein bürgerlicher Honorigkeit gesichert.

Hochwälder hat in der Charakterisierung der Brauninger, in ihrem Reden und Handeln, die Mentalität unbelehrbarer alter Kämpfer und unverbesserlicher Opportunisten überzeugend fixiert. Andererseits wird jedoch diese Satire durch die komödienhafte Einkleidung der Vergangenheits- und Gegenwartsdurchleuchtung in ihrer satirischen Stoßkraft wieder entschärft: Durch das die Handlung konstituierende (Gogols *Der Revisor* nachempfundene) Motiv vom betrogenen Betrüger, der bis zu seiner Entdeckung am Schluß eine ihm aufgedrängte fremde Rolle spielt und eine Personengruppe bzw. die Gesellschaft, für die sie steht, zu ihrer Dekouvrierung veranlaßt, tritt in dieser Satire die angestrebte Analyse des Gegenwartsbewußtseins hinter dem stattfindenden Intrigenspiel zurück. Die sich aus diesem Motiv ergebende, zum Teil geradezu schwankartige Handlungsführung und -verwicklung ist dem gewählten Gegenstand nicht recht angemessen und beeinträchtigt die Darstellungsintention und Wirkung des Stückes. Die Informationspartikeln, die die Vergangenheit signalisieren (Himbeerpflücker-Geschichte, die Kisten Zahngold etc.), nehmen sich in diesem Rahmen der Verwechselungsgeschichte, des Intrigenspiels und des Geschäftsmanövers höchst grotesk und skurril aus, verlieren aber ihren grauenhaften realen Hintergrund[143].

Die Mentalität des allzeit wandlungs- und anpassungsbereiten, sich überall durchlavierenden und stets auf seinen Eigennutz bedachten Opportunisten, die Hochwälder im *Himbeerpflücker* zum Ziel seines satirischen Angriffs machte, fand ihre wohl sarkastischste Fixierung in dem Monolog *Der Herr Karl* (1961) von *Carl Merz* (* 1905) und *Helmut Qualtinger* (* 1928)[144].

Dieses negative Porträt hat den drei letztgenannten Stücken, in denen die zeitgenössische Vergangenheitsbewältigung thematisiert ist, voraus, daß es zur Analyse und Darstellung des Verhältnisses der Zeitgenossen zu ihrer Vergangenheit keine Handlungskonstruktion und Fabelfindung von teilweise recht exzentrischer Art benötigt, sondern an deren Stelle eine unmittelbare Bewußtseinsanalyse in Form eines Selbstgesprächs und einer szenischen Autobiographie bringt.

In einem räsonierenden Rückblick auf sein Leben rekapituliert der *Herr Karl* die hinter ihm liegenden politischen Ereignisse und die Stationen seiner eigenen wechselvollen Vergangenheit von den dreißiger Jahren bis in die Nachkriegszeit. Stets verstand er es, sich der jeweiligen Situation anzupassen und sich rechtzeitig umzustellen, gleich ob es sich dabei um den Wechsel seiner Liebschaften oder seiner politischen Gesinnung handelte. In beiden Fällen hat er sich niemals festgelegt, sondern nur immer seinen persönlichen Vorteil gesucht; hat er es sich jeweils „g'richt g'habt" (S. 16): Bis 34 „Sozialist", danach für die „Schwarzen" (Heimwehr) demonstrierend, ist er rechtzeitig, als die Nationalsozialisten die Oberhand gewannen, „ummi zum ... zu de Nazi" (S. 14), war aber freilich bald „Illegaler" (S. 20), und als Block- und Luftschutzwart nur „a Idealist" (S. 21), der sich lediglich „für die Gemeinschaft eingesetzt" (S. 23) hat. In Wirklichkeit jedoch zog er aus dieser Stellung nur persönlichen Nutzen und drückte sich auf Kosten eben der Gemeinschaft vor dem Kriegsdienst. Mit der gleichen auf den eigenen Vorteil bedachten Fähigkeit, es sich zu „richten", wußte er nach dem Zusammenbruch des Dritten Reiches in der Besatzungszeit für sich das Beste aus der veränderten Situation zu machen, indem er erst mit den Russen, später mit den Amerikanern Geschäfte tätigte. Aus seiner Sicht nimmt sich diese chamäleonartige Anpassungs- und Wandlungsfähigkeit jedoch so aus:

> Man wird überlegen ... man erinnert sich: Wie man sich geplagt hat ... für die Gemeinschaft ... für die Gattinnen ... für den Beruf ... für den Wiederaufbau ... und was ist geblieben? Erfahrung ... Lebensklugheit ... immerhin. Aber sonst? Zu viel Herz, zu viel Arbeit ... zu viel Aktivität.
> Natürlich ... es hat auch schöne Momente gegeben. Und auf die hab i mi immer konzentriert. (S. 28 f.)

Diese Rekapitulation der allgemeinen und eigenen Vergangenheit führt zu einer indirekten Selbstentlarvung des *Herrn Karl:* Die politischen Ereignisse und die damit verknüpften Stationen des eigenen Lebens werden in diesem Rückblick aus der gegenwärtigen, d. h. aus einer zeitopportunen Sicht und Beurteilung berichtet, doch immer wieder scheint unter der nachträglichen Kaschierung der Vergangenheit die verdeckte Wirklichkeit durch. Nicht überall treten die Widersprüche in diesem Vergangenheitsbericht so deutlich hervor wie in folgender Stelle:

> Warum i net eing'ruckt bin? I hab a Herzklappen, wo ma nix Genaues waaß. Der ane Lungenflügel is aa net ganz durchsichtig ... und dann – vor allem – meine Füß ... –
>
> Außerdem: a paar Leit ham ja die Heimat aufrecht erhalten müssen. Es war a schwere Zeit ... Da hat man Männer gebraucht! I hab ja damals g'strotzt! ... I maan, auch heit noch. Schaun S' mi an! Sechzig Jahr! Und nie krank g'wesen. Immer pumperlg'sund ... (S. 23 f.

Immer wieder aber manifestiert sich diese Widersprüchlichkeit in der Aussage, diese Diskrepanz zwischen der tatsächlichen und der mitgeteilten Vergangenheit in bestimmten stilistischen Merkmalen, so in der konträren Charakterisierung der durchlebten Zeitabschnitte. Er bedient sich zu ihrer Kennzeichnung einer nahezu stereotypen Wendung („furchtbare Zeit" S. 11, 16, 23; „harte Zeit" S. 26; „schwere Zeit" S. 24). Diese pejorative toposartige Epochencharakterisierung wird jedoch durch die dazu im Gegensatz stehende Schilderung seines persönlichen Erlebens dieser Zeit („a Hetz g'habt", „an Schmäh g'führt" S. 12; es sich „g'richt g'habt" S. 16; „immer was derwischt. G'schäfter g'habt" S. 26) als bloß klischeehafte Etikettierung der Vergangenheit enthüllt. Spontane Vergangenheitserinnerung und nachträgliche Vergangenheitsstilisierung wechseln in diesem Monolog miteinander ab. Sie sind Ausdruck der zweifachen Haltung des Sprechenden zur Vergangenheit und offenbaren eine gegenwartsbedingte, an der allgemeinen Einschätzung der Hitlerzeit orientierte Distanzierung von der Vergangenheit und eine immer noch unterschwellig vorhandene Identifizierung mit dieser Vergangenheit. Am offenkundigsten äußert sich dies in der diametral entgegengesetzten Charakterisierung des Dritten Reiches:

Alles, was man darüber spricht heute, ist ja falsch . . . es war eine herrliche, schöne . . . ich möchte diese Erinnerung nicht missen . . . Dabei hab ich ja gar nichts davon g'habt . . . (S. 20 f.)	Es war eine furchtbare Zeit . . . Se können Ihnen ja davon kaan Begriff machen . . . Se warn a Kind . . . Was wissen Se, was mir damals alles mitg'macht ham! (S. 23)

Sprachlich evident wird dieser Gegensatz zwischen Identifikation mit der Vergangenheit und Distanzierung von der Vergangenheit nicht nur in dem konstatierten Wechsel von spontaner unkontrollierter Vergangenheitserinnerung und bewußter nachträglicher Vergangenheitsstilisierung, sondern auch in dem diesen Wechsel häufig begleitenden plötzlichen Übergang vom Dialekt ins Hochdeutsche, wie z. B. in der Schilderung des Einzuges von Hitler in Wien:

Naja, also, mir san alle . . . i waaß no . . . am Ring und am Heldenplatz g'standen . . . unübersehbar warn mir . . . man hat gefühlt, ma is unter sich . . . es war wia bein Heirigen . . . es war wia a riesiger Heiriger . . .! Aber feierlich. Ein Taumel. [. . .]

[. . .]

Na, unsere Polizisten san aa scho da g'standen, mit die Hakenkreuzbinden . . . es war furchtbar . . . das Verbrechen, wie man diese gutgläubigen Menschen in die Irre geführt hat . . . Der Führer hat geführt.

Aber a Persönlichkeit war er . . . vielleicht ein Dämon . . . aber man hat die Größe gespürt . . . (S. 19)

In hochdeutsche Diktion verfällt der *Herr Karl* meist dann, wenn er den Eindruck der Distanzierung von der geschilderten Vergangenheit hervorrufen will und wenn es ihm um die moralische Verbrämung seines eigenen Handelns und Verhaltens zu tun ist. Die Wahl des Hochdeutschen soll dann einer diesbezüglichen phrasenhaften Äußerung den nötigen Nachdruck und Glaubwürdigkeit verleihen. In all seinen Äußerungen aber artikulieren sich typische Allgemeinvorstellungen und Allgemeinplätze; sie setzen sich also weithin aus bloßen Versatzstücken einer übernommenen kollektiven Denk- und

Sprechweise zusammen und zeigen, daß *Der Herr Karl* die Typologie einer signifikanten allgemeinen Mentalität gibt und eine Jedermann-Figuration wie *Herr Biedermann* von Max Frisch darstellt.

Resümee

Bei einem Rückblick auf die Stücke, die die Etablierung des Terrors und die Frage nach der Mitschuld zum Inhalt haben, erweist sich als übergreifendes charakteristisches Stilmerkmal, daß sowohl der Terror als auch die Mitschuld nicht allein durch szenische Demonstration, sondern vor allem durch die satirisch gehaltene, entlarvende Diktion der Figuren verdeutlicht und denunziert werden.

So entlarven in Brechts *Flüchtlingsgesprächen* die beiden Emigranten Ziffel und Kalle die Pervertierung aller herkömmlichen Begriffe und die Unmenschlichkeit des NS-Regimes durch ihre sprachkritischen und ironischen Kommentare zu den Ereignissen in Hitler-Deutschland. In den Parabeln *Die Rundköpfe und die Spitzköpfe* und *Der aufhaltsame Aufstieg des Arturo Ui* betreibt Brecht die satirische Entlarvung der gewaltsamen Usurpation der Macht und deren fadenscheinige Motivierung durch die Diskrepanz zwischen Diktion und Aktion der Hitler repräsentierenden Figuren Iberin und Arturo Ui. In beiden Fällen bewirkt die Verwendung des Blankverses des klassischen idealistischen Dramas einen ironischen Kontrast zu den dargestellten Vorgängen. Sprachsatire und -parodie bestimmt auch Drachs politisches Schlüsselstück *Das I* (Gangstls Diktion und Argumentation als Parodie auf Hitlers „Mein Kampf"). Nur in den realistisch gehaltenen Zeitbildern von Wolf und Bruckner werden NS-Terror und -ideologie durch deren realistische Wiedergabe angeprangert.

Eine ebenso wichtige Rolle spielt das Prinzip der sprachlichen Selbstentlarvung und Demaskierung der Figuren zur Charakterisierung der Mitschuld in den einzelnen Stücken. Die allgemeine Kapitulation vor der Gewalt demonstriert Brecht in *Furcht und Elend des Dritten Reiches* in den Äußerungen des Amtsrichters und des Studienrates, die ungewollt mangelnde moralische Standfestigkeit dem NS-Regime gegenüber offenbaren. Durch die unverbindliche und floskelreiche Sprache des Papstes und des Kardinals denunziert Hochhuth in *Der Stellvertreter* das fehlende Engagement Pius' XII. und des Vatikans für die verfolgten Juden. Auf der Methode satirischer Kontrastierung von Sprech- und Verhaltensweise beruht die exemplarische Demonstration von Mitschuld in den Parabeln *Biedermann und die Brandstifter, Der Bürgermeister, Der Besuch der alten Dame* und *Andorra*.

Das Selbstverschulden einer voraussehbaren Katastrophe expliziert Frisch an Biedermann, der trotz inneren Mißtrauens sich äußerlich den Anschein von Vertrauen gibt und der Etablierung des Terrors tatenlos zusieht, ja sie unterstützt. Innere Disposition zur Gewalttätigkeit äußert sich in Molls theoretischer Ablehnung des Terrors und dessen gleichzeitiger faktischer Unterstützung. Den Gesinnungswandel der Gülleer und ihre allmähliche Verstrickung in Schuld verraten ihre im völligen Gegensatz zu dem tatsächlichen Verhalten stehenden Solidaritätsbeteuerungen für Ill sowie ihre Verwendung der gleichen ethischen Begriffe von Humanität und Gerechtigkeit zur Begründung diametral entgegengesetzter Handlungsweisen (Ablehnung und Ausführung des Mordes). Das alogische und irrationale Moment des antisemitischen Vorurteils demonstrieren die Andorraner im Vorbringen typischer antisemitischer Klischees, denen jeweils ihre eigenen Handlungen und Charaktereigenschaften entsprechen.

Auch die Demonstration der nachträglichen Verdrängung und Negierung der Mitschuld geschieht hauptsächlich auf der Basis der Sprachentlarvung und Bewußtseinsdemaskierung der Figuren. Mangelnde Einsicht in die Mitschuld am Geschehenen wird in den Rechtfertigungsversuchen der Andorraner durch die stereotype Wiederholung gleichlautender Distanzierungsformeln evident. Zeitopportune Negation der Vergangenheit bei latent vorhandener Sympathie oder Identifikation mit ihr artikuliert sich in den Äußerungen der Brauninger in Hochwälders *Der Himbeerpflücker* und des Herrn Karl in dem gleichnamigen Monolog von Merz und Qualtinger sowie in den Aussagen der Angeklagten in *Die Ermittlung* von Peter Weiss.

Steht auch in all den hier behandelten Stücken die Darstellung des Terrors und der Mitschuld im Mittelpunkt, so liegt in ihnen doch entsprechend ihrer unterschiedlichen Entstehungszeit und der damit verbundenen Darstellungstendenz und -perspektive der Autoren jeweils auf einem der beiden thematischen Aspekte ein stärkerer Akzent. Dem entsprechen die gewählten unterschiedlichen Formen der Darstellung. Es lassen sich dabei jeweils zwei Grundtypen der Darstellung herauskristallisieren: Die Exildramatiker wählten zur Anprangerung der Vorgänge unter dem NS-Regime entweder die Form der realistischen Beschreibung oder die der parabolisch-satirischen Darstellung. Diese findet sich in den Parabel-Satiren und politischen Schlüsselstücken von Brecht und Drach. Jene liegt den konventionellen Handlungsdramen von Bruckner und Wolf zugrunde, bestimmte aber auch Brechts Szenen-Mosaik *Furcht und Elend* und die Dialog-Folge *Flüchtlingsgespräche*. Bei den Nachkriegsdramatikern, die aus der Retrospektive das Phänomen der allgemeinen Mitschuld szenisch reflektieren, lassen sich zwei ähnlich divergierende Darstellungsweisen konstatieren. Vorherrschend sind hier die *Mitschuld-Parabeln*, die in Form einer realistischen Fiktion, eines Modells oder eines erdachten Beispiels Verhaltens- und Bewußtseinsanalysen der allgemeinen Mitschuld und deren Verdrängung geben. Im Gegensatz dazu steht das *Dokumentarstück*, das durch die Authentizität des aufgegriffenen und faktisch belegten Falles, eine Distanzierung vom Dargestellten ausschließen will. Auf die prinzipiellen Vor- und Nachteile der hier genannten Darstellungsweisen wurde näher eingegangen, so daß sich deren nochmalige Diskussion an dieser Stelle erübrigt.

Hingewiesen sei aber nochmals auf eine spezifische *Grundstruktur,* die sich bei der Analyse der Mitschuld-Stücke der Nachkriegsdramatiker ergab: auf die Form der *szenischen Versuchsanordnung*. In all den Stücken, die auf dieser dramaturgischen Grundkonzeption beruhen, wird eine Erforschung der Figuren, ihrer Denk- und Verhaltensweise vorgenommen.

Proben auf die moralische Standfestigkeit des Einzelnen oder eines Kollektivs, das repräsentativ für die anvisierte Gesellschaft steht, beinhalten die Stücke *Biedermann und die Brandstifter, Der Bürgermeister, Das Gesicht, Zeit der Schuldlosen, Der Besuch der alten Dame* und *Andorra.*

Die Form der szenischen Versuchsanordnung dient jedoch nicht nur wie hier zur Erhellung der allgemeinen Mitschuld bzw. zum Beweis für die These von der grundsätzlich potentiellen Schuld jedes Einzelnen anhand eines hypothetischen Falles, sondern ebenso zur Denunziation eines konkreten Mitschuldfalles, der Verurteilung des Schweigens Papst Pius XII. zu der Judenvernichtung in Hochhuths *Stellvertreter.*

Die gleiche Grundstruktur liegt ferner der Erkundung des Gegenwartsbewußtseins in seinem Verhältnis zur Vergangenheit zugrunde. Aufgrund der in den Stücken *Der schwarze Schwan, Helm, Der Himbeerpflücker* arrangierten Versuchsanordnung wird der Umgang der Schuldiggewordenen mit der Vergangenheit und ihrer Schuld aufgedeckt und sowohl die Verdrängung und Negierung der Vergangenheit als auch deren unterschwelliges Weiterwirken dargestellt.

Charakteristisch für diese Form der szenischen Versuchsanordnung ist die bei aller Verschiedenheit des Inhalts und der Ausführung ähnliche dramaturgische Anlage der Stücke. Im Mittelpunkt des Geschehens stehen jeweils ein Einzelner oder eine Gruppe, die einer hypothetischen Exploration ausgesetzt werden. Dabei fällt bestimmten Figuren die Aufgabe zu, als Auslöser des vom Autor veranstalteten Tests zu fungieren. Sie alle haben (bei noch so großer dramatischer Eigenständigkeit) einen vorwiegend funktionalen Charakter, dienen den Autoren in erster Linie als dramaturgisches Vehikel, ihr szenisches Experiment durchzuführen und den Erweis direkter bzw. indirekter Mittäterschaft oder der nachträglichen Verdrängung einer belastenden Vergangenheit zu erbringen.

Bei einer Reihe dieser Explorationsfiguren wird die auslösende Funktion schon äußerlich deutlich, da sie selbst nicht aktiv in das eigentliche Geschehen eingreifen, sondern es lediglich in Gang bringen und halten, d. h. dessen dramatisches Movens bilden. So spielt sich in der Mehrzahl der angeführten Dramen das eigentliche Stückgeschehen fast ausschließlich unter den Versuchspersonen ab. Dies gilt beispielsweise für Bruno Deutz sowie für die Güllener, Andorraner, Brauninger, die „Schuldlosen" und für die Offiziere in *Helm.* Die Explorationsfiguren bleiben hier am Rande des Geschehens, erscheinen entweder nurmehr als die Katalysatoren der Handlung (Claire Zachanassian, Alexander Kerz, der Präsident in *Das Gesicht,* die „Schwarzen" in *Andorra*) oder treten im Stück selbst überhaupt nicht auf (Gouverneur in *Zeit der Schuldlosen,* Helm in Michelsens gleichnamigem Stück). Daneben finden sich allerdings auch Explorations figuren, die das Geschehen selbst aktiv bestimmen und vorantreiben (so Schmitz/Eisen ring und Nachtigall − wobei man bei diesen Figuren wegen ihres relativ großen dramati schen Eigenlebens allerdings nur bedingt von dramaturgischen Vehikeln und Explora tionsfiguren sprechen kann − , sowie Riccardo im *Stellvertreter* und Rudi im *Schwarzen Schwan*).

Seinen Ursprung hat der hier konstatierte Dramentypus der szenischen Versuchsanordnung in der besonderen Ausgangsposition und Fragestellung, die die Entstehung dieser Stücke veranlaßten. Hinter ihrer Konzeption stehen die historische Erfahrung einer kollektiven Schuld und deren nachträgliche Verdrängung, die Frage nach deren Ursachen, sowie die zweifelnde Frage der Autoren, wie sie sich selbst in der Vergangenheit in einer Ausnahmesituation verhalten hätten.

Sowohl die Erkenntnis einer generellen, zumindest potentiellen Schuld als auch die Skepsis gegenüber der eigenen moralischen Standfestigkeit fanden *in* und *außerhalb* de Stücke ihre Formulierung durch die Nachkriegsautoren.

So nahm sich Frisch in der Rolle des Autors in der Hörspielfassung von *Biedermann und die Brandstifter* nicht von der in seinem Stück kritisierten Haltung aus. Das gleiche ist aus Dürrenmatts Nachwort zum *Besuch der alten Dame* und aus Lenzens Kommentar zu seinen beiden Parabeln im Anhang von *Das Gesicht* zu entnehmen. Exemplarisch formulierte Frisch das Betroffensein der Nachkriegsautoren über das in der Vergangenheit Geschehene und die daraus zu ziehenden Schlüsse in der zitierten Stelle seines Aufsatzes *Kultur als Alibi,* die man als hypothetischen Ausgangspunkt für die Entstehung von *Andorra* ansehen kann. Bei Walser artikulieren sich diese Skepsis gegenüber der eigenen moralischen Standfestigkeit sowie die These von der allgemeinen und potentiellen Mitschuld in der Figur des Rudi im *Schwarzen Schwan,* aber auch in seinen Reflexionen zur Mitschuldproblematik in *Hamlet als Autor* und dem Essay *Unser Auschwitz.* Zweifel an der eigenen Haltung und die These von der potentiellen Schuld sprechen auch aus Peter Weiss' diesbezüglichen Äußerungen in seinem autobiographischen Roman *Fluchtpunkt,* vor allem aus der Feststellung der prinzipiellen Austauschbarkeit der Rollen von Opfer und Henker, die sich in seinem Stück *Die Ermittlung* wiederfindet.

Neben der direkten Konfrontation mit den Geschehnissen des Dritten Reiches trug also gerade die Frage nach dem eventuellen eigenen moralischen Versagen entscheidend zur Auseinandersetzung der Nachkriegsautoren mit dem Problem der Mitschuld und zu dessen szenischer Formulierung in den hier behandelten Stücken bei.

Die beunruhigende Erfahrung, wozu unter bestimmten Voraussetzungen und Umständen der Einzelne und die Gesellschaft fähig sein können, ist nicht zuletzt der Grund dafür, daß die Darstellung des Widerstandes gegen das Dritte Reich bei den Autoren, zumal bei den bedeutenderen, kaum auf Interesse stieß, sondern daß die Darstellung der Mitschuld das Hauptthema in der zeitgenössischen deutschen Dramatik nach 1945 abgab.

Anmerkungen

Einleitung

1 Sigrid Ammer: Das deutschsprachige Zeitstück der Gegenwart unter besonderer Berücksichtigung der Nachkriegsdramatik. Diss. Köln 1966 (Fotodruck). – Ausgehend von den „historischen Voraussetzungen" (Sturm und Drang, Büchner) versucht S. Ammer eine „Begriffsbestimmung" des Zeitstücks. Sie gelangt dabei zu einer Unterscheidung zwischen „Zeitgeschichtsstück" und „Zeitgeiststück". Ihrer Differenzierungsabsicht entsprechend erstellt sie zunächst aufgrund verschiedener „Inhaltsordnungen" eine „Idealtypologie" des „Zeitgeschichtsstückes" um diese anschließend nach einem kursorischen Überblick anhand von 6 Themenkreisen jeweils an einem Stück zu verdeutlichen. Bei näherer Betrachtung der Auseinandersetzung mit der Zeitgeschichte im Nachkriegsdrama erweist sich Ammers Eingrenzung des Zeitstücks auf das „Zeitgeschichtsstück" als unergiebig und fragwürdig. Diese Differenzierung läßt die Tatsache unberücksichtigt, daß das sog. „Zeitgeiststück" letztlich nur Folge und Ausdruck der mit den zeitgeschichtlichen Stoffen gegebenen Darstellungsproblematik ist, vor die sich die Autoren gestellt sahen.
2 Mehr unter stofflichem Aspekt steht Wolfgang Butzlaffs Aufsatz „Die Darstellung der Jahre 1933 – 1945 im deutschen Drama" (In: Der Deutschunterricht 16 (1964). H. 3. S. 25 – 38); mehr formale Überlegungen bestimmen dagegen die Versuche von Reinhard Baumgart: „Unmenschlichkeit beschreiben. Weltkrieg und Faschismus in der Literatur" (In: R. B.: Literatur für Zeitgenossen. Essays. Frankfurt/M. 1966. S. 12 – 36) und Joachim Kaiser: „Versuch über die Grenzen des modernen Dramas" (In: J. K.: Kleines Theatertagebuch. Reinbek 1965. S. 192 – 202).

I. Idealisierung und Entmythologisierung: Die Deutsche Widerstandsbewegung und der 20. Juli 1944 in der Nachkriegsdramatik

1 Bertolt Brecht: *Stücke 11*. S. 99 f.
2 Siehe das letzte Kapitel dieser Arbeit S. 98 ff. und 108 ff.
3 Um Mißverständnissen vorzubeugen, sei hier angemerkt, daß Brecht unter den „Kämpfern des deutschen Widerstands, die uns am bedeutendsten erscheinen müssen", allerdings kaum die Widerstandskämpfer des 20. Juli 1944 verstanden haben dürfte. Vermutlich stand Brecht den Aristokraten, Offizieren und konservativen Politikern, die an der Erhebung vom 20. Juli führend beteiligt waren, mit zu großen Vorbehalten gegenüber als daß sie ihm als *die* Repräsentanten des deutschen Widerstandes gegen Hitler gelten konnten.
4 Vgl. hierzu Hans-Joachim Bunge: Antigonemodell 1948 von Bertolt Brecht und Caspar Neher. Zur Praxis und Theorie des epischen (dialektischen) Theaters Bertolt Brechts. Diss. masch. Greifswald 1957.
5 Vgl. hierzu Hans Kaufmann: Bertolt Brecht. Geschichtsdrama und Parabelstück. Berlin 1962. S. 174 ff. (= Germanistische Studien).
6 Vgl. hierzu Petr Pavel: Haseks „Schwejk" in Deutschland. Berlin 1963. S. 143 ff. (= Neue Beiträge zur Literaturwissenschaft. Bd. 19)
7 So charakterisierte Brecht die Gestalt Schwejks in einer Arbeitsnotiz vom 27. 5. 1943. Zitiert bei Pavel S. 143.
8 Dieses Stück wird aufgrund seiner speziellen Thematik und im Hinblick auf die in Auseinandersetzung mit ihm entstandenen Stücke *In der Sache J. Robert Oppenheimer* von Kipphardt und *Die Physiker* von Dürrenmatt im dritten Kapitel dieser Arbeit ausführlich behandelt.

9 Peter Lotar: Das Bild des Menschen. Ein Requiem. 3. Ausg. Hamburg: Felix Meiner 1955.

10 Helmuth J. Graf von Moltke 1907 – 1945. Letzte Briefe aus dem Gefängnis Tegel. 5. Aufl. Berlin 1954. S. 21.

11 Ebenda.S. 59 f.

12 Peter Lotar in seiner „Vorrede" zum Stück. S. 3.

13 Dieser späte Einsatz des Geschehens, das im übrigen keine Entscheidungen mehr bringt, sondern nur noch subjektive Reflexe bereits gefallener Entscheidungen, erinnert auffällig an den Strukturtypus des barocken Märtyrerdramas, wie er vielleicht am klarsten in „Carolus Stuardus" von Andreas Gryphius ausgeprägt ist.

14 Lotar: „Vorrede" zum Stück. S. 3.

15 „Vorrede" zum Stück. S. 3.

16 Nachwort des Autors. S. 61.

17 Erneut ist auf das barocke Trauerspiel (vor allem bei Gryphius) hinzuweisen, das bei enger Tatsachenbindung und hoher historischer Treue sich doch auch in einen überzeitlichen Raum – den des christlichen Heilsgeschehens – öffnet. Auch für diese Transzendenz der historischen Sphäre bietet „Carolus Stuardus" das beste Beispiel. Vgl. dazu Albrecht Schöne: Säkularisation als sprachbildende Kraft. Göttingen 1958. S. 37 ff. (= Palaestra 226)

18 P. Alfred Delp S. J.: Im Angesicht des Todes. Geschrieben zwischen Verhaftung und Hinrichtung. 1944 – 1945. 2. Aufl. Frankfurt/M. 1948. S. 173 ff.

19 „Das Attentat auf Hitler muß erfolgen um jeden Preis. Sollte es nicht gelingen, so muß trotzdem der Staatsstreich versucht werden. Denn es kommt nicht mehr auf den praktischen Zweck an, sondern darauf, daß die deutsche Widerstandsbewegung vor der Welt und der Geschichte unter Einsatz des Lebens den entscheidenden Wurf gewagt hat. Alles andere ist daneben gleichgültig." In: Fabian von Schlabrendorff: Offiziere gegen Hitler. 1. Aufl. Zürich 1946. S. 129. (In der Neuauflage 1951 S. 175 mit leichten Abwandlungen.)

20 „Das Urteil traf ihn tief. Er hatte es nicht erwartet. Fromm wurde am 19. März 1945 im Zuchthaus in Brandenburg durch Beamte des Zuchthauses erschossen. Er starb mit dem Ruf: Heil Hitler!". Ebenda (Ausg. v. 1951).S. 194.

21 Unter der Überschrift „Ihre letzten Stunden" abgedruckt in: Die Wahrheit über den 20. Juli 1944. Geänderte u. vervollst. Bearb. d. Sonderausg. d. Wochenzeitung „Das Parlament". Bearb. v. Hans Royce. Bonn 1953. S. 86 f.

22 Nachwort des Autors. S. 61.

22 a Diese Sätze sind fast wörtlich (siehe die Hervorhebungen) aus Moltkes Abschiedsbrief vom 11. 1. 1945 entnommen: „Der entscheidende Satz jener Verhandlung war: ,Herr Graf, eines haben das Christentum und der Nationalsozialisten gemeinsam, und nur dies eine: wir verlangen den ganzen Menschen.' Ob er [Freisler] sich klar war, was er damit gesagt hat? Denk mal, wie wunderbar Gott dies sein unwürdiges Gefäß bereitet hat: *in dem Augenblick, in dem die Gefahr bestand, daß ich in aktive Putschvorbereitung hineingezogen wurde* – Stauffenberg kam am Abend des 19. [Januar 1944] zu Peter [Graf Yorck von Wartenburg] – , *wurde ich rausgenommen, damit ich frei von jedem Zusammenhang mit der Gewaltanwendung bin und bleibe. – Dann hat er in mich jenen sozialistischen Zug gepflanzt,* der mich als Großgrundbesitzer von allem Verdacht einer Interessenvertretung befreit. – [. . .] und dann wird Dein Mann ausersehen, als Protestant vor allem wegen seiner Freundschaft mit Katholiken attakiert und verurteilt zu werden, und dadurch *steht* er vor Freisler *nicht als Protestant, nicht als Großgrundbesitzer, nicht als Adeliger,* nicht als Preuße, nicht als Deutscher [. . .], *sondern als Christ und als gar nichts anderes. "* Aus: Moltke. Letzte Briefe aus dem Gefängnis Tegel. S. 54 f.

23 Vgl. hierzu Moltkes Satz aus einem anderen Abschiedsbrief an seine Frau: „wir sind aus jeder praktischen Handlung heraus, *wir werden gehenkt, weil wir zusammen gedacht haben"* (Moltke. Letzte Briefe. S. 40. – Hervorhebung H. G.).

24 Daß damit zum Zeitpunkt der Entstehung des Stückes (1. Fass. 1952) zu rechnen war und eine Rechtfertigung des 20. Juli noch notwendig erschien, mag der sog. „Remerprozeß" (ebenfalls 1952) deutlich machen, in dem sich Major Otto Ernst Remer wegen Verleumdung der Widerstandskämpfer zu verantworten hatte. Vgl. hierzu Rüdiger Proske: Brief aus Braunschweig: Prozeß um den 20. Juli. Die Braunschweiger Verhandlungen gegen Otto Ernst Remer. In: Der Monat 4 (1952).H. 43. S. 16 ff.

25 Auch unter diesen Aspekten fällt die enge Affinität zur Textstruktur des Barockdramas auf. Auch dessen Dialoge geben den engen Handlungsbezug rasch zugunsten „grundsätzlicher" Erörterungen auf, die ihren formalen Ausdruck im Sentenzen- und Bilderreichtum der Sprache finden. Auch dort ist häufig ein didaktischer bzw. ein „Predigtton" zu vermerken, der

sich von der gesprochenen Sprache entfernt und dies sowohl aus stofflichen Ursachen (religiöses oder politisches Gedankengut) wie aus technischen (Benutzung schriftlicher Quellen).

26 Strukturell kann man, wie schon angedeutet, Lotars Stück durchaus als bewußten oder unbewußten Rückgriff auf eine ältere Form des Geschichtsdramas verstehen, wie sie im barocken „Märtyrerdrama" ausgeprägt ist. Auch die Widerstandshaltung Karls II. und Catharinas von Georgien ist bei Gryphius überwiegend religiös motiviert – beide Dramen weiten sich in den metaphysischen Bereich aus: irdisches Unterliegen, Leiden und Sterben werden dort mehr als kompensiert durch das Erringen des Ewigen Heils. Und selbst die Standhaftigkeit des römischen Rechtsgelehrten Papinian entbehrt nicht einer gewissen religiösen Färbung.

27 Hans Rothfels: Die deutsche Opposition gegen Hitler. Eine Würdigung. Neue, erweiterte Ausg. Frankfurt/M. 1969. S. 14. (= Fischer Taschenbuch 1012)

28 Ebenda. S. 14.

29 „Vorrede" zum Stück. S. 3.

30 Rothfels: Opposition gegen Hitler. S. 181.

31 Nachwort Lotars. S. 61.

32 „Vorrede" zum Stück. S. 3.

33 Günther Ghirardini: Der Untergang der Stadt Sun. Schauspiel in 9 Bildern. München: Thomas Sessler o. J. (vervielfältigtes Bühnentyposkript)

34 Vgl. die diesbezüglichen zitierten Äußerungen des Grafen und des Gerichtspräsidenten in Das Bild des Menschen.

35 Vgl. hierzu die Interpretation der Brecht-Parabel. S. 111 ff.

36 Gemeint ist wahrscheinlich Graf Peter Yorck von Wartenburg, der aktiv an der Erhebung vom 20. Juli beteiligt war, – vielleicht gleichzeitig einer seiner Vorfahren, der General Hans David von Yorck, der 1812, ohne vom preußischen König ermächtigt zu sein, die Konvention von Tauroggen schloß und damit die Befreiungskriege gegen Napoleon einleitete.

37 Heinz Beckmann: Kritik zur Uraufführung des Stückes im Celler Schloßtheater. In: „Rheinischer Merkur" vom 11. 3. 1960.

38 Ebenda. Hervorhebung H. G.

39 Walter Erich Schäfer: Die Verschwörung. Schauspiel in 3 Akten. Bühnenvertrieb Gerhard Dietzmann. Bad Tölz 1949. (Vervielfältigtes Bühnentyposkript)

40 Diesen Terminus hat Reinhold Grimm in „Strukturen. Essays zur deutschen Literatur" (Göttingen 1963) in Analogie zur Teichoskopie vorgeschlagen. Siehe den Abschnitt „Drama im Übergang: Pyramide und Karussell". S. 41.

41 Die Figur Eichmanns wurde in zwei weiteren Stücken, die in dieser Arbeit behandelt werden, auf die Bühne gebracht, in Hochhuths Der Stellvertreter und Kipphardts Joel Brand. Die Geschichte eines Geschäfts. Siehe hierzu die Besprechung dieser Stücke S. 142 ff. und S. 150 ff.

42 Vgl. die Besprechung ihrer Stücke. S. 29 ff.

43 Gemeint ist wohl Hans Bernd Gisevius: Bis zum bitteren Ende. Vom 30. Juni 1934 bis zum 20. Juli 1944. Zürich 1946.

44 Friedrich Luft: Stimme der Kritik. Berliner Theater seit 1945. Velber 1965. S. 65 ff.

45 Friedrich Luft: Stimme der Kritik. S. 66.

46 Die Besprechung bezieht sich auf die ursprüngliche Fassung des Stückes, in der dieses bekannt und aufgeführt wurde. Zitiert wird nach folgender Ausgabe: Günther Weisenborn: Dramatische Balladen. Berlin: Aufbau-Verlag 1955. In einer überarbeiteten und verbesserten Fassung findet sich das Stück in einer zweibändigen Ausgabe der Dramen des Autors: Günther Weisenborn: Theater. 2 Bde. München/Wien/Basel 1964.

47 Vorwort Weisenborns zum Stück. S. 165.

48 Friedrich Luft: Stimme der Kritik. S. 14 f.

49 Vgl. hierzu die Besprechung des Stückes in dieser Arbeit S. 98 ff.

50 Friedrich Luft: Stimme der Kritik. S. 16.

51 „Lied vom Geschrei" S. 188 f. (in der späteren Fassung gestrichen); „Lied der Illegalen" S. 212; „Lied der Mutter" S. 224 (in der späteren Fassung gestrichen).

52 Monolog Lills S. 203 f. (in der späteren Fassung erheblich verändert); Monolog Walters S. 229 f.

53 Vgl. hierzu auch die Textpassage S. 210 ff. Sie wurde in der späteren Fassung gestrichen, der auszugsweise zitierte Brief des Häftlings durch einen sachlicher gehaltenen Aufruf ersetzt:

„[. . .] Denkt daran, jeder Krieg beginnt mit der Verdunkelung der Gehirne, damit ihr die Welt der anderen nur noch mit Haß seht!
Dann kommt die Verdunkelung der Fenster, und ist alles bereit, fallen die Bomben! Denkt daran, der Krieg ist kein Schicksal, keine Fügung, keine Notwendigkeit! Der Krieg wird von Menschen gemacht, die sich von ihm ein Geschäft versprechen. Und er kann nur von Menschen beendet werden, von euch, von jedem, von allen! [. . .]" (Weisenborn: Theater. Bd. 2. S. 64 f.)

54 Vgl. hierzu die Aufsätze „Gesellschaftsbild und Verfassungspläne des deutschen Widerstandes" von Hans Mommsen und „Zum Verhältnis der politischen und moralischen Motive in der deutschen Widerstandsbewegung" von Ernst Wolf. In: Walter Schmitthenner, Hans Buchheim (Hrsg.): Der deutsche Widerstand gegen Hitler. Vier historisch-kritische Studien. Köln/Berlin 1966.
55 Wolfgang Graetz: Die Verschwörer. München: Rütten & Loening o. J.
56 Graetz selbst verwahrt sich freilich im Nachwort zu seinem Stück gegen die Auffassung, er „habe sich seine Meinung erst auf Grund dieser Berichte gebildet und sein Stück danach geschrieben". (S. 111)
57 Hans Rothfels: Die deutsche Opposition gegen Hitler. S. 188. Anm. 10.
58 Ebenda. S. 137. Vgl. dazu auch S. 209. Anm. 84.
59 Dieter E. Zimmer: Die sogenannte Dokumentar-Literatur. Zwölf einfache Sätze sowie eine notwendigerweise provisorische Bibliographie. In: „Die Zeit" vom 28. Nov. 1968.
60 Peter Hoffmann: Widerstand, Staatsstreich, Attentat. Der Kampf der Opposition gegen Hitler. München 1969.
61 Dieter Ehlers: Kritik am 20. Juli. Eine Auseinandersetzung mit den dokumentarischen Dramen von H. H. Kirst und W. Graetz. In: Aus Politik und Zeitgeschichte. Beilage zur Wochenzeitung „Das Parlament". B 29/66. 20. Juli 1966. S. 9.
62 Hans Hellmut Kirst (in Zusammenarbeit mit Erwin Piscator): Aufstand der Offiziere. München/ Wien/Basel: Theaterverlag Desch o. J. (Vervielfältigtes Bühnentyposkript)
63 Volker Klotz: Der 20. Juli als comic-strip. Kirst/Piscator „Der Aufstand der Offiziere" in der Volksbühne Berlin. In: Theater heute 7 (1966). H. 4. S. 36 f.
64 Dieter Ehlers: Kritik am 20. Juli. S. 7.
65 Ebenda.
66 Ebenda.

II. Zwischen Befehl und Gewissen: Die Darstellung der Widerstandshaltung des Offiziers und des Soldaten gegen das Hitlerregime

1 Zitiert bei Hans Rothfels: Die deutsche Opposition gegen Hitler. S. 62. – Da Brauchitsch, obwohl er die Bedenken gegen Hitlers Plan und Regime teilte, passiv blieb und Becks Vorschlag eines kollektiven Rücktritts der Generalität nicht aufgriff, trat dieser von seinem Amt als Generalstabschef zurück. Bis zu seinem Freitod am 20. Juli 1944 war Beck einer der führenden Männer der deutschen Widerstandsbewegung. Siehe seine Darstellung bei Graetz und Kirst im vorangegangenen Kapitel.
2 Carl Zuckmayer: Gesammelte Werke. Bd. III. Frankfurt/M. 1960. S. 495 ff.
3 Ludwig Emanuel Reindl: Zuckmayer. Eine Bildbiographie. München 1962. S. 71. (= Kindlers Bildbiographien)
4 Udet forderte nach dem Einsetzen der schweren Luftangriffe auf deutsche Städte die Konzentration der Flugzeugproduktion auf die Jagdwaffe. Als er mit dieser Forderung bei Hitler und Göring auf Unverständnis und Ablehnung stieß, erschoß er sich aus Verzweiflung über die sich anbahnende Fehlentwicklung der deutschen Luftwaffe am 17. November 1941. Die Regierung vertuschte die Hintergründe des Selbstmordes und ordnete ein Staatsbegräbnis an.
5 Vgl. hierzu die entsprechenden Stellen in Zuckmayers Autobiographie: Als wär's ein Stück von mir. Horen der Freundschaft. Frankfurt/M. 1966. S. 247 und S. 534.
6 Vgl. Zuckmayers Angaben über die Entstehung des Stückes in der erwähnten Autobiographie. S. 534 ff.
7 Ingeborg Engelsing-Malek: „Amor fati" in Zuckmayers Dramen. Konstanz 1960. S. 83.
8 Engelsing-Malek (S. 88 f.) unterscheidet vier große Gruppierungen in der Figurenkonstellation:
    1. Die bereits im nationalsozialistischen Geist erzogene junge Generation, deren Idealismus und Opferbereitschaft einem persönlich lauteren Charakter entspringen: Friedrich Eilers, Anne Eilers, Hartmann und Diddo.

2. Das Gegenbild zu ihnen: charakter- und skrupellose Nationalsozialisten: Schmidt-Lausitz, Pfundtmayer, Pützchen.
3. Reine, nur auf das eigene Wohl bedachte Opportunisten: Sigbert von Mohrungen, Baron Pflungk, Kellner Detlev.
4. ,Strukturelle' Opportunisten aufgrund ihres äußeren Mittuns trotz innerer Vorbehalte: Harras, Lüttojahnn, Korrianke, Olivia Geiss: Sie „dienen der Regierung, die ihnen verhaßt ist, versuchen jedoch in ihren persönlichen Beziehungen, ihrem Charakter treu zu bleiben." (S. 89).

9 Eine Parallelfigur zur Harras: „Was für Harras das Fliegen ist, ist für Olivia die Bühne" (Engelsing-Malek: „Amor fati". S. 87). – Nach Engelsing-Malek (S. 197 f. Anm. 8) stand für diese Figur Käthe Dorsch Modell, die diese Vermutung selbst in einem Brief vom 13. Jan. 1956 äußerte: „Die Olivia Geiss dürfte eine Mischung von mir und Gussy Jannings [Frau des Schauspielers Emil Jannings] sein."

10 Dies scheint vielfach von der Literaturkritik, die bei der Beurteilung des Stückes offensichtlich von dieser Stelle ausging, verkannt worden zu sein. Es ist jedenfalls nicht gerechtfertigt, diese Stelle aus ihrem Kontext gelöst zur alleinigen Charakterisierung der widerspruchsvollen Titelfigur heranzuziehen und unter Verkennung der Selbstkritik von Harras diese Stelle als eine Verherrlichung des Landsknechtstums zu interpretieren, was zur Mißdeutung der Figur und der Absicht des Autors führen muß.

11 Vgl. Zuckmayers eigene Charakterisierung Hartmanns, die diese Funktion der Figur deutlich macht: „Ein Lichtblick in dieser verfinsterten Welt, die es zu bannen galt, war für mich von Anfang bis zum Schluß die Gestalt des jungen Hartmann. Ohne ihn, ohne den Glauben, daß es ihn gebe, ohne die Hoffnung auf ihn und für ihn hätte ich das Stück nie schreiben können." – Carl Zuckmayer: Persönliche Notizen zu meinem Stück „Des Teufels General". In: Die Wandlung 3 (1948) 4. S. 333.

12 Vgl. hierzu Wolfgang Teelen: Die Gestaltungsgesetze im Bühnenwerk Carl Zuckmayers. Diss. Marburg/L. 1952. S. 103.

13 Hans Rothfels: Die deutsche Opposition gegen Hitler. S. 82.

14 Zuckmayer: Persönliche Notizen. In: Die Wandlung 3 (1948) 4. S. 331 f. – Zum Vergleich Zuckmayers Charakterisierung der Oderbruch-Figur in: Als wär's ein Stück von mir. Hier bezeichnet er Oderbruch als „vielleicht die einzige ,abstrakte', nicht ganz menschgewordene Figur des Stückes, weil sie für mich mehr ein Symbol der Verzweiflung als eine handelnde Person gewesen war [. . .]". (S. 561)

15 Diese Neufassung liegt vor in der Auswahl-Ausgabe: Carl Zuckmayer: Meisterdramen. Frankfurt/M. 1966.

16 Vgl. Luise Rinser: Porträtskizze. In: Fülle der Zeit: Carl Zuckmayer und sein Werk. Frankfurt/M. 1956. S. 21.

17 Henning Rischbieter. In: H. R./Ernst Wendt: Deutsche Dramatik in West und Ost. Velber 1956. S. 46. (= [Buch-] Reihe: Theater heute 16)

18 Zuckmayer: Persönliche Notizen. In: Die Wandlung 3 (1948) 4. S. 332.

19 Sie äußert sich auch in seinen Figuren Schinderhannes in dem gleichnamigen Schauspiel und Bellmann in *Ulla Winblad*.

20 Marianne Kesting: Panorama des zeitgenössischen Theaters. 50 literarische Porträts. München 1962. S. 231.

21 Günther Rühle: Zuckmayer zum Siebzigsten. Ein Stück von ihm. Rückblick auf „Des Teufels General". In: „Frankfurter Allgemeine Zeitung" vom 24. 12. 1966.

22 Carl Zuckmayer: Gesammelte Werke. Bd. IV. Frankfurt/M. 1960. S. 126 ff.

23 Carl Zuckmayer: Gesammelte Werke. Bd. IV. S. 129.

24 Vgl. hierzu Engelsing-Malek: „Amor fati". S. 123 f.

25 Carl Zuckmayer: Zeichen für Klage und Lust: Zur Hamburger Fassung meines Dramas „Der Gesang im Feuerofen". In: „Die Welt" vom 11. Nov. 1950.

26 „Denn was hier gespielt wird, geschieht zwar zu einer bestimmten Zeit, ist aber nicht von Zeitverhältnissen bestimmt". Im Vorwort zu seinem Stück. S. 131.

27 Vgl. dazu Kapitel 7 der Untersuchung von Erika Sterz: Der Theaterwert der szenischen Bemerkungen im deutschen Drama von Kleist bis zur Gegenwart. Berlin 1963. S. 146 – 159. (= Theater und Drama. Bd. 24)

28 In: Carl Zuckmayer: Meisterdramen. Frankfurt/M. 1966. S. 461 ff. – Sie beruht auf der sog. Hamburger Fassung des Stückes, die Zuckmayer zusammen mit dem Regisseur Heinrich Koch erarbeitete und zur authentischen Bühnenfassung erklärte. Vgl. hierzu die Ausführungen von Erika Sterz und Zuckmayers angeführten Aufsatz zur „Hamburger Fassung" seines Dramas.

29 Inge Meidinger-Geise: Welterlebnis in deutscher Gegenwartsdichtung. Bd. II (Kap. IV: Drama und Weltsinn). Nürnberg o. J. S. 476.
30 Es finden sich im Stück eine Reihe biblischer Verweise. Dies zeigt bereits der Titel, der auf die alttestamentarische Geschichte des Martyriums der Drei Jünglinge im Feuerofen hindeutet. Creveaux' Verrat wird mit dem des Judas in Verbindung gebracht. Sein Brandmal im Gesicht, das er bei der „Aktion Feuerofen" erhält, ist als Kainszeichen zu verstehen. Mühlsteins Haltung in Sprengers Kommentar zu Mühlsteins Distanzierung von der Aktion und Urlaubsantritt: „Stimmt, Herr Major. Da kann man seine Hände in Unschuld waschen." (S. 227)
31 Claus Hubalek: Die Festung. Berlin: Felix Bloch Erben 1957. (Vervielfältigtes Bühnentyposkript)
32 Friedrich Luft: Stimme der Kritik. Berliner Theater seit 1945. Velber 1965. S. 270.
33 Heinar Kipphardt: Der Hund des Generals. Schauspiel. Frankfurt/M. 1963. (= edition suhrkamp 14)
34 Henning Rischbieter: Neue Chancen für das Zeitstück? In: Theater heute 4 (1963). H. 4. S. 10.
35 Es sei an dieser Stelle auf die Interpretation Sigrid Ammers (in ihrer Dissertation: „Das deutschsprachige Zeitstück der Gegenwart". S. 106 ff.) verwiesen, die zu einer allzu positiven Beurteilung der formalen Konzeption des Stückes gelangt.
36 Johannes R. Becher: Winterschlacht. Berlin: Aufbau-Verlag 1961. Das Stück ist Ende 1941 in Taschkent entstanden und wurde unter dem ursprünglichen Titel „Schlacht um Moskau" in den Nummern 1 – 6 der „Internationalen Literatur" 1942 abgedruckt. Es wurde von Becher 1945 nach seiner Rückkehr nach Deutschland neubearbeitet, jedoch – wie er selbst vermerkt – von Kritik und Bühne nicht beachtet. Erst 1952 wurde es von einer größeren Bühne, dem Armeetheater in Prag, aufgeführt. (Siehe seine „Vorbemerkung" zum Stück. S. 7 f.)
37 Ebenda. S. 8.
38 Bertolt Brecht: Brief an den Darsteller des jungen Hörder in der „Winterschlacht". In: *Schriften zum Theater 7*. S. 254.
39 Dazu rief beispielsweise das von Becher mitbegründete „National-Komitee Freies Deutschland" auf.
40 Vgl. den Epilog des „Kommandeurs der roten Armee" am Schluß des Stückes.
41 Bertolt Brecht: *Schriften zum Theater 6*. S. 378.
42 Hans Breinlinger: Gekados . Szenischer Bericht in 9 Bildern. Hamburg: Vertriebsstelle und Verlag deutscher Bühnenschriftsteller und Bühnenkomponisten 1960. (Vervielfältigtes Bühnentyposkript)
43 Max Frisch: Stücke. Bd. 1. Frankfurt/M. 1962. S. 86 ff.
44 In den „Daten und Anmerkungen zu ‚Nun singen sie wieder'". S. 394.
45 Ebenda.
46 Das Stück trägt im Untertitel die Bezeichnung „Versuch eines Requiems".
47 Wilhelm Ziskoven: Max Frisch. In: Rolf Geißler (Hrsg.): Zur Interpretation des modernen Dramas. Brecht – Dürrenmatt – Frisch. Frankfurt/M. o. J. S. 116 f.
48 Manfred Jurgensen: Max Frisch. Die Dramen. Bern 1968. S. 93.
49 Erwin Sylvanus: Korczak und die Kinder. St. Gallen: Tschudy 1959.
50 „Der Verfasser hat das Stück nicht erfunden. Er hat es nur aufgeschrieben." Vorbemerkung des Autors. S. 5.
51 Vgl. dazu die kritischen Anmerkungen von Marianne Kesting in: Panorama des zeitgenössischen Theaters. S. 234 ff.
52 Hans Baumann: Im Zeichen der Fische. Gütersloh: Mohn 1960. (= Das kleine Buch 139).
53 Das – ohne Wissen Baumanns – vom Drei-Masken-Verlag unter dem Pseudonym Hans Westrum eingereichte Stück erhielt von 299 vorliegenden Stücken 1959 von der Jury einstimmig den Gerhart-Hauptmann-Preis zugesprochen. Als jedoch bekannt wurde, daß sich hinter dem Pseudonym der Autor Hans Baumann verbarg, wurde von Seiten der Jury versucht, die Preisverleihung rückgängig zu machen. – Vgl. hierzu Marcel Reich-Ranicki „Der Fall Hans Baumann" in: Literarisches Leben in Deutschland. Kommentare und Pamphlete. München 1965. S. 63 ff.
54 Vorbemerkung. S. 6.
55 „Wer Stücke schreibt, kann nicht den Ehrgeiz haben, mit dem Historiker ins Gehege zu kommen. Ein Dramatiker wird darzustellen suchen, was er und seine Zeitgenossen mitmachen." (Vorwort. S. 6)
56 Vorwort. S. 8. – Baumann bemerkt hier ausdrücklich, daß es im Sinne des Stückes sei, die Rolle des Statthalters am stärksten zu besetzen.
57 Vorweg. Moden von gestern und heute. In: Theater heute 3 (1962). H. 4. S. 4.
58 Hansjörg Schmitthenner: Die Bürger von X. Eine dramatische Parabel. Berlin: Gustav Kiepenheuer 1960. (Vervielfältigtes Bühnentyposkript)

173

59 Vgl. hierzu die Besprechung von Dürrenmatts *Die Physiker* im folgenden Kapitel dieser Arbeit. S. 92.

60 Sylvanus: *Korczak und die Kinder;* Zuckmayer: *Der Gesang im Feuerofen* und *Des Teufels General.*

61 Hubalek: *Die Festung;* Frisch: *Nun singen sie wieder.*

62 Breinlinger: *Gekados;* Becher: *Winterschlacht.*

63 Baumann: *Im Zeichen der Fische;* Schmitthenner: *Die Bürger von X.*

64 Auf diesen Zug wies bereits Wolfgang Butzlaff hin in seiner Übersicht „Die Darstellung der Jah 1933 – 1945 im deutschen Drama" in: Der Deutschunterricht 16 (1964). H. 3. S. 31.

65 Vgl. hierzu Reinhard Baumgart: Unmenschlichkeit beschreiben. Weltkrieg und Faschismus in der Literatur. In: R. B.: Literatur für Zeitgenossen. Essays. Frankfurt/M. 1966. S. 12 – 36.

66 *Harras:*
   „Wir kommen alle dran, ganz von selbst. Einer nach dem andern." (S. 572) „Es gibt einen Ausgleich [. . .] Es wird keine Schuld erlassen. Es schlüpft kein Aal durchs Netz". (S. 607)
   Mühlstein:
   „Und wenn die Polen kommen – und sie werden kommen – (er fährt mit der Fingerspitze übe den Kehlkopf), dann heißt es: ab dafür. Konto ausgeglichen." (S. 201)
   Kress:
   „In dem Unglück, das jetzt über uns hereinbricht, sehe ich nichts als die gerechte Sühne. [. . .] Der Gedanke, daß es eine strafende Gerechtigkeit gibt, ist mir ein Trost. Die Welt kommt wieder ins Gleichgewicht." (S. 52)
   Karl:
   „Wir sind verloren, Vater, auch wenn uns niemand sieht. Verlaß dich drauf. [. . .] Es ist das Einzige, worauf wir uns verlassen können." (S. 111)

III. Galilei und die Folgen: Reflexionen über die gesellschaftliche Verantwortung des Wissenschaftlers

1 Aus Brechts Entwürfen für ein Vorwort zu *Leben des Galilei.* Abgedruckt in: Materialien zu Brechts „Leben des Galilei". Zusammengestellt von Werner Hecht. Frankfurt/M. 1963. S. 16. (= edition suhrkamp 44)

2 Antwort Albert Einsteins auf eine diesbezügliche Anfrage einer japanischen Zeitschrift im Herbst 1952. Siehe Carl Seelig: Helle Zeit – dunkle Zeit. In memoriam Albert Einstein. Zürich/Stuttgart/Wien 1956. S. 95.

3 Max Born: Physik im Wandel meiner Zeit. 3. Aufl. Braunschweig 1959. S. 212 f.

4 Vgl. hierzu besonders die in der Ullstein-Reihe „Dichtung und Wirklichkeit" (5) erschienene kritisch-polemische Auseinandersetzung Gerhard Szczesnys mit Brechts verschiedenen Deutungen der historischen Gestalt Galileis in seinem Buch: Das Leben des Galilei und der Fall Bertolt Brecht. Frankfurt/M. und Berlin 1966. S. 47 f.

5 Einen detaillierten Überblick über die Entstehung der einzelnen Fassungen und deren verschiedene Umarbeitungen gibt Ernst Schumacher in seinem Buch: Drama und Geschichte. Bertolt Brechts „Leben des Galilei" und andere Stücke. Berlin 1965. In der umfangreichen Arbeit Schumachers, die u. a. eine Urfassung des *Galilei* und dem Titel „Die Erde bewegt sich" nachweist, wird die Entstehungsgeschichte des Galilei-Stückes anhand unveröffentlichter Unterlagen aus dem Bertolt-Brecht-Archiv nachgezeichnet.

6 Im Anhang zu Szczesnys Brecht-Essay sind zum Vergleich die Szenen 8, 9 und 13 dieser ersten unveröffentlichten Fassung neben den Szenen 9, 10 und 14 der letzten Fassung des *Leben des Galilei* abgedruckt.

7 Im Folgenden wird nach dieser Ausgabe zitiert.

8 Käthe Rülicke: Bemerkungen zur Schlußszene. (Gemeint ist die vorletzte [14.] Szene der Textfassung in *Stücke 8;* die Berliner Aufführung endete mit dieser Szene). In: Materialien. S. 91 ff. Dieser Bericht ist mit leichten Kürzungen übernommen aus: Sinn und Form. Zweites Sonderheft Bertolt Brecht. Berlin 1957. S. 269 ff.

9 Bertolt Brecht: Aufbau einer Rolle / Laughtons Galilei. Berlin 1956. Abgedruckt in: Materialien. S. 38 ff.

10 Werner Mittenzwei: Bertolt Brecht. Von der „Maßnahme" zu „Leben des Galilei". Berlin 1962 S. 262 ff. – Im Vergleich mit Schumachers Beschreibung der Berliner Fassung (Drama und Ge-

schichte. S. 240 ff.) erweist sich allerdings Mittenzweis Darstellung, die in *Stücke 8* vorliegende Fassung basiere auf der Rückübersetzung der amerikanischen Version, als irreführend. Wie Schumacher darlegt, ist die zuletzt publizierte Fassung, eben die Berliner Fassung von 1955 bzw. 1956, zum Teil eine Kombination aus der amerikanischen und dänischen Version.

11 Brecht: Entwürfe für ein Vorwort zu ‚Leben des Galilei'. In: Materialien. S. 16.

12 Daran kann kaum Zweifel bestehen, auch wenn Brecht in einem Interview in der Kopenhagener Zeitung „Berlingske Titende" vom 6. Jan. 1939 erklärte, daß sein Stück keine aktuelle Spitze gegen Deutschland und Italien beinhalte und als Intention seines Stückes bezeichnete: „Ich habe den heldenmütigen Kampf Galileis für seine moderne wissenschaftliche Überzeugung: Daß die Erde sich bewegt, schildern wollen." – Wiedergegeben nach Schumacher: Drama und Geschichte. S. 16 f.

13 Vgl. hierzu Klaus-Detlef Müller: Die Funktion der Geschichte im Werk Bertolt Brechts. Studien zum Verhältnis von Marxismus und Ästhetik. Tübingen 1967. (= Studien zur deutschen Literatur 7) – Siehe auch Bjørn Ekmann: Gesellschaft und Gewissen. Die sozialen und moralischen Anschauungen Bertolt Brechts und ihre Bedeutung für seine Dichtung. Kopenhagen 1969. S. 246 ff.

14 Schumacher (Drama und Geschichte. S. 74) weist darauf hin, daß Brecht sich bereits seit Anfang der dreißiger Jahre mit der Absicht einer Dramatisierung des Galilei-Stoffes trug, und zwar im Zusammenhang mit dem Plan, große Prozesse der Weltgeschichte zu dramatisieren. Wahrscheinlich erhielt er die entscheidende Anregung zum Schreiben eines Stückes über Galilei im Jahre 1933 durch die 300jährige Wiederkehr der Verurteilung Galileis und durch den Reichstagsbrandprozeß in Leipzig.

15 So in einer Vornotiz zum Abdruck des Stückes in *Versuche*. Heft 14. Berlin: Suhrkamp 1955. S. 6: „Das Schauspiel Leben des Galilei (19. Versuch) wurde 1938/39 im Exil in Dänemark geschrieben. Die Zeitungen hatten die Nachricht von der Spaltung des Uran-Atoms durch den Physiker Otto Hahn und seine Mitarbeiter gebracht." In *Stücke 8* wurde diese Vorbemerkung weggelassen.

16 Zitiert in Ernst Schumachers Aufsatz: Form und Einfühlung. In: Materialien. S. 153. – Der Aufsatz ist hier gekürzt wiedergegeben. In vollem Wortlaut erschien er in: Sinn und Form 12 (1960). H. 4. S. 510 ff.

17 Auf diesen Widerspruch machte als erster Hans Kaufmann aufmerksam in seinem Buch: Bertolt Brecht. Geschichtsdrama und Parabelstück. Berlin 1962. S. 176 f. und 286 f. (Anm. 169). – Vgl. auch Schumacher: Drama und Geschichte. S. 17.

18 Kaufmann: Geschichtsdrama und Parabelstück. S. 286 f. (Anm. 169). – Einen konkreten Einfluß, den die Mitteilung von der Urankernspaltung auf die erste Fassung ausübte, zeigt lediglich ein Passus, der erst nach diesem Ereignis dem bereits abgeschlossenen Manuskript hinzugefügt wurde. Siehe Schumacher: Drama und Geschichte. S. 115 f.

19 Vgl. hierzu Schumacher: Drama und Geschichte. S. 97 f. und S. 100.

20 Szczesny allerdings wendet sich entschieden gegen die Deutung „daß Brecht am Galilei die Situation der Intellektuellen angesichts der faschistischen Bedrohung habe zeigen wollen." Dagegen spreche sowohl die Gesamttendenz des Stückes als auch Brechts Äußerung in dem Interview mit „Berlingske Titende". Die erste Fassung zeige in Galilei vielmehr „den Kämpfer für den Fortschritt, der ein neues Zeitalter einleitet" (S. 49). Zweifellos ist dies die Grundintention des Stückes. Dies schließt aber nicht aus, daß Brecht in dem Galilei-Stoff gewisse Analogien zur Hitler-Zeit sah und diese mit seinem Stück anvisieren wollte.

21 Brecht: Fünf Schwierigkeiten beim Schreiben der Wahrheit. In: *Versuche*. H. 9. Berlin und Frankfurt/M. 1949. S. 85 ff.

22 Siehe Mittenzwei: Von der „Maßnahme" zu „Galilei". S. 266; und Schumacher: Drama und Geschichte. S. 78.

23 Brecht: Fünf Schwierigkeiten. In: *Versuche*. H. 9. S. 92.

24 Mittenzwei: Von der „Maßnahme" zu „Galilei". S. 265 f.

25 Vgl. hierzu Mittenzwei: Von der „Maßnahme" zu „Galilei". S. 277.

26 Siehe Mittenzwei. S. 280. Vgl. dazu auch Schumacher: Drama und Geschichte. S. 98 ff.

27 Bertolt-Brecht-Archiv / Berlin: „Leben des Galilei". Unbenutztes Material. Archiv-Mappe Nr. 426, Blatt 34. – Abgedruckt bei Mittenzwei: Von der „Maßnahme" zu „Galilei". S. 278.

28 In Konspiration mit dem Hafner, durch den Galilei eine geheime Verbindung zum Ausland aufrechterhält. – Diese Episode entfiel in der zweiten und in der endgültigen Fassung. Näheres siehe Mittenzwei. S. 276 f.; und Schumacher: Drama und Geschichte. S. 152.

29 Schumacher: Drama und Geschichte. S. 57.

30 Brecht: Ungeschminktes Bild einer neuen Zeit. Vorrede zur amerikanischen Fassung. In den Anmerkungen zu „Leben des Galilei". *Stücke 8*. S. 201. Ferner: Materialien. S. 10.

31 Mittenzwei: Von der „Maßnahme" zu „Galilei". S. 289.

32 Siehe Schumacher: Drama und Geschichte. S. 136 f.

33 Brecht: Anmerkungen zu „Leben des Galilei". *Stücke 8*. S. 204 f. Materialien. S. 12 f.

34 Brecht: Anmerkungen zu „Leben des Galilei". *Stücke 8*. S. 204 f. Materialien. S. 12.

35 Siehe Mittenzwei: Von der „Maßnahme" zu „Galilei". S. 282 f.

36 Brecht: Anmerkungen zu „Leben des Galilei". *Stücke 8*. S. 201. Materialien. S. 10.

37 Brecht: Anmerkungen. *Stücke 8*. S. 205. Materialien. S. 13.

38 Mittenzwei: Von der „Maßnahme" zu „Galilei". S. 297.

39 Die Selbstbezichtigung Galileis war schon in der ersten Fassung vorhanden. Sie geschah hier allerdings *vor* Übergabe der Discorsi an Andrea (nach dem mißglückten Versuch, sie in Konspiration mit dem Hafner aus seinem Hausarrest ins Ausland zu schmuggeln). In der zweiten und dritten Fassung wird diese Selbstverurteilung u. a. durch die Umstellung verstärkt. Sie geschieht jetzt erst *nach* der Übergabe der Discorsi an Andrea „da dieser Akt nichts mehr an dem prinzipiellen Versagen des Gelehrten ändern kann" (Schumacher: Form und Einfühlung. In: Materialien. S. 166.)

40 Siehe den Abschnitt „Die neue Linie" bei Schumacher: Drama und Geschichte. S. 145 ff.

41 Bertolt-Brecht-Archiv/Berlin: „Leben des Galilei", Deutsch – Bruchstücke. Archivmappe Nr. 498, Blatt 53. – Abgedruckt bei Mittenzwei: Von der „Maßnahme" zu „Galilei". S. 289.

42 Brecht: *Stücke 8*. S. 188.

43 Rülicke: Bemerkungen zur Schlußszene. In: Materialien. S. 103.

44 Brecht: *Stücke 8*. S. 179.

45 Brecht: Aufbau einer Rolle/Laughtons Galilei. In: Materialien. S. 73.

46 Regieanweisung Brechts; bei K. Rülicke: Bemerkungen zur Schlußszene. In: Materialien. S. 135.

47 Brecht: Aufbau einer Rolle/Laughtons Galilei. In: Materialien. S. 73.

48 Aus Brechts Bemerkungen zu einzelnen Szenen (in: Materialien. S. 36 f.), die aus verschiedenen Arbeitsphasen stammen. Die Anmerkungen zur 14. Szene wurden nach W. Hecht größtenteils während der Proben mit dem Berliner Ensemble niedergeschrieben.

49 Brecht: *Stücke 8*. S. 205. Materialien. S. 13.

50 So charakterisierte Brecht seine Titelfigur in einer Regieanweisung für die Inszenierung des Berliner Ensembles. Siehe Rülicke: Bemerkungen zur Schlußszene. In: Materialien. S. 118.

51 Mittenzwei: Von der „Maßnahme" zu „Galilei". S. 290.

52 Kaufmann: Geschichtsdrama und Parabelstück. S. 181.

53 Ebenda. S. 182.

54 Schumacher: Drama und Geschichte. S. 168.

55 Ebenda. S. 170.

56 Ebenda. S. 171.

57 Ebenda. S. 65 ff.

58 Ebenda. S. 189.

59 Szczesny: Das Leben des Galilei und der Fall Bertolt Brecht. S. 77.

60 Szczesny erscheint die Verwandlung Galileis in eine negative Figur in der Neufassung vor allem aus zwei Gründen bedenklich. Nach seiner Auffassung wurde die negative Fixierung der Gestalt nicht erst durch den Abwurf der Atombombe, sondern bereits vorher unter dem Einfluß Laughtons vorgenommen. Er stellt die Frage, wie weit Brecht hier den Wünschen eines großen Schauspielers nachgekommen ist. Zum anderen scheinen ihm die moralisch-politischen Postulate, die Brecht Galilei in der Neufassung aussprechen läßt, seine „aktuell-politischen Gewissensappelle", nicht nur unhistorisch und widerspruchsvoll, sondern auch demagogisch: „Sie postulieren für den Wissenschaftler Verhaltensregeln, von denen Brecht genau weiß, daß sie nur in der von ihm unnachsichtig befehdeten bürgerlichen Gesellschaft ernstzunehmende ethische Maximen sein können." (S. 67 f.) – Szczesny knüpft an seinen Vergleich der verschiedenen Fassungen bewußt provokatorische, deshalb aber oft auch höchst fragwürdige, generelle Überlegungen zu Brechts Dramatik (S. 69 ff.) und politisch-ideologischer Haltung, die nach seiner Ansicht nur „psychologisch" zu erklären ist (S. 80 ff.).

61 Ebenda. S. 64.

62 Hans Egon Holthusen in seinem Essay „Versuch über Brecht" in: Kritisches Verstehen. Neue Aufsätze zur Literatur. München 1961. S. 87.

63 Henning Rischbieter in: H. R./Ernst Wendt: Deutsche Dramatik in Ost und West. Velber 1965. S. 17. (= [Buch-]Reihe Theater heute 16)

64 Heinar Kipphardt: In der Sache J. Robert Oppenheimer. Schauspiel. In: Spectaculum 7. Frankfurt/M. 1964. S. 197 ff.

65 Rischbieter in: Theater heute 6 (1965) H. 3. S. 41.

66 Brecht *Stücke 8.* S. 202. – Materialien S. 75.

67 Heinar Kipphardt: In der Sache J. Robert Oppenheimer, Anklage und Auszeichnung des Vater der Atombombe. In: „Frankfurter Allgemeine Zeitung" vom 22. Aug. 1964.

68 Kipphardts in seinem angeführten Artikel in „Frankfurter Allgemeine Zeitung" vom 22. Aug. 1964.

69 Bezeichnung des Stückes in der Fernsehfassung, die der Bühnenfassung vorausging und in der Reihe „edition suhrkamp" (Nr. 64) ebenfalls 1964 erschien.

70 Kipphardt: Kern und Sinn aus Dokumenten. Zum Verhältnis des Stückes „In der Sache J. Robert Oppenheimer" zu den Dokumenten. In: Theater heute 5 (1964). H. 11. S. 63.

71 Ebenda.

72 Kipphardt im Nachwort zu seinem Stück. In: Spectaculum 7. Frankfurt/M. 1964. S. 362.

73 Kipphardt in: Theater heute 5 (1964). H. 11. S. 63.

74 Ebenda.

75 Diese Stelle entstammt nach Kipphardt einem Fernsehinterview Oppenheimers, das in dem im Stück nachgezeichneten Verfahren verlesen wird.

76 Friedrich Luft: Stimme der Kritik. Berliner Theater seit 1945. Velber 1965. S. 373.

77 Die Nähe dieses Oppenheimer-Schlußwortes zu Galileis „mörderischen Analyse" in Brechts Stück ist unverkennbar. Sowohl in der Argumentation als auch in der Diktion findet sich darin ein Anklang an Galileis Ausführungen, wie folgender Passus verdeutlichen mag: „So finden wir uns in einer Welt, in der die Menschen die Entdeckungen der Gelehrten mit Schrecken studieren, und neue Entdeckungen rufen neue Todesängste bei ihnen hervor. Dabei scheint die Hoffnung gering, daß die Menschen bald lernen könnten, auf diesem klein gewordenen Stern miteinander zu leben, und gering ist die Hoffnung, daß sich ihr Leben eines nicht fernen Tages in seinem materiellen Aspekt auf die neuen menschenfreundlichen Entdeckungen gründen werde." (S. 279) Im Gegensatz zu Brechts Galilei stehen allerdings die Folgerungen, die Oppenheimer aus der Analyse seines Falles zieht: „An diesem Kreuzweg [zwischen den positiven Möglichkeiten der modernen Entdeckungen und deren negativen Auswirkungen] empfinden wir Physiker, daß wir niemals so viel Bedeutung hatten und daß wir niemals so ohnmächtig waren." (S. 279) – Er sieht für sich nur die Möglichkeit, zu den eigentlichen Aufgaben der Wissenschaft zurückzukehren, sich wieder ausschließlich der Forschung zu widmen: „Wir können nichts besseres tun als die Welt an diesen wenigen Stellen offenzuhalten, die offenzuhalten sind." (S. 280). – Vgl. hierzu auch Schumachers Kritik an dieser Wendung des Schlußwortes sowie seine generellen Überlegungen zu Kipphardts Dramatisierung des Untersuchungsverfahrens gegen Oppenheimer. (In: Drama und Geschichte. S. 339 ff.)

78 Ebensowenig wurde die Entscheidung des Sicherheitsausschusses im Hearing verlesen; Oppenheimer erhielt sie erst nachträglich schriftlich zugestellt.

79 Rischbieter: Deutsche Dramatik in West und Ost. S. 17.

80 Rischbieter in: Theater heute 6 (1965). H. 3. S. 41.

81 In einem Brief vom 12. Okt. 1964 an den Autor und verschiedene Theaterleiter, die das Stück herausbringen wollten: „Von Anfang an hat sich mein Einwand nicht auf den Umstand beschränkt, daß ich während des Verhörs die Rede, die Sie erfunden haben, gar nicht hielt: mein Haupteinwand ist der, daß Sie mich Dinge sagen lassen, die meine Meinung weder waren noch sind." – Zitiert nach der Wiedergabe bei Schumacher: Drama und Geschichte. S. 345.

82 In einem Interview Oppenheimers mit "Washington Post". Wiedergabe in: „Die Welt" vom 10. Nov. 1964.

83 Nach der Wiedergabe von Oppenheimer-Äußerungen in dem „Spiegel"-Bericht über die nach Oppenheimers Protest von Jean Vilar für die Aufführung im Pariser Théâtre Athénée erarbeitete Fassung *Le Dossier Oppenheimer,* die unter Benutzung von Kipphardts Stück und den Akten des Sicherheitsausschusses der Atomenergiekommission entstand und die von Oppenheimer beanstandeten Stellen nicht mehr enthält. – „Der Spiegel" 18 (1964). Nr. 51. S. 86.

84 Kipphardt: „Wahrheit wichtiger als Wirkung. Heinar Kipphardt antwortet auf J. R. Oppenheimers Vorwürfe". In: „Die Welt" vom 11. Nov. 1964.

85 Kipphardt in dem angeführten Aufsatz in: Theater heute 5 (1964). H. 11. S. 63.

86 Rischbieter: Dramatik zwischen West und Ost. S. 17.

87 Dieter E. Zimmer in seiner Besprechung der Ostberliner Aufführung durch das Berliner Ensemble. In: „Die Zeit" vom 16. April 1965.

88 Ebenda.

89 Zur Frage nach der grundsätzlichen Problematik des Dokumentartheaters sei hier auch auf

die diesbezüglichen Ausführungen in den Interpretationen von Hochhuths *Stellvertreter,* Weiss' *Ermittlung* und Kipphardts *Joel Brand* verwiesen. Über den Unterschied der szenischen Präsentation dokumentarischen Materials in den einzelnen Dokumentarstücken siehe S. 152 f. in dieser Arbeit.

90   Carl Zuckmayer: Gesammelte Werke. Bd. IV. Frankfurt/M. 1960.

91   Zuckmayer in seinem „Nachwort zum ‚Kalten Licht' ". Ebenda. S. 479.

92   Nur „So weit geht im Drama die Anlehnung an eine historische Grundlage. Sie bleibt völlig im Unpersönlichen, auf einige Daten und Fakten beschränkt. In diesen Rahmen, gleichsam die Fläche eines aus ein paar geometrischen Punkten und Linien gebildeten Grundrisses ausfüllend, tritt Kristof Wolters als eine eigenlebige Gestalt, die ihre eigene Sprache spricht. Hier wurde nichts mehr ‚verwendet', kein Wort, kein Argument, keine Lebensfarbe eines Urbildes, das nicht existiert, da es nicht abgebildet wurde. Der persönliche Charakter, das private Schicksal des Klaus Fuchs wurden in keiner Weise ‚benutzt', nicht einmal informatorisch, wodurch die volle Distanz, auch die Achtung vor dem Eigenrecht eines nicht lebenden Menschen, hergestellt und gewahrt ist." – Ebenda. S. 479.

93   Ebenda.S. 478.

94   Marianne Kesting: Das epische Theater. Zur Struktur des modernen Dramas. Stuttgart 1959. S. 148 f. (= Urban-Taschenbuch 36)

95   Ebenda.S. 149.

96   Urs Jenny: In der Sache Oppenheimer. In: Theater heute 5 (1964).H. 11. S. 23.

97   Günther Weisenborn: Die Familie von Makabah. München: Desch o. J. (Vervielfältigtes Bühnentyposkript)

98   Hans Henny Jahnn: Die Trümmer des Gewissens. In: Dramen II. Frankfurt/M. 1965. S. 749 ff. – „Der staubige Regenbogen". Bühnenbearbeitung von E. Piscator und K. H. Braun. Frankfurt/M.: Suhrkamp o. J. (Vervielfältigtes Bühnentyposkript)

99   Hans José Rehfisch: Jenseits der Angst. München: Desch 1962. (Gedrucktes Bühnenmanuskript)

100   Kurt Becsi: Atom vor Christus. Berlin: Bloch 1952. (Vervielfältigtes Bühnentyposkript)

101   Curt Langenbeck: Der Phantast. München: Desch o. J. (Vervielfältigtes Bühnentyposkript)

102   Friedrich Dürrenmatt: Komödien II und frühe Stücke. Zürich 1964. S. 281 ff.

103   Friedrich Dürrenmatt in seiner Abhandlung *Theater-Probleme.* In: Friedrich Dürrenmatt: Theater-Schriften und Reden. Hrsg. v. Elisabeth Brock-Sulzer. Zürich 1966. „Uns kommt nur noch die Komödie bei. Unsere Welt hat ebenso zur Groteske geführt wie zur Atombombe" (S. 122).

104   Dies ist ein typisches Kennzeichen von Dürrenmatts Dramaturgie. In seinen *Theaterproblemen* bekennt er sich zur Dramaturgie der erfundenen Stoffe („Die Dramaturgie der vorhandenen Stoffe wurde von der Dramaturgie der erfundenen Stoffe abgelöst." [S. 128]) und zum dramatischen „Einfall", was nach seiner Ansicht die Komödie bedingt („Die Tragödie ist ohne Einfall. Darum gibt es auch wenige Tragödien, deren Stoff erfunden ist." [S. 121]).

105   Siehe hierzu im Anhang des Stückes (S. 353 ff.) Dürrenmatts *21 Punkte zu den Physikern.* – Punkt 3: „Eine Geschichte ist dann zu Ende gedacht, wenn sie ihre schlimmst-mögliche Wendung genommen hat."

106   Punkt 16 und 17. Ebenda.S. 355.

107   Es sei an dieser Stelle auf die grundsätzlichen Überlegungen verwiesen, die Joachim Kaiser in seinem „Versuch über die Grenzen des modernen Dramas" zur Konzeption der Atomstücke angestellt hat. In: Joachim Kaiser: Kleines Theatertagebuch. Reinbek 1965. S. 194 ff. – Vgl. hierzu auch die Ausführungen Urs Jennys in seiner *Physiker*-Interpretation in: Friedrich Dürrenmatt. Velber 1965. S. 78. (= Friedrichs Dramatiker des Welttheaters. Bd. 6)

108   In: Hans Mayer: Anmerkungen zu Brecht. Frankfurt/M. 1965. S. 58. (= edition suhrkamp 143) – Mayer skizziert hier auf knappem Raum prägnant die Unterschiede und Gemeinsamkeiten in der dramaturgischen und weltanschaulichen Position der beiden Dramatiker.

109   Ebenda.S. 60.

110   Ebenda. S. 61.

111   Brecht auf einer Probe (21. 3. 56) für seine *Galilei*-Inszenierung mit dem Berliner Ensemble. Siehe K. Rülickes „Bemerkungen zur Schlußszene". In: Materialien zu Brechts „Leben des Galilei". S. 121.

112   Hans Mayers Büchertagebuch (2): Beim Anblick des großen Spectaculum. (= Besprechung des Suhrkamp-Bandes Spectaculum 7) In: „Die Zeit" vom 26. 2. 1965.

113 Urs Jenny: In der Sache Oppenheimer. In: Theater heute 5 (1964). H. 11. S. 22. – Einfügungen in Klammern H. G.

IV. Die Etablierung des Terrors und die Frage nach der Mitschuld

1. Stücke der Exildramatiker

1 Bertolt Brecht: [Wird erst das Elend die Furcht besiegen?] In: *Schriften zum Theater 4*. S. 112 f.
2 Bertolt Brecht: *Stücke 6*. S. 235 ff.
3 Brecht in den „Anmerkungen" zu diesem Stück in *Stücke 6*. S. 409. – Die Szenenfolge enthielt ursprünglich 27 Einzelszenen. Vier wurden von Brecht später eliminiert und eine neue hinzugefügt. Für die Uraufführung einer Szenenauswahl, die 1938 in Paris stattfand, wählte Brecht den Titel „99 %".
4 Vgl. hierzu Werner Mittenzwei: Bertolt Brecht. Von der „Maßnahme" zu „Leben des Galilei". Berlin 1962. S. 195 ff.
5 Ebenda. S. 218.
6 Vgl. ebenda. S. 206.
7 Vgl. ebenda. S. 202.
8 Hans Egon Holthusen: Versuch über Brecht. In: Kritisches Verstehen. Neue Aufsätze zur Literatur. München 1961. S. 33.
9 Wenngleich er selbst für die Konzeption dieser Szenen-Reihe nur praktische Gründe angibt: „Damit das Stück sogleich unter den ungünstigen Umständen des Exils aufgeführt werden konnte, ist es so verfaßt, daß es von winzigen Spieltruppen (den bestehenden Arbeitergruppen) und teilweise (in der oder jenen Auswahl der Einzelszenen) gespielt werden kann. [. . .] Die Theoretiker, die letzthin die Technik der *Montage* als reines Formprinzip behandelten, begegnen hier der Montage als einer praktischen Angelegenheit, was ihre Spekulationen auf einen realen Boden zurückführen mag." – In: *Schriften zum Theater 4*. S. 125.
10 Bertolt Brecht: *Prosa 2*. S. 150 ff. – Obgleich dieses Werk, das größtenteils 1940/41 in Finnland entstand, ursprünglich nicht für das Theater konzipiert wurde, erscheint es in letzter Zeit immer häufiger auf der Bühne, was seine Behandlung in einer Arbeit über das moderne Drama rechtfertigen dürfte.
11 Ziffel selbst definiert dies Verfahren am Schluß des 11. Dialoges: „Die beste Schule für Dialektik ist die Emigration. Die schärfsten Dialektiker sind die Flüchtlinge. Sie sind Flüchtlinge infolge von Veränderungen und sie studieren nichts als Veränderungen. [. . .] und für die Widersprüche haben sie ein feines Auge. Die Dialektik, sie lebe hoch!" (S. 237)
12 Vgl. hierzu den Hinweis Hans Mayers in seinem Aufsatz „Bertolt Brecht oder Die plebejische Tradition". In: H. M.: Anmerkungen zu Brecht. Frankfurt/M. 1965. S. 20 ff. (= edition suhrkamp 143)
13 Es sei in diesem Zusammenhang auf den Essay „Bertolt Brecht, ‚Flüchtlingsgespräche' " von Cesare Cases verwiesen. In: C. C.: Stichworte zur deutschen Literatur. Kritische Notizen. Wien/Frankfurt/Zürich 1969. S. 201 ff.
14 *Die Rassen* am 30. November 1933, *Professor Mamlock* am 8. November 1934. Wolfs Stück erfuhr danach noch weitere Verbreitung und Aufmerksamkeit im Ausland durch die spätere russische Verfilmung. – Die Geschichte des Zürcher Schauspielhauses ist in der Zeit von 1933–45 mit der der deutschen Exildramatik eng verbunden: So gelangten auch Brechts Stücke *Mutter Courage und ihre Kinder* (19. April 1941), *Der gute Mensch von Sezuan* (4. Februar 1943), *Leben des Galilei* (1. Fassung, 9. September 1943) dort zur Uraufführung.
15 Ferdinand Bruckner: Die Rassen. Schauspiel. Zürich: Oprecht und Helbing 1934.
16 Sie war bereits das Thema seiner psychopathologischen Studie *Krankheit der Jugend* (1924), in deren Nachfolge *Die Rassen* zu sehen sind.
17 Friedrich Wolf: Dramen. Gesammelte Werke. Bd. 3. Berlin 1960. S. 295 ff.
18 Vgl. den erwähnten Aufsatz Brechts zu *Furcht und Elend des Dritten Reiches* in *Schriften zum Theater 4*. S. 110 ff.
19 Vgl. hierzu die Angaben Walther Pollatscheks in: Das Bühnenwerk Friedrich Wolfs. Ein Spiegel der Geschichte des Volkes. Berlin 1958. S. 175 f.; und die hieran anknüpfenden Ausführungen Mittenzweis: Von der Maßnahme zu Galilei. S. 28 f. und S. 158 ff.
20 Vgl. hierzu Wolfs eigenen Aufsatz zu seinem Stück: Ein „Mamlock"? – Zwölf Millionen Mamlocks! In: Gesammelte Werke. Bd. 15. S. 476 ff.

21 Pollatschek: Das Bühnenwerk Friedrich Wolfs. S. 174. (Vgl. dazu ferner Pollatscheks Kurzmonographie: Friedrich Wolf. Sein Leben in Bildern. Leipzig 1960. S. 31.)
22 Friedrich Wolf: Dramen. Gesammelte Werke. Bd. 5. S. 327 ff.
23 Meist bilden in ihnen Kommunisten den Kern des Widerstandes gegen die Nationalsozialisten. Es sind dies: *Das Trojanische Pferd* (1935/36); *Das Schiff auf der Donau* (1938); *Patrioten* (1942); *Dr. Lilli Wanner* (1944).
24 Pollatschek: Das Bühnenwerk Friedrich Wolfs. S. 241.
25 Der alte Andrä (S. 367 f. und 405), Pfarrer Kranz (S. 371), Westernhagen (S. 395).
26 Pollatschek: Das Bühnenwerk Friedrich Wolfs. S. 241.
27 Ebenda. S. 241.
28 Ebenda. S. 175.
29 Friedrich Wolf: Dramen. Gesammelte Werke. Bd. 3. S. 197 ff.
30 Friedrich Wolf in einem Brief an die Junge Volksbühne Berlin vom 28. Nov. 1931. Zitiert nach Pollatschek: Das Bühnenwerk Friedrich Wolfs. S. 155. (Hervorhebung im Zitat H. G.)
31 In einem Brief an seine Frau, Else Wolf. Ebenfalls zitiert bei Pollatschek: Das Bühnenwerk Friedrich Wolfs. S. 156.
32 Ebenda. S. 158.
33 Bertolt Brecht: *Stücke 6.* S. 5 ff.
34 Mittenzwei: Von der Maßnahme zu Galilei. S. 163. – Über die Entstehungsgeschichte des Stückes informiert Mittenzwei ausführlich. S. 161 ff. – Die Fassung des Stückes, die noch vor Hitler offizieller Machtübernahme entstand und den Titel *Die Spitzköpfe und die Rundköpfe* trug (in *Versuche.* Heft 5–8 veröffentlicht), wurde von Brecht nach seiner Flucht im dänischen Exil überarbeitet. Diese überarbeitete Version wurde unter dem umgestellten Titel *Die Rundköpfe und die Spitzköpfe* als die endgültige Fassung in die Ausgabe *Stücke 6* übernommen.
35 Henning Rischbieter: Bertolt Brecht I. Velber 1966. S. 126. (= Friedrichs Dramatiker des Welttheaters. Bd. 13)
36 Vgl. hierzu Mittenzwei: Von der Maßnahme zu Galilei. S. 176 f. und (zur Problematik in der Charakterisierung der Iberin-Figur) S. 172 ff.
37 Vgl. Mittenzwei: Von der Maßnahme zu Galilei. S. 176; und Rischbieter: Brecht I. S. 126 f.
38 Wie entscheidend die Zielsetzung einer Zeit-Satire, die auf einen überlieferten Stoff zurückgeht, von der Stoffvorlage und dem mit ihr vorgegebenen Ausgang des Geschehens beeinträchtigt werden kann, zeigt auch *Walter Hasenclever*s (1890–1940) Komödie *Konflikt in Assyrien* (1938), die ebenfalls eine Parabel-Satire auf Hitlers Rassenwahn darstellt. Sie gibt eine Aktualisierung der biblischen Historie von *Esther*, die der assyrische König Ahasver unter den schönsten Mädchen seines Landes zu seiner Frau erwählte, ohne zu wissen, daß sie eine Jüdin ist. Erst als sein Kanzler Haman aus persönlichem Judenhaß die Vernichtung aller in Assyrien lebenden Juden befiehlt, entdeckt Esther dem König ihre jüdische Abstammung und Hamans dunkle politische Machenschaften und erwirkt so die Rettung ihres Volkes und die Bestrafung Hamans.
   Die Analogie zwischen dem Judenhaß Hamans und dem Antisemitismus Hitlers veranlaßte Hasenclever offensichtlich zu der Aktualisierung des Esther-Stoffes. In der anachronistischen Verwendung der Hitler-Parolen in Hamans Munde (so wenn dieser „die nationale Erhebung" und den „großassyrischen Gedanken" propagiert, von dem „zur Weltherrschaft berufenen assyrischen Menschen" [S. 18] spricht und die „Ausmerzung einer artfremden Minorität" im Namen des gesunden Volksempfindens [S. 41] fordert) erzielt er zwar eine parodistische Entlarvung der nationalsozialistischen Rassenideologie. In dem von dem Esther-Stoff bedingten Handlungsverlauf und versöhnlichen Ausgang des Stückes jedoch geriet das Gleichnis in schärfsten Gegensatz zu der um diese Zeit bereits massiv einsetzenden Judenverfolgung („Kristallnacht" 9./10. 11. 1938), wenngleich Hasenclever auch noch nicht ahnen konnte, zu welchen Massenmorden Hitlers Rassenwahn führen sollte. – Zitiert wurde nach folgender Ausgabe: Walter Hasenclever: Konflikt in Assyrien. Komödie in 3 Akten. Berlin: Kiepenheuer-Bühnenvertrieb 1957. (Vervielfältigtes Bühnentyposkript)
39 Mittenzwei: Von der Maßnahme zu Galilei. S. 172.
40 Ebenda. S. 176.
41 Ebenda. S. 169.
42 Ebenda. S. 169.
43 Vgl. ebenda. S. 179.
44 Bertolt Brecht: *Stücke 9.* S. 181 ff. – Gegenüber dieser ersten Buchveröffentlichung des Stückes (es ist zu Brechts Lebzeiten weder aufgeführt noch publiziert worden) weist der Abdruck dieses Stückes in der „werkausgabe edition suhrkamp", Bd. 4, einige größere, aber unwesent-

liche Veränderungen auf, die aufgrund eines erst nach dem Erstdruck aufgefundenen, von Brecht korrigierten Typoskripts vorgenommen wurden. (Vgl. hierzu die Anmerkungen am Ende von Bd. 4 der „werksausgabe".)

45 Bertolt Brecht: *Stücke 9*. Anmerkungen zum Stück: „Vorspruch". S. 368.

46 Rischbieter: Brecht I. S. 145.

47 Ebenda. S. 144.

48 Bertolt Brecht: Aus dem Arbeitsbuch: Der aufhaltsame Aufstieg des Arturo Ui. In: Sinn und Form, 2. Sonderheft Bertolt Brecht. Berlin 1957. S. 100. (Eintragung vom 28. 3. 1941)

49 Ein vor allem im Schluß veränderter Prolog-Text, der aus der Retrospektive das Geschehen im Stück ankündigt, mit dem Brecht also der veränderten Zeit und Situation Rechnung trägt, ist der Fassung in der „werksausgabe", Bd. 4, am Schluß (S. 1893) beigefügt.

50 In den Anmerkungen zum Stück in *Stücke 9*. S. 366 f. – (Eine weitere, von Brecht redigierte Fassung dieser „Zeittafel" ist ebenfalls in der „werksausgabe", Bd. 4, S. 1836 f., abgedruckt.)

51 Vgl. die erwähnte „Zeittafel".

52 Die kursiv gesetzten Angaben sind dem Prolog (Szenenanweisung und Text des Ansagers) entnommen.

53 Bertolt Brecht: Aus dem Arbeitsbuch: Der aufhaltsame Aufstieg des Arturo Ui. In: Sinn und Form, 2. Sonderheft Bertolt Brecht. Berlin 1957. S. 102. (Eintragung vom 12. 4. 1941)

54 Ebenda. S. 100. (Eintragung vom 28. 3. 1941)

55 Entsprechend der sozialen Schichtung, die im *Arturo Ui* in der Figurenkonstellation vorliegt und von Brecht selbst in anderem Zusammenhang wie folgt angegeben wird: „Der Kreis ist absichtlich eng gezogen; er beschränkt sich auf die Ebene von Staat, Industriellen, Junkern und Kleinbürgern." (Siehe „Notizen" in den Anmerkungen zum Stück. S. 372.)

56 Frühe finanzielle Zuwendungen erhielt Hitler durch die Industriellen Emil Kirdorf und Fritz Thyssen. Es folgte eine Einladung an Hitler, vor dem Industrieklub in Düsseldorf zu sprechen (am 27. 1. 1932). Am 20. 2. 1933 kam schließlich in Berlin eine Begegnung zwischen Hitler und den Vertretern der Industrie und Finanz zustande, bei der er deren volle Unterstützung gewann. (Siehe Bruno Gebhardt: Handbuch der deutschen Geschichte. Bd. 4: Die Zeit der Weltkriege. Von Karl Dietrich Erdmann. 8. Aufl. Stuttgart 1960. S. 190 f.) Vgl. hierzu auch den Brief führender deutscher Unternehmer (unterzeichnet von Schacht, Thyssen, Krupp, Siemens u. a.) vom 12. November 1932 an Hindenburg, in dem diese sich für eine Regierungsbildung mit Hitler verwandten.

57 Wie Wolf in *Professor Mamlock*, so geht auch Brecht in der Darstellung des Reichstagsbrandprozesses von der seinerzeit begründet erscheinenden Annahme aus, daß die Nationalsozialisten den Reichstagsbrand selbst inszenierten und dem Kommunisten anlasteten, um gegen sie einschreiten zu können. – Die Hintergründe um den Reichstagsbrand sind bis heute nicht endgültig geklärt. Nach Hans Mommsens zusammenfassender Darstellung (siehe unten) galt es so gut wie sicher, daß die Nationalsozialisten an der Anzündung des Reichstagsgebäudes unbeteiligt waren, vielmehr van der Lubbe der alleinige Urheber war. In jüngster Zeit wurde jedoch die Alleintäterschaft van der Lubbes erneut angezweifelt. – Zum Reichstagsbrandprozeß: Nach Mommsen war das Reichsgericht in Leipzig offenbar – soweit man bei Berücksichtigung der den Prozeß veranlassenden und begleitenden antikommunistischen Ressentiments davon sprechen kann – um ein unabhängiges, objektives Urteil bemüht. Jedenfalls kann nicht von einer direkten politischen Beeinflussung des Gerichts und von einem bewußten Fehlurteil oder von Rechtsbeugung die Rede sein. Vgl. hierzu Hans Mommsens Aufsatz „Der Reichstagsbrand und seine politischen Folgen". In: Vierteljahreshefte für Zeitgeschichte. 12. Jg. (1964). S. 351 bis 410.
Doch selbst wenn Brechts Darstellung des Geschehens in diesen beiden Punkten den Tatsachen widersprechen sollte, so ist sie, aufs Ganze hin gesehen und was die Folgen und weitere politische Entwicklung anbelangt, doch insofern berechtigt, als die Nationalsozialisten den Reichstagsbrand zumindest zum willkommenen Anlaß nahmen, gegen ihre politischen Gegner vorzugehen (Zerschlagung des kommunistischen Parteiapparates; erzwungene Einstellung der sozialistischen Presse) und die deutsche Justiz zu späterem Zeitpunkte in zunehmendem Maße dem Druck der nationalsozialistischen Machthaber auf die Rechtsprechung nachgab.

58 Bertolt Brecht: Aus dem Arbeitsbuch: Der aufhaltsame Aufstieg des Arturo Ui. In: Sinn und Form, 2. Sonderheft Bertolt Brecht. Berlin 1957. S. 100 (Eintragung vom 1. 4. 1941): „Im ‚Ui' kam es darauf an, einerseits immerfort die historischen Vorgänge durchscheinen zu lassen, andererseits die ‚Verhüllung' (die eine Enthüllung ist) mit Eigenleben auszustatten, denn sie muß – theoretisch genommen – auch ohne ihre Anzüglichkeit wirken, unter anderem wäre eine zu enge Verknüpfung der beiden Handlungen (Gangster- und Nazihandlung), also eine

Form, bei der die Gangsterhandlung nur eine Symbolisierung der anderen Handlung wäre, schon dadurch unerträglich, weil man dann unaufhörlich nach der Bedeutung dieses oder jenes Zuges suchen würde, bei jeder Figur nach dem Urbild forschen würde. Das war besonders schwer."

59 So z. B. Rischbieter: Brecht I. S. 146 f.
60 S. z. B. Georg Hensel, der Hitlers Aufstieg zu einem Geschäftsmanöver versimpelt sieht. In: Spielplan. Schauspielführer von der Antike bis zur Gegenwart. Teil II. Berlin 1966. S. 925 f. – Vgl. auch Adornos Kritik in: Minima Moralia: Reflexionen aus dem beschädigten Leben. Berlin und Frankfurt/M. 1951. S. 271 f. – Eine überwiegend positive Beurteilung des Stückes gibt hingegen Cesare Cases in seinem Buch: Stichworte zur deutschen Literatur. Kritische Notizen. Wien/Frankfurt/Zürich 1969. S. 195 ff.
61 Wolfgang Butzlaff: Die Darstellung der Jahre 1933–1945 im deutschen Drama. In: Der Deutschunterricht 16 (1964). H. 3. S. 27 f.
62 Albert Drach: Gesammelte Werke. Bd. 2: Das Spiel vom Meister Siebentot und weitere Verkleidungen. München/Wien: Albert Langen-Georg Müller 1965. S. 185 ff.
63 Diese Stelle ist eine offensichtliche Parodie auf Hitlers „Mein Kampf". Vgl. hierzu die Passagen „Wandlung zum Antisemiten" im 3. Kapitel: „Allgemeine politische Betrachtungen aus meiner Wiener Zeit":
„Als ich einmal so durch die innere Stadt [Wien] strich, stieß ich plötzlich auf eine Erscheinung in langem Kaftan mit schwarzen Locken.
Ist dies auch ein Jude? war mein erster Gedanke. So sahen sie freilich in Linz nicht aus. Ich beobachtete den Mann verstohlen und vorsichtig, allein je länger ich in dieses fremde Gesicht starrte und forschend Zug um Zug prüfte, um so mehr wandelte sich in meinem Gehirn die erste Frage zu einer anderen Frage:
Ist dies auch ein Deutscher?"
(Adolf Hitler: Mein Kampf. München. 23. Aufl. 1933. S. 59)
64 Hermann Klinge in seiner Besprechung der Uraufführung des *Kasperlspiel vom Meister Siebentot*. In: „Frankfurter Rundschau" vom 12. Sept. 1967.

2. Stücke der Nachkriegsdramatiker

1 Max Frisch: Stücke. Bd. 2. Frankfurt/M. 1962. S. 87 ff.
2 Wolfgang Butzlaff: Die Darstellung der Jahre 1933 – 1945 im deutschen Drama. In: Der Deutschunterricht 16 (1964). H. 3. S. 28.
3 Sie ist als Prosaskizze unter dem Titel „Burleske" in seinem „Tagebuch 1946 – 1949" (Frankfurt/M. 1963. S. 243 ff.) fixiert und wurde zunächst in einem Hörspiel: „Herr Biedermann und die Brandstifter" (1953) realisiert.
4 Auf diese brillante Einführung des Geschehens macht Hellmuth Karasek aufmerksam in seiner Monographie: Max Frisch. Velber 1966. S. 70. (= Friedrichs Dramatiker des Welttheaters. Bd. 17)
5 Vgl. hierzu die unter diesem Aspekt stehende Deutung des Stückes durch Werner Weber. In: W. W.: Zeit ohne Zeit. Aufsätze zur Literatur. Zürich 1959. S. 96 ff.
6 Karasek: Max Frisch. S. 75. – Da im Tagebuch die Skizzierung der *Biedermann*-Fabel kurz nach einer Eintragung über den Umsturz in der Tschechoslowakei im Jahre 1948 steht, wurde die Entstehung des Stückes eventuell auch von diesem politischen Ereignis mit veranlaßt. Auf diesen Zusammenhang verweist Hans Bänzinger in seinem Buch: Frisch und Dürrenmatt. 5. neubearb. Aufl. Bern/München 1967. S. 93.
7 Max Frisch: Herr Biedermann und die Brandstifter. Paderborn o. J. S. 27. (= Schöninghs Deutsche Textausgaben. T 322)
8 Max Frisch: Stücke. Bd. 2. S. 323 ff.
9 Karasek: Max Frisch. S. 76.
10 Hermann Moers: Zur Zeit der Distelblüte. Koll. Köln 1962. (= Collection Theater. Texte 6).
11 Gert Hofmann: Der Bürgermeister. Frankfurt/M.: Theaterverlag S. Fischer 1963.
12 Max Picard: Hitler in uns selbst. Zürich 1946.
13 Siegfried Lenz: Das Gesicht. Hamburg 1964.
14 Im Anhang zum Stück. S. 91.
15 Im Nachwort zum Stück. S. 91.

16 Ebenda.S. 92.
17 Der Grundeinfall von Lenzens Komödie, daß ein „kleiner Mann" dem Präsidenten zum Verwechseln ähnlich sieht und deshalb gezwungen wird, als Ersatzmann des Diktators zu fungieren, hat sein literarisches Vorbild offensichtlich in Erich Kästners Komödie *Die Schule der Diktatoren.*
18 Nachwort zum Stück. S. 92.
19 Ebenda.S. 91.
20 „Ich werde euch von meiner Macht abgeben – gerade soviel, wie ihr braucht, um eure Träume wahrzumachen. Ich werde eure geheimste Begabung fördern: die Tyrannenbegabung. Sagt nicht, daß das nicht stimmt. Mit den Berufen beginnt es: Väter, Lehrer, Facharbeiter: Tyrannenberufe." (Bruno S. 64)
21 Siegfried Lenz: Zeit der Schuldlosen. Köln 1962. (= Collection Theater. Texte 2)
22 Zur Entstehungsgeschichte des Stückes vgl. des Autors Artikel: Mein erstes Theaterstück. Wie „Zeit der Schuldlosen" entstand. In: „Die Zeit" vom 22. Sept. 1961. S. 16.
23 Henning Rischbieter. In: H. R./Ernst Wendt: Deutsche Dramatik in West und Ost. Velber 1965. S. 63.(= [Buch-]Reihe Theater heute 16)
24 Vgl. S. 63, 74, 82 des Stückes.
25 Rischbieter: Deutsche Dramatik in West und Ost. S. 63.
26 Friedrich Dürrenmatt: Komödien I. 3. Aufl. Zürich 1960. S. 265 ff.
27 Friedrich Dürrenmatt: Vom Sinn der Dichtung in unserer Zeit. In: Friedrich Dürrenmatt: Theater-Schriften und Reden. Hrsg. v. Elisabeth Brock-Sulzer. Zürich 1966. S. 63.
28 Vgl. hierzu Urs Jenny: Friedrich Dürrenmatt. Velber 1965. S. 59. (= Friedrichs Dramatiker des Welttheaters. Bd. 6)
29 Vgl. Dürrenmatts Charakterisierung der Figur in der „Anmerkung" zu seinem Stück S. 358.
30 Vgl. dazu die Feststellungen von Elisabeth Brock-Sulzer in: Friedrich Dürrenmatt. Stationen seines Werkes. 2. Aufl. Zürich 1964. S. 80.
31 Dürrenmatt in seiner „Anmerkung" zum Stück. S. 359.
32 Elisabeth Brock-Sulzer: Friedrich Dürrenmatt. Stationen seines Werkes. S. 83.
33 Vgl. hierzu den gleichnamigen Abschnitt und die sich daran anschließenden Ausführungen über den Dialog und den „Assoziationsbereich des Requisits" in Dürrenmatts Stück bei Hans-Jürgen Syberberg: Zum Drama Friedrich Dürrenmatts. Zwei Modellinterpretationen zur Wesensdeutung des modernen Dramas. München 1963. S. 16 ff.
34 Ebenda.S. 18.
35 So Fritz Buri: Der „Einfall" der Gnade in Dürrenmatts dramatischem Werk. In: Der unbequeme Dürrenmatt. Basel/Stuttgart 1962. S. 52. (= Theater unserer Zeit. Bd. 4)
36 Friedrich Dürrenmatt in der „Anmerkung" zu diesem Stück. In: Komödien I. S. 263.
37 Dürrenmatt in seiner „Anmerkung" zum Stück. S. 359.
38 Ebenda.S. 357.
39 Max Frisch: Öffentlichkeit als Partner. 2. Aufl. Frankfurt/M. 1967. S. 16. (= edition suhrkamp 209)
40 Ebenda.S. 20.
41 Max Frisch: Stücke. Bd. 2. Frankfurt/M. 1962. S. 199 ff.
42 „Das Andorra dieses Stückes hat nichts zu tun mit dem wirklichen Kleinstaat dieses Namens, gemeint ist auch nicht ein andrer wirklicher Kleinstaat; Andorra ist der Name für ein Modell." (S. 200) – Wenn Frisch mit diesem Hinweis auch einer voreiligen Gleichsetzung des fiktiven Schauplatzes seines Stückes mit dem wirklichen Andorra oder mit seinem eigenen Land, der Schweiz, entgegenwirkt, so besagt das noch nicht, daß letzteres für das Andorra seines Stückes nicht Modell gestanden haben könnte. Sowohl Frischs Andorra als auch Dürrenmatts Güllen sind in der Umwelt ihrer Autoren angesiedelt und lassen ihr Herkunftsland als das Grundmuster für diese Parabel-Gemeinwesen mehr oder minder deutlich erkennen. – Vgl. hierzu die Ausführungen Bänzingers in seinem Buch: Frisch und Dürrenmatt. S. 11 ff.
43 Wolfgang Hegele spricht in diesem Zusammenhang von einer polyphonen Verschränkung zweier Zeitebenen, durch die eine sinndeutende Wirkung entstehe. Siehe seine Interpretation: Max Frisch: Andorra. In: Der Deutschunterricht 20 (1968). H. 3. S. 40.
44 Es ist die Frage nach der Möglichkeit der Identität mit sich selbst, um die es beispielsweise in *Stiller* sowie in *Don Juan oder die Liebe zur Geometrie* und in *Biografie* geht.
45 Max Frisch: Tagebuch 1946 – 49. S. 33 f.
46 Ebenda.S. 35 ff.
47 Max Frisch: Stücke. Bd. 1. Frankfurt/M. 1962. „Nachwort zur Ausgabe 1949". S. 396 ff.
48 Vgl. hierzu Frischs Äußerung: „Erst nach Jahren, nachdem ich die erwähnte Tagebuchskizze

mehrere Male vorgelesen hatte, entdeckte ich, daß das ein großer Stoff ist, so groß, daß er mir Angst und Lust machte zugleich – vor allem aber, nachdem ich mich inzwischen aus meinen bisherigen Versuchen kennengelernt hatte, sah ich, daß dieser Stoff *mein* Stoff ist." – In: Horst Bienek: Werkstattgespräche mit Schriftstellern. München 1962. S. 28.

49 Helmut Krapp: Das Gleichnis vom verfälschten Leben. Nachwort zum Abdruck des Stückes in: Spectaculum 5, Frankfurt/M.: Suhrkamp 1962. S. 283.

50 Frisch in einem Gespräch mit Curt Riess. In: „Die Zeit" vom 3. Nov. 1961. Unter dem Titel: „Mitschuldige sind überall."

51 Hellmuth Karasek: Max Frisch. Velber 1966. S. 83. (= Friedrichs Dramatiker des Welttheaters. Bd. 17)

52 So Friedrich Torberg im ersten Teil seines (vom Bayer. Fernsehen am 6. 10. 1967 im 3. Programm ausgestrahlten) Theaterkollegs „Das Unbehagen in der Gesinnung", in dem er unter dem Titel „Das philosemitische Mißverständnis" (ausgehend von Lessings *Nathan*) Stellung zur Darstellung des Juden im deutschen Drama nach 1945 nahm. Die hier vorgebrachten und bemerkenswerten Einwände zu *Andorra* finden sich bereits in seiner Kritik zur Züricher Uraufführung des Stückes. In: Friedrich Torberg: Das fünfte Rad am Thespiskarren. Theaterkritiken. München/Wien 1966. S. 328 ff.

53 So Butzlaff in seiner Übersicht: Die Darstellung der Jahre 1933 – 1945 im deutschen Drama. In: Der Deutschunterricht 16 (1964).H. 3. S. 30.

54 Vgl. hierzu Frisch: Tagebuch 1946 – 1949. S. 35 ff.

55 Vgl. hierzu und zum Folgenden Hegele: Der Deutschunterricht 20 (1968).H. 3. S. 38. Ferner Karasek: Max Frisch. S. 81 ff.

56 Karasek: Max Frisch. S. 82.

57 Zur Diskussion über das Dokumentartheater vgl. folgende Beiträge: „Dokumentartheater – und die Folgen" (In: Akzente 13 (1966).H. 3. S. 208 – 229), „Die Situation des Dramas: Realität oder Fiktion?" (In: Theater 1966; Jahressonderheft der Zeitschrift „Theater heute". S. 79 – 84) und Günther Rühle: „Das dokumentarische Drama und die deutsche Gesellschaft" (In: Theater heute 7 (1966).H. 10. S. 8 – 12).

58 Rolf Hochhuth: Der Stellvertreter. Schauspiel. Reinbek 1963. (= Rowohlt-Paperback 20)

59 Siehe die seinem Stück angefügten *Historischen Streiflichter,* die Belege und Kommentare zu dem im Drama Dargestellten enthalten.

60 Ebenda. S. 240.

61 Im Falle Gersteins handelt es sich um eine historisch überlieferte Figur, bei Riccardo hingegen um eine erfundene, wenngleich auch ihre Konzeption von zwei historischen Gestalten angeregt wurde.
Gerstein, der dem Kreis der „Bekennenden Kirche" angehörte, war nach seinem in bestimmter Absicht vorgenommenen Eintritt in die SS im Hygieneinstitut der Waffen-SS tätig, das mit den technischen Vorbereitungen der „Endlösung" beauftragt war. Aufgrund der Order, Blausäure ins Vernichtungslager Belzec zu bringen, wurde er an Ort und Stelle Zeuge des geplanten und bereits praktizierten Massenmordes. Er nutzte seine Position als SS-Obersturmführer und unmittelbar an den Vorbereitungen zur „Endlösung" Beteiligter dazu, die verschiedensten Stellen (Kirchen, Alliierte, Neutrale) unter Mißachtung persönlicher Gefahr über die Vorgänge zu informieren und um Hilfe für die Opfer zu ersuchen.
Die Figur Riccardos trägt Züge der Taten des Berliner Dompropstes Bernhard Lichtenberg und des polnischen Franziskanerpaters Maximilian Kolbe, denen das Stück gewidmet ist. *Lichtenberg* betete in Berlin mit seiner Gemeinde öffentlich „für Juden und Insassen von Konzentrationslagern". Nach seiner Verhaftung und Verurteilung zu zwei Jahren Gefängnis bot er sich an, freiwillig ins Ghetto von Lodz zu gehen. Er starb 1943 auf dem Transport ins KZ Dachau. *Kolbe* starb 1941 im Hungerbunker von Auschwitz. Er hatte sein Leben für das eines anderen Mitgefangenen angeboten, der zusammen mit neun anderen Lagerinsassen als Strafe für die Flucht eines Häftlings zum Tode durch Verhungern verurteilt worden war.

62 Eine ausführlichere Analyse der Struktur des Stückes gibt Siegfried Melchinger: Rolf Hochhuth. Velber 1967. S. 54 f. und S. 60. (= Friedrichs Dramatiker des Welttheaters. Bd. 44)

63 Die wichtigsten sind unterdessen in folgenden drei Publikationen zusammengetragen: Summa iniuria oder Durfte der Papst schweigen? Hochhuths ‚Stellvertreter' in der öffentlichen Kritik. Hrsg. v. Fritz J. Raddatz. Reinbek 1963. (= Rowohlt-Taschenbuch 591) Der Streit um Hochhuths ‚Stellvertreter'. Basel 1963. (= Theater unserer Zeit. Bd. 5) The storm over the deputy. Essays and articles about Hochhuths Explosive Drama. Edited by Eric Bentley. New York 1964.

64 Zur Wirkungs- und Bühnengeschichte des Stückes vgl. Melchinger: Rolf Hochhuth. S. 10 ff. und S. 104 ff.

184

65 Sie finden sich, in sehr allgemeiner Form gehalten, in der Weihnachtsbotschaft Pius XII. von 1942 und in einer Ansprache an das Kardinalskollegium vom 2. Juni 1943. Eine Erläuterung seines Verhaltens gab Pius XII. in einem persönlichen Schreiben an den damaligen Bischof von Berlin und späteren Kardinal von Preysing und nach dem Kriege auf einem Empfang für das Diplomatische Corps (25. 2. 1946). Es sei hier auf eine auszugsweise Wiedergabe dieser vier Äußerungen Pius' XII. hingewiesen. Siehe den Beitrag „Zur Diskussion um Hochhuths ‚Stellvertreter' " in: Herder-Korrespondenz 17 (1963). H. 8. S. 375 ff.

66 Carl Amery: Der bedrängte Papst. In: Summa iniuria. S. 86.

67 Vgl. den angegebenen Beitrag in der Herder-Korrespondenz. S. 373. – Der ungenannte Verfasser dieses Artikels ist sich jedoch mit Hochhuth darüber einig, daß der Papst aufgrund des Selbstverständnisses seines Amtes als Wächter- und Hirtenamt prinzipiell zu einer eindeutigen und klaren Verurteilung von offensichtlichen Verbrechen wider die Menschlichkeit moralisch verpflichtet sei.

68 Siehe hierzu: „Mein Pius ist keine Karikatur". Spiegel-Gespräch mit Dramatiker Rolf Hochhuth. In: Der Spiegel. Jg. 17 (1963). Nr. 17. S. 90 – 96.

69 Siehe im Stück S. 155 f., 158, 171.

70 Ebenda. S. 167.

71 Ebenda. S. 82 und 155.

72 Siehe ebenda. S. 155 und 170.

73 Barbara Klie: „Der Stellvertreter" – Drama oder Pamphlet? In: Summa iniuria. S. 43.

74 In: Der Streit um Hochhuths „Stellvertreter". S. 137 – 169. Im Inhaltsverzeichnis wohl fälschlich unter dem Titel: „Hochhuths ‚Stellvertreter' und die Tradition der pamphletischen Literatur" angeführt. – Es sei an dieser Stelle auf einen weiteren, jedoch noch nicht im Druck vorliegenden Aufsatz verwiesen, der ebenfalls eine literarhistorische Einordnung Hochhuths versucht: Hans Joachim Schrimpf: Die Schaubühne als eine moralische Anstalt betrachtet. Piscator – Brecht – Hochhuth.

75 Rolf Christian Zimmermann in dem genannten Beitrag. In: Der Streit um Hochhuths „Stellvertreter". S. 149. In der folgenden Wiedergabe der Hauptthesen Zimmermanns sind die Belegstellen im Text selbst vermerkt.

76 „Im Mysterienspiel, in der Moralität haben individuelle Situation und individuelle Geprägtheit nichts zu suchen, man mutet ihren Figuren beides vergeblich zu." – Ebenda. S. 143.

77 Diese von Zimmermann festgestellte Tendenz von Hochhuths Drama zur Moralität und Mysterienspiel äußert sich speziell in den drei Exponenten des Stückes: Riccardo, Papst Pius XII. und SS-Doktor. Sie alle haben Entsprechungen in Figuren und Situationen aus der christlichen Heilsgeschichte. Die Papstszene assoziiert bewußt die Pilatusszene des Neuen Testaments: In dem Akt der Handwaschung und den (in Anlehnung an Matth. 27, 24) gesprochenen Worten „Wir sind – Gott weiß es – unschuldig am Blut, das da vergossen wird" (S. 176) wird das Verhalten Pius XII. in Analogie zur Haltung des Pilatus gesetzt. Riccardos freiwilliger Opfergang in den Tod aus Solidarität mit den verfolgten Juden und zur Sühne für fremde Schuld erinnert an Christi Opfer- und Sühnetod. Er erscheint somit als die Verkörperung konsequenter „Nachfolge Christi", der sich dessen offizieller „Stellvertreter" entzieht. Als Pendant zur Gestalt des Riccardo erscheint die Figur des SS-Doktors; sie ist eine Personifizierung des Satanischen und Bösen schlechthin. Er naht sich Riccardo als Versucher, um ihn zur Abkehr von Gott und seinem Entschluß zu bringen.

78 Melchinger: Rolf Hochhuth. S. 27.

79 Vgl. hierzu in Melchingers Hochhuth-Monographie den Abschnitt „Figuren". S. 39 ff.

80 Ebenda. S. 43.

81 Vgl. hierzu in dieser Arbeit die entsprechenden Ausführungen zu Zuckmayers *Des Teufels General*. S. 41 ff.

82 Vgl. Butzlaffs Hinweis in seinem Aufsatz „Die Darstellung der Jahre 1933 – 1945 im deutschen Drama". In: Der Deutschunterricht 16 (1964). H. 3. S. 31.

83 Siehe seine Regieanweisung. S. 178.

84 Siehe Hannah Arendt: Eichmann in Jerusalem. Ein Bericht von der Banalität des Bösen. München 1964.

85 Die grundsätzliche Schwierigkeit, die Wirklichkeit auf der Bühne adäquat wiederzugeben, spiegelt bis zu einem gewissen Grade Hochhuths Figurenkonstellation wieder: Überall dort, wo Hochhuth der Wirklichkeit nicht beizukommen vermag, weil entweder in der Wirklichkeit die reale Entsprechung fehlt (Rebellion gegen das Schweigen der Kirche) oder weil diese Wirklichkeit unvorstellbar bzw. nicht in ihrer realen Dimension darstellbar ist (Auschwitz), – aber auch da, wo sie nur annähernd aufzuhellen ist (Haltung des Papstes), treten an die Stelle

185

der die Wirklichkeit repräsentierenden Figuren (Gerstein, Eichmann, Pius XII.) jeweils die diesen authentischen Gestalten korrespondierenden fiktiven Parallel-Figuren (Riccardo, Doktor, Kardinal).

86 In seinem für die Frankfurter Aufführung des Stückes geschriebenen und in der Rowohlt-Taschenbuchausgabe des *Stellvertreter* abgedruckten Essay ,,Hochhuth und Lessing" (Reinbek 1967. S. 294 – 96) führt Muschg neben dem Hinweis auf das Reformations- und Jesuitendrama besonders Parallelen zu Lessings aufklärerischer Kampfschrift *Nathan* an.

87 Ebenda. S. 295.

88 Daß sich Hochhuth dessen Fragwürdigkeit zumindest im Falle der Figur des Doktors und der Auschwitz-Darstellung im letzten Akt selbst bewußt wurde, bezeugt seine Basler Fassung des *Stellvertreter,* die als ,,Eine Variante zum fünften Akt" ebenfalls in der Rowohlt-Taschenbuchausgabe zu finden ist (S. 279 ff.). In dieser Version wird der V. Akt durch die umgearbeitete letzte Szene des III. Aktes, die nun dem IV. Akt nachgestellt ist, ersetzt, so daß hier das Stück mit der Einlieferung Riccardos in den römischen Gestapo-Keller endet.

89 Sie äußert sich am auffälligsten in der bereits (gekürzt) angeführten Charakterisierung des Doktors. In ihr wird einmal auf die Fiktivität und symbolische Überhöhung dieser Gestalt hingewiesen, zum anderen aber durch die Betonung ebenfalls vorhandener historisch-faktiven Momente gleichzeitig auch wieder der Eindruck der Faktizität dieser Figur erweckt: ,,Er hat das Format des absolut Bösen, viel eindeutiger als Hitler, den er – wie jeden Menschen – nicht einmal mehr verachtet. Ein Wesen, das sich für nichts und niemanden interessiert: es verlohnt sich für ihn nicht einmal, noch mit dem homo sapiens zu spielen – momentan mit einer Ausnahme: Helga. Dabei wirkt er nicht arrogant, sondern höchst charmant. Er nimmt sofort für sich ein. Wir haben bewußt von dieser abweichende Vorstellungen von diesem geheimnisvollen ,Chef'. Charakteristischerweise wurde er niemals gefaßt – vermutlich dank seiner suggestiven Herzlichkeit, mit der er Kindern vor der Vergasung ,einen guten Pudding' versprach (historisch belegt!) oder auf dem Bahnsteig die von der Reise Erschöpften fragte, ob sie sich krank fühlten: wer das bejahte, erleichtert durch die plötzliche Anteilnahme dieses liebenswürdigen Mannes, der kam sofort ins Gas. Das steht in dem Bericht der Arztwitwe Frau Grete Salus, die als einzige ihrer Familie Auschwitz überlebte. Mit ,suggestiver Herzlichkeit' hatte er sie gefragt! [. . .] ". (S. 29)

90 Melchinger: Rolf Hochhuth. S. 46.

91 Marcel Reich-Ranicki: Rolf Hochhuth und die Gemütlichkeit. In seinem Buch: Literarisches Leben in Deutschland. Kommentare und Pamphlete. München 1965. S. 174 f. (Bei Melchinger gekürzt zitiert. S. 35 f.)

92 R. Chr. Zimmermann: Hochhuths ,,Stellvertreter" und die Tradition polemischer Literatur. In: Der Streit um Hochhuths ,,Stellvertreter". S. 149.

93 Ebenda. S. 140.

94 Vgl. hierzu die theoretischen Ausführungen von Peter Weiss: Notizen zum dokumentarischen Theater. In: Peter Weiss: Dramen 2. S. 464 ff.

95 Vgl. hierzu die Einleitung des von Peter Weiss für die Anthologie ,,Atlas. Zusammengestellt von deutschen Autoren" (Berlin 1965) geschriebenen Beitrages *Meine Ortschaft,* in der er seinen Auschwitz-Besuch (Dezember 1964) schildert (jetzt auch in: Peter Weiss: Rapporte. Frankfurt/M. 1968. S. 113 ff.) und die entsprechenden Äußerungen in seinem autobiographischen ,,Roman" *Fluchtpunkt* (Frankfurt/M. 1962. S. 210 ff.).

96 Peter Weiss: Die Ermittlung. Oratorium in 11 Gesängen. In: Peter Weiss: Dramen 2. Frankfurt/M. 1968. S. 7 ff.

97 Diese von Weiss für sein Stück benutzten Originalberichte Naumanns liegen unterdessen in Buchform vor: Bernd Naumann: Auschwitz. Bericht über die Strafsache gegen Mulka und andere vor dem Schwurgericht Frankfurt. Frankfurt/M. 1965. (Eine bearbeitete und gekürzte Fassung erschien als Fischer-Taschenbuch Nr. 885. Frankfurt/M. 1968.)

98 So Henning Rischbieter in seiner Monographie: Peter Weiss. Velber 1967. S. 74. (= Friedrichs Dramatiker des Welttheaters. Bd. 45)

99 Ebenda. S. 72. – Eine ausführlichere Charakterisierung des Inhalts und Aufbaus der *Ermittlung* gibt Rischbieter in seiner Monographie. S. 72 ff.

100 Die Verwendung von Dantes Gliederungsprinzip zur kompositorischen Anordnung des Faktenmaterials in der *Ermittlung* geht auf den ursprünglichen Plan des Autors zurück, den Auschwitz-Stoff in inhaltlich aktualisierter und als Drama konzipierten Version der *Divina Commedia* zu behandeln. Über die Konzeption und Intention dieser beabsichtigten Bearbeitung des Dante'schen Werkes äußerte sich Peter Weiss in dem Gedicht *Vorübung zum dreiteiligen Drama divina commedia* und im *Gespräch über Dante,* die in dem erwähn-

186

ten Band „Rapporte" (S. 125 – 141; S. 142 – 187) abgedruckt sind. In ihnen finden sich zugleich auch für das Verständnis und die Beurteilung der *Ermittlung* aufschlußreiche grundsätzliche Überlegungen des Autors über die Frage, ob und wie Auschwitz zum Gegenstand einer künstlerischen Darstellung gemacht werden könnte.

101   Vgl. hierzu Rischbieter: Peter Weiss. S. 70 f.

102   Siehe Helmut Salzinger: Peter Weiss. In: Deutsche Literatur seit 1945. In Einzeldarstellungen. Hrsg. v. Dietrich Weber. Stuttgart 1968. S. 400. (= Kröners Taschenausgabe. Bd. 382)

103   Peter Weiss: Fluchtpunkt. S. 15.

104   Ebenda. S. 17.

105   Salzinger, der in seiner Weiss-Darstellung diese Stellen aus dem *Fluchtpunkt* anführt (S. 405 f.), macht auf die Bedeutung des Erlebnisses für Weiss aufmerksam, indem er auf seine nochmalige Erwähnung in der „Erzählung" *Abschied von den Eltern* hinweist.

106   Heinar Kipphardt: Joel Brand. Die Geschichte eines Geschäfts. Frankfurt/M. 1965. (= edition suhrkamp 139)

107   Alex Weissberg: Die Geschichte von Joel Brand. Köln 1958.

108   Der Kastner-Bericht. München 1961.

109   Siehe hierzu Joachim Kaiser: Kipphardt und die Fernseh-Verfremdung. In: Theater heute 6 (1965). H. 2. S. 44 f.

110   Vgl. hierzu die Ausführungen und die detaillierte Analyse des Stückes von Urs Jenny unter dem Titel „Mißglücktes Stück über ein mißglücktes Geschäft." In: Theater heute 6 (1965). H. 11. S. 41 f.

111   Rivalität zwischen SS und deutscher Abwehr (Szene 3), Begleitung Joel Brands durch einen jüdischen SS-Spitzel (Sz. 4 und andere), Verhör Joel Brands durch einen türkischen Detektiv auf einem Polizeibüro in Istanbul und durch den Secret Service in Kairo (Sz. 16 und 18).

112   Chambre séparée eines Nachtkabaretts (Sz. 3), das mit einem Empire-Schreibtisch ausgestattete Arbeitszimmer Eichmanns in einem Hotel Budapests (Sz. 1, 13, 17, 20) etc.

113   Eichmann in schwarzem Morgenmantel und weißem Seidenschal beim Verzehren seines Frühstückseis (Sz. 8), SS-Standartenführer Becher, der sich während eines Gesprächs mit Eichmann und Kastner massieren läßt (Sz. 19).

114   Vgl. in diesem Zusammenhang die grundsätzlichen Überlegungen Friedrich Torbergs (in dem erwähnten 1. Teil seines Theaterkollegs „Das Unbehagen in der Gesinnung") zur Darstellung der Figur Eichmanns auf der Bühne und seine daraus resultierenden Vorbehalte gegen das Dokumentarstück im allgemeinen. Torberg gibt hier zu bedenken, daß Eichmanns Sätze in Kipphardts Stück, selbst wenn sie in Wirklichkeit so gesprochen worden wären, auf dem Theater zwangsläufig zum Bühnendialog und die faktische Figur in erster Linie zu einer Rolle für einen Schauspieler werden: „Der Darsteller des Eichmann muß seine Sätze unweigerlich so sprechen, daß er damit die größtmögliche Wirkung erzielt. Sonst ist er ein schlechter Schauspieler, der seiner Rolle nicht gerecht wird. Und da es, wie alle Schurkenrollen, eine sehr dankbare Rolle ist, wird es ihm auch das Publikum unweigerlich zu danken wissen." (Fernseh-Manuskript. S. 26). „Der Zeuge des Bühnenvorgangs sieht einen als Eichmann verkleideten Schauspieler, den er auch aus anderen Rollen kennt, hört ihn eine Pointe setzen, und lacht. [. . .] Und es [das Publikum] tut das alles, ich wiederhole es, mit Recht. Denn es hat ein Theaterstück gesehen." (Ebenda. S. 27)

115   Sie sind im Autorenkommentar bzw. Stückanhang jeweils ausdrücklich vermerkt; bei Peter Weiss allerdings nicht in *Dramen 2*, sondern in einer „Nachbemerkung" zu der vorangegangenen Einzelausgabe der *Ermittlung*. Frankfurt/M. 1965. S. 211.

116   Torberg merkt in dem erwähnten Theaterkolleg zu den Dokumentarstücken an: „Sie übersehen, daß das Dokument eben nur ein Beleg für die Wirklichkeit ist, nicht ihr Ausdruck. Das Dokumentarstück aber gibt vor, ihr Ausdruck und ihr Abbild zu sein. Es bringt die Wirklichkeit auf die Bühne und macht sie eben dadurch zum Theater." (Fernseh-Manuskript. S. 26)

117   Was in Torbergs generellem und speziell die Wirkung auf der Bühne reflektierendem Vorbehalt gegen das Dokumentarstück unberücksichtigt blieb.

118   Max Frisch in seiner „Schillerpreis-Rede" (1965). In: Max Frisch: Öffentlichkeit als Partner. 2. Aufl. Frankfurt/M. 1967. S. 95. (= edition suhrkamp 209)

119   Siehe „Noch einmal anfangen können". Ein Gespräch mit Max Frisch. Von Dieter E. Zimmer. In: „Die Zeit" vom 22. Dez. 1967. S. 13. – Vgl. auch Max Frisch: Dramaturgisches. Ein Briefwechsel mit Walter Höllerer. Berlin 1969. S. 18 f.

120 „Ein weiterer Tagtraum vom Theater". In: Martin Walser: Heimatkunde. Aufsätze und Reden. Frankfurt/M. 1968. S. 73 f. (= edition suhrkamp 269)

121 Martin Walser: Der schwarze Schwan. Frankfurt/M. 1964. (= edition suhrkamp 90)

122 So Kipphardt in einer Äußerung zu seinem Stück *Joel Brand. Die Geschichte eines Geschäfts.* In: „Der Spiegel". Nr. 41 (1965). S. 156.

123 *Imitation oder Realismus* (1964). In: Martin Walser: Erfahrungen und Leseerfahrungen. Frankfurt/M. 1965. S. 86 f. (= edition suhrkamp 109)

124 „Vorbemerkung" zum Vorabdruck von *Der schwarze Schwan.* In: Theater 1964. Jahressonderheft der Zeitschrift Theater heute. S. 67. – Wir beschränken uns hier auf die Analyse dieses Stückes, da es für unsere vergleichende Untersuchung, die bestimmte Positionen in der Mitschuld-Dramatik der Nachkriegszeit und darüber hinaus strukturelle Gemeinsamkeiten wie Unterschiede aufzeigen soll, uns aufschlußreicher erscheint als *Eiche und Angora.* Zur Beurteilung dieses Stückes sei auf zwei ausführlichere Interpretationen verwiesen: Henning Rischbieter in: Deutsche Dramatik in West und Ost. S. 27 ff.; und Rainer Taëni: Drama nach Brecht. Möglichkeiten heutiger Dramatik. Basel 1968. S. 88 ff. (= Theater unserer Zeit. Bd. 9)

125 Tinchen bildet hier, ähnlich wie Alois in *Eiche und Angora,* mit dem sie die Einfalt und diesen Zug der Vergangenheitsverhaftung gemeinsam hat, einen ironischen Kontrapunkt zu den anderen Figuren, denen eine mühelose Anpassung an die veränderten Verhältnisse gelingt.

126 Taëni: Drama nach Brecht. S. 107 f.

127 Vgl. hierzu die Charakterisierung der Hauptfigur durch den Autor in seinem Aufsatz *Hamlet als Autor.* In: Erfahrungen und Leseerfahrungen. S. 53.

128 Zu der hier skizzierten Problematik der Figuren- und Fabelkonzipierung des Stückes vgl. die ausführlichere Auseinandersetzung damit bei Taëni: Drama nach Brecht. S. 108 ff.

129 Vgl. hierzu Walsers bereits erwähnten Aufsatz *Hamlet als Autor,* in dem er im Hinblick auf die Konzeption seiner Hauptfigur, aber offensichtlich auch in eigener Sache diesem Zweifel wie folgt Ausdruck verleiht: „Was alle Väter miteinander getan haben, ist jetzt bekannt. Man hat einfach Glück gehabt. [...] Ohne alle Mühe ist man schon besser als fast alle Väter zusammen. Man hat nichts verbrochen damals. Was aber hat der eigene Vater getan? Genügt es, immerfort bloß an das zu denken, was alle Väter miteinander getan haben? Muß man nicht, um seiner selbst willen, so genau als möglich erfahren, wozu der eigene Vater imstande war? Ich, immerhin aus seinem Fleisch und Blut, hätte vielleicht ähnlich gehandelt, wenn es mir gewesen wäre, damals zu handeln. Oder hätte ich wirklich anders gehandelt?" (In: Erfahrungen und Leseerfahrungen. S. 53.)

130 In: Walser: Heimatkunde. Aufsätze und Reden. S. 17.

131 Vgl. hierzu die näheren auf Walsers theoretischen Äußerungen basierenden Ausführungen von Ingrid Kreuzer in ihrem Beitrag: Martin Walser. In: Deutsche Literatur seit 1945. S. 436 f.

132 Ebenda. S. 449.

133 Vgl. I. Kreuzers Resümee: „Sie gewinnt in seinen politischen Dramen eine weitreichende und nicht unproblematische Aktualität als Frage nach der Schuld und als Frage nach dem Schuldbewußtsein des zum Zeitgenossen avancierten Schuldigen der NS-Zeit, d. h. nach der Verantwortlichkeit des konditionierten Charakters und seiner Wertigkeit in der jeweils veränderten geschichtlichen Konstellation." (S. 449)

134 „Die idealistischen Denk-Künstler, inländischer und ausländischer Herkunft, haben uns seit 1945 hilfreich bewiesen, daß es keine Kollektivschuld gebe. Dieser Beweis macht einem Idealisten keine Mühe. Er liebt es, seine Vorstellung von personaler Verantwortlichkeit so hoch als möglich zu schrauben. Er will etwas verlangen können vom Menschen. Vom Einzelnen. Vom Individuum. Dieses Unteilbare sei willensfrei, findet oder verfügt der Idealist. Wie sehr zusammengesetzt aus biologischer und politischer Geschichte so ein Individuum ist, spielt da keine Rolle. Keine Rolle darf spielen die Erfahrung unserer Idealisten von 1918 bis heute, die zeigt, welche grotesk verschiedenen Haltungen das unteilbare Individuum kurz nacheinander (und sogar gleichzeitig) einnehmen kann. Auf jeden Fall: seit 1945 und angesichts des Auschwitz-Prozesses kommt uns das idealistische Schlupfloch sehr zustatten. Da jeder für sich verantwortlich ist, hat jeder seine Taten selber zu verantworten und nur seine Taten. Wurde einer ‚schuldig', so ist das seine Sache." (In: Heimatkunde. Aufsätze und Reden. S. 19. Vgl. dazu auch die Ausführungen auf S. 20 f.)

135 Ernst Wendt: Die realistische Fiktion. Zur Uraufführung von Martin Walsers „Schwarzer Schwan" in Stuttgart. In: Theater heute 5 (1964). H. 11. S. 27.

136 Vgl. I. Kreuzer: Martin Walser. S. 450.

137 Taëni: Drama nach Brecht. S. 96. Vgl. hierzu Taënis grundsätzliche Einwände gegen Walsers mittels eines individuellen (Sprach-)Symbolismus unternommene Zeit- und Gesellschaftskritik.S. 96 ff.

138 Siehe seine Besprechung des Stückes in: Joachim Kaiser: Kleines Theatertagebuch. Reinbek 1965. S. 151.

139 Als deutliche Parallelen zu Sartre erweisen sich die dumpf-febrile (Reue- und Buß-)Atmosphäre; das Einführen ähnlich ekelerregender Tiere als Erynnien-Sinnbilder: Schnaken bei Walser, Krabben (*Les Séquestrés D'Altona*) und Fliegen (in *Les Mouches*) bei Sartre; die selbstgewählte Isolation (Eingeschlossensein): entlegene Nervenheilanstalt für Liberé, fensterloses, verschlossenes Zimmer für Franz Gerlach; selbstauferlegte Bußübungen und Nichtanerkennen eines Gerichts über ihre begangenen Taten; Generationen-Konflikt: Die Väter, die mit ihrer Schuld und der Vergangenheit fertig werden (der alte Gerlach / / Goothein und selbst Liberé) und die Söhne, die − Rudi als potentiell Schuldiger, Franz Gerlach als wirklich Schuldiggewordener − sich nicht damit abfinden können und deshalb in den Tod gehen.

140 In: Hans Günter Michelsen: Drei Akte. Helm. Frankfurt/M. 1965. (= edition suhrkamp 140)

141 Hans Günter Michelsen in seiner Dankrede zur Verleihung des Literaturpreises der Freien Hansestadt Bremen am 26. 1. 1967, die leicht gekürzt unter dem Titel „Ein Einzelgänger, der nicht vergessen kann" im Programmheft des Hessischen Staatstheaters Wiesbaden abgedruckt ist. Spielzeit 1966/67. H. 15. S. 8 ff.

142 Fritz Hochwälder: Der Himbeerpflücker. München/Wien: Albert Langen − Georg Müller 1965. (= Theater-Texte Bd. 5)

143 Vgl. hierzu die Rezension von Hellmuth Karasek. In: Theater heute 6 (1965). H. 8. S. 58 f.

144 Carl Merz und Helmut Qualtinger: Der Herr Karl. München: Albert Langen − Georg Müller 1962. (= Theater-Texte. Bd. 4) ʼ

189

Literaturverzeichnis

1. Benutzte Stück-Ausgaben

Baumann, Hans: Im Zeichen der Fische. Gütersloh: Mohn 1960 (= Das kleine Buch 139).
Becher, Johannes R.: Winterschlacht. Berlin: Aufbau-Verlag 1961.
Becsi, Kurt: Atom vor Christus. Berlin: Felix Bloch Erben 1952 (vervielfältigtes Bühnentypo-skript).
Brecht, Bertolt: *Stücke*. Bd. 1–13. Frankfurt/M.: Suhrkamp 1953–1966.
–: *Prosa*. Bd. 2. Frankfurt/M.: Suhrkamp 1965.
–: *Versuche*. H. 5–8 und H. 9–15. Berlin und Frankfurt/M.: Suhrkamp 1949–1959.
–: Gesammelte Werke in 20 Bänden. Frankfurt/M.: Suhrkamp 1967 (werkausgabe edition suhrkamp).
Breinlinger, Hans: Gekados. Hamburg: Vertriebsstelle und Verlag deutscher Bühnenschriftsteller und Bühnenkomponisten 1960 (vervielfältigtes Bühnentyposkript).
Bruckner, Ferdinand: Die Rassen. Zürich: Oprecht u. Helbing 1934.

Drach, Albert: Gesammelte Werke. Bd. 2: Das Spiel vom Meister Siebentot und weitere Verklei-dungen. München/Wien: Albert Langen – Georg Müller 1965.
Dürrenmatt, Friedrich: Komödien I. 3. Aufl. Zürich: Arche 1960.
–: Komödien II und frühe Stücke. Zürich: Arche 1964.

Frisch, Max: Stücke. Bd. 1 und 2. Frankfurt/M.: Suhrkamp 1962.
–: Herr Biedermann und die Brandstifter. Hörspiel. Paderborn o. J. (= Schöninghs Deutsche Textausgaben. Nr. T 322).

Ghirardini, Günther: Der Untergang der Stadt Sun. München: Thomas Sessler o. J. (vervielfältig-tes Bühnentyposkript).
Graetz, Wolfgang: Die Verschwörer. München: Rütten & Loening o. J.

Hasenclever, Walter: Konflikt in Assyrien. Berlin: Kiepenheuer-Bühnenvertrieb 1957 (vervielfäl-tigtes Bühnentyposkript).
Hochhuth, Rolf: Der Stellvertreter. Reinbek 1963 (= Rowohlt-Paperback 20).
–: Der Stellvertreter. Reinbek 1967 (= Rowohlt-Taschenbuch 997–998).
Hochwälder, Fritz: Der Himbeerpflücker. München/Wien: Albert Langen – Georg Müller 1965 (= Theater-Texte Bd. 5).
Hofmann, Gert: Der Bürgermeister. Frankfurt/M.: Theaterverlag S. Fischer 1963.
Hubalek, Claus: Die Festung. Berlin: Felix Bloch Erben 1957 (vervielfältigtes Bühnentyposkript).

Jahnn, Hans Henny: Die Trümmer des Gewissens. In: Dramen II. Frankfurt/M.: Europäische Ver-lagsanstalt 1965.
–: Der staubige Regenbogen (Bühnenbearbeitung von E. Piscator und K. H. Braun). Frankfurt/M.: Suhrkamp o. J. (vervielfältigtes Bühnentyposkript).

Kipphardt, Heinar: Der Hund des Generals. Frankfurt/M. 1963 (= edition suhrkamp 14).
–: In der Sache J. Robert Oppenheimer. In: Spectaculum 7. Frankfurt/M.: Suhrkamp 1964.
–: Joel Brand. Die Geschichte eines Geschäfts. Frankfurt/M. 1965 (= edition suhrkamp 139).
Kirst, Hans Hellmut (in Zusammenarbeit mit Erwin Piscator): Aufstand der Offiziere. Die Tra-gödie des 20. Juli 1944. München/Wien/Basel: Desch o. J. (vervielfältigtes Bühnentyposkript).

Langenbeck, Curt: Der Phantast. München: Desch o. J. (vervielfältigtes Bühnentyposkript).
Lenz, Siegfried: Das Gesicht. Hamburg: Hoffmann und Campe 1964.
–: Zeit der Schuldlosen. Köln: Kiepenheuer u. Witsch 1962 (= Collection Theater. Texte 2).
Lotar, Peter: Das Bild des Menschen. 3. Ausg. Hamburg: Felix Meiner 1955.

Merz, Carl / Qualtinger, Helmut: Der Herr Karl. München: Albert Langen – Georg Müller 1962 (= Theater-Texte. Bd. 4).
Michelsen, Hans Günter: Drei Akte. Helm. Frankfurt/M. 1965 (= edition suhrkamp 140).
Moers, Hermann: Zur Zeit der Distelblüte. Koll. Köln: Kiepenheuer u. Witsch 1962 (= Collection Theater. Texte 6).

Rehfisch, Hans José: Jenseits der Angst. München: Desch 1962 (gedrucktes Bühnenmanuskript).

Schäfer, Walter Erich: Die Verschwörung. Bad Tölz: Bühnenvertrieb Gerhard Dietzmann 1949 (vervielfältigtes Bühnentyposkript).
Schmitthenner, Hansjörg: Die Bürger von X. Berlin: Kiepenheuer 1960 (vervielfältigtes Bühnentyposkript).
Sylvanus, Erwin: Korczak und die Kinder. St. Gallen: Tschudy 1959.

Walser, Martin: Der schwarze Schwan. Frankfurt/M. 1964 (= edition suhrkamp 90).
Weisenborn, Günther: Die Familie von Makabah. München: Desch o. J. (vervielfältigtes Bühnentyposkript).
–: Die Illegalen. In: Dramatische Balladen. Berlin: Aufbau-Verlag 1955.
–: Theater. 2 Bde. München: Desch 1964.
Weiss, Peter: Dramen. 2 Bde. Frankfurt/M.: Suhrkamp 1968.
Wolf, Friedrich: Gesammelte Werke in 16 Bänden. Bd. 1–16: Dramen. Berlin: Aufbau-Verlag 1960.

Zuckmayer, Carl: Gesammelte Werke. Bd. III–IV: Dramen. Frankfurt/M.: S. Fischer 1960.
–: Meisterdramen. Frankfurt/M.: G. B. Fischer 1966.

2. Äußerungen der Autoren zu ihrem Werk und zu ihrer Zeit

Brecht, Bertolt: *Schriften zum Theater.* Bd. 1–7. Frankfurt/M.: Suhrkamp 1963–1964.
–: Aus dem Arbeitsbuch: Der aufhaltsame Aufstieg des Arturo Ui. In: Sinn und Form. Beiträge zur Literatur. Zweites Sonderheft Bertolt Brecht. Berlin 1957. S. 100–102.

Dürrenmatt, Friedrich: Theaterschriften und Reden. Hrsg. v. Elisabeth Brock-Sulzer. Zürich 1966.

Frisch, Max: Tagebuch 1946–1949. Frankfurt/M. 1963.
–: Öffentlichkeit als Partner. 2. Aufl. Frankfurt/M. 1967 (= edition suhrkamp 209).
–: Dramaturgisches. Ein Briefwechsel mit Walter Höllerer. Berlin 1969.
–: „Mitschuldige sind überall." (Ein Gespräch von Curt Riess und Frisch über sein Werk Andorra) In: Die Zeit 3. 11. 1961.
–: „Noch einmal anfangen können." Ein Gespräch mit Max Frisch von Dieter E. Zimmer. In: Die Zeit 22. 12. 1967.

Hochhuth, Rolf: „Mein Pius ist keine Karikatur." Spiegel-Gespräch mit Dramatiker Rolf Hochhuth. In: Der Spiegel. Jg. 17 (1963). Nr. 17. S. 90–96.

Kipphardt, Heinar: In der Sache J. Robert Oppenheimer, Anklage und Auszeichnung des Vaters der Atombombe. In: Frankfurter Allgemeine Zeitung 22. 8. 1964.
–: Kern und Sinn aus Dokumenten. Zum Verhältnis des Stückes „In der Sache J. Robert Oppenheimer" zu den Dokumenten. In: Theater heute 5 (1964). H. 11. S. 63.
–: „Wahrheit wichtiger als Wirkung. Heinar Kipphardt antwortet auf J. R. Oppenheimers Vorwürfe." In: Die Welt 11. 11. 1964.

Lenz, Siegfried: Mein erstes Theaterstück. Wie „Zeit der Schuldlosen" entstand. In: Die Zeit 22. 9. 1961.

Michelsen, Hans Günter: „Ein Einzelgänger, der nicht vergessen kann." (Dankrede zur Verleihung des Literaturpreises der Freien Hansestadt Bremen 26. 1. 1967) In: Programmheft des Hess. Staatstheaters Wiesbaden. Spielzeit 1966/67. H. 15.

Walser, Martin: Erfahrungen und Leseerfahrungen. Frankfurt/M. 1965 (= edition suhrkamp 109).
—: Heimatkunde. Aufsätze und Reden. Frankfurt/M. 1968 (= edition suhrkamp 269).
—: „Vorbemerkung" zum Vorabdruck „Der schwarze Schwan". In: Theater 1964. Jahressonderheft der Zeitschrift Theater heute. S. 67.
Weiss, Peter: Fluchtpunkt. Roman. Frankfurt/M. 1962.
—: Rapporte. Frankfurt/M. 1968 (= edition suhrkamp 276).
Wolf, Friedrich: Aufsätze 1919–1944. In: Gesammelte Werke. Bd. 15. Berlin/Weimar 1967.

Zuckmayer, Carl: Als wär's ein Stück von mir. Horen der Freundschaft. Frankfurt/M. 1966.
—: Persönliche Notizen zu meinem Stück „Des Teufels General". In: Die Wandlung 3 (1948). H. 4. S. 331–333.
—: Zeichen für Klage und Lust: Zur Hamburger Fassung meines Dramas „Der Gesang im Feuerofen". In: Die Welt 11. 11. 1950.

3. *Literatur zu den behandelten Autoren*

Amery, Carl: Der bedrängte Papst. In: Summa iniuria oder Durfte der Papst schweigen? Hochhuths „Stellvertreter" in der öffentlichen Kritik. Hrsg. v. Fritz J. Raddatz. Reinbek 1963 (= Rowohlt-Taschenbuch 591). S. 84–91.
Ammer, Sigrid: Das deutschsprachige Zeitstück der Gegenwart unter besonderer Berücksichtigung der Nachkriegsdramatik. Diss. Köln 1966 (Fotodruck).

Bänzinger, Hans: Frisch und Dürrenmatt. 5., neubearb. Aufl. Bern/München 1967.
Baumgart, Reinhard: Unmenschlichkeit beschreiben. Weltkrieg und Faschismus in der Literatur. In: R. B.: Literatur für Zeitgenossen. Essays. Frankfurt/M. 1966 (= edition suhrkamp 186). S. 12–36.
Beckmann, Heinz: Besprechung von Ghirardinis „Der Untergang der Stadt Sun". In: Rheinischer Merkur 11. 3. 1960.
Bienek, Horst: Werkstattgespräche mit Schriftstellern. München 1962.
Brock-Sulzer, Elisabeth: Friedrich Dürrenmatt. Stationen seines Werkes. 2. erweiterte Aufl. Zürich 1964.
Bunge, Hans-Joachim: Antigonemodell 1948 von Bertolt Brecht und Caspar Neher. Zur Praxis und Theorie des epischen (dialektischen) Theaters Bertolt Brechts. Diss. masch. Greifswald 1957
Buri, Fritz: Der „Einfall" der Gnade in Dürrenmatts dramatischem Werk. In: Der unbequeme Dürrenmatt. S. 35–69.
Butzlaff, Wolfgang: Die Darstellung der Jahre 1933–1945 im deutschen Drama. In: Der Deutschunterricht 16 (1964). H. 3. S. 25–38.

Cases, Cesare: Stichworte zur deutschen Literatur. Kritische Notizen. Wien/Frankfurt/Zürich 1969.

Dokumentartheater – und die Folgen (Stellungnahmen von: H. Karasek, J. Kaiser, U. Jenny und E. Wendt). In: Akzente 13 (1966). H. 3. S. 208–229.

Ehlers, Dieter: Kritik am 20. Juli. Eine Auseinandersetzung mit den dokumentarischen Dramen von H. H. Kirst und W. Graetz. In: Aus Politik und Zeitgeschichte. Beilage zur Wochenzeitung Das Parlament. B 29/66. 20. 7. 1966. S. 3–10.
Ekmann, Bjørn: Gesellschaft und Gewissen. Die sozialen und moralischen Anschauungen Bertolt Brechts und ihre Bedeutung für seine Dichtung. Kopenhagen 1969.
Engelsing-Malek, Ingeborg: „Amor fati" in Zuckmayers Dramen. Konstanz 1960.

Fülle der Zeit: Carl Zuckmayer und sein Werk. Frankfurt/M. 1956.

Grimm, Reinhold: Bertolt Brecht. Die Struktur seines Werkes. 4. (durchgeseh. u. ergänzte) Aufl.
Nürnberg 1969 (= Erlanger Beiträge zur Sprach- und Kunstwissenschaft. Bd. 5).
—: Strukturen. Essays zur deutschen Literatur. Göttingen 1963.

Haberkamm, Klaus: Max Frisch. In: Dietrich Weber (Hrsg.): Deutsche Literatur seit 1945.
Stuttgart 1968. S. 332—361.
Hecht, Werner (Hrsg.): Materialien zu Brechts „Leben des Galilei". Frankfurt/M. 1963 (= edi-
tion suhrkamp 44).
Hegele, Wolfgang: Max Frisch: Andorra. In: Der Deutschunterricht 20 (1968). H. 3. S. 35—50.
Hensel, Georg: Spielplan. Schauspielführer von der Antike bis zur Gegenwart. 2 Bde. Berlin 1966.
Holthusen, Hans Egon: Kritisches Verstehen. Neue Aufsätze zur Literatur. München 1961.

Jauslin, Christian Markus: Friedrich Dürrenmatt. Zur Struktur seiner Dramen. Zürich 1964.
Jenny, Urs: Friedrich Dürrenmatt. Velber 1965 (= Friedrichs Dramatiker des Welttheaters.
Bd. 6).
—: In der Sache Oppenheimer. In: Theater heute 5 (1964). H. 11. S. 22—25.
—: Mißglücktes Stück über ein mißglücktes Geschäft. In: Theater heute 6 (1965). H. 11.
S. 41—43.
Jurgensen, Manfred: Max Frisch. Die Dramen. Bern 1968.

Kaiser, Joachim: Kipphardt und die Fernsehverfremdung. In: Theater heute 6 (1965). H. 2.
S. 44—45.
—: Kleines Theatertagebuch. Reinbek 1965 (= Rowohlt-Paperback 44).
Karasek, Hellmuth: Max Frisch. Velber 1966 (= Friedrichs Dramatiker des Welttheaters. Bd. 17).
Kaufmann, Hans: Bertolt Brecht. Geschichtsdrama und Parabelstück. Berlin 1962 (= Germanisti-
sche Studien 2).
Kesting, Marianne: Das epische Theater. Zur Struktur des modernen Dramas. Stuttgart 1959
(= Urban-Taschenbuch 36).
—: Panorama des zeitgenössischen Theaters. 50 literarische Porträts. München 1962.
Kienzle, Siegfried: Friedrich Dürrenmatt. In: Dietrich Weber (Hrsg.): Deutsche Literatur seit
1945. Stuttgart 1968. S. 362—389.
—: Modernes Welttheater. Ein Führer durch das internationale Schauspiel der Nachkriegszeit in
755 Einzelinterpretationen. Stuttgart 1966.
Klie, Barbara: „Der Stellvertreter" — Drama oder Pamphlet? In: Fritz J. Raddatz (Hrsg.): Summa
iniuria oder Durfte der Papst schweigen? Hochhuths „Stellvertreter" in der öffentlichen Kri-
tik. Reinbek 1963. S. 43—46.
Klinge, Hermann: Kasperlespiel als Diktatorenspiegel. In: Frankfurter Rundschau 12. 9. 1967.
Klotz, Volker: Der 20. Juli als comic-strip. Kirst/Piscator „Der Aufstand der Offiziere" in der
Volksbühne Berlin. In: Theater heute 7 (1966). H. 4. S. 36 f.
Krapp, Helmut: Das Gleichnis vom verfälschten Leben. In: Spectaculum 5. Frankfurt/M. 1962.
S. 282—285.
Kreuzer, Ingrid: Martin Walser. In: Dietrich Weber (Hrsg.): Deutsche Literatur seit 1945. Stutt-
gart 1968. S. 436 ff.

Lachinger, Hans: Siegfried Lenz. In: Dietrich Weber (Hrsg.): Deutsche Literatur seit 1945. Stuttgart 1968. S. 412—434.
Luft, Friedrich: Stimme der Kritik. Berliner Theater seit 1945. Velber 1965.

Mayer, Hans: Anmerkungen zu Brecht. Frankfurt/M. 1965 (= edition suhrkamp 143).
—: Beim Anblick des großen Spectaculum. Hans Mayers Büchertagebuch (2). In: Die Zeit
26. 2. 1965.
Meidinger-Geise, Inge: Welterlebnis in deutscher Gegenwartsdichtung. 2 Bde. Nürnberg o. J.
Meinherz, Paul: Carl Zuckmayer. Sein Weg zu einem modernen Schauspiel. Berlin 1960.
Melchinger, Siegfried: Drama zwischen Shaw und Brecht. Ein Leitfaden durch das zeitgenössi-
sche Schauspiel. 5. (neubearb. u. erweit.) Aufl. Bremen 1963.
—: Rolf Hochhuth. Velber 1967 (= Friedrichs Dramatiker des Welttheaters. Bd. 44).
Mittenzwei, Werner: Bertolt Brecht. Von der „Maßnahme" zu „Leben des Galilei". Berlin 1962.

193

Müller, Klaus-Detlef: Die Funktion der Geschichte im Werk Bertolt Brechts. Studien zum Verhältnis von Marxismus und Ästhetik. Tübingen 1967 (= Studien zur deutschen Literatur 7).
Muschg, Walter: Hochhuth und Lessing: In: Rolf Hochhuth: Der Stellvertreter. Reinbek 1967. (= Rowohlt-Taschenbuch 997—998). S. 294—296.

Neumann, Gerhard / Jürgen Schröder / Manfred Karnick: Dürrenmatt, Frisch, Weiss. Drei Entwürfe zum Drama der Gegenwart. München 1969.

Oppenheimer, J. Robert: Interview mit "Washington Post". In: Die Welt 10. 11. 1964.

Pavel, Petr: Hašeks „Schwejk" in Deutschland. Berlin 1963 (= Neue Beiträge zur Literaturwissenschaft. Bd. 19).
Pollatschek, Walther: Friedrich Wolf. Sein Leben in Bildern. Leipzig 1960.
—: Das Bühnenwerk Friedrich Wolfs. Ein Spiegel der Geschichte des Volkes. Berlin 1958.

Raddatz, Fritz J. (Hrsg.): Summa iniuria oder Durfte der Papst schweigen? Hochhuths „Stellvertreter" in der öffentlichen Kritik. Reinbek 1963 (= Rowohlt-Taschenbuch 591).
Reich-Ranicki, Marcel: Literarisches Leben in Deutschland. Kommentare und Pamphlete. München 1965.
Reindl, Ludwig Emanuel: Zuckmayer. Eine Bildbiographie. München 1962 (= Kindlers Bildbiographien).
Rinser, Luise: Porträtskizze. In: Fülle der Zeit: Carl Zuckmayer und sein Werk. Frankfurt/M. 1956. S. 13—30.
Rischbieter, Henning: Peter Weiss. Velber 1967 (= Friedrichs Dramatiker des Welttheaters. Bd. 45).
—: Bertolt Brecht I u. II. Velber 1966 (= Friedrichs Dramatiker des Welttheaters. Bd. 13 u. 14).
—: „In der Sache Vilar". In: Theater heute 6 (1965). H. 3. S. 41.
—: Neue Chancen für das Zeitstück? In: Theater heute 4 (1963). H. 4. S. 8—14.
Rischbieter, Henning / Wendt, Ernst: Deutsche Dramatik in West und Ost. Velber 1956 (=[Buch-] Reihe: Theater heute 16).
Rühle, Günther: Versuche über eine geschlossene Gesellschaft. Das dokumentarische Drama und die deutsche Gesellschaft. In: Theater heute 7 (1966). H. 10. S. 8—12.
—: Zuckmayer zum Siebzigsten. Ein Stück von ihm. Rückblick auf „Des Teufels General". In: Frankfurter Allgemeine Zeitung 24. 12. 1966.
Rülicke, Käthe: Bemerkungen zur Schlußszene. In: Materialien zu Brechts „Leben des Galilei". S. 91—152. (Zuvor in: Sinn und Form. Zweites Sonderheft Bertolt Brecht. Berlin 1957. S. 269—321).

Salzinger, Helmut: Peter Weiss. In: Dietrich Weber (Hrsg.): Deutsche Literatur seit 1945. Stuttgart 1968. S. 390—412.
Schöne, Albrecht: Säkularisation als sprachbildende Kraft. Göttingen 1958 (= Palaestra 226).
Schumacher, Ernst: Drama und Geschichte. Bertolt Brechts „Leben des Galilei" und andere Stücke. Berlin 1965.
—: „Die Ermittlung" von Peter Weiss. Über die szenische Darstellbarkeit der Hölle auf Erden. In: Sinn und Form 17 (1965). H. 3. S. 930—947.
—: Form und Einfühlung. In: Materialien zu Brechts „Leben des Galilei". S. 153—170. (Zuvor in: Sinn und Form 12 [1960]. H. 4. S. 510—530).
Die Situation des Dramas: Realität oder Fiktion? (Stellungnahmen zur Dokumentartheater von S. Melchinger, H. Rischbieter und H. Heißenbüttel). In: Theater 1966. Jahressonderheft der Zeitschrift Theater heute. S. 80—84.
Der Spiegel: Oppenheimer-Stück. In der Sache J. Vilar. In: Der Spiegel 18 (1964). Nr. 51. S. 86—88.
—: Kipphardt. In jedem Geschäft. In: Der Spiegel 19 (1965). Nr. 41. S. 155—156.
Stäuble, Eduard: Max Frisch. Ein Schweizer Dichter der Gegenwart. Versuch einer Gesamtdarstellung seines Werkes. 3. Aufl. Basel 1967.
Sterz, Erika: Der Theaterwert der szenischen Bemerkungen im deutschen Drama von Kleist bis zur Gegenwart. Berlin 1963 (= Theater und Drama. Bd. 24).
Der Streit um Hochhuths „Stellvertreter": Mit Beiträgen von Joachim Günther, Willy Haas, Rudolf Hartung u. a. Basel 1963 (= Theater unserer Zeit. Bd. 5).

Syberberg, Hans-Jürgen: Zum Drama Friedrich Dürrenmatts. Zwei Modellinterpretationen zur Wesensdeutung des modernen Dramas. München 1963.
Szczesny, Gerhard: Das Leben des Galilei und der Fall Bertolt Brecht. Frankfurt/M. 1966. (= Ullstein-Taschenbuch 3905 / Reihe: Dichtung und Wirklichkeit 5)

Taëni, Rainer: Drama nach Brecht. Möglichkeiten heutiger Dramatik. Basel 1968. (= Theater unserer Zeit. Bd. 9)
Teelen, Wolfgang: Die Gestaltungsgesetze im Bühnenwerk Carl Zuckmayers. Diss. Marburg/L. 1952.
Torberg, Friedrich: Das fünfte Rad am Thespiskarren. Theaterkritiken. München/Wien 1966.
—: Das Unbehagen in der Gesinnung. Ein Theater-Kolleg in drei Teilen (gesendet im Bayer. Fernsehen am 6. u. 20. Okt. und 3. Nov. 1967). Fernsehmanuskript.

Der unbequeme Dürrenmatt. Mit Beiträgen von Gottfried Benn, Elisabeth Brock-Sulzer u. a. Basel/Stuttgart 1962. (= Theater unserer Zeit. Bd. 4)

Weber, Dietrich (Hrsg.): Deutsche Literatur seit 1945. In Einzeldarstellungen. Stuttgart 1968.
Weber, Werner: Zeit ohne Zeit. Aufsätze zur Literatur. Zürich 1959.
Weise, Adelheid: Untersuchungen zur Thematik und Struktur der Dramen Max Frischs. Göppingen 1969. (= Göppinger Arbeiten zur Germanistik 7)
Wendt, Ernst: Die realistische Fiktion. Zur Uraufführung von Martin Walsers Der schwarze Schwan in Stuttgart. In: Theater heute 5 (1964). H. 11. S. 25–27.
Wintsch-Spiess, Monika: Zum Problem der Identität im Werk Max Frischs. Zürich 1965.

Zimmer, Dieter E.: „Ohne antiamerikanische Spitze" (Besprechung der Aufführung von Kipphardts Oppenheimer-Stück durch das Berliner Ensemble). In: Die Zeit 16. 4. 1965.
—: Die sogenannte Dokumentar-Literatur. Zwölf einfache Sätze sowie eine notwendigerweise provisorische Bibliographie. In: Die Zeit 28. 11. 1968.
Zimmermann, Rolf Christian: Hochhuths „Stellvertreter" und die Tradition polemischer Literatur. In: Der Streit um Hochhuths „Stellvertreter". Basel 1963. S. 137–169.
Zimmermann, Werner: Brechts „Leben des Galilei". Interpretation und didaktische Analyse. Düsseldorf 1965. (= Beihefte zum „Wirkenden Wort". Nr. 12)
Ziskoven, Wilhelm: Max Frisch. In: Rolf Geißler (Hrsg.): Zur Interpretation des modernen Dramas. Brecht-Dürrenmatt-Frisch. Frankfurt/M. o. J. S. 95–144.
Zur Diskussion um Hochhuths „Stellvertreter". Zur künstlerischen und theologischen Problematik des Stückes. In: Herder-Korrespondenz 17 (1963). H. 8. S. 373–381.

4. Sonstige angeführte Literatur

Adorno, Theodor W.: Minima Moralia: Reflexionen aus dem beschädigten Leben. Berlin/Frankfurt/M. 1951.
Arendt, Hannah: Eichmann in Jerusalem. Ein Bericht von der Banalität des Bösen. München 1964.

Born, Max: Physik im Wandel meiner Zeit. 3. Aufl. Braunschweig 1959.

Delp, Alfred: Im Angesicht des Todes. Geschrieben zwischen Verhaftung und Hinrichtung. 1944 – 1945. Frankfurt/M. 1947.
Du hast mich heimgesucht bei Nacht. Abschiedsbriefe und Aufzeichnungen des Widerstandes 1933 – 1945. Hrsg. v. Hellmut Gollwitzer, Käte Kuhn und Reinhold Schneider. München o. J.

Erdmann, Karl Dietrich: Die Zeit der Weltkriege. 8. Aufl. Stuttgart 1960. (= Bruno Gebhardt: Handbuch der deutschen Geschichte. Bd. 4)

Gisevius, Hans Bernd: Bis zum bitteren Ende. Vom 30. Juni 1934 bis zum 20. Juli 1944. Zürich 1946.

Hitler, Adolf: Mein Kampf. 23. Aufl. München 1933.

Hoffmann, Peter: Widerstand, Staatsstreich, Attentat. Der Kampf der Opposition gegen Hitler. München 1969.

Helmuth J. Graf von Moltke. 1907 – 1945. Letzte Briefe aus dem Gefängnis Tegel. 5. Aufl. Berlin 1954.
Mommsen, Hans: Der Reichstagsbrand und seine politischen Folgen. In: Vierteljahreshefte für Zeitgeschichte. 12. Jg. (1964). S. 351–410.
Naumann, Bernd: Auschwitz. Bericht über die Strafsache gegen Mulka und andere vor dem Schwurgericht Frankfurt. Frankfurt/M. 1965. (Bearb. u. gekürzte Fassung als Fischer-Taschenbuch 885. Frankfurt/M. 1968.)

Picard, Max: Hitler in uns selbst. Zürich 1946.
Proske, Rüdiger: Brief aus Braunschweig: Prozeß um den 20. Juli. Die Braunschweiger Verhandlungen gegen Otto Ernst Remer. In: Der Monat 4 (1952). H. 43. S. 16–19.

Rothfels, Hans: Die deutsche Opposition gegen Hitler. Eine Würdigung. Neue, erw. Ausg. Frankfurt/M. 1969. (= Fischer-Taschenbuch 1012)

Schlabrendorff, Fabian von: Offiziere gegen Hitler. Zürich 1946 (Neuaufl. 1951).
Schmitthenner, Walter / Hans Buchheim (Hrsg.): Der deutsche Widerstand gegen Hitler. Vier historisch-kritische Studien. Köln/Berlin 1966.
Seelig, Carl (Hrsg.): Helle Zeit – Dunkle Zeit. In memoriam Albert Einstein. Zürich/Stuttgart/Wien 1956.

5. Ausgewählte Literatur, die nach Abschluß vorliegender Arbeit erschienen ist

Beckermann, Thomas (Hrsg.): Über Martin Walser. Frankfurt/M. 1970. (= edition suhrkamp 407)
–: (Hrsg.): Über Max Frisch. Frankfurt/M. 1971. (= edition suhrkamp 404)
Best, Otto F.: Peter Weiss. Vom existentialistischen Drama zum marxistischen Welttheater. Eine kritische Bilanz. Bern/München 1971.
Bohrer, Karl Heinz: Die gefährdete Phantasie oder Surrealismus und Terror. München 1970. (= Reihe Hanser 40)
Bunge, Hans: Fragen Sie mehr über Brecht. Hans Eisler im Gespräch. München 1970.

Canaris, Volker (Hrsg.): Über Peter Weiss. Frankfurt/M. 1970. (= edition suhrkamp 408)
Carl, Rolf-Peter: Dokumentarisches Theater. In: Manfred Durzak (Hrsg.): Die deutsche Literatur der Gegenwart. Aspekte und Tendenzen. Stuttgart 1971. S. 99–127.

Durzak, Manfred: Dürrenmatt, Frisch, Weiss. Deutsches Drama der Gegenwart zwischen Kritik und Utopie. Stuttgart 1972.

Ewen, Frederic: Bertolt Brecht. Sein Leben, sein Werk, seine Zeit. Hamburg/Düsseldorf 1970.

Heidsieck, Arnold: Das Groteske und das Absurde im modernen Drama. Stuttgart 1969. (= Sprache und Literatur 53)
Hinck, Walter: Von der Parabel zum Straßentheater. Notizen zum Drama der Gegenwart. In: Gestaltungsgeschichte und Gesellschaftsgeschichte. Literatur-, kunst- und musikwissenschaftliche Studien. In Zusammenarbeit mit K. Hamburger hrsg. v. H. Kreuzer. Stuttgart 1969. S. 583–603.

Jacobius, Arnold John: Motive und Dramaturgie im Schauspiel Carl Zuckmayers. Frankfurt/M. 1971. (= Schriften zur Literatur Bd. 19)
–: Carl Zuckmayer. Eine Biographie 1917 – 1971. Frankfurt/M. 1971.
Jendreiek, Helmut: Bertolt Brecht: Drama der Veränderung. Düsseldorf 1969.

Karasek, Hellmuth: Der Dramatiker Martin Walser. In: Wilhelm Johannes Schwarz: Der Erzähler Martin Walser. Bern/München 1971.

Kesting, Marianne: Das deutsche Drama seit dem Ende des Zweiten Weltkriegs. In: Manfred Durzak (Hrsg.): Die deutsche Literatur der Gegenwart. Aspekte und Tendenzen. Stuttgart 1971. S. 76—98.

Koebner, Thomas: Dramatik und Dramaturgie seit 1945. In: Thomas Koebner (Hrsg.): Tendenzen der deutschen Literatur seit 1945. Stuttgart 1971. S. 348—461.

Lange, Rudolf: Carl Zuckmayer. Velber 1969. (= Friedrichs Dramatiker des Welttheaters. Bd. 33)

Neumann, Peter Horst: Der Weise und der Elefant. Zwei Brecht-Studien. München 1970.

Pezold, Klaus: Martin Walser. Seine schriftstellerische Entwicklung. Berlin 1971.

Salloch, Erika: Peter Weiss' Die Ermittlung. Zur Struktur des Dokumentartheaters. Frankfurt/M. 1972.

Schau, Albrecht (Hrsg.): Max Frisch — Beiträge zur Wirkungsgeschichte. Freiburg i. Br. 1971. (= Materialien zur deutschen Literatur 2)

Völker, Klaus: Brecht-Chronik. Daten zu Leben und Werk. München 1971. (= Reihe Hanser 74)

Walser, Martin: Gesammelte Stücke. Frankfurt/M. 1971. (= suhrkamp taschenbuch 6)

Weber, Dietrich (Hrsg.): Deutsche Literatur seit 1945 in Einzeldarstellungen. 2. überarb. u. erw. Aufl. Stuttgart 1970.

Weiss, Peter: Rapporte 2. Frankfurt/M. 1971. (= edition suhrkamp 444)

Zipes, Jack: Das dokumentarische Drama. In: Thomas Koebner (Hrsg.): Tendenzen der deutschen Literatur seit 1945. Stuttgart 1971. S. 462—479.

197

Personen- und Titelregister

(Die Ziffern in Klammern hinter den Seitenangaben bezeichnen die Nummer der Anmerkung.)

Sachregister

(Die Ziffern in Klammern hinter den Seitenangaben bezeichnen die Nummer der Anmerkung.)

GRUNDSTUDIUM LITERATURWISSENSCHAFT

Hochschuldidaktische Arbeitsmaterialien

Herausgegeben von Heinz Geiger, Albert Klein, Jochen Vogt unter Mitarbeit von Bernhard Asmuth, Horst Belke, Luise Berg-Ehlers und Florian Vaßen

BERTELSMANN UNIVERSITÄTSVERLAG

LITERATUR IN DER GESELLSCHAFT

Herausgegeben von Klaus Günther Just, Leo Kreutzer und Jochen Vogt

BERTELSMANN UNIVERSITÄTSVERLAG